윤성우의 **열혈** TCP/IP 소켓 프로그래밍

저자소개

윤성우(ripeness21@gmail.com)

벤처회사에서 개발자로 일하던 저자는 IT분야의 집필과 강의로 처음 이름이 알려졌으며, 2004년부터 지금까지 OpenGL-ES 그래픽스 라이브러리의 구현과 3D 가속 칩의 개발 및 크로노스 그룹(모바일 국제 표준화 컨소시엄)의 표준안에 관련된 일에 참여하였다. 또한 핸드폰용 DMB 칩의 개발에도 참여하였으며, 현재는 (주)액시스소프트의 CTO로 있으면서 웹 기반 솔루션 개발에 관심을 갖고 있다.

윤성우의 열혈 TCP / IP 소켓 프로그래밍

2020년 1월 7일 6쇄

지은이 | 윤성우
발행처 | 오렌지미디어 / 서울시 성동구 아차산로 92 광명타워 1020호

출판기획 | 이주연
디자인 | 조수진
표지디자인 | MIX STYLE STUDIO
표지일러스트 | 아메바피쉬

무단 복제 및 무단 전재를 금합니다.
전 화 | 050-5522-2024
팩 스 | 02-6442-2021
등 록 | 2011년 3월 11일 제 2011-000015호
ISBN 978-89-960940-3-6 93000

정가 26,000원

이 책에 대한 의견이나 조언을 주시고자 할 때, 그리고 오탈자나 버그 등을 발견했을 때에는 홈페이지에 방문하여 내용을 등록하여 주시면 감사하겠습니다.
http://www.orentec.co.kr

윤성우의 열혈 TCP/IP 소켓 프로그래밍

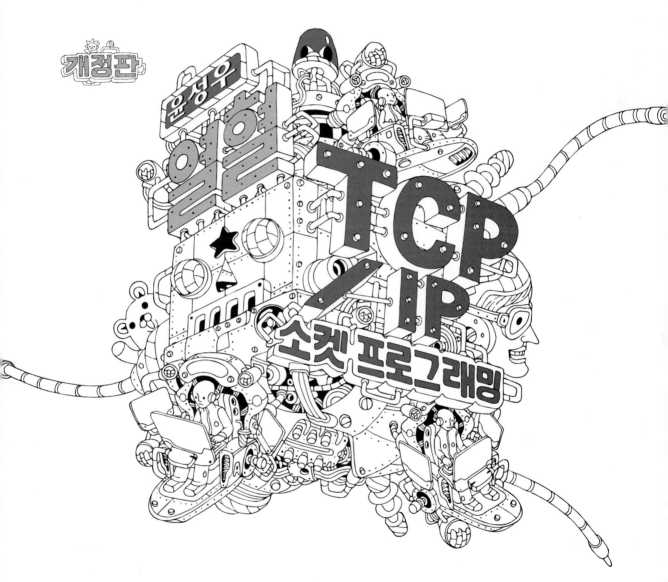

저자 윤성우

시작하는 프로그래머들을 위한
네트워크 프로그래밍

한참 프로그래밍에 빠져서 열심히 공부하던 시절이 있었습니다. 그 시절 저의 관심사는 네트워크였고, 그래서 네트워크 프로그래밍을 공부하기로 마음먹은 적이 있습니다. 지금 생각해 보면 특별한 이유가 있었던 것은 아닙니다. 단순히 프로그래머라고 하면 기본적으로 네트워크 프로그래밍이 가능해야 한다는 생각을 가지고 있었던 것 같습니다. 그 시절, 열심히 C와 C++을 공부한 다음 외국의 유명한 저자가 쓴 네트워크 프로그래밍 책을 구입하였습니다. 비록 영어로 되어있고 내용도 방대했지만, 나름대로 네트워크에 대해서 잘 알고 있다고 자부하였고, 프로그래밍 능력도 아주 뛰어나지는 않지만 충분히 인정받을 수 있을 정도는 된다고 생각했습니다. 그래서 책을 선택하는데 있어서 망설임도 없었습니다. 그러나 일주일 만에 책을 덮고 말았습니다. 책이 생각보다 좋지 않아서도 아니고, 영어가 문제가 되어서도 아니었습니다. 그저 예제 조차 제대로 돌려보지 못하는 제 자신이 참으로 한심하다고 생각했기 때문이었습니다.

시간이 지나서 대학 연구실이나 회사에 있는 많은 개발자들을 만나면서, 여러 분야에 대해서 깊이 있게 하나 둘씩 배우게 되었고, 이러한 계기를 통해서 이전에 덮어버렸던 그 책을 다시 펼쳐볼 수 있는 용기도 생겼습니다. 다시 보니 그 책은 정말로 좋은 책이었습니다.

저는 그리 머리가 좋거나 이해가 빠른 사람은 아닙니다. 그래서 프로그래머로서 반드시 공부해야 하는 운영체제나 알고리즘과 같은 내용들을 이해하는데 많은 시간이 걸렸으며, 흔히 우리가 말하는 원론적으로 탄탄한 유명한 저자의 책을 공부하는 것이 제겐 커다란 부담이었습니다. 저에게 당시 필요했던 책은 보다 친절한 설명을 하고 있는 책이었습니다. 간단한 설명이 아닌 자세한 설명을 하고 있는, 저의 눈높이에 맞춰서 이야기를 전개해 나가는 그런 책들이 필요하였습니다.

이 책은 저와 같은 사람들을 위해서 쓰여진 책입니다. 이전부터 제가 가지고 싶어했던 그러한 책을 제 스스로 써 내려간 것입니다. 그렇기 때문에, 네트워크에 대한 해박한 지식을 가지고 있으며, 당장에 프로그래밍이 가능한 수준의 무엇인가를 얻을 준비가 되어있는 사람들에게는 너무도 쉬운 내용일 수 있습니다. 그러나 처음 네트워크 프로그래밍을 접하는 사람들이나 이미 한번, 네트워크 프로그래밍을 공부하는 과정에서 저와 같은 상처를 경험한 사람들에게는 많은 도움이 될 것이라고 생각합니다.

나름대로 도움이 될만한 깊이 있는 내용들도 더불어 다루려고 많이 노력하였습니다. 그 과정에서 늘 신경 쓰였던 것은 혹시라도 또 하나의 거부감이 드는 어려운 책이 되지는 않을까 하는 것이었습니다.

이 책이 어렵게 느껴지는 분들은 반드시 강의를 통해서 저와 만나기를 바랍니다. 강의를 통해서 여러분들의 이해를 한번 더 도울 수 있다는 것은 여러분뿐 아니라, 쉽고 도움이 되는 책을 쓰겠다고 욕심을 내는 저에게도 너무나 큰 위로가 되는 일입니다. 강의의 진행은 이 책의 내용을 100% 이해할 수 있도록 여러분의 이해를 돕는데 초점을 맞출 것입니다. 단순히 책을 읽어 내려가는 식의 강의가 되지 않을 것입니다. 여러분들과 함께 호흡하는 강의가 되도록 최선의 노력을 다할 것입니다.

끝으로 이 지면을 빌려서 감사 드리고 싶은 분들이 있습니다. 늦은 시간까지 책을 쓰는 모습을 보면서 안타까워해 주신, 세상에서 가장 사랑하는 저의 어머님께 감사 드리며, 책은 결코 저자 혼자서 완성하는 것이 아님을 알게 해 주신 송성근 팀장님과 이승진 팀장님, 그리고 부족한 글이 완성되기까지 여러 번에 걸친 교정 작업을 해주신 편집자님께도 감사를 드립니다. 더불어 내용에 대해서 많은 조언을 해 준 친구 같은 동료들과 저를 위해 늘 기도해 주시는 모든 분들께도 감사를 드립니다. 무엇보다도 이러한 좋은 사람들과의 만남 속에서 책을 완성케 하신 하나님께 가장 큰 감사를 드리며, 이 작은 영광을 그 분께 바칩니다.

저자 윤 성 우

여러분의 도움으로 조금 더 발전할 수 있었습니다

책을 집필한 경험이 있는 필자의 선배가 다음과 같이 자신의 생각을 말 한적이 있습니다.

> "대한민국 IT전문서 저자들은 2판, 3판을 내기 힘든 환경에 있기 때문에, 저자로서의 발전이 쉽지 않은 것 같다!"

선배의 말대로 2판, 3판까지 출간된 국내 저서가 많지 않은 것이 사실입니다. 그런데 제가 2003년도에 집필한 책의 개정판을 이렇게 출간하게 되었으니, 저는 축복받은 사람이라고 생각합니다. 사실 2003년도에 처음 책을 출간하면서 얼마나 떨렸는지 모릅니다. 그리고 출간된 이후로도 스스로 상처받고 자신감을 잃을 것 같아서, 7년 정도가 지난 지금까지도 제가 쓴 책을 완전히 읽어보지 못했습니다. 그런데 개정을 하려다 보니 어쩔 수 없이 읽게 되었고, 그 과정에서 많은 반성도 하였습니다. 그리고 지금까지, 부족한 저의 책을 선택해 주시고 좋게 평가해주신분들에 대한 고마운 마음이 배가 되었습니다.

그 사이 여러 권의 책을 집필하였습니다. 그리고 그 과정을 통해서 저 스스로 조금이나마 발전이 있었다고 생각합니다. 그리고 발전된 모습으로 이 책의 개정판을 내게 되었습니다. 저처럼 독자님들의 도움으로 개정판을 내는 저자들이 많아졌으면 좋겠다는 생각도 하게 됩니다.

이전 책의 머리말을 조금 다듬어서 아래에 그대로 실어 놓았습니다. 거기 보면 제가 머리가 좋거나 이해가 빠른 사람이 아니라고 고백하고 있습니다. 7년이 지났지만 이는 지금도 마찬가지입니다. 그래서 여전히 저와 비슷한 수준의 독자들을 고려해서 책을 쓰고 있습니다.

책을 개정하게 되면 책의 두께를 늘리고 싶은 욕심이 생긴다고 하더니, 저 역시 마찬가지였습니다. 하지만 그렇게 되면 제가 이 책을 쓰는 목적이 달라져야 합니다. 그래서 리눅스 PART에서 epoll에 대한 Chapter를 추가하는 정도로 저 개인의 욕심을 줄여 놓았습니다. 다만, 같은 내용이라도 설명의 포커스나 방식을 달리하였습니다. Copy&Paste로 개정하지 않고, 이전 책을 보면서 다시 한자한자 써 내려갔는데, 여기에는 부족한 책을 집필했던 저 스스로에 대한 반성의 의미가 담겨있습니다.

끝으로 저렴한 밥 한끼에 넘어가서 잘못된 내용과 이상한 문장, 그리고 오탈자를 찾느라고 고생한 한호, 지수, 승희, 주영이, 그리고 주영이의 제자들에게 이 지면을 빌려서 고맙다는 말을 전하고 싶습니다. 그리고 집에서 일하는 것을 허락하지 않아서, 집에서 쉴 수 있도록 도와주는 지민이와 많이 놀아주고 안아주지 못해서 미안한 지율이, 그리고 이들의 대장인 연숙에게도 미안함과 사랑의 마음을 전합니다. 마지막으로 저의 기대보다 더 큰 것을 주셨음에도 불구하고, 받은 만큼 감사하지 못해서 늘 죄송한 마음뿐인 하나님께 감사 드리며 글을 맺고자 합니다.

저자 윤 성 우

✛이 책은 누구를 위한 책인가?

이 책은 소켓을 기반으로 네트워크 프로그래밍을 공부하는 분들을 위해서 쓰여진 책이다. 따라서 많은 기초지식을 요구하지는 않는다. 다만 책의 예제가 C언어로 작성되었기 때문에, 이에 대한 이해는 반드시 지니고 있어야 한다. 즉, 필자는 여러분이 C언어를 이해하고 있다고 가정하였다.

네트워크에 대한 개론적인 지식이 있다면, 이 책을 공부하는데 많은 도움이 된다. 그러나 반드시 선행되어야 하는 것은 아니다. 그리고 처음 네트워크 프로그래밍을 시작하는 분들에게 초점을 맞추었기 때문에 여기서 제시하는 모든 예제 프로그램은 가독성을 가장 중요시하였다. 코드구현에 있어서 생각해 볼 수 있는 최적화는 그 다음으로 고려된 문제였다.

이 책은 리눅스 그리고 윈도우를 기반으로 네트워크 프로그래밍을 공부하려는 모든 분들께 적합하게 구성되었다. 따라서 어떠한 운영체제를 기반으로 네트워크 프로그래밍을 공부하더라도 문제가 되지 않는다. 그러나 네트워크 프로그래밍의 특성상 동시에 두 운영체제를 기반으로 공부하는 것이 보다 효율적이고 바른 학습 방법임을 말씀 드리고 싶다. 하나의 운영체제를 기반으로 네트워크 프로그래밍을 공부하기 위해 드는 노력이 100이라고 한다면, 동시에 두 운영체제를 기반으로 공부하기 위해 드는 노력은 120에 지나지 않는다. 조금만 더 투자하면 보다 많은 것을 얻을 수 있다.

이 책의 학습을 위해서 리눅스나 윈도우를 아주 잘 다룰 필요는 없다. 컴파일만 할 줄 알면 되는데, 리눅스의 경우는 컴파일 방법까지 이 책에서 설명하고 있다. 또한 거의 대부분의 예제는 두 운영체제(리눅스, 윈도우)를 기반으로 제공되기 때문에, 네트워크 프로그래밍에 있어서의 운영체제 별 차이를 쉽게 확인할 수 있다.

이 책의 구성은 총 4개의 PART로 나뉘어진다. 그리고 각 PART별로 전개되는 내용은 다음과 같다.

PART 01에서는 네트워크 프로그래밍에 대한 일반적인 이야기가 진행된다. 윈도우 기반에서 프로그래밍을 하는 경우나, 리눅스 기반에서 프로그래밍을 하는 경우 모두에 있어서 반드시 학습해야 할 내용들로 구성되어 있다. 따라서 운영체제의 특성이 두드러지게 나타나는 내용들은 그리 많이 다루지 않는다. PART 01에서는 PART 02나 PART 03에 비해서 상대적으로 쉬운 내용을 담고 있는 것이 아니라, 두 운영체제의 공통 분모를 묶어 놓은 내용이라고 생각하면 좋을 것이다.

PART 01의 특성상 운영체제 별로 내용을 전개하다 보면 중복되는 내용이 상당히 많아지기 때문에 하나의 운영체제를 중심으로 설명해 나가고 마지막에 가서 차이점을 언급하는 방식으로 이야기를 전개하기로 결정하였다. 때문에 어떠한 운영체제를 기본으로 할 것인가를 놓고 많은 고민을 하였다. 처음에는 상대적으로 인기가 좋은 윈도우를 선택하려다 최종적으로 리눅스를 선택하였다. 윈도우 소켓은, 소켓의 모델이 되는 유닉스 계열의 BSD 소켓을 기반으로 설계되었으므로, 리눅스를 기반으로 먼저 소켓을 소개하는 것이 내용의 이해에 더 도움이 된다고 판단했기 때문이다. 참고로 이러한 판단은 여러 프로그래머들의 조언을 적극 반영한 결과이니, 이 결정이 여러분에게 큰 도움이 되리라 믿는다. 사실 어떠한 운영체제를 기반으로 내용을 전개하느냐는 PART 01에서 결코 중요하지 않다. 이는 PART 01을 공부하는 과정 중에 여러분이 직접 느낄 수 있을 것이다.

PART 02와 PART 03에서는 운영체제에 종속적인 내용을 담고 있다. 운영체제가 달라지면 프로그래밍하는데 있어서 사용하게 되는 시스템 함수들이 달라지고, 지원되는 기능에도 차이가 있기 때문에 일부 내용에 대해서는 운영체제 별로 나누어서 설명을 전개할 필요가 있다. 그래서 PART 02에는 리눅스에 종속적인 내용들을 담았으며, PART 03에는 윈도우에 종속적인 내용들을 담았다. 참고로 윈도우를 기반으로 프로그래밍하시는 분들도 PART 02를 가볍게나마 읽어보라고 말씀 드리고 싶다. 비록 윈도우 기반에서만 프로그래밍을 할지라도 PART 02의 내용은 많은 도움이 되기 때문이다.

PART 04는 책의 마무리 단계에 해당한다. 이전에 학습했던 내용을 마무리한다고 생각하면 좋겠다. 또한 필자가 선배 입장에서 하고픈 말도 한 Chapter를 할당해서 이야기하고 있으니, 가벼운 마음으로 읽어보면 좋겠다.

www.orentec.co.kr에 접속해서 본 도서의 뒷면에 있는 쿠폰을 등록하시면, 저자의 강의를 12개월간 수강하실 수 있습니다.

Contents

Contents

Contents

Contents

Contents

Part 01

네트워크 프로그래밍의 시작

네트워크 프로그래밍과
소켓의 이해

네트워크 프로그래밍은 운영체제와 시스템 프로그래밍에 대한 약간의 지식이 요구되는 분야이다. 뿐만 아니라, 네트워크상에서의 데이터 전송규약인 TCP/IP라는 프로토콜도 어느 정도는 이해하고 있어야 한다. 이렇듯 네트워크 프로그래밍을 위해서는 알아야 할 내용들이 조금 있는 편이다. 하지만 다른 분야보다 재미있고 생각보다 어렵지 않은 분야이기도 하다. 때문에 하나씩 알아간다는 생각을 가지고 접근하면 누구나 쉽게 네트워크 프로그래밍을 할 수 있다.

이번 Chapter에서는 세부적인 내용으로 들어가기에 앞서 전체적인 그림 하나를 그려보고, 앞으로 우리가 공부해야 할 내용들을 간단히 살펴보는데 목적이 있다. 따라서 이번 Chapter를 통해서 네트워크 프로그래밍에 대한 간단한 이해를 갖추고, 더불어 막연한 두려움에서도 벗어나기 바란다.

01-1 ¦ 네트워크 프로그래밍과 소켓의 이해

C언어를 공부할 때 전반부에 접하는 내용은 printf 함수와 scanf 함수를 이용한 콘솔 입출력이다. 그리고 후반부에서는 파일 입출력을 공부하게 된다. 때문에 여러분이 C언어를 제대로 공부했다면, 콘솔 입출력과 파일 입출력 사이에 유사점이 있음을 알고 있을 것이다. 마찬가지로 네트워크 프로그래밍도 파일 입출력과 유사점이 존재한다. 따라서 여러분은 어렵지 않게 네트워크 프로그래밍을 공부할 수 있다.

✚ 네트워크 프로그래밍과 소켓에 대한 매우 간단한 이해

네트워크로 연결되어 있는 서로 다른 두 컴퓨터가 데이터를 주고받을 수 있도록 하는 것이 네트워크 프로그래밍이다. 이것이 전부인가? 그렇다! 이것이 전부이다. 이렇듯 네트워크 프로그래밍은 생각보다 단순하다. 그렇다면 네트워크로 연결되어 있는 두 컴퓨터간에 데이터를 주고받기 위해서 필요한 것은 무엇일까? 우선 물리적인 연결이 필요하다. 그런데 오늘날 대한민국에 존재하는 대부분의 컴퓨터가 인터넷이라는 거대한 네트워크로 연결되어 있으니, 물리적인 연결은 신경 쓸 필요가 없다. 때문에 이 물리적인 연결을 기반으로 하는 소프트웨어적인 데이터의 송수신 방법만 고민하면 된

다. 그런데 이 역시도 고민할 필요가 없다. 운영체제에서 '소켓(Socket)'이라는 것을 제공하기 때문이다. 이는 물리적으로 연결된 네트워크상에서의 데이터 송수신에 사용할 수 있는 소프트웨어적인 장치를 의미한다. 때문에 데이터 송수신의 원리를 이론적으로 잘 몰라도, 소켓이라는 것을 이용해서 데이터를 주고 받을 수 있다. 그래서 네트워크 프로그래밍을 소켓 프로그래밍이라고도 한다. 그렇다면 왜 '소켓'이

라는 표현을 사용한 것일까? 우리는 전력망으로부터 전기를 공급받기 위해서 소켓을 꽂는다. 즉, 가전기기의 소켓은 전력망으로의 연결에 사용된다. 마찬가지로 멀리 떨어져있는 컴퓨터와 데이터를 송수신하려면 인터넷이라는 네트워크 망에 연결해야 한다. 그리고 프로그래밍에서의 '소켓'은 네트워크 망의 연결에 사용되는 도구이다. 이렇듯 연결이라는 의미가 담겨있어서 '소켓'이라는 표현을 사용한다. 그리고 그 의미를 조금 더 확장해서, 소켓은 네트워크를 통한 두 컴퓨터의 연결을 의미하기도 한다.

✚ 전화 받는 소켓의 구현

소켓도 크게 두 가지로 나뉘는데, 그 중 우리가 처음 이야기할 TCP 소켓이라는 것은 전화기에 비유할 수

있다. 사실 전화기도 전화망(telephone network)을 통해서 음성 데이터를 주고 받는데 사용되는 도구 아닌가? 따라서 우리에게 익숙한 전화기도 사실상 소켓이나 다름없다. 때문에 필자는 소켓의 생성 및 활용 방법을 전화기에 비유해서 설명하고자 한다.

전화기는 거는 것과 받는 것이 동시에 가능하지만, 소켓은 거는 용도의 소켓을 완성하는 방식과 받는 용도의 소켓을 완성하는 방식에 차이가 있다. 따라서 이번에는 먼저, 받는 용도의 소켓 완성과정을 전화기에 비유해서 설명하겠다.

✔ 전화기의 장만에 비유되는 socket 함수호출의 이해를 위한 대화

- Question   "전화를 받으려면 무엇이 필요한가요?"
- Answer   "당연! 전화기지!"

집에 전화를 놓으려면 먼저 전화기를 하나 구입해야 한다. 그럼 전화기를 하나 멋진 걸로 장만해 보자. 다음은 전화기에 해당하는 소켓을 생성하는 함수이다.

```
#include <sys/socket.h>
int socket(int domain, int type, int protocol);

  ➡ 성공 시 파일 디스크립터, 실패 시 -1 반환
```

위의 함수를 비롯해서 이번 Chapter에서 소개하는 함수의 자세한 설명은 이후 Chapter에서부터 조금씩 진행을 하니, 일단은 "socket이라는 함수가 소켓을 생성하는구나!"하는 정도만 이해하고 넘어가기 바란다. 참고로 전화기는 구입만 해 놓으면 전화국에서 직원이 와서 가설도 해주고, 전화번호도 할당해 주지만, 소켓은 우리가 직접 가설을 해야 한다. 이점이 소켓 프로그래밍을 어렵게 하는 이유가 된다. 하지만 몇 번 가설해 보면, 어렵지 않음을 알게 될 것이다. 그런데 전화기만 장만해 놓았다고 해서 끝난 것은 아니다. 전화기를 장만했으니, 전화번호를 부여 받아야 한다. 그래야 누군가 나에게 전화를 걸 수 있지 않겠는가?

✔ 전화번호의 부여에 비유되는 bind 함수호출의 이해를 위한 대화

- Question   "당신의 전화번호는 어떻게 되나요?"
- Answer   "제 전화번호는요. 123-1234입니다."

소켓도 마찬가지이다. 전화기에 전화번호가 할당되는 것처럼(실제로 전화기에 전화번호가 부여되는 것은 아니지만), 다음 함수를 이용해서 앞서 생성한 소켓에 IP와 포트번호라는, 소켓의 주소정보에 해당하는 것을 할당해야 한다.

```
#include <sys/socket.h>
int bind(int sockfd, struct sockaddr *myaddr, socklen_t addrlen);
```
➜ 성공 시 0, 실패 시 -1 반환

bind 함수호출을 통해서 소켓에 주소정보까지 할당했으니, 이제 전화를 받기 위한 모든 준비가 끝난 셈이다. 따라서 전화기를 전화 케이블에 연결시켜서 전화가 걸려오기만을 기다리면 된다.

✔ 전화기의 케이블 연결에 비유되는 listen 함수호출의 이해를 위한 대화

- Question   "가설이 끝났으니 전화기를 연결만 하면 되나요?"
- Answer   "네 연결만 하면 걸려오는 전화를 받을 수 있습니다."

전화기가 전화 케이블에 연결되는 순간 전화를 받을 수 있는 상태가 된다. 이는 누군가 전화를 걸어서 연결요청을 할 수 있는 상태에 놓임을 뜻한다. 마찬가지로 소켓도 연결요청이 가능한 상태가 되어야 한다. 다음 함수는 소켓을 연결요청이 가능한 상태가 되게 한다.

```
#include <sys/socket.h>
int listen(int sockfd, int backlog);
```
➜ 성공 시 0, 실패 시 -1 반환

이제 전화기가 전화 케이블에 연결되었으니, 전화벨이 울릴 것이고, 전화벨이 울리면 통화를 위해서 수화기를 들어야 한다.

✔ 수화기를 드는 것에 비유되는 accept 함수호출의 이해를 위한 대화

- Question   "전화벨이 울립니다. 어떻게 해야 하나요?"
- Answer   "정말로 몰라서 물으세요? 전화를 받으세요!"

수화기를 들었다는 것은 연결요청에 대한 수락을 의미한다. 그리고 이는 소켓도 마찬가지이다. 누군가 데이터의 송수신을 위해 연결요청을 해오면, 다음 함수호출을 통해서 그 요청을 수락해야 한다.

```
#include <sys/socket.h>
int accept(int sockfd, struct sockaddr *addr, socklen_t *addrlen);
```
➜ 성공 시 파일 디스크립터, 실패 시 -1 반환

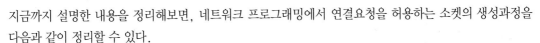

지금까지 설명한 내용을 정리해보면, 네트워크 프로그래밍에서 연결요청을 허용하는 소켓의 생성과정을 다음과 같이 정리할 수 있다.

- 1단계. 소켓 생성   socket 함수호출
- 2단계. IP주소와 PORT번호 할당   bind 함수호출
- 3단계. 연결요청 가능상태로 변경   listen 함수호출
- 4단계. 연결요청에 대한 수락   accept 함수호출

이 순서를 머리 속에 기억해 두자. 이 흐름이 이해가 된다면, 간단하게나마 소켓에 대한 밑그림이 그려진 셈이다. 앞으로는 이 밑그림을 바탕으로 채색을 해 나갈 것이다.

✚"Hello world!" 서버 프로그램의 구현

연결요청을 수락하는 기능의 프로그램을 가리켜 '서버(server)'라 한다. 그럼 앞서 설명한 함수의 호출과 정을 확인하기 위해서 연결요청 수락 시 "Hello world!"라고 응답해주는 서버 프로그램을 작성해 보겠다. 참고로 지금까지 실제 프로그래밍을 위한 어떠한 설명도 진행되지 않았다. 즉, 함수의 호출 순서 이외에 우리가 아는 것은 없다. 따라서 이어서 제시하는 예제를 이해하려 하지 말고 지금까지 이야기해 왔던 소켓관련 함수의 호출을 코드상에서 확인하는데 만족하기 바란다.

❖ hello_server.c

```
1.   #include <stdio.h>
2.   #include <stdlib.h>
3.   #include <string.h>
4.   #include <unistd.h>
5.   #include <arpa/inet.h>
6.   #include <sys/socket.h>
7.   void error_handling(char *message);
8.
9.   int main(int argc, char *argv[])
10.  {
11.      int serv_sock;
12.      int clnt_sock;
13.
14.      struct sockaddr_in serv_addr;
15.      struct sockaddr_in clnt_addr;
16.      socklen_t clnt_addr_size;
17.
18.      char message[]="Hello World!";
19.
20.      if(argc!=2)
21.      {
22.          printf("Usage : %s <port>\n", argv[0]);
```

```
23.        exit(1);
24.    }
25.
26.    serv_sock=socket(PF_INET, SOCK_STREAM, 0);
27.    if(serv_sock == -1)
28.        error_handling("socket() error");
29.
30.    memset(&serv_addr, 0, sizeof(serv_addr));
31.    serv_addr.sin_family=AF_INET;
32.    serv_addr.sin_addr.s_addr=htonl(INADDR_ANY);
33.    serv_addr.sin_port=htons(atoi(argv[1]));
34.
35.    if(bind(serv_sock, (struct sockaddr*) &serv_addr, sizeof(serv_addr))==-1)
36.        error_handling("bind() error");
37.
38.    if(listen(serv_sock, 5)==-1)
39.        error_handling("listen() error");
40.
41.    clnt_addr_size=sizeof(clnt_addr);
42.    clnt_sock=accept(serv_sock, (struct sockaddr*)&clnt_addr, &clnt_addr_size);
43.    if(clnt_sock==-1)
44.        error_handling("accept() error");
45.
46.    write(clnt_sock, message, sizeof(message));
47.    close(clnt_sock);
48.    close(serv_sock);
49.    return 0;
50. }
51.
52. void error_handling(char *message)
53. {
54.    fputs(message, stderr);
55.    fputc('\n', stderr);
56.    exit(1);
57. }
```

- 26행: socket 함수호출을 통해서 소켓을 생성하고 있다.

- 35행: bind 함수호출을 통해서 IP주소와 PORT번호를 할당하고 있다.

- 38행: listen 함수를 호출하고 있다. 이로써 소켓은 연결요청을 받아들일 수 있는 상태가 된다.

- 42행: 연결요청의 수락을 위한 accept 함수를 호출하고 있다. 연결요청이 없는 상태에서 이 함수 가 호출되면, 연결요청이 있을 때까지 함수는 반환하지 않는다.

- 46행: 잠시 후에 소개하는 write 함수는 데이터를 전송하는 기능의 함수인데, 42행을 지나서 이 문장이 실행되었다는 것은 연결요청이 있었다는 뜻이 된다.

위 예제를 컴파일하고 실행하게 되면, 지금까지 언급했던 모든 과정을 거쳐서 연결요청을 기다리는 서버의 상태가 된다. 참고로, 자세하게 소스코드를 분석할 필요는 없다. 앞서 설명한 네 가지 함수가 순서대로 호출되고 있는 것만 확인하면 된다. 다만 위의 예제에서 호출하는 write 함수는 잠시 후에 설명할 것이다. 그럼 이제 서버 프로그램에 연결요청을 하는 클라이언트 프로그램의 작성방법에 대해 살펴보자.

⁺전화 거는 소켓의 구현

앞서 보인 서버 프로그램에서 생성한 소켓을 가리켜 '서버 소켓' 또는 '리스닝(listening) 소켓'이라 한다. 반면에 이번에 소개할 소켓은 연결요청을 진행하는 '클라이언트 소켓'이다. 참고로 클라이언트 소켓의 생성과정은 서버 소켓의 생성과정에 비해 상대적으로 간단하기 때문에 별 다른 비유 없이 바로 설명을 진행하겠다.

앞에서는 전화를 거는(연결을 요청하는) 기능의 함수를 소개하지 않았다. 이는 클라이언트 소켓을 대상으로 호출하는 함수이기 때문이다. 다음은 전화를 거는 기능의 함수이다.

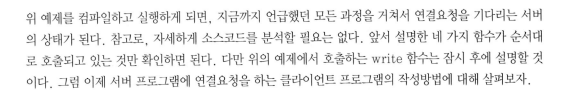

```
#include <sys/socket.h>
int connect(int sockfd, struct sockaddr *serv_addr, socklen_t addrlen);
```

➜ 성공 시 0, 실패 시 -1 반환

클라이언트 프로그램에서는 socket 함수호출을 통한 소켓의 생성과 connect 함수호출을 통한 서버로의 연결요청 과정만이 존재한다. 때문에 서버 프로그램에 비해 상대적으로 간단하다. 그럼 이번에는 클라이언트 소켓을 생성하는 클라이언트 프로그램을 보일 테니, socket 함수와 connect 함수가 호출되는 것만 확인하고, 서버 프로그램과 함께 실행해서 문자열 데이터를 주고 받는 것을 확인하자.

❖ hello_client.c

```
1.  #include <stdio.h>
2.  #include <stdlib.h>
3.  #include <string.h>
4.  #include <unistd.h>
5.  #include <arpa/inet.h>
6.  #include <sys/socket.h>
7.  void error_handling(char *message);
8.
9.  int main(int argc, char* argv[])
10. {
11.     int sock;
12.     struct sockaddr_in serv_addr;
13.     char message[30];
14.     int str_len;
```

```
15.
16.     if(argc!=3)
17.     {
18.         printf("Usage : %s <IP> <port>\n", argv[0]);
19.         exit(1);
20.     }
21.
22.     sock=socket(PF_INET, SOCK_STREAM, 0);
23.     if(sock == -1)
24.         error_handling("socket() error");
25.
26.     memset(&serv_addr, 0, sizeof(serv_addr));
27.     serv_addr.sin_family=AF_INET;
28.     serv_addr.sin_addr.s_addr=inet_addr(argv[1]);
29.     serv_addr.sin_port=htons(atoi(argv[2]));
30.
31.     if(connect(sock, (struct sockaddr*)&serv_addr, sizeof(serv_addr))==-1)
32.         error_handling("connect() error!");
33.
34.     str_len=read(sock, message, sizeof(message)-1);
35.     if(str_len==-1)
36.         error_handling("read() error!");
37.
38.     printf("Message from server : %s \n", message);
39.     close(sock);
40.     return 0;
41. }
42.
43. void error_handling(char *message)
44. {
45.     fputs(message, stderr);
46.     fputc('\n', stderr);
47.     exit(1);
48. }
```

- 22행: 소켓을 생성하고 있다. 소켓을 생성하는 순간에는 서버 소켓과 클라이언트 소켓으로 나뉘지 않는다. bind, listen 함수의 호출이 이어지면 서버 소켓이 되는 것이고, connect 함수의 호출로 이어지면 클라이언트 소켓이 되는 것이다.
- 31행: connect 함수호출을 통해서 서버 프로그램에 연결을 요청하고 있다.

이로써 간단히 서버 프로그램과 클라이언트 프로그램을 작성해 보았는데, 궁금한 내용이 한둘이 아닐 것이다(솔직히 아는 것보다 모르는 것이 더 많다). 그러나 몇 Chapter 지나지 않아서 궁금한 내용의 대부분이 풀릴 테니 너무 조급해하지 않았으면 좋겠다.

⁺리눅스 기반에서 실행하기

지금까지 별다른 언급은 없었지만, 위의 두 예제는 리눅스 기반에서 컴파일 및 실행을 해야 한다. 따라서 리눅스 C 컴파일러인 GCC 컴파일러의 사용방법을 간단히 설명하겠다. 다음은 앞서 보인 예제 hello_server.c의 컴파일 방법이다.

```
gcc hello_server.c -o hserver
```

> ➡ hello_server.c 파일을 컴파일해서 hserver라는 이름의 실행파일을 만드는 문장이다.

위의 문장에서 -o는 실행파일의 이름을 지정하기 위한 옵션이다. 때문에 컴파일이 완료되면 hserver 라는 이름의 파일이 생성된다. 그리고 이는 다음과 같이 실행하면 된다.

```
./hserver
```

> ➡ 현재 디렉터리에 있는 hserver라는 이름의 파일을 실행시키라는 의미이다.

컴파일 및 실행과 관련해서 보다 많은 것을 알면 좋겠지만, 이 책을 공부하는데 있어서 기본이 되는 컴파일 및 실행방법은 이 정도면 충분하다. 자! 그럼 이제 실행을 해보자. 실행을 위해서는 서버를 먼저 실행시켜야 한다. 서버가 실행중인 상태에서 클라이언트의 연결요청이 들어가야 하기 때문이다.

❖ 실행결과: hello_server.c

제대로 실행되었다면, 위의 상태로 멈춰서 있게 된다. 이는 서버 프로그램에서 호출한 accept 함수가 반환하지 않았기 때문이다. 그럼 이제 클라이언트 프로그램을 실행해보자.

❖ 실행결과: hello_client.c

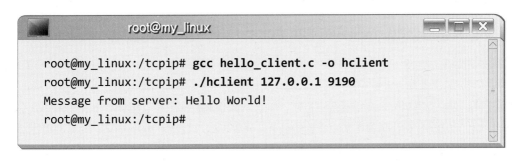

이로써 클라이언트 프로그램의 메시지 수신을 확인하였다. 그리고 메시지 수신 후 서버 프로그램도, 클라이언트 프로그램도 종료함을 확인하였을 것이다. 참고로 실행과정에서 입력한 127.0.0.1은 여러분이 예제를 실행한 컴퓨터(로컬 컴퓨터)의 IP주소를 뜻한다. 한대의 컴퓨터 내에서 서버와 클라이언트 프로그램을 모두 실행시키는 경우에는 이러한 전달방식을 택한다. 반면 서버와 클라이언트가 각각 다른 컴퓨터에서 실행된다면, 127.0.0.1을 대신해서 서버의 IP주소를 입력해야 한다.

> **참 고**
>
> **다시 실행하려면 시간이 좀 걸려요**
>
> 위에서 보인 서버 프로그램은 이어서 바로 재실행이 불가능하다. 재실행을 위해서는 실행과정에서 입력한 PORT번호 9190을 모두 변경해서 실행해야 한다. 그 이유에 대해서는 이후에 자세히 설명을 하겠으니, 일단은 이러한 현상에 당황하지 않기 바란다.

01-2 : 리눅스 기반 파일 조작하기

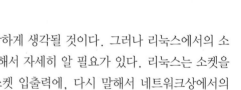

소켓을 이야기하다 말고 갑자기 파일을 언급하는 것이 이상하게 생각될 것이다. 그러나 리눅스에서의 소켓조작은 파일조작과 동일하게 간주되기 때문에 파일에 대해서 자세히 알 필요가 있다. 리눅스는 소켓을 파일의 일종으로 구분한다. 따라서 파일 입출력 함수를 소켓 입출력에, 다시 말해서 네트워크상에서의 데이터 송수신에 사용할 수 있다. 참고로 윈도우는 리눅스와 달리 파일과 소켓을 구분하고 있다. 때문에 별도의 데이터 송수신 함수를 참조해야 한다.

✚저 수준 파일 입출력(Low-level File Access)과 파일 디스크립터(File Descriptor)

저 수준이라는 말만 나와도 어려운 내용이라고 지레짐작하는 분들도 있을 것이다. 그러나 여기서 말하는 저 수준이란 "표준에 상관없이 운영체제가 독립적으로 제공하는~"의 의미로 받아들이면 된다. 즉, 이후에 설명하는 함수들은 리눅스에서 제공하는 함수이지, ANSI 표준에서 정의한 함수가 아니라는 뜻이다. 리눅스에서 제공하는 파일 입출력 함수를 사용하려면 파일 디스크립터에 대한 개념을 먼저 세워야 한다.

여기서 말하는 파일 디스크립터란 시스템으로부터 할당 받은 파일 또는 소켓에 부여된 정수를 의미한다. 참고로 C언어를 공부하면서 여러분이 입출력의 대상으로 여겨왔던, 표준 입출력 및 표준 에러에도 리눅스에서는 다음과 같이 파일 디스크립터를 할당하고 있다.

파일 디스크립터	대 상
0	표준입력: Standard Input
1	표준출력: Standard Output
2	표준에러: Standard Error

[표 01-1: 표준 입출력과 표준 에러에 할당된 파일 디스크립터]

일반적으로 파일과 소켓은 생성의 과정을 거쳐야 파일 디스크립터가 할당된다. 반면 위에서 보이는 세 가지 입출력 대상은 별도의 생성과정을 거치지 않아도 프로그램이 실행되면 자동으로 할당되는 파일 디스크립터들이다. 일단은 이 정도만 알아두자. 잠시 후에 이들이 어떻게 사용되고 어떠한 의미를 지니는지 보다 자세히 알게 될 테니 말이다.

이해하고 넘어가세요!   **File Descriptor(File Handle)**

전화 한 통만 하면 필요한 논문을 복사해 주는 곳이 있다. 그리고 그곳에는 단골손님 영수가 있다. 그런데 이 녀석은 매번 똑같은 논문의 일부분을 복사해 달라고 한다.

> "아저씨~ '고도의 정보화 사회가 되어 가면서, 인간의 삶의 질과 관계된 문제들에 점점 더 그 중요성이 더해짐에 따라 감각, 지각, 사고, 성격, 지능, 적성 등의 인간적 특징들이 고려되었을 때의 인간의 원리에 대한 연구' 라는 논문 26쪽부터 30쪽까지 복사해 주세요"

이 녀석은 보통 이런 식으로 하루에도 몇 번씩 부탁을 한다. 설상가상으로 말하는 속도도 매우 느린 편이다. 그래서 아저씨께서 말씀하셨다.

> "그 논문은 이제부터 너의 18번이다! 그냥 저의 18번 논문 26쪽부터 30쪽까지 복사해 주세요 라고 해라!"

영수는 그 후로도 최소 50자가 넘는 제목의 논문만 복사 주문을 했다. 그리고 그때마다 아저씨는 논문에 중복되지 않는 새로운 번호(숫자)를 할당해 주셨다. 그래야 영수와의 대화 속에서 스트레스를 받지 않고, 업무에도 영향을 주지 않기 때문이다.

여기서 아저씨는 운영체제이고, 영수는 여러분을 의미한다. 그리고 숫자는 '파일 디스크립터'이고, 논문은 '파일' 또는 '소켓'을 의미한다. 즉, 여러분이 파일 또는 소켓을 생성할 때마다, 운영체제는 해당 파일 또는 소켓에 부여된 숫자 하나를 건네 줄 것이다. 그것이 운영체제와 여러분이 편하게 대화하는 방법이 될 테니까 말이다! 결국 파일 디스크립터란 운영체제가 만든 파일 또는 소켓의 지칭을 편히 하기 위해서 부여된 숫자에 지나지 않는다.

참고로 '파일 디스크립터'를 '파일 핸들'이라고도 한다. 그러나 핸들이라는 표현은 주로 윈도우에서 사용되는 용어이다. 따라서 이 책에서도 윈도우 기반으로 설명할 때에는 핸들이라는 표현을, 리눅스 기반으로 설명할 때에는 디스크립터라는 표현을 사용하겠다.

+파일 열기

데이터를 읽거나 쓰기 위해서 파일을 열 때 사용하는 함수를 소개하겠다. 이 함수는 두 개의 인자를 전달받는데, 첫 번째 인자로는 대상이 되는 파일의 이름 및 경로 정보를, 두 번째 인자로는 파일의 오픈 모드 정보(파일의 특성 정보)를 전달한다.

```
#include <sys/types.h>
#include <sys/stat.h>
#include <fcntl.h>

int open(const char *path, int flag);
```

➜ 성공 시 파일 디스크립터, 실패 시 –1 반환

- path   파일 이름을 나타내는 문자열의 주소 값 전달.
- flag   파일의 오픈 모드 정보 전달.

위 함수의 두 번째 매개변수 flag에 전달할 수 있는 값과 그 의미는 다음과 같으며, 하나 이상의 정보를 비트 OR 연산자로 묶어서 전달이 가능하다.

오픈 모드	의 미
O_CREAT	필요하면 파일을 생성
O_TRUNC	기존 데이터 전부 삭제
O_APPEND	기존 데이터 보존하고, 뒤에 이어서 저장
O_RDONLY	읽기 전용으로 파일 오픈
O_WRONLY	쓰기 전용으로 파일 오픈
O_RDWR	읽기, 쓰기 겸용으로 파일 오픈

[표 01-2: 파일의 오픈 모드]

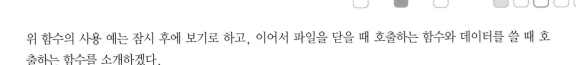

위 함수의 사용 예는 잠시 후에 보기로 하고, 이어서 파일을 닫을 때 호출하는 함수와 데이터를 쓸 때 호출하는 함수를 소개하겠다.

✚ 파일 닫기

여러분이 C언어를 공부하면서 알게 된 바와 같이, 파일은 사용 후 반드시 닫아줘야 한다. 때문에 파일을 닫을 때 호출하는 함수를 소개하고자 한다.

```
#include <unistd.h>

int close(int fd);

    ➜ 성공 시 0, 실패 시 −1 반환
```

     ● fd   닫고자 하는 파일 또는 소켓의 파일 디스크립터. 전달.

위 함수를 호출하면서 파일 디스크립터를 인자로 전달하면 해당 파일은 닫히게(종료하게) 된다. 그런데 여기서 중요한 사실은 위 함수는 파일뿐만 아니라, 소켓을 닫을 때에도 사용된다는 점이다. 이는 파일과 소켓을 구분하지 않는다는 리눅스 운영체제의 특성을 다시 한번 확인할 수 있는 대목이다.

✚ 파일에 데이터 쓰기

이어서 소개하는 write 함수는 파일에 데이터를 출력(전송)하는 함수이다. 물론 리눅스에서는 파일과 소켓을 동일하게 취급하므로, 소켓을 통해서 다른 컴퓨터에 데이터를 전송할 때에도 이 함수를 사용할 수 있다. 참고로 앞서 보인 예제에서도 "Hello World!" 문자열 전달을 위해서 이 함수를 사용했었다.

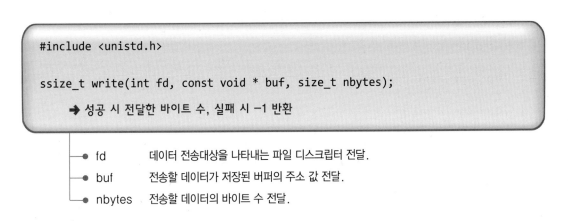

```
#include <unistd.h>

ssize_t write(int fd, const void * buf, size_t nbytes);

    ➜ 성공 시 전달한 바이트 수, 실패 시 −1 반환
```

     ● fd   데이터 전송대상을 나타내는 파일 디스크립터 전달.
     ● buf   전송할 데이터가 저장된 버퍼의 주소 값 전달.
     ● nbytes   전송할 데이터의 바이트 수 전달.

위의 함수선언에서 보이는 size_t는 typedef 선언을 통해서 unsigned int로 정의되어 있다. 그리고 ssize_t의 경우 size_t 앞에 s가 하나 더 붙어있는 형태인데, 이는 signed를 의미한다. 즉 ssize_t는 typedef 선언을 통해서 signed int로 정의되어 있다.

이해하고 넘어가세요! **_t로 끝나는 자료형**

ssize_t, size_t등 다소 생소해 보이는 자료형이 몇몇 등장하였다. 그런데 이것을 두고 '고전적인(primitive) 자료형'이라 한다. 이들은 일반적으로 sys/types.h 헤더파일에 typedef 선언을 통해서 정의되어 있다. 즉, 여러분들이 잘 알고 있는 기본 자료형에 또 다른 이름을 붙여놓은 것이다. 이러한 자료형은 꽤 오래 전부터 존재해 왔는데, 그렇다면 기본 자료형의 이름을 대신해서 이러한 자료형의 이름을 정의하고 사용하는 이유는 어디에 있을까?

지금은 int가 32비트라고 말한다. 보편적으로 사용되는 운영체제와 컴퓨터가 32비트이기 때문이다. 과거 16비트 시절에는 int가 16비트였다. 이렇듯 시스템의 차이, 또는 시간의 흐름에 따라서 자료형의 표현 방식이 달라지기 때문에 프로그램상에서 선택된 자료형의 변경이 요구되기도 한다. 그런데 4바이트 자료형이 필요한 곳에 size_t 또는 ssize_t를 사용하면, 코드의 변경을 최소화 할 수 있다. size_t 그리고 ssize_t의 typedef 선언만 변경해서 컴파일을 하면 되기 때문이다. 그래서 일반적으로 프로젝트를 진행할 때에는 기본 자료형 이름에 별도의 이름을 부여하기 위해 많은 양의 typedef 선언이 추가된다. 그리고 이렇게 프로그래머에 의해 정의되는 자료형 이름과의 구분을 위해서, 시스템(운영체제)에서 정의하는 자료형의 이름에는 _t가 붙어있다.

그럼 지금까지 설명한 함수의 활용을 위해서 예제를 하나 소개하겠다. 이 예제에서는 파일의 생성 및 데이터의 저장을 보인다.

❖ low_open.c

```
1.   #include <stdio.h>
2.   #include <stdlib.h>
3.   #include <fcntl.h>
4.   #include <unistd.h>
5.   void error_handling(char* message);
6.
7.   int main(void)
8.   {
9.       int fd;
10.      char buf[]="Let's go!\n";
```

```
11.
12.     fd=open("data.txt", O_CREAT|O_WRONLY|O_TRUNC);
13.     if(fd==-1)
14.         error_handling("open() error!");
15.     printf("file descriptor: %d \n", fd);
16.
17.     if(write(fd, buf, sizeof(buf))==-1)
18.         error_handling("write() error!");
19.     close(fd);
20.     return 0;
21. }
22.
23. void error_handling(char* message)
24. {
25.     // 이전 예제와 동일하므로 생략!
26. }
```

 해 설

- 12행: 파일 오픈 모드가 O_CREAT, O_WRONLY, 그리고 O_TRUNC의 조합이니, 아무것도 저장되어있지 않은 새로운 파일이 생성되어 쓰기만 가능하게 된다. 물론 이미 data.txt라는 이름의 파일이 존재한다면, 이 파일의 모든 데이터는 지워져 버린다.

- 17행: fd에 저장된 파일 디스크립터에 해당하는 파일에 buf에 저장된 데이터를 전송하고 있다.

❖ 실행결과: low_open.c

```
root@my_linux                                    _ □ X

root@my_linux:/tcpip# gcc low_open.c -o lopen
root@my_linux:/tcpip# ./lopen
file descriptor: 3
root@my_linux:/tcpip# cat data.txt
Let's go!
root@my_linux:/tcpip#
```

예제 실행 후, 리눅스의 cat 명령을 통해서 data.txt 파일에 저장된 내용을 출력하고 있다. 출력내용은 파일에 데이터가 제대로 전송되었음을 보이고 있다.

✚ 파일에 저장된 데이터 읽기

앞서 설명한 write 함수의 상대적인 기능을 제공하는 read 함수는 데이터를 입력(수신)하는 기능의 함수이다.

```
#include <unistd.h>

ssize_t read(int fd, void *buf, size_t nbytes);

    → 성공 시 수신한 바이트 수(단 파일의 끝을 만나면 0), 실패 시 -1 반환
```

- fd   데이터 수신대상을 나타내는 파일 디스크립터 전달.
- buf   수신한 데이터를 저장할 버퍼의 주소 값 전달.
- nbytes 수신할 최대 바이트 수 전달.

이번에는 앞서 생성한 파일 data.txt에 저장된 데이터를 read 함수를 이용해서 읽어 들이는 예제를 소개하겠다.

❖ low_read.c

```
1.  #include <stdio.h>
2.  #include <stdlib.h>
3.  #include <fcntl.h>
4.  #include <unistd.h>
5.  #define BUF_SIZE 100
6.  void error_handling(char* message);
7.
8.  int main(void)
9.  {
10.     int fd;
11.     char buf[BUF_SIZE];
12.
13.     fd=open("data.txt", O_RDONLY);
14.     if( fd==-1)
15.         error_handling("open() error!");
16.     printf("file descriptor: %d \n" , fd);
17.
18.     if(read(fd, buf, sizeof(buf))==-1)
19.         error_handling("read() error!");
20.     printf("file data: %s", buf);
21.     close(fd);
22.     return 0;
23. }
24.
25. void error_handling(char* message)
26. {
27.     // 이전 예제와 동일하므로 생략!
28. }
```

해 설
- 13행: 파일 data.txt를 읽기 전용으로 열고 있다.
- 18행: read 함수를 이용해서 11행에 선언된 배열 buf에 읽어 들인 데이터를 저장하고 있다.

❖ 실행결과: low_read.c

```
root@my_linux:/tcpip# gcc low_read.c -o lread
root@my_linux:/tcpip# ./lread
file descriptor: 3
file data: Let's go!
root@my_linux:/tcpip#
```

이로써 파일 디스크립터 기반의 입출력을 간단히 보였는데, 여기서 설명한 내용은 소켓에도 그대로 적용된다는 사실을 기억하기 바란다.

✚ 파일 디스크립터와 소켓

이번 예제에서는 파일도 생성해보고, 소켓도 생성해본다. 그리고 반환되는 파일 디스크립터의 값을 정수 형태로 비교해 보겠다.

❖ fd_seri.c

```
1.   #include <stdio.h>
2.   #include <fcntl.h>
3.   #include <unistd.h>
4.   #include <sys/socket.h>
5.
6.   int main(void)
7.   {
8.       int fd1, fd2, fd3;
9.       fd1=socket(PF_INET, SOCK_STREAM, 0);
10.      fd2=open("test.dat", O_CREAT|O_WRONLY|O_TRUNC);
11.      fd3=socket(PF_INET, SOCK_DGRAM, 0);
12.
13.      printf("file descriptor 1: %d\n", fd1);
14.      printf("file descriptor 2: %d\n", fd2);
15.      printf("file descriptor 3: %d\n", fd3);
16.
```

```
17.      close(fd1); close(fd2); close(fd3);
18.      return 0;
19. }
```

• 9~11행: 하나의 파일과 두 개의 소켓을 생성하고 있다.

• 13~15행: 앞서 생성한 파일 디스크립터의 정수 값을 출력하고 있다.

❖ 실행결과: fd_seri.c

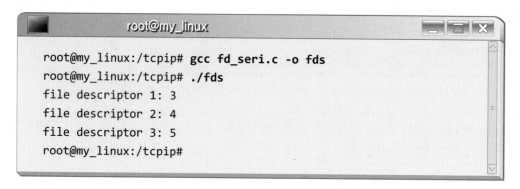

출력된 디스크립터의 정수 값을 비교해보면, 일련의 순서대로 넘버링(numbering)이 되는 것을 알 수 있다. 참고로 파일 디스크립터가 3에서부터 시작하는 이유는 앞서 표 01-1에서 보였듯이 0, 1 그리고 2는 표준 입출력에 이미 할당되었기 때문이다.

01-3 : 윈도우 기반으로 구현하기

윈도우 소켓(이하 '윈속'이라 표현함)은 상당부분 BSD 계열 유닉스 소켓을 참고하여 설계되었다. 때문에 많은 부분이 리눅스 소켓과 유사하다. 따라서 리눅스 기반으로 구현된 네트워크 프로그램의 일부만 변경하면 윈도우에서의 실행이 가능하다. 그래서 이 책에서는 리눅스와 윈도우를 동시에 설명한다. 이는 여러분에게 부담을 주기 위한 것이 아니라, 오히려 부담을 덜어드리는 결과로 이어진다고 말씀 드리고 싶다.

✚리눅스와 윈도우 기반으로 동시에 공부해야 하는 이유

상당수의 프로젝트에서는 서버를 리눅스 계열의 운영체제 기반으로 개발한다. 그러나 반대로 클라이언트 프로그램의 경우에는 윈도우 기반의 개발이 절대적이다. 뿐만 아니라, 리눅스 기반으로 구현되어 있는 서버 프로그램을 윈도우 기반으로 변경하거나, 윈도우 기반으로 구현되어 있는 서버 프로그램을 리눅스 기반으로 변경해야 하는 상황도 종종 발생한다. 때문에 소켓 프로그래밍에 대해서는 리눅스뿐만 아니라 윈도우에서도 개발이 가능하도록 공부해 둘 필요가 있다. 그런데 이 둘은 서로 매우 유사하기 때문에 본서에서 전개하는 방식처럼 유사한 부분을 묶어서 동시에 공부하는 것이 효과적이다. 둘을 동시에 공부하려니 부담이 되는가? 그렇다면 조금도 부담을 느끼지 않아도 된다. 하나를 잘 이해하면 나머지 하나는 차이점을 확인하는 정도로 쉽게 익힐 수 있기 때문이다.

✚윈도우 소켓을 위한 헤더와 라이브러리의 설정

윈속(윈도우 소켓)을 기반으로 프로그램을 개발하기 위해서는 기본적으로 다음 두 가지를 진행해야 한다.

- 헤더파일 winsock2.h를 포함한다.
- ws2_32.lib 라이브러리를 링크시켜야 한다.

그럼 먼저 ws2_32.lib의 프로젝트 단위 링크방법을 소개하겠다. 단, 필자는 Visual Studio 2008 버전을 바탕으로 설명을 진행하나, 이 설명은 그 이상의 버전에서도 그대로 적용이 가능하니, 버전이 다르다고 해서 크게 부담을 가질 필요는 없다. 그럼 먼저 프로젝트 '속성' 페이지를 열어서 '구성 속성' → '입력' → '추가 종속성'을 선택하자. 참고로 '속성' 페이지는 다양한 경로로 접근이 가능하며, 단축키인 ALT+F7을 눌러도 접근 가능하다.

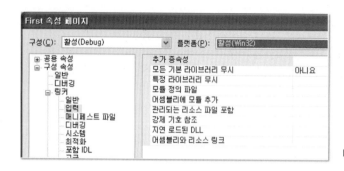

▶ 그림 01-1: 프로젝트 '속성' 페이지

이제 위 그림의 '추가 종속성'의 오른편 빈 공간에 ws2_32.lib를 직접 써 넣을 차례이다. 단, 빈 공간의 오른쪽 끝에 있는 버튼을 눌러서 다음 화면을 띄운 다음에 라이브러리의 이름을 써 넣어도 된다.

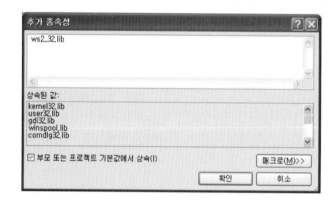

▶ 그림 01-2: 라이브러리의 링크

이로써 라이브러리의 설정도 끝이 났다. 이제 소스파일상에서 헤더파일만 추가시키면, 원속과 관련된 함수를 얼마든지 호출할 수 있다.

추가 종속성 창의 위치는 조금 다를 수 있습니다.

VC++ 버전에 따라서 그림 01-2의 추가 종속성 창의 위치가 조금 다를 수 있다. 기본적으로 다음 두 가지 중 한가지 경로를 통해서 추가 종속성 창을 확인할 수 있다.

- 단축키 ALT+F7 → '구성 속성' → '입력' → '추가 종속성'
- 단축키 ALT+F7 → '구성 속성' → '링커' → '입력' → '추가 종속성'

✚원속(winsock)의 초기화

원속 프로그래밍을 할 때에는 반드시 WSAStartup 함수를 호출해서, 프로그램에서 요구하는 윈도우 소켓의 버전을 알리고, 해당 버전을 지원하는 라이브러리의 초기화 작업을 진행해야 한다.

```
#include <winsock2.h>

int WSAStartup(WORD wVersionRequested, LPWSADATA lpWSAData);

    ➔ 성공 시 0, 실패 시 0이 아닌 에러코드 값 반환
```

    ● wVersionRequested   프로그래머가 사용할 윈속의 버전정보 전달.

    ● lpWSAData   WSADATA라는 구조체 변수의 주소 값 전달.

위의 두 매개변수에 대해서는 별도의 자세한 설명이 필요하다. 먼저 첫 번째 매개변수에 대해 설명하겠다. 윈도우 소켓에는 몇몇 버전이 존재한다. 따라서 사용할 소켓의 버전정보를 WORD형으로 구성해서 (참고로 WORD는 typedef 선언을 통해서 unsigned short로 정의되어 있다), 위 함수의 첫 번째 매개변수 wVersionRequested로 전달해야 한다. 만약에 사용할 소켓의 버전이 1.2라면, 1이 주 버전이고 2가 부 버전이므로 0x0201을 인자로 전달해야 한다.

이렇듯 상위 8비트에는 부 버전 정보를, 하위 8비트에는 주 버전 정보를 표시해서 인자로 전달하게 되는데, 우리는 버전 2.2를 기반으로 프로그래밍을 하기 때문에 0x0202를 인자로 전달하면 된다. 그런데 바이트 단위로 쪼개서 버전정보를 설정하는 것이 조금 번거롭게 느껴질 것이다. 그래서 매크로 함수인 MAKEWORD가 제공되고 있다. 이 함수를 사용하면 다음과 같이 간단히 WORD형 버전정보를 구성할 수 있다.

- `MAKEWORD(1, 2);`   // 주 버전 1, 부 버전 2, 0x0201 반환
- `MAKEWORD(2, 2);`   // 주 버전 2, 부 버전 2, 0x0202 반환

이어서 두 번째 매개변수 lpWSAData에 대해서 설명하겠다. 이 매개변수에는 WSADATA 구조체 변수의 주소 값을 인자로 전달해야 한다(LPWSADATA는 WSADATA의 포인터 형이다). 그러면 함수호출이 완료되고 난 다음에 해당 변수에는 초기화된 라이브러리의 정보가 채워진다. 특별히 큰 의미를 지니지는 않지만, 함수호출을 위해서는 반드시 WSADATA 구조체 변수의 주소 값을 전달해야 한다. 그럼 코드의 앞부분에 등장하는 WSAStartup 함수의 호출과정을 간단히 보이겠다. 참고로 아래의 코드는 윈속 기반의 프로그래밍에서는 거의 공식과 같이 등장한다.

```
int main(int argc, char* argv[])
{
    WSADATA wsaData;
    . . . .
    if(WSAStartup(MAKEWORD(2, 2), &wsaData) != 0)
        ErrorHandling("WSAStartup() error!");
    . . . .
    return 0;
}
```

윈속관련 라이브러리의 초기화 방법에 대해서 설명하였으니, 이번에는 초기화된 라이브러리의 해제 방법에 대해서 설명하겠다. 이를 위해 함수를 하나 소개하겠다. 이 함수가 윈속 라이브러리의 해제에 사용되는 함수이다.

```
#include <winsock2.h>

int WSACleanup(void);

    ➡ 성공 시 0, 실패 시 SOCKET_ERROR 반환
```

위 함수를 호출하면, 할당된 윈속 라이브러리는 윈도우 운영체제에 반환이 되면서, 윈속관련 함수의 호출이 불가능해진다. 따라서 더 이상 윈속관련 함수의 호출이 불필요할 때, 위 함수를 호출하는 것이 원칙이나 프로그램이 종료되기 직전에 호출하는 것이 보통이다.

01-4 : 윈도우 기반의 소켓관련 함수와 예제

이번에는 앞서 설명한 리눅스 소켓관련 함수에 대응하는 윈속 함수들을 소개하겠다. 말 그대로 소개를 할 뿐 자세한 설명은 하지 않는다. 여기서는 리눅스 기반의 소켓 함수와 윈도우 기반의 소켓 함수에 큰 차이가 없음을 느끼는 것이 목적이기 때문이다.

➕ 윈도우 기반 소켓관련 함수들

제일 먼저 소개하는 다음 함수는 리눅스의 socket 함수와 동일한 기능을 제공한다. 참고로 반환형인 SOCKET에 대해서는 잠시 후에 설명한다.

```
#include <winsock2.h>

SOCKET socket(int af, int type, int protocol);
```
    → 성공 시 소켓 핸들, 실패 시 INVALID_SOCKET 반환

다음 함수는 리눅스의 bind 함수와 동일한 기능을 제공한다. 즉, IP주소와 PORT번호의 할당을 목적으로 호출되는 함수이다.

```
#include <winsock2.h>

int bind(SOCKET s, const struct sockaddr * name, int namelen);
```
    → 성공 시 0, 실패 시 SOCKET_ERROR 반환

다음 함수는 리눅스의 listen 함수와 동일한 기능을 제공한다. 즉, 소켓이 클라이언트 프로그램의 연결요청을 받아들일 수 있는 상태가 되게 하는 것을 목적으로 호출되는 함수이다.

```
#include <winsock2.h>

int listen(SOCKET s, int backlog);
```
    → 성공 시 0, 실패 시 SOCKET_ERROR 반환

다음 함수는 리눅스의 accept 함수와 동일한 기능을 제공한다. 즉, 클라이언트 프로그램에서의 연결요청을 수락할 때 호출하는 함수이다.

```
#include <winsock2.h>

SOCKET accept(SOCKET s, struct sockaddr * addr, int * addrlen);
```
    → 성공 시 소켓 핸들, 실패 시 INVALID_SOCKET 반환

다음 함수는 클라이언트 프로그램에서 소켓을 기반으로 연결요청을 할 때 호출하는 함수로써, 리눅스의 connect 함수와 동일한 기능을 제공한다.

```
#include <winsock2.h>

int connect(SOCKET s, const struct sockaddr * name, int namelen);
    ➜ 성공 시 0, 실패 시 SOCKET_ERROR 반환
```

마지막으로 다음 함수는 소켓을 닫을 때 호출하는 함수이다. 리눅스에서는 파일을 닫을 때에도, 소켓을 닫을 때에도 close 함수를 호출하지만, 윈도우에서는 소켓을 닫을 때 호출하는 다음 함수가 별도로 마련되어 있다.

```
#include <winsock2.h>

int closesocket(SOCKET s);
    ➜ 성공 시 0, 실패 시 SOCKET_ERROR 반환
```

이로써 윈도우 기반의 소켓 함수들에 대해 살펴봤는데, 반환형과 매개변수형에는 차이가 있지만, 기능별로 함수의 이름은 동일함을 알 수 있다. 바로 이러한 특징이 두 운영체제 기반의 프로그래밍을 수월하게 하는 이유가 된다.

✛윈도우에서의 파일 핸들과 소켓 핸들

앞서 리눅스는 내부적으로 소켓도 파일로 취급하기 때문에, 파일을 생성하건 소켓을 생성하건 파일 디스크립터가 반환된다고 설명하였다. 반환되는 파일 디스크립터의 값도 일련의 순서대로 넘버링 되는 것까지 예제를 통해 확인하지 않았는가? 마찬가지로 윈도우에서도 시스템 함수의 호출을 통해서 파일을 생성할 때 '핸들(handle)'이라는 것을 반환한다. 즉, 윈도우에서의 핸들은 리눅스에서의 파일 디스크립터에 비교될 수 있다. 그런데 윈도우는 리눅스와 달리 파일 핸들과 소켓 핸들을 구분하고 있다. 물론 핸들이라는 관점에서 바라볼 때는 동일하다고 판단할 수 있지만, 리눅스에서처럼 완벽히 동일하게 취급되지 않는다. 때문에 파일 핸들 기반의 함수와 소켓 핸들 기반의 함수에 차이가 있다. 이점이 리눅스의 파일 디스크립터와 다른 점이다.

핸들에 대해서 간단하게나마 이해했으니, 이제 좀 전에 설명했던 윈도우 기반 소켓관련 함수들을 다시 보

자 그러면 SOCKET이라고 선언되어 있는 매개변수 및 반환형이 무엇인지 감 잡을 수 있을 것이다. 그렇다! 정수로 표현되는 소켓의 핸들 값 저장을 위해서 typedef 선언으로 정의된 새로운 자료형의 이름이다. 이제 socket, listen 그리고 accept와 같은 소켓관련 함수들을 다시 본다면, 리눅스 소켓관련 함수들과 동일하다는 것을 한층 더 실감할 수 있을 것이다.

참고로 원속이 유닉스, 리눅스 계열의 소켓인 BSD 소켓을 모델로 삼았다면, 그대로 따라갈 것이지, 왜 약간의 차이를 두었느냐며 일부 프로그래머들이 좋지 않은 눈으로 바라보는 경우를 종종 본다. MS가 유닉스, 리눅스 계열의 운영체제에서 돌아가는 서버 프로그램을 윈도우상에서 그대로 돌아가지 못하게 하려고 일부러 그랬다는 의견도 있다. 네트워크 프로그램에서 특히 중요하게 여겨지는 이식성 문제를 놓고 보면 그렇게 이야기하는 것도 충분히 이해는 간다. 하지만 필자의 생각은 조금 다르다. 기본적으로 두 운영체제의 커널은 구조적으로 차이가 있으며, 운영체제에 따른 코드의 구현 스타일도 각각 별도로 존재한다. 하다못해 윈도우 프로그래머가 변수에 붙이는 이름의 형태도 리눅스 프로그래머와는 차이가 있다. 그리고 이러한 차이를 그대로 유지하는 것이 여러 가지 측면에서 볼 때 훨씬 자연스럽다. 때문에 이러한 자연스러움을 유지하기 위해서 윈도우 소켓이 BSD 계열의 소켓과 차이를 보인다고 필자는 생각한다.

✛윈도우 기반 서버, 클라이언트 예제의 작성

앞서 보인 리눅스 기반의 서버와 클라이언트 예제를 윈도우 기반으로 변경해 보고자 한다. 참고로 이 코드 역시 전부를 이해하는 것은 현재로서 무리가 따른다. 그러니 전체적으로 소켓관련 함수가 호출되는 부분을 확인하고, 소켓 라이브러리의 초기화와 해제가 진행되는 부분을 확인하는 정도로 만족하면 좋겠다. 그럼 먼저 서버 프로그램의 예를 보이겠다.

❖ hello_server_win.c

```
1.    #include <stdio.h>
2.    #include <stdlib.h>
3.    #include <winsock2.h>
4.    void ErrorHandling(char* message);
5.
6.    int main(int argc, char* argv[])
7.    {
8.        WSADATA wsaData;
9.        SOCKET hServSock, hClntSock;
10.       SOCKADDR_IN servAddr, clntAddr;
11.
12.       int szClntAddr;
13.       char message[]="Hello World!";
14.       if(argc!=2)
15.       {
16.           printf("Usage : %s <port>\n", argv[0]);
17.           exit(1);
18.       }
```

```
19.
20.     if(WSAStartup(MAKEWORD(2, 2), &wsaData)!=0)
21.         ErrorHandling("WSAStartup() error!");
22.
23.     hServSock=socket(PF_INET, SOCK_STREAM, 0);
24.     if(hServSock==INVALID_SOCKET)
25.         ErrorHandling("socket() error");
26.
27.     memset(&servAddr, 0, sizeof(servAddr));
28.     servAddr.sin_family=AF_INET;
29.     servAddr.sin_addr.s_addr=htonl(INADDR_ANY);
30.     servAddr.sin_port=htons(atoi(argv[1]));
31.
32.     if(bind(hServSock, (SOCKADDR*) &servAddr, sizeof(servAddr))==SOCKET_ERROR)
33.         ErrorHandling("bind() error");
34.
35.     if(listen(hServSock, 5)==SOCKET_ERROR)
36.         ErrorHandling("listen() error");
37.
38.     szClntAddr=sizeof(clntAddr);
39.     hClntSock=accept(hServSock, (SOCKADDR*)&clntAddr,&szClntAddr);
40.     if(hClntSock==INVALID_SOCKET)
41.         ErrorHandling("accept() error");
42.
43.     send(hClntSock, message, sizeof(message), 0);
44.     closesocket(hClntSock);
45.     closesocket(hServSock);
46.     WSACleanup();
47.     return 0;
48. }
49.
50. void ErrorHandling(char* message)
51. {
52.     fputs(message, stderr);
53.     fputc('\n', stderr);
54.     exit(1);
55. }
```

- 20행: 소켓 라이브러리를 초기화하고 있다.

- 23, 32행: 23행에서 소켓을 생성하고, 32행에서 이 소켓에 IP주소와 PORT번호를 할당하고 있다.

- 35행: listen 함수호출을 통해서 23행에서 생성한 소켓을 서버 소켓으로 완성하였다.

- 39행: 클라이언트의 연결요청을 수락하기 위해서 accept 함수를 호출하고 있다.

- 43행: send 함수 호출을 통해서 39행에서 연결된 클라이언트에 데이터를 전송하고 있다. send 함수에 대해서는 잠시 후에 별도로 설명한다.

- 46행: 프로그램을 종료하기 전에 20행에서 초기화한 소켓 라이브러리를 해제하고 있다.

소켓 라이브러리의 초기화 및 해제관련 코드, 그리고 자료형 정보에서만 조금 차이가 나고, 나머지는 리눅스 기반 예제와 큰 차이가 없다는 것을 알 수 있을 것이다. 앞서 보인 리눅스 서버 프로그램과 하나씩 비교하면서 어떠한 차이가 있는지 확인하는 정도로 이 예제를 마무리하면 좋겠다. 그럼 이번에는 위 예제와 함께 동작하는 클라이언트 코드를 보이겠다.

❖ hello_client_win.c

```c
1.  #include <stdio.h>
2.  #include <stdlib.h>
3.  #include <winsock2.h>
4.  void ErrorHandling(char* message);
5.
6.  int main(int argc, char* argv[])
7.  {
8.      WSADATA wsaData;
9.      SOCKET hSocket;
10.     SOCKADDR_IN servAddr;
11.
12.     char message[30];
13.     int strLen;
14.     if(argc!=3)
15.     {
16.         printf("Usage : %s <IP> <port>\n", argv[0]);
17.         exit(1);
18.     }
19.
20.     if(WSAStartup(MAKEWORD(2, 2), &wsaData) != 0)
21.         ErrorHandling("WSAStartup() error!");
22.
23.     hSocket=socket(PF_INET, SOCK_STREAM, 0);
24.     if(hSocket==INVALID_SOCKET)
25.         ErrorHandling("socket() error");
26.
27.     memset(&servAddr, 0, sizeof(servAddr));
28.     servAddr.sin_family=AF_INET;
29.     servAddr.sin_addr.s_addr=inet_addr(argv[1]);
30.     servAddr.sin_port=htons(atoi(argv[2]));
31.
32.     if(connect(hSocket, (SOCKADDR*)&servAddr, sizeof(servAddr))==SOCKET_ERROR)
33.         ErrorHandling("connect() error!");
34.
35.     strLen=recv(hSocket, message, sizeof(message)-1, 0);
36.     if(strLen==-1)
37.         ErrorHandling("read() error!");
38.     printf("Message from server: %s \n", message);
39.
```

```
40.      closesocket(hSocket);
41.      WSACleanup();
42.      return 0;
43. }
44.
45. void ErrorHandling(char* message)
46. {
47.      fputs(message, stderr);
48.      fputc('\n', stderr);
49.      exit(1);
50. }
```

- 20행: 소켓 라이브러리를 초기화하고 있다.
- 23, 32행: 23행에서 소켓을 생성하고, 32행에서 생성된 소켓을 바탕으로 서버에 연결요청을 하고 있다.
- 35행: recv 함수호출을 통해서 서버로부터 전송되는 데이터를 수신하고 있다. 이 함수에 대해서는 잠시 후에 별도로 설명한다.
- 41행: 20행에서 초기화한 소켓 라이브러리를 해제하고 있다.

그럼 위 예제를 실행해 보자. 컴파일을 위한 프로젝트의 구성은 여러분이 C언어를 공부하면서 구성했던 프로젝트 구성과 동일하다. 다만 ws2_32.lib에 대한 라이브러리의 설정과정이 추가되었을 뿐이다.

❖ 실행결과: hello_server_win.c

```
●●●    command prompt

  C:\tcpip>hServerWin 9190
```

실행파일의 이름이 hServerWin.exe라는 가정하에서의 실행결과를 보이고 있다. 제대로 실행되었다면 리눅스 기반의 예제를 실행했을 때와 마찬가지로 멈춰서 있게 된다. 이는 서버 프로그램의 accept 함수가 호출되면서 멈춘 것이다. 그럼 이번에는 클라이언트 프로그램을 실행시켜보자. 참고로 클라이언트 프로그램의 실행파일 이름은 hClientWin.exe라 가정하겠다.

❖ 실행결과: hello_client_win.c

```
●●●    command prompt

  C:\tcpip>hClientWin 127.0.0.1 9190
  Message from server: Hello World!
```

윈도우 기반 입출력 함수

리눅스는 소켓도 파일로 간주하기 때문에, 파일 입출력 함수인 read와 write를 이용해서 데이터를 송수신할 수 있다. 그러나 윈도우는 상황이 좀 다르다. 파일 입출력 함수와 소켓 입출력 함수가 엄연히 구분되기 때문이다. 따라서 이번에는 윈도우 소켓 기반의 데이터 입출력 함수를 소개하겠다.

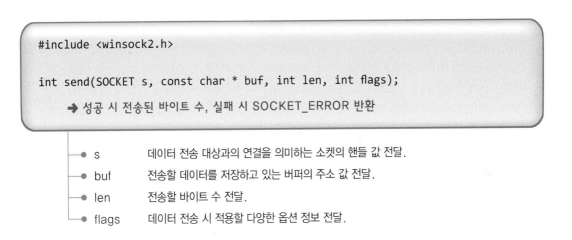

위 함수를 리눅스의 write 함수와 비교해보면, 마지막 매개변수 flags가 존재하는 것 이외에는 차이가 없음을 알 수 있다. 참고로 send 함수의 마지막 매개변수에 대해서는 나중에 언급할 것이니, 그때까지 아무런 옵션을 설정하지 않는다는 의미로 0을 전달하자. 그런데 여기서 주의할 점이 하나 있다. 그것은 send 함수가 윈도우에만 존재하는 함수가 아니라는 점이다. 리눅스에도 동일한 함수가 존재한다. 즉, 이 함수도 BSD 소켓이 기원이다. 그러나 필자는 리눅스 예제에서는 당분간 read, write 함수만 사용할 것이다. 이는 리눅스에서의 파일 입출력과 소켓 입출력의 동일함을 강조하기 위함이다. 그러나 윈도우 기반에서는 리눅스의 read, write 함수를 사용할 수 없으므로 위의 send 함수와 이어서 소개하는 recv 함수를 사용하겠다.

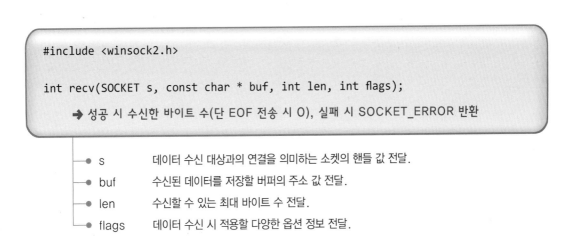

윈도우 기반 예제에서는 조금 일찍부터 send, recv 함수를 등장시켰다고 보면 된다. 이 둘은 이후에 리눅스 기반 예제에서도 등장시킬 것이다. 그러니 리눅스의 read, write 함수가 윈도우의 send, recv 함수에 대응한다고 오해하지 않기 바란다. 그리고 send, recv 함수의 사용 예는 앞서 보인 서버, 클라이언트 프로그램에서도 확인이 가능하므로 별도의 예제를 제시하지는 않겠다.

이해하고 넘어가세요!　**윈도우냐? 리눅스냐?**

과거에는 서버 프로그래밍을 한다고 하면, 대부분의 프로그래머가 리눅스와 유닉스를 떠올리곤 했다. 그때까지만 해도 윈도우는 개인사용자를 위한 운영체제라는 인식이 강했기 때문이다. 윈도우 계열에도 서버 운영을 위한 별도의 운영체제가 있음에도 불구하고 네트워크 프로그래머들의 선택은 리눅스와 유닉스에 기울어져 있었다. 그러나 미디어 데이터를 전송하는 미디어 서버의 중요도가 매우 높게 인식되고 있는 현 시점에서 프로그래머의 생각도 많이 바뀌었고, 실제로 구현해야 하는 서버 프로그램의 성격과 환경에 따라서 운영체제는 다양하게 선택되고 있다. 따라서 여러분이 네트워크 프로그래밍에 전문성을 갖추고 싶다면 다양한 운영체제를 기반으로 프로그래밍이 가능해야 한다.

01. 네트워크 프로그래밍에서 소켓이 담당하는 역할은 무엇인가? 그리고 소켓이라는 이름이 붙은 이유는 어디에 있는가?

02. 서버 프로그램에서는 소켓생성 이후에 listen 함수와 accept 함수를 차례대로 호출한다. 그렇다면 이들의 역할은 각각 무엇인지 비교해서 설명해보자.

03. 리눅스의 경우 파일 입출력 함수를 소켓 기반의 데이터 입출력에 사용할 수 있다. 반면 윈도우에서는 이것이 불가능하다. 그렇다면 리눅스에서는 가능하고, 윈도우에서는 불가능한 이유가 무엇인가?

04. 소켓을 생성한 다음에는 주소할당의 과정을 거친다. 그렇다면 주소할당이 필요한 이유는 무엇이며, 이를 목적으로 호출하는 함수는 또 무엇인가?

05. 리눅스의 파일 디스크립터와 윈도우의 핸들이 의미하는 바는 사실상 같다. 그렇다면 이들이 의미하는 바가 무엇인지 소켓을 대상으로 설명해보자.

06. 저 수준 파일 입출력 함수와 ANSI 표준에서 정의하는 파일 입출력 함수는 어떠한 차이가 있는가?

07. 본문에서 보인 예제 low_open.c와 low_read.c를 참조하여 파일 복사 프로그램을 작성하되, 저 수준 파일 입출력 함수를 기반으로, 그리고 ANSI 표준 입출력 함수를 기반으로 각각 한번씩 작성해보자. 그리고 복사 프로그램의 사용방법은 여러분이 임의로 결정하기 바란다.

소켓의 타입과
프로토콜의 설정

Chapter 02와 03은 상대적으로 내용이 딱딱하다. 소켓 프로그래밍에 필요한 기본을 언급하기 때문이다. 하지만 실질적인 네트워크 프로그래밍이 시작되는 Chapter 04에 들어가기 전에 기반을 다진다는 생각으로 두 번 정도 정독하기 바란다.

여러분은 이미 소켓에 대한 개념적인 이해를 갖추었다. 따라서 이번에는 소켓의 생성방법과 소켓 별 특성을 언급하고자 한다. 즉, 이 Chapter 전반에 걸쳐서 소켓을 생성할 때 호출하는 socket 함수 하나만을 알아보자는 것이니 가벼운 마음으로 시작하면 좋겠다.

02-1 ; 소켓의 프로토콜과 그에 따른 데이터 전송 특성

프로토콜이라는 단어가 처음에는 상당히 어렵게 느껴진다고 한다. 물론 필자의 학창시절을 생각해봐도 이는 다르지 않은 것 같다. 그러나 앞으로는 프로토콜이라는 표현에 익숙해져야 한다. 네트워크 프로그래밍에서 프로토콜을 빼면 할 말이 별로 없기 때문이다. 그래서 먼저 프로토콜이라는 단어에 대한 설명부터 시작하고자 한다.

✚ 프로토콜(Protocol)이란 무엇인가?

멀리 떨어져있는 두 사람이 대화를 주고받기 위해서는 나름의 대화방법을 결정해야 한다. 한 사람이 전화를 통해서 대화를 시도하면, 다른 한 사람도 전화를 통해서 대화를 해야지 편지를 쓸 수는 없는 일 아닌가? 그렇다면 이 두 사람의 대화방법은 전화가 된다. 때문에 이 두 사람이 대화에 사용한 '프로토콜(protocol)'은 전화라고 이야기할 수 있다. 이렇듯 프로토콜이란 대화에 필요한 통신규약을 의미한다. 그리고 이러한 프로토콜의 개념은 컴퓨터의 관점에서 다음과 같이 정리할 수 있다.

"컴퓨터 상호간의 대화에 필요한 통신규약"

이제 프로토콜이라는 단어의 의미가 이해되는가? 쉽게 말해서 프로토콜은 약속이다. 서로 데이터를 주고받기 위해서 정의해 놓은 약속을 뜻한다.

✚ 소켓의 생성

소켓의 생성에 사용되는 socket 함수는 Chapter 01에서 간단히 설명하였다. 그러나 여기서 다시 한번 소개하겠다. 이번 Chapter의 목적이 이 함수 하나를 제대로 이해하는데 있기 때문이다.

```
#include <sys/socket.h>

int socket(int domain, int type, int protocol);
    ➜ 성공 시 파일 디스크립터, 실패 시 -1 반환
```

- domain 소켓이 사용할 프로토콜 체계(Protocol Family) 정보 전달.
- type 소켓의 데이터 전송방식에 대한 정보 전달.
- protocol 두 컴퓨터간 통신에 사용되는 프로토콜 정보 전달.

Chapter 01에서는 위 함수의 매개변수에 대해서 언급하지 않았다. 그러나 소켓의 생성을 위해서는 매개변수의 이해가 필수이다. 따라서 각각에 대해서 자세히 살펴보겠다.

✚ 프로토콜 체계(Protocol Family)

스파게티에는 크림소스 스파게티가 있고, 토마토소스 스파게티가 있다(필자 수준에서의 판단이다). 그런데 이 둘은 모두 스파게티의 부류에 속한다. 이렇듯 소켓이 통신에 사용하는 프로토콜도 부류가 나뉜다. 그리고 socket 함수의 첫 번째 인자로, 생성되는 소켓이 사용할 프로토콜의 부류정보를 전달해야 한다. 이러한 부류정보를 가리켜 '프로토콜 체계'라 하며, 프로토콜 체계의 종류는 다음과 같다.

이름	프로토콜 체계(Protocol Family)
PF_INET	IPv4 인터넷 프로토콜 체계
PF_INET6	IPv6 인터넷 프로토콜 체계
PF_LOCAL	로컬 통신을 위한 UNIX 프로토콜 체계
PF_PACKET	Low Level 소켓을 위한 프로토콜 체계
PF_IPX	IPX 노벨 프로토콜 체계

[표 02-1: 헤더파일 sys/socket.h에 선언되어 있는 프로토콜 체계]

위 표에서 보이는 PF_INET에 해당하는 IPv4 인터넷 프로토콜 체계가 이 책에서 주로 설명하는 프로토콜 체계이다. 이외에도 몇몇 프로토콜 체계가 존재하지만 중요도가 떨어지거나 아직 보편화 되지 않은 프로토콜 체계이기 때문에, 이 책에서는 PF_INET에 해당하는 프로토콜 체계에만 초점을 맞춰서 설명을 진행한다. 그리고 잠시 후에 소개하겠지만, 실제 소켓이 사용할 최종 프로토콜 정보는 socket 함수의 세 번째 인자를 통해서 전달하게 되어 있다. 단, 첫 번째 인자를 통해서 지정한 프로토콜 체계의 범위 내에서 세 번째 인자가 결정되어야 한다.

✚ 소켓의 타입(Type)

소켓의 타입이란 소켓의 데이터 전송방식을 의미하는데, 바로 이 정보를 socket 함수의 두 번째 인자로 전달해야 한다. 그래야 생성되는 소켓의 데이터 전송방식을 결정할 수 있기 때문이다. 그런데 필자의 이러한 설명이 애매하게 느껴질 수 있다. socket 함수의 첫 번째 인자를 통해서 프로토콜 체계정보를 전달하기 때문이다. 하지만 프로토콜 체계가 결정되었다고 해서 데이터의 전송방식까지 완전히 결정되는 것은 아니다. 즉, socket 함수의 첫 번째 인자로 전달되는 PF_INET에 해당하는 프로토콜 체계에도 둘 이상의 데이터 전송방식이 존재한다.

그럼 이어서 대표적인 데이터 전송방식 두 가지를 소개하겠다. 이는 소켓을 이해하는데 매우 중요한 특징이니 명확히 이해하고 넘어가기 바란다.

소켓의 타입 1: 연결지향형 소켓(SOCK_STREAM)

socket 함수의 두 번째 인자로 SOCK_STREAM을 전달하면 '연결지향형 소켓'이 생성된다. 그렇다면 연결지향형 소켓은 어떠한 특성을 지닐까? 오른쪽 그림은 두 사람이 하나의 라인을 통해서 물건을 주고받는 상황을 보여주는데, 연결지향형 소켓의 데이터 송수신 방식은 이에 비유할 수 있다.

위 그림이 보이는, 데이터(사탕) 송수신 방식의 특징을 정리하면 다음과 같다.

- 중간에 데이터가 소멸되지 않고 목적지로 전송된다.
- 전송 순서대로 데이터가 수신된다.
- 전송되는 데이터의 경계(Boundary)가 존재하지 않는다.

우선 위 그림에서는 독립된 별도의 전송라인을 통해서 데이터를(사탕을) 전달하기 때문에 라인상의 문제만 없다면, 데이터가 소멸되지 않음을 보장받을 수 있다. 뿐만 아니라, 먼저 보내진 데이터보다 뒤에 보내진 데이터가 일찍 도착할 수 없다. 전송라인에 올려진 순서대로 데이터가 전달되기 때문이다. 마지막으로 데이터의 경계가 존재하지 않음은 다음의 상황을 표현한 것이다.

"사탕 100개가 여러 번에 걸쳐서 보내졌다. 그러나 받는 사람은 사탕 100개가 쌓인 다음에 이를 한번에 봉지에 담아갔다."

위의 상황은 앞서 설명한 write와 read 함수에 적용하면 다음과 같은 상황으로 이어질 수 있음을 의미한다.

"데이터를 전송하는 컴퓨터가 세 번의 write 함수호출을 통해서 총 100바이트를 전송하였다. 그런데 데이터를 수신하는 컴퓨터는 한 번의 read 함수호출을 통해서 100바이트 전부를 수신하였다."

데이터를 송수신하는 소켓은 내부적으로 버퍼(buffer), 쉽게 말해서 바이트 배열을 지니고 있다. 그리고 소켓을 통해 전송되는 데이터는 일단 이 배열에 저장된다. 때문에 데이터가 수신되었다고 해서 바로 read 함수를 호출해야 하는 것은 아니다. 이 배열의 용량을 초과하지 않는 한, 데이터가 채워진 후에 한 번의 read 함수호출을 통해서 데이터 전부를 읽어 들일수도 있고, 반대로 한번의 write 함수호출로 전송된 데이터 전부를 여러 번의 read 함수 호출을 통해서 읽어 들일수도 있다. 즉, read 함수의 호출횟수와 write 함수의 호출횟수는 연결지향형 소켓의 경우 큰 의미를 갖지 못한다. 때문에 연결지향형 소켓은 데이터의 경계가 존재하지 않는다고 말하는 것이다. 잠시 후에는 이러한 특성의 확인을 위한 예제 하나를 제시하도록 하겠다.

바로 위에서, 수신되는 데이터의 저장을 위한, 바이트 배열로 이뤄진 버퍼가 소켓에 존재한다고 설명하였다. 그렇다면 이 버퍼가, 수신되는 데이터로 꽉 채워지면 어떻게 될까? 그 이후로 전송되는 데이터는 그냥 소멸이 될까?

일단 이 버퍼에 수신된 데이터는, read 함수호출을 통해서 데이터가 읽혀지면 읽혀진 만큼 버퍼에서 비워지게 된다. 따라서 버퍼가 마냥 채워진 상태에 놓이진 않는다. 하지만 read 함수호출로 읽혀지는 데이터의 양보다 많은 양의 데이터가 수신되면 버퍼도 꽉 찰 수 있다. 그리고 이 상태에 놓인 소켓은 더 이상 데이터를 수신할 수 없다. 하지만 이 상황에 놓여도 전송되는 데이터가 소멸되는 일은 발생하지 않는다. 데이터를 전송하는 영역의 소켓이 더 이상 데이터를 전송하지 않기 때문이다. 즉, 지금 설명하는 연결지향형 소켓은 자신과 연결된 상대 소켓의 상태를 파악해가면서 데이터를 전송한다. 혹 데이터가 제대로 전송되지 않으면 데이터를 재전송하기까지 한다. 따라서 연결지향형 소켓의 데이터손실은 특별한 경우가 아니면 발생하지 않는다.

마지막으로 하나 더 언급하고 싶은 것이 있다. 위의 그림을 보면 일하는 사람이 보내는 쪽에 한 명, 받는 쪽에 또 한 명이 있음을 알 수 있다. 이는 연결지향형 소켓의 다음 특성을 반영하여 그려진 그림이다.

"소켓 대 소켓의 연결은 반드시 1대 1이어야 한다."

즉, 연결지향형 소켓 하나는 다른 연결지향형 소켓 하나와만 연결이 가능하다. 그럼 지금까지 설명한 연결지향형 소켓의 특성을 하나의 문장으로 정리해 보자.

"신뢰성 있는 순차적인 바이트 기반의 연결지향 데이터 전송 방식의 소켓"

필자 나름대로는 쉽게 압축하려고 했음에도 불구하고 조금 어렵게 느껴진다. 그렇다면 문장의 표현에 신경쓰기보다 문장이 의미하는 바를 별도로 이해하고 있어도 된다.

✛소켓의 타입 2: 비 연결지향형 소켓(SOCK_DGRAM)

socket 함수의 두 번째 인자로 SOCK_DGRAM을 전달하면 '비 연결지향형 소켓'이 생성된다. 그리고 비 연결 지향형 소켓은 엄청난 속도로 이동하는 오토바이 택배 서비스에 비유할 수 있다. 오른쪽 그림에서 보이는, 오토바이 택배의 물건(데이터) 송수신 방식의 특징을 정리하면 다음과 같다.

• 전송된 순서에 상관없이 가장 빠른 전송을 지향한다.

- 전송된 데이터는 손실의 우려가 있고, 파손의 우려가 있다.
- 전송되는 데이터의 경계(Boundary)가 존재한다.
- 한번에 전송할 수 있는 데이터의 크기가 제한된다.

여러분도 알다시피 택배는 속도가 생명이다. 따라서 서로 다른 오토바이에 실려서 동일한 목적지를 향하는 두 개의 물건은, 출발순서에 상관없이 최대한 빨리 목적지를 향하게 된다. 뿐만 아니라 택배는 그 특성상 손실 및 파손의 우려가 있다. 그리고 오토바이에 실어서 보낼 수 있는 물건의 크기도 제한이 된다. 따라서 많은 양의 물건을 목적지로 보내기 위해서는 두 번 이상에 걸쳐서 물건을 나눠 보내야 한다. 그리고 택배 물건 두 개가 각각 별도의 오토바이에 실려서 목적지로 향하면, 물건을 받는 사람도 두 번에 걸쳐서 물건을 수령해야 한다. 택배를 통해 수령할 물건이 두 개인데, 이를 세 번에 나눠서 수령할 수는 없지 않은가? 이러한 전송 특성을 두고 "전송되는 데이터의 경계가 존재한다."고 말한다.

지금 설명한 오토바이 택배의 특징이 '비 연결지향형 소켓'의 특징이다. 즉, 비 연결지향형 소켓은 연결지향형 소켓에 비해 데이터의 전송속도는 빠르나, 데이터의 손실 및 훼손이 발생하지 않음을 보장하지 않는다. 그리고 한번에 전송할 수 있는 데이터의 크기가 제한이 되며, 데이터의 경계가 존재한다. 데이터의 경계가 존재한다는 것은 데이터를 전송할 때 두 번의 함수 호출이 수반되었다면, 데이터를 수신할 때에도 두 번의 함수 호출이 수반되어야 함을 의미한다. 그럼 지금까지 설명한 비 연결지향형 소켓의 특성을 한 문장으로 정리해 보겠다.

"신뢰성과 순차적 데이터 전송을 보장하지 않는, 고속의 데이터 전송을 목적으로 하는 소켓"

참고로 비 연결지향형 소켓은 연결지향형 소켓과 달리 연결이라는 개념이 존재하지 않는데, 이는 이후에 다른 Chapter에서 다시 소개할 것이다.

✚ 프로토콜의 최종선택!

이제 socket 함수의 세 번째 인자에 대해 살펴볼 차례이다. 이는 최종적으로 소켓이 사용하게 될 프로토콜 정보를 전달하는 목적으로 존재한다. 그런데 조금 이상하지 않은가? socket 함수의 첫 번째, 그리고 두 번째 전달인자를 통해서 프로토콜 체계와 소켓의 데이터 전송방식에 대한 정보까지 전달을 하는데, 사실 이 정도면 프로토콜 결정에 충분한 정보가 된다고 생각되지 않는가? 그럼에도 불구하고 세 번째 인자를 통해서 프로토콜 정보를 추가로 전달하는 이유는 어디에 있을까?

여러분의 생각대로 socket 함수의 첫 번째, 그리고 두 번째 전달인자를 통해서도 충분히 원하는 유형의 소켓을 생성할 수 있다. 따라서 대부분의 경우, 세 번째 인자로 그냥 0을 넘겨줘도 우리가 원하는 소켓을 생성할 수 있다. 하지만 다음과 같은 상황 때문에 세 번째 인자는 필요하다.

"하나의 프로토콜 체계 안에 데이터의 전송방식이 동일한 프로토콜이 둘 이상 존재하는 경우"

즉, 소켓의 데이터 전송방식은 같지만, 그 안에서도 프로토콜이 다시 나뉘는 상황이 존재할 수 있다. 그리고 이러한 경우에는 세 번째 인자를 통해서 원하는 프로토콜 정보를 조금 더 구체화해야 한다.

자! 그럼 지금까지 설명한 내용을 토대로 소켓의 생성과정에서 socket 함수에 전달할 수 있는 인자정보

를 구성해보자. 먼저 다음 요구사항을 만족하는 소켓의 생성문을 구성해보자.

"IPv4 인터넷 프로토콜 체계에서 동작하는 연결지향형 데이터 전송 소켓"

위 문장에서 'IPv4'라는 것은 인터넷 주소체계와 관련이 있는데, 이에 대해서는 이후에 별도로 설명을 하겠으니, 이 책에서는 IPv4 기반으로 내용이 전개된다는 사실만 기억하기 바란다. PF_INET이 IPv4 인터넷 프로토콜 체계를 의미하고, SOCK_STREAM이 연결지향형 데이터 전송을 의미한다. 그런데 이두 가지 조건을 만족시키는 프로토콜은 IPPROTO_TCP 하나이기 때문에 다음과 같이 socket 함수 호출문을 구성하면 된다. 그리고 이때 생성되는 소켓을 가리켜 'TCP 소켓'이라 한다.

```
int tcp_socket=socket(PF_INET, SOCK_STREAM, IPPROTO_TCP);
```

그럼 이번에는 다음 요구사항을 만족하는 소켓의 생성문을 구성해보자.

"IPv4 인터넷 프로토콜 체계에서 동작하는 비 연결지향형 데이터 전송 소켓"

SOCK_DGRAM이 비 연결지향형 데이터 전송을 의미하고, 위의 조건을 만족하는 프로토콜은 IPPROTO_UDP 하나이기 때문에 다음과 같이 socket 함수 호출문을 구성하면 된다. 그리고 이때 생성되는 소켓을 가리켜 'UDP 소켓'이라 한다.

```
int udp_socket=socket(PF_INET, SOCK_DGRAM, IPPROTO_UDP);
```

이 두 문장을 설명하기 위해서 많은 것을 말하였는데, 이는 이 두 문장에 의해서 생성되는 소켓의 특성을 이해시키기 위함이었다.

✛연결지향형 소켓! TCP 소켓의 예

UDP 소켓에 대해서는 별도의 Chapter에서 설명이 전개되니, 여기서는 연결지향형 소켓인 TCP 소켓의 특성을 파악하기 위한 예제만 제시하겠다. 이 예제는 Chapter 01의 다음 두 소스파일을 변경해서 작성한 것이다.

- hello_server.c → tcp_server.c   변경사항 없음!
- hello_client.c → tcp_client.c   read 함수의 호출방식 변경!

앞서 작성한 예제 hello_server.c와 hello_client.c가 TCP 소켓 기반의 예제이니, 이를 조금 변경해서 TCP 소켓의 다음 특성을 확인해 보려고 한다.

"전송되는 데이터의 경계(Boundary)가 존재하지 않는다."

이의 확인을 위해서는 write 함수의 호출횟수와 read 함수의 호출횟수를 불일치 시켜봐야 된다. 때문에 read 함수를 호출하는 클라이언트 프로그램에서는 여러 번의 read 함수를 호출해서 서버 프로그램이 전송한 데이터 전부를 수신하는 형태로 변경하였다.

❖ tcp_client.c

```
1.   #include <"헤더정보는 hello_client.c와 동일하므로 생략합니다">
2.   void error_handling(char *message);
3.
4.   int main(int argc, char* argv[])
5.   {
6.       int sock;
7.       struct sockaddr_in serv_addr;
8.       char message[30];
9.       int str_len=0;
10.      int idx=0, read_len=0;
11.
12.      if(argc!=3){
13.          printf("Usage : %s <IP> <port>\n", argv[0]);
14.          exit(1);
15.      }
16.
17.      sock=socket(PF_INET, SOCK_STREAM, 0);
18.      if(sock == -1)
19.          error_handling("socket() error");
20.
21.      memset(&serv_addr, 0, sizeof(serv_addr));
22.      serv_addr.sin_family=AF_INET;
23.      serv_addr.sin_addr.s_addr=inet_addr(argv[1]);
24.      serv_addr.sin_port=htons(atoi(argv[2]));
25.
26.      if(connect(sock, (struct sockaddr*)&serv_addr, sizeof(serv_addr))==-1)
27.          error_handling("connect() error!");
28.
29.      while(read_len=read(sock, &message[idx++], 1))
30.      {
31.          if(read_len==-1)
32.              error_handling("read() error!");
33.
34.          str_len+=read_len;
35.      }
36.
37.      printf("Message from server: %s \n", message);
38.      printf("Function read call count: %d \n", str_len);
39.      close(sock);
40.      return 0;
41.  }
42.
43.  void error_handling(char *message)
44.  {
45.      // 이전 예제와 동일하므로 생략!
```

```
46. }
```

해 설

- 17행: TCP 소켓을 생성하고 있다. 첫 번째 인자와 두 번째 인자로 각각 PF_INET, SOCK_STREAM가 전달되면 세 번째 인자인 IPPROTO_TCP은 생략 가능하다.
- 29행: while문 안에서 read 함수를 반복 호출하고 있다. 중요한 것은 이 함수가 호출될 때마다 1바이트씩 데이터를 읽어 들인다는 점이다. 그리고 read 함수가 0을 반환하면 이는 거짓을 의미하기 때문에 while문을 빠져나간다.
- 34행: 이 문장이 실행될 때 변수 read_len에 저장되어 있는 값은 항상 1이다. 29행에서 1바이트씩 데이터를 읽고 있기 때문이다. 결국 while문을 빠져나간 이후에 str_len에는 읽어 들인 바이트 수가 저장된다.

위 예제와 함께 실행해야 하는 서버 프로그램인 tcp_server.c는 hello_server.c와 완전히 동일하므로 소스코드의 소개는 생략하겠다. 그리고 실행방식도 hello_server.c, hello_client.c와 동일하니, 클라이언트에 해당하는 위 예제의 실행결과만 보이겠다.

❖ **실행결과: tcp_client.c**

```
root@my_linux
root@my_linux:/tcpip# gcc tcp_client.c -o hclient
root@my_linux:/tcpip# ./hclient 127.0.0.1 9190
Message from server: Hello World!
Function read call count: 13
```

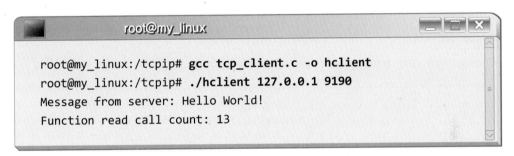

위의 실행결과를 통해서 서버가 전송한 13바이트짜리 데이터를 총 13회의 read 함수호출로 읽어 들였음을 알 수 있다. 이 예제에서 보인 TCP 소켓의 데이터 전송특성을 반드시 기억하기 바란다.

02-2 : 윈도우 기반에서 이해 및 확인하기

앞서 설명한 소켓의 유형과 그에 따른 전송특성들은 운영체제에 상관없이 동일한 내용이다. 즉, 윈도우 기반이라고 해서 달라지는 것도 없고, 추가로 설명할 것도 없다. 다만 함수의 반환형에 대한 정보만 조금 확인하면 된다.

╋윈도우 운영체제의 socket 함수

함수의 이름과 인자로 전달되는 상수의 이름까지도 리눅스와 동일하다. 다만 반환형에서 조금 차이가 나는데, 이에 대한 설명을 위해서 socket 함수를 다시 한번 여러분에게 보이고자 한다.

```
#include <winsock2.h>

SOCKET socket(int af, int type, int protocol);

    ➜ 성공 시 소켓 핸들, 실패 시 INVALID_SOCKET 반환
```

위 함수를 호출할 때 전달하는 인자의 종류와 의미가 리눅스의 socket 함수와 완전히 동일하다. 따라서 추가적인 설명은 생략하겠다. 다만 반환형에 대해서는 설명이 조금 필요하다. 보다시피 반환형이 SOCKET인데, 이는 정수로 표현되는 소켓의 핸들 값을 저장하기 위해 정의된 자료형의 이름이다. 즉, 위 함수가 반환하는 값은 SOCKET형 변수를 하나 선언해서 저장해야 한다. 사실 반환되는 값이 정수이다 보니, int형 변수를 하나 선언해서 값을 저장해도 된다. 리눅스에서와 마찬가지로 말이다. 그러나 앞으로의 확장성을 고려해서 SOCKET이라는 이름의 자료형이 정의되었으니 여러분도 이를 그냥 소켓의 핸들 값 저장에 필요한 자료형으로 인식하기 바란다. MS에서 원하는 바도 이것이니 말이다. 그러니 앞으로는 SOCKET을 소켓의 핸들 값 저장을 위한 하나의 자료형으로 그냥 인정해 주자!

마찬가지로 오류발생시 반환하는 INVALID_SOCKET도 오류발생을 알리는 하나의 상수라고만 기억을 하자! 사실 이 값은 -1이다. 그러나 이것이 -1이냐 아니냐는 결코 중요한 문제가 아니다. 여러분이 다음과 같이 코드를 작성하지 않는 한 말이다.

```
SOCKET soc=socket(PF_INET, SOCK_STREAM, IPPROTO_TCP);
if(soc==-1)
    ErrorHandling(". . . ");
```

여러분이 위와 같이 코드를 작성한다면, MS에서 INVALID_SOCKET이라는 상수를 정의한 의미가 없어진다! 따라서 다음과 같이 코드를 작성해야 한다. 그래야 MS에서 향후에 INVALID_SOCKET의 값을 변경해도 문제가 발생하지 않는다.

```
SOCKET soc=socket(PF_INET, SOCK_STREAM, IPPROTO_TCP);
if(soc==INVALID_SOCKET)
    ErrorHandling(". . . ");
```

이는 아주 사소해 보이지만, 매우 중요한 것이다.

윈도우 기반 TCP 소켓의 예

앞서 보인 tcp_server.c, tcp_client.c를 윈도우 기반으로 변경해 보겠다. 마찬가지로 다음의 형태로 변경하면 된다.

- hello_server_win.c → tcp_server_win.c   변경사항 없음!
- hello_client_win.c → tcp_client_win.c   read 함수의 호출방식 변경!

이번에도 tcp_client_win.c에 대한 소스코드와 실행결과만 보이겠다. 만약에 tcp_server_win.c의 코드도 눈으로 확인하고 싶다면, Chapter 01의 hello_server_win.c를 참조하거나 오렌지미디어 홈페이지에서 소스코드를 다운로드하기 바란다.

❖ tcp_client_win.c

```
1.  #include <stdio.h>
2.  #include <stdlib.h>
3.  #include <winsock2.h>
4.  void ErrorHandling(char* message);
5.
6.  int main(int argc, char* argv[])
7.  {
8.      WSADATA wsaData;
9.      SOCKET hSocket;
10.     SOCKADDR_IN servAddr;
11.
12.     char message[30];
13.     int strLen=0;
14.     int idx=0, readLen=0;
15.
16.     if(argc!=3)
17.     {
18.         printf("Usage : %s <IP> <port>\n", argv[0]);
19.         exit(1);
```

```
20.     }
21.
22.     if(WSAStartup(MAKEWORD(2, 2), &wsaData) != 0)
23.         ErrorHandling("WSAStartup() error!");
24.
25.     hSocket=socket(PF_INET, SOCK_STREAM, 0);
26.     if(hSocket==INVALID_SOCKET)
27.         ErrorHandling("hSocket() error");
28.
29.     memset(&servAddr, 0, sizeof(servAddr));
30.     servAddr.sin_family=AF_INET;
31.     servAddr.sin_addr.s_addr=inet_addr(argv[1]);
32.     servAddr.sin_port=htons(atoi(argv[2]));
33.
34.     if(connect(hSocket, (SOCKADDR*)&servAddr, sizeof(servAddr))==SOCKET_ERROR)
35.         ErrorHandling("connect() error!");
36.
37.     while(readLen=recv(hSocket, &message[idx++], 1, 0))
38.     {
39.         if(readLen==-1)
40.             ErrorHandling("read() error!");
41.
42.         strLen+=readLen;
43.     }
44.
45.     printf("Message from server: %s \n", message);
46.     printf("Function read call count: %d \n", strLen);
47.
48.     closesocket(hSocket);
49.     WSACleanup();
50.     return 0;
51. }
52.
53. void ErrorHandling(char* message)
54. {
55.     fputs(message, stderr);
56.     fputc('\n', stderr);
57.     exit(1);
58. }
```

- 9, 25행: 9행에서는 socket 함수의 반환 값 저장을 위해서 SOCKET형 변수 하나를 선언하였다. 그리고 25행에서는 socket 함수호출을 통해서 TCP 소켓을 생성하고 있다. 이제 이 두 문장이 눈에 들어올 것이다.

- 37행: while문 안에서 recv 함수호출을 통해, 수신된 데이터를 1바이트씩 읽고 있다.

- 42행: 37행에서 1바이트씩 데이터를 읽고 있기 때문에 이 문장에서 변수 strLen에 실제로 더해지는 값은 1이며, 이는 recv 함수의 호출횟수와 같다.

❖ 실행결과: tcp_client_win.c

```
○○○        command prompt

C:\tcpip>hTCPClientWin 127.0.0.1 9190
Message from server: Hello World!
Function read call count: 13
```

위 예제의 실행방식은 앞서 보인 Chapter 01의 hello_server_win.c, hello_client_win.c의 실행
방식과 동일하므로 클라이언트 프로그램의 실행결과만 보였다. 이로써 Chapter 02가 끝났다. 그리고
여러분은 서버와 클라이언트 프로그램을 조금 더 이해하게 되었다.

내용 확인문제

01. 프로토콜이란 무엇을 의미하는가? 그리고 데이터의 송수신에 있어서 프로토콜을 정의한다는 것은 어떠한 의미가 있는가?

02. 연결지향형 소켓인 TCP 소켓의 전송 특성 세가지를 나열하여라.

03. 다음 중 비 연결지향형 소켓의 특성에 해당하는 것을 모두 고르면?
   a. 전송된 데이터는 손실될 수 있다.
   b. 데이터의 경계(Boundary)가 존재하지 않는다.
   c. 가장 빠른 전송을 목표로 한다.
   d. 한번에 전송할 수 있는 데이터의 크기가 제한되어 있지 않다.
   e. 연결지향형 소켓과 달리 연결이라는 개념이 존재하지 않는다.

04. 다음 유형의 데이터 송수신에 적합한 타입의 소켓은 무엇인지 결정하고, 그러한 결정을 하게 된 이유를 설명해보자.
   a. 서태지와 아이들의 실시간 라이브 방송 멀티미디어 데이터　　( )
   b. 철수가 압축한 텍스트 파일의 전송　　　　　　　　　　( )
   c. 인터넷 뱅킹을 이용하는 고객과 은행 사이에서의 데이터 송수신 ( )

05. 데이터의 경계(Boundary)가 존재하지 않는 소켓은 어떠한 타입의 소켓인가? 그리고 이러한 소켓은 데이터를 수신할 때 무엇을 주의해야 하는지 서술해보자.

06. tcp_server.c와 tcp_client.c에서는 서버가 한번의 write 함수호출을 통해서 전송한 문자열을 여러 차례의 read 함수호출을 통해서 읽어 들였다. 그럼 이번에는 서버가 여러 차례의 write 함수호출을 통해서(횟수는 여러분이 결정!) 전송한 문자열을 클라이언트에서 한번의 read 함수호출을 통해서 읽어 들이는 형태로 예제를 변경해 보자. 단, 이를 위해서 클라이언트는 read 함수의 호출 시기를 다소 늦출 필요가 있다. 서버가 데이터를 모두 전송할 때까지 기다려야 하기 때문이다. 그럼 이를 위해서 리눅스와 윈도우 양쪽 모두에서 다음 유형의 문장을 이용해서 read 또는 recv 함수의 호출시기를 늦추기로 하자.

```
for(i=0; i<3000; i++)
    printf("Wait time %d \n", i);
```

이렇게 CPU에게 불필요한 일을 시켜가면서 실행의 흐름을 지연시키는 것을 가리켜 'Busy Waiting'이라 하는데, 이를 적절히 활용하면 우리에게 필요한 만큼 함수의 호출시기를 늦출 수 있다.

주소체계와 데이터 정렬

Chapter 02에서 소켓의 생성방법에 대해 설명하였다. 이를 전화에 비유해서 이야기한다면 이제 겨우 전화기 한대 들여놓는 방법을 설명한 셈이다. 따라서 이번에는 전화기에 전화번호를 부여하는 방법을 공부해야 한다. 즉, 소켓에 IP와 PORT번호를 할당하는 방법에 대해 공부할 차례가 되었다. 이 역시 상대적으로 지루하게 느껴질 수 있지만, 어렵지 않으며 뒤에서 전개될 재미있는 내용의 학습을 위해 반드시 필요한 내용이다.

03-1 : 소켓에 할당되는 IP주소와 PORT번호

IP는 Internet Protocol의 약자로 인터넷상에서 데이터를 송수신할 목적으로 컴퓨터에게 부여하는 값을 의미한다. 반면 PORT번호는 컴퓨터에게 부여하는 값이 아닌, 프로그램상에서 생성되는 소켓을 구분하기 위해 소켓에 부여되는 번호를 뜻한다. 그럼 이 둘에 대해서 하나씩 살펴보자.

⁺인터넷 주소(Internet Address)

인터넷에 컴퓨터를 연결해서 데이터를 주고받기 위해서는 IP주소를 부여 받아야 한다. 이러한 IP주소체계는 다음과 같이 두 종류로 나뉜다.

- IPv4(Internet Protocol version 4)   4바이트 주소체계
- IPv6(Internet Protocol version 6)   16바이트 주소체계

IPv4와 IPv6의 차이점은 IP주소의 표현에 사용되는 바이트 크기에 있다. 오늘날 우리가 범용적으로 사용하는 주소체계는 IPv4이다! IPv6는 2010년을 전후로 IP주소가 모두 고갈될 것을 염려하여 만들어진 표준인데, 그럼에도 불구하고 아직도 IPv4가 주로 사용되고 있다. 여담이지만 필자가 2003년에 처음 'TCP/IP 소켓 프로그래밍'을 집필할 때만해도 이후 몇 년이 지나서 개정판을 낼 때는 IPv6를 기준으로 책을 집필하게 될 줄 알았다. 하지만 여전히 IPv4를 중심으로 책을 개정하고 있으며, IPv6의 범용적인 사용은 생각보다 오랜 시간이 걸릴 것으로 보인다.

IPv4 기준의 4바이트 IP주소는 네트워크 주소와 호스트(컴퓨터를 의미함) 주소로 나뉘며, 주소의 형태에 따라서 A, B, C, D, E 클래스로 분류가 된다. 다음 그림은 IPv4의 주소체계를 보여준다. 참고로 클래스 E는 일반적이지 않은, 예약되어있는 주소체계이므로 그림에서는 생략하였다.

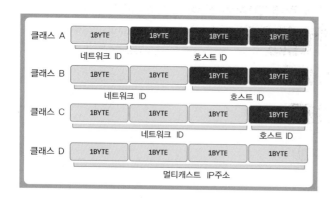

▶ 그림 03-1 : IPv4 주소체계

네트워크 주소(네트워크 ID)란 네트워크의 구분을 위한 IP주소의 일부를 말한다. 예를 들어서 WWW. SEMI.COM이라는 회사의 무대리에게 데이터를 전송한다고 가정해보자. 그런데 이 회사의 컴퓨터는 하나의 로컬 네트워크로 연결되어있다. 그렇다면 먼저 SEMI.COM의 네트워크로 데이터를 전송하는 것이 우선이다. 즉, 처음부터 4바이트 IP주소 전부를 참조해서 무대리의 컴퓨터로 데이터가 전송되는 것이 아니라, 4바이트 IP주소 중에서 네트워크 주소만을 참조해서 일단 SEMI.COM의 네트워크로 데이터가 전송된다. 그리고 SEMI.COM의 네트워크로 데이터가 전송되었다면, 해당 네트워크는(네트워크를 구성하는 라우터는) 전송된 데이터의 호스트 주소(호스트 ID)를 참조하여 무대리의 컴퓨터로 데이터를 전송해준다. 다음 그림은 이러한 데이터의 전송과정을 보이고 있다.

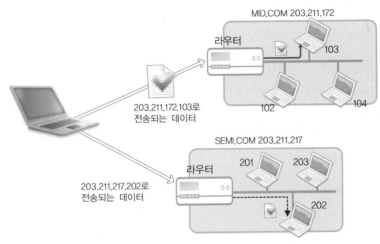

▶ 그림 03-2: IP주소 기반의 데이터 전송과정

위 그림에서 보면 임의의 호스트가 203.211.172.103과 203.211.217.202으로 데이터를 전송하고 있다. 그런데 이 중에서 203.211.172와 203.211.217이 네트워크 주소이다(네트워크 주소의 구분방법은 잠시 후에 설명한다). 따라서 해당 네트워크로 데이터가 전송된다. 단, 네트워크로 데이터가 전송된다는 것은 네트워크를 구성하는 라우터(Router) 또는 스위치(Switch)로 데이터가 전송됨을 뜻한다. 그러면 데이터를 전송 받은 라우터는 데이터에 적혀있는 호스트 주소를 참조하여 호스트에 데이터를 전송해준다.

> **이해하고 넘어가세요!** **라우터와 스위치**
>
> 네트워크를 구성하려면 외부로부터 수신된 데이터를 호스트에 전달하고, 호스트가 전달하는 데이터를 외부로 송신해주는 물리적 장치가 필요하다. 이를 가리켜 라우터 또는 스위치라 하는데, 이것도 그냥 컴퓨터에 지나지 않는다. 다만 특수한 목적을 가지고 설계 및 운영되는 컴퓨터이기 때문에 라우터 또는 스위치라는 별도의 이름을 붙여준 것이다. 때문에 여러분이 사용하고

있는 컴퓨터도 적절한 소프트웨어만 설치 및 구성하면 라우터로 동작시킬 수 있다. 그리고 라우터보다 기능적으로 작은 것을 가리켜 스위치라 부르는데, 사실상 이 둘은 같은 의미로 사용이 된다.

클래스 별 네트워크 주소와 호스트 주소의 경계

IP주소의 첫 번째 바이트만 딱 보면 네트워크 주소가 몇 바이트인지 판단이 가능하다. 왜냐하면 다음과 같이 클래스 별 IP주소의 경계를 나눠놓았기 때문이다.

- 클래스 A의 첫 번째 바이트 범위　　　0이상 127이하
- 클래스 B의 첫 번째 바이트 범위　　　128이상 191이하
- 클래스 C의 첫 번째 바이트 범위　　　192이상 223이하

이는 다음과 같이 달리 표현할 수도 있다.

- 클래스 A의 첫 번째 비트는 항상 0으로 시작
- 클래스 B의 첫 두 비트는 항상 10으로 시작
- 클래스 C의 첫 세 비트는 항상 110으로 시작

이러한 기준이 정해져 있기 때문에 소켓을 통해서 데이터를 송수신할 때, 우리가 별도로 신경 쓰지 않아도 네트워크로 데이터가 이동하고 이어서 최종 목적지인 호스트로 데이터가 전송되는 것이다.

소켓의 구분에 활용되는 PORT번호

IP는 컴퓨터를 구분하기 위한 목적으로 존재한다. 때문에 IP만 있다면 목적지 컴퓨터로 데이터를 전송할 순 있다. 그러나 이것만 가지고 데이터를 수신해야 하는 최종 목적지인 응용프로그램에까지 데이터를 전송할 순 없다. 예를 들어서 현재 여러분이 동영상을 시청하면서 인터넷 서핑을 함께하고 있다고 가정해보자. 그렇다면 동영상 데이터의 수신을 위한 소켓 하나와 인터넷 정보의 수신을 위한 소켓 하나가 최소한으로 필요하다. 그런데 이 둘을 어떻게 구분할 것인가? 쉽게 말해서 여러분의 컴퓨터로 전송되어오는 데이터를 동영상을 실행하는 플레이어에게 전달해주겠는가? 아니면 웹 검색도구인 브라우저에게 전달해주겠는가? 아니 조금 더 문제를 정확히 바라보자. 여러분이 다음의 기능을 갖춘 응용프로그램을 만들었다고 가정해보자.

> "나는 데이터를 주고받는 P2P 프로그램을 개발했어. 이 프로그램은 하나의 파일을 블록단위로 나눠서 동시에 둘 이상의 컴퓨터로부터 데이터를 전송 받지!"

필자는 여러분이 P2P가 무엇인지 조금은 알고 있다고 가정하였다. 하지만 몰라도 된다. 위의 문장에서 말하듯이 둘 이상의 컴퓨터로부터 데이터를 전송 받으려면 둘 이상의 소켓이 생성되어야 하지 않겠는가? 그렇다면 이들 소켓은 어떻게 구분해야 하겠는가?

여러분의 컴퓨터에는 NIC(네트워크 인터페이스 카드)이라 불리는 데이터 송수신장치가 하나씩 달려있다. IP는 데이터를 NIC을 통해 컴퓨터 내부로 전송하는데 사용된다. 그러나 컴퓨터 내부로 전송된 데이터를 소켓에 적절히 분배하는 작업은 운영체제가 담당한다. 이 때 운영체제는 PORT 번호를 활용한다. 즉 NIC을 통해서 수신된 데이터 안에는 PORT번호가 새겨져 있다. 운영체제는 바로 이 정보를 참조해서 일치하는 PORT번호의 소켓에 데이터를 전달하는 것이다.

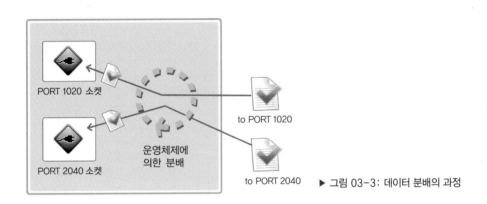

▶ 그림 03-3: 데이터 분배의 과정

이렇듯 PORT번호는 하나의 운영체제 내에서 소켓을 구분하는 목적으로 사용되기 때문에 하나의 운영체제 내에서 동일한 PORT번호를 둘 이상의 소켓에 할당할 수 없다. 그리고 PORT번호는 16비트로 표현된다. 때문에 할당할 수 있는 PORT번호의 범위는 0이상 65535이하이다. 그러나 0부터 1023번까지는 '잘 알려진 PORT(Well-known PORT)'라 해서, 특정 프로그램에 할당하기로 예약되어있기 때문에, 이 범위의 값을 제외한 다른 값을 할당해야 한다. 그리고 PORT번호는 중복이 불가능하지만, TCP 소켓과 UDP소켓은 PORT번호를 공유하지 않기 때문에 중복되어도 상관없다. 즉 TCP 소켓을 생성할 때 9190 PORT번호를 할당했다면, 다른 TCP소켓에는 9190 PORT번호를 할당할 수 없지만, UDP소켓에는 할당할 수 있다.

정리하면 우리가 흔히 말하는 데이터 전송의 목적지 주소에는 IP주소뿐만 아니라 PORT번호도 포함이 된다. 그래야 최종 목적지에 해당하는 응용프로그램에까지(응용프로그램의 소켓까지) 데이터를 전달할 수 있기 때문이다.

03-2 : 주소정보의 표현

응용프로그램상에서의 IP주소와 PORT번호 표현을 위한 구조체가 정의되어 있다. 따라서 이 구조체를 중심으로 목적지 주소의 표현방법에 대해 살펴보겠다. 물론 IPv4 중심으로 살펴볼 것이다

IPv4 기반의 주소표현을 위한 구조체

주소정보를 담을 때에는 다음 세가지 물음에 답이 되도록 담아야 한다. 물론 아래의 질문과 답변을 읽어보면 여러분도 이 사실에 동의할 것이다.

- 질문 1   어떠한 주소체계를 사용하나요?
- 답변 1   IPv4 기반 주소체계를 사용합니다.

- 질문 2   IP주소가 어떻게 되나요?
- 답변 2   211.204.214.76입니다.

- 질문 3   PORT번호는 어떻게 되나요?
- 답변 3   2048번입니다.

그리하여 위의 질문에 답이 될 수 있도록 다음의 형태로 구조체가 정의되었다. 이 구조체는 잠시 후에 소개하는 bind 함수에 주소정보를 전달하는 용도로 사용된다.

```
struct sockaddr_in
{
    sa_family_t      sin_family;    // 주소체계(Address Family)
    uint16_t         sin_port;      // 16비트 TCP/UDP PORT번호
    struct in_addr   sin_addr;      // 32비트 IP주소
    char             sin_zero[8];   // 사용되지 않음
};
```

그리고 위의 구조체 정의에 사용된 또 다른 구조체 in_addr은 다음과 같이 정의되어 있다. 이는 32비트 IP주소정보를 담을 수 있도록 정의되어 있다.

```
struct in_addr
{
    in_addr_t        s_addr;        // 32비트 IPv4 인터넷 주소
};
```

위의 두 구조체 설명에 앞서 생소한 자료형에 대한 소개가 먼저 필요해 보인다. uint16_t, in_addr_t와 같은 자료형의 근거는 POSIX(Portable Operating System Interface)에서 찾을 수 있다. POSIX란 유닉스 계열의 운영체제에 적용하기 위한 표준을 의미한다. 즉 POSIX에서는 다음과 같이 추가로 자료형을 정의하고 있다.

자료형 이름	자료형에 담길 정보	선언된 헤더파일
int8_t uint8_t int16_t uint16_t int32_t uint32_t	signed 8-bit int unsigned 8-bit int (unsigned char) signed 16-bit int unsigned 16-bit int (unsigned short) signed 32-bit int unsigned 32-bit int (unsigned long)	sys/types.h
sa_family_t socklen_t	주소체계(address family) 길이정보(length of struct)	sys/socket.h
in_addr_t in_port_t	IP주소정보, uint32_t로 정의되어 있음 PORT번호정보, uint16_t로 정의되어 있음	netinet/in.h

[표 03-1: POSIX에서 정의하고 있는 자료형]

위의 자료형 정보만 참조를 해도 앞서 보인 구조체의 의미를 파악할 수 있을 것이다. 그런데 왜 이러한 식으로 자료형을 별도로 정의해놓은 것일까? 이전에도 언급했지만 이는 확장성을 고려한 결과이다. 즉, int32_t라는 자료형을 사용한다면, 이는 어떠한 경우에도 4바이트 자료형임을 보장받을 수 있다. 혹 이후에 자료형 int가 64비트로 표현되는 날이 오더라도 말이다.

✛구조체 sockaddr_in의 멤버에 대한 분석

자 그럼 이제 구조체의 멤버 별로 어떠한 의미를 지니고 또 어떠한 정보로 채워지는지 하나씩 살펴보겠다.

✔ 멤버 sin_family

프로토콜 체계마다 적용하는 주소체계가 다르다. 예를 들어서 IPv4에서는 4바이트 주소체계를 사용하고 IPv6에서는 16바이트 주소체계를 사용한다. 따라서 아래의 표를 참조하여 멤버 sin_family에 적용할 주소체계 정보를 저장해야 한다.

주소체계(Address Family)	의 미
AF_INET AF_INET6 AF_LOCAL	IPv4 인터넷 프로토콜에 적용하는 주소체계 IPv6 인터넷 프로토콜에 적용하는 주소체계 로컬 통신을 위한 유닉스 프로토콜의 주소체계

[표 03-2: 주소체계]

위 표에서 AF_LOCAL은 다양한 주소체계가 있음을 알리기 위해서 삽입한 것이니 뜬금없는 등장에 당황하지 않기 바란다.

✔ 멤버 sin_port

16비트 PORT번호를 저장한다. 단, '네트워크 바이트 순서'로 저장해야 하는데, 이에 대해서는 잠시 후에 별도로 설명하겠다. 이 멤버에 관해서는 PORT번호를 저장한다는 사실보다 네트워크 바이트 순서로 저장해야 한다는 사실이 더 중요하다.

✔ 멤버 sin_addr

32비트 IP주소정보를 저장한다. 이 역시 '네트워크 바이트 순서'로 저장해야 한다. 이 멤버를 정확히 파악하기 위해서는 구조체 in_addr도 함께 살펴봐야 한다. 그런데 구조체 in_addr의 유일한 멤버가 uint32_t로 선언되어 있으니, 간단히 32비트 정수자료형으로 인식해도 괜찮다.

✔ 멤버 sin_zero

특별한 의미를 지니지 않는 멤버이다. 단순히 구조체 sockaddr_in의 크기를 구조체 sockaddr와 일치시키기 위해 삽입된 멤버이다. 그러나 반드시 0으로 채워야 한다. 만약에 0으로 채우지 않으면 원하는 결과를 얻지 못한다. sockaddr에 대해서는 이어서 별도로 설명하겠다.

이전에 소개한 코드를 봐서 알겠지만, sockaddr_in 구조체 변수의 주소 값은 bind 함수의 인자로 다음과 같이 전달된다. bind 함수에 대한 자세한 설명은 잠시 후에 진행이 되니, 일단은 인자전달과 형변환 위주로만 코드를 살펴보기 바란다.

```
struct sockaddr_in serv_addr;
. . . .
if(bind(serv_sock, (struct sockaddr*) &serv_addr, sizeof(serv_addr))==-1)
    error_handling("bind() error");
. . . .
```

여기서 중요한 것은 두 번째 전달인자이다. 사실 bind 함수는 sockaddr 구조체 변수의 주소 값을 요구한다. 앞서 설명한 주소체계, PORT번호, IP주소정보를 담고 있는 sockaddr 구조체 변수의 주소 값을 요구하는 것이다. 그런데 아래에서 보이듯이 구조체 sockaddr은 이들 정보를 담기에 다소 불편하게 정의되어 있다.

```
struct sockaddr
{
    sa_family_t    sin_family;    // 주소체계(Address Family)
    char           sa_data[14];   // 주소정보
};
```

위의 구조체 멤버 sa_data에 저장되는 주소정보에는 IP주소와 PORT번호가 포함되어야 하고, 이 두 가지 정보를 담고 남은 부분은 0으로 채울 것을 bind 함수는 요구하고 있다. 그런데 이는 주소정보를 담기에 매우 불편한 요구사항이다. 그래서 구조체 sockaddr_in이 등장한 것이다. sockaddr_in 구조체 멤버를 앞서 설명한대로 채우면, 이 때 형성되는 구조체 변수의 바이트 열이 bind 함수가 요구하는 바이트 열이 된다. 결국 인자전달을 위한 형변환을 통해서 sockaddr 구조체 변수에 bind 함수가 요구하는 바대로 데이터를 채워 넣은 효과를 볼 수 있다.

이해하고 넘어가세요!　　**sin_family**

　　sockaddr_in은 IPv4의 주소정보를 담기 위해 정의된 구조체이다. 그럼에도 불구하고 주소체계 정보를 구조체 멤버 sin_family에 별도로 저장하는 이유가 궁금할 수 있다. 하지만 이는 앞서 필자가 설명한 구조체 sockaddr과 관련이 있다. 구조체 sockaddr은 IPv4의 주소정보만을 담기 위해 정의된 구조체가 아니다. 주소정보를 담는 배열 sa_data의 크기가 14바이트인 것만 봐도 알 수 있지 않은가? 따라서 구조체 sockaddr에서는 주소체계 정보를 구조체 멤버 sin_family에 저장할 것을 요구하고 있다. 때문에 구조체 sockaddr과 동일한 바이트 열을 편히 구성하기 위해서 정의된 구조체 sockaddr_in에도 주소체계 정보를 담기 위한 멤버가 존재하는 것이다.

03-3 : 네트워크 바이트 순서와 인터넷 주소 변환

CPU에 따라서 4바이트 정수 1을 메모리공간에 저장하는 방식이 달라질 수 있음을 알고 있는가? 4바이트 정수 1을 2진수로 표현하면 다음과 같다.

```
00000000 00000000 00000000 00000001
```

이 순서 그대로 메모리에 저장하는 CPU가 있는가 하면, 다음과 같이 거꾸로 저장하는 CPU도 있다.

```
00000001 00000000 00000000 00000000
```

때문에 이러한 부분을 고려하지 않고서 데이터를 송수신하면 문제가 발생할 수 있다. 저장순서가 다르다는 것은 전송되어온 데이터의 해석순서가 다름을 뜻하기 때문이다.

✚ 바이트 순서(Order)와 네트워크 바이트 순서

CPU가 데이터를 메모리에 저장하는 방식은 다음과 같이 두 가지로 나뉜다. 참고로 CPU가 데이터를 메모리에 저장하는 방식이 두 가지로 나뉜다는 것은 CPU가 데이터를 해석하는 방식도 두 가지로 나뉜다는 뜻이다.

- 빅 엔디안(Big Endian)　　　　　　상위 바이트의 값을 작은 번지수에 저장하는 방식
- 리틀 엔디안(Little Endian)　　　　상위 바이트의 값을 큰 번지수에 저장하는 방식

이 둘은 말로만 이해하기에는 부담스럽다. 그래서 예를 하나 들겠다. 0x20번지를 시작으로 4바이트 int 형 정수 0x12345678을 저장한다고 가정해보자. 빅 엔디안 방식의 CPU는 다음의 형태로 메모리에 저장한다.

▶ 그림 03-4: 빅 엔디안 바이트 표현

정수 0x12345678중에서 0x12가 최상위 바이트, 0x78이 최하위 바이트이다. 따라서 빅 엔디안 방식에서는 최상위 바이트인 0x12부터 저장된다(최상위 바이트인 0x12가 작은 번지수에 저장된다). 반면 리틀 엔디안 방식은 위의 그림과 반대의 순서로 저장된다.

▶ 그림 03-5: 리틀 엔디안 바이트 표현

위 그림에서 보이듯이 최하위 바이트인 0x78이 먼저 저장되고 있다. 이렇듯 데이터 저장방식은 CPU 마다 다르다. 그래서 CPU의 데이터 저장방식을 의미하는 '호스트 바이트 순서(Host Byte Order)'는 CPU에 따라서 차이가 난다. 참고로 여러분이 주로 사용하는 인텔계열 CPU는 리틀 엔디안 방식으로 데이터를 저장한다. 그럼 이렇게 호스트 바이트 순서가 다른 두 CPU가 데이터를 주고받을 때 발생할 수 있는 문제점을 다음 그림을 통해서 보이겠다.

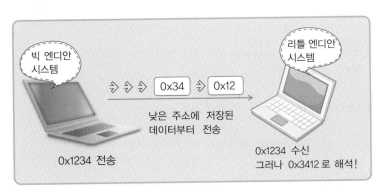

▶ 그림 03-6: 바이트 순서 문제

빅 엔디안 시스템에서 0x12, 0x34의 조합으로 만들어지는 값은 리틀 엔디안 시스템에서 0x34, 0x12의 조합으로 만들어지는 값과 같다. 즉, 저장되는 순서가 바뀌어야 동일한 값으로 인식된다. 그런데 위 그림에서는 빅 엔디안 시스템에 저장된 값 0x1234를 리틀 엔디안 시스템에 전송하는데, 바이트 순서에 대한 문제를 고려하지 않고 0x12, 0x34의 순으로 데이터를 전송하고 있다. 결국 리틀 엔디안 시스템은 전송되는 순서대로 데이터를 저장한다. 때문에 전송된 값은 리틀 엔디안 입장에서 0x1234가 아닌 0x3412가 되어버린다. 바로 이러한 문제점 때문에 네트워크를 통해서 데이터를 전송할 때에는 통일된 기준으로 데이터를 전송하기로 약속하였으며, 이 약속을 가리켜 '네트워크 바이트 순서(Network Byte Order)'라 한다. 네트워크 바이트 순서의 약속은 매우 간단하다.

　　"빅 엔디안 방식으로 통일합시다!"

즉, 네트워크상으로 데이터를 전송할 때에는 데이터의 배열을 빅 엔디안 기준으로 변경해서 송수신하기로 약속한 것이다. 때문에 모든 컴퓨터는 수신된 데이터가 네트워크 바이트 순서로 정렬되어 있음을 인식해야 하며, 리틀 엔디안 시스템에서는 데이터를 전송하기에 앞서 빅 엔디안의 정렬방식으로 데이터를 재정렬해야 한다.

✚바이트 순서의 변환(Endian Conversions)

이제 sockaddr_in 구조체 변수에 값을 채우기 앞서 네트워크 바이트 순서로 변환해서 저장해야 하는 이유를 알았을 것이다. 그럼 이번에는 바이트 순서의 변환을 돕는 함수를 소개하겠다.

•unsigned short htons(unsigned short);

- unsigned short ntohs(unsigned short);
- unsigned long htonl(unsigned long);
- unsigned long ntohl(unsigned long);

혹시 함수의 이름만 보고도 그 기능을 파악할 수 있겠는가? 다음 사실만 알면 위 함수의 기능을 쉽게 파악할 수 있다.

- htons에서의 h는 호스트(host) 바이트 순서를 의미한다.
- htons에서의 n은 네트워크(network) 바이트 순서를 의미한다.

그리고 s는 short, l은 long을 의미한다(무엇보다 중요한 것은 리눅스에서 long형은 4바이트라는 사실이다). 따라서 htons는 h, to, n, s의 조합이므로 다음과 같이 해석할 수 있다.

"short형 데이터를 호스트 바이트 순서에서 네트워크 바이트 순서로 변환해라!"

한가지만 더 해보겠다. ntohs는 다음과 같이 해석할 수 있다.

"short형 데이터를 네트워크 바이트 순서에서 호스트 바이트 순서로 변환해라!"

일반적으로 뒤에 s가 붙는 함수는 s가 2바이트 short를 의미하므로 PORT번호의 변환에 사용되고, 뒤에 l이 붙는 함수는 l이 4바이트를 의미하므로 IP주소의 변환에 사용된다. 그리고 혹 다음과 같이 생각하는 분도 있을지 모르겠다.

"내 시스템은 빅 엔디안으로 동작하거든요! 그럼 전 sockaddr_in 구조체 변수에 값을 채울 때 네트워크 바이트 순서로 변환할 필요가 없겠네요. 그렇죠?"

뭐 전혀 틀린 말은 아니다. 하지만 리틀 엔디안, 빅 엔디안에 상관없이 동일하게 동작하는 코드를 작성할 필요가 있다. 따라서 빅 엔디안 시스템에서도 호스트 바이트 순서를 네트워크 바이트 순서로 변환하는 과정을 거치는 것이 좋다. 물론 이 경우에는 호스트 바이트 순서와 네트워크 바이트 순서가 동일하기 때문에 아무런 변환도 일어나지 않지만 말이다. 그럼 간단한 예제를 통해서 위에서 소개한 함수를 호출해보겠다.

❖ endian_conv.c

```
1.    #include <stdio.h>
2.    #include <arpa/inet.h>
3.
4.    int main(int argc, char *argv[])
5.    {
6.        unsigned short host_port=0x1234;
7.        unsigned short net_port;
8.        unsigned long host_addr=0x12345678;
9.        unsigned long net_addr;
10.
11.        net_port=htons(host_port);
```

```
12.     net_addr=htonl(host_addr);
13.
14.     printf("Host ordered port: %#x \n", host_port);
15.     printf("Network ordered port: %#x \n", net_port);
16.     printf("Host ordered address: %#lx \n", host_addr);
17.     printf("Network ordered address: %#lx \n", net_addr);
18.     return 0;
19. }
```

- 6, 8행: 각각 2바이트, 4바이트 데이터를 변수에 저장하고 있다. 물론 위 예제를 실행하는 시스템의 CPU에 따라서 저장되는 바이트 순서는 달라진다.
- 11, 12행: 변수 host_port와 host_addr에 저장된 데이터를 네트워크 바이트 순서로 변환하고 있다. 만약에 위 예제가 리틀 엔디안 기준으로 정렬하는 CPU상에서 실행된다면, 바이트 순서가 바뀐 값이 반환되어 변수에 저장된다.

❖ 실행결과: endian_conv.c

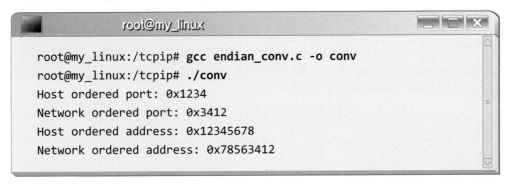

```
root@my_linux:/tcpip# gcc endian_conv.c -o conv
root@my_linux:/tcpip# ./conv
Host ordered port: 0x1234
Network ordered port: 0x3412
Host ordered address: 0x12345678
Network ordered address: 0x78563412
```

위의 실행결과는 리틀 엔디안 기준으로 정렬하는 CPU에서의 실행결과이다. 만약에 빅 엔디안 기준으로 정렬하는 CPU상에서 실행을 했다면 변환 이후에도 값은 달라지지 않는다. 참고로 여러분 대부분이 위의 실행결과를 확인할 수 있을 것이다. 인텔 그리고 AMD 계열의 CPU가 모두 리틀 엔디안을 기준으로 정렬하기 때문이다.

> **이해하고 넘어가세요!** 데이터 전송하기 전에 다 바꿔줘야 하나?

데이터 송수신 기준이 '네트워크 바이트 순서'이다 보니, 데이터를 전송하기 전에 직접 네트워크 바이트 순서로 데이터를 변경해야 한다고 생각할 수 있다. 그리고 수신된 데이터도 호스트 바이트 순서로 변경해서 저장해야 한다고 생각할 수 있다. 만약에 데이터 송수신 과정에서 네트워크 바이트 순서를 기준으로 자동으로 변환이 이뤄지지 않는다면 당연히 그리해야 한다. 하지만 이는 생각만해도 끔찍한 일이 아닐 수 없다. 그런데 이렇게 끔찍한 일을 프로그래머에게 강요하기야 하겠는가? 이러한 변환의 과정은 자동으로 이뤄진다. 때문에 여러분은 sockaddr_in 구조체 변수에 데이터를 채울 때 이외에는 바이트 순서를 신경 쓰지 않아도 된다.

03-4 : 인터넷 주소의 초기화와 할당

네트워크 바이트 순서에 대해서도 알았으니, 이제 bind 함수를 비롯해서 앞서 소개한 구조체의 활용을 이야기하겠다.

문자열 정보를 네트워크 바이트 순서의 정수로 변환하기

sockaddr_in 안에서 주소정보를 저장하기 위해 선언된 멤버는 32비트 정수형으로 정의되어 있다. 따라서 우리는 IP주소 정보의 할당을 위해서 32비트 정수형태로 IP주소를 표현할 수 있어야 한다. 그러나 문자열 정보에 익숙한 우리들에게 이는 만만치 않은 일이다. IP주소 201.211.214.36을 4바이트 정수로 표현했을 때 얼마가 되는지 한번 계산해보겠는가?

우리는 IP주소를 표현할 때 "211.214.107.99"와 같이 '점이 찍힌 십진수 표현방식(Dotted-Decimal Notation)'에는 익숙하지만 하나의 정수로 표현하는 데는 익숙지 않다. 그런데 다행히도 문자열로 표현된 IP주소를 32비트 정수형으로 변환해 주는 함수가 있다. 뿐만 아니라, 이 함수는 변환과정에서 네트워크 바이트 순서로의 변환도 동시에 진행한다.

```
#include <arpa/inet.h>

in_addr_t inet_addr(const char * string);
```
→ 성공 시 빅 엔디안으로 변환된 32비트 정수 값, 실패 시 INADDR_NONE 반환

위 함수의 인자로 "211.214.107.99"와 같이 점이 찍힌 10진수로 표현된 문자열을 전달하면, 해당 문자열 정보를 참조해서 IP주소 정보를 32비트 정수형으로 반환한다. 물론 이때 반환되는 정수는 네트워크 바이트 순서로 정렬되어있다. 그리고 위 함수선언의 반환형인 in_addr_t는 현재 32비트 정수형으로 정의되어있다. 그럼 간단한 예제를 통해서 이 함수를 호출해 보겠다.

❖ inet_addr.c

```
1.  #include <stdio.h>
2.  #include <arpa/inet.h>
3.
4.  int main(int argc, char *argv[])
```

```
5.  {
6.      char *addr1="1.2.3.4";
7.      char *addr2="1.2.3.256";
8.
9.      unsigned long conv_addr=inet_addr(addr1);
10.     if(conv_addr==INADDR_NONE)
11.         printf("Error occured! \n");
12.     else
13.         printf("Network ordered integer addr: %#lx \n", conv_addr);
14.
15.     conv_addr=inet_addr(addr2);
16.     if(conv_addr==INADDR_NONE)
17.         printf("Error occureded \n");
18.     else
19.         printf("Network ordered integer addr: %#lx \n\n", conv_addr);
20.     return 0;
21. }
```

 해 설

- 7행: 1바이트당 표현할 수 있는 최대 크기의 정수는 255이므로 이는 분명 잘못된 IP주소이다. 이 잘못된 주소를 이용해서 inet_addr 함수의 오류 검출능력을 확인하고자 하였다.
- 9, 15행: 실행결과를 통해서 9행의 함수호출은 정상적인 결과로 이어지지만, 15행의 함수호출은 정상적인 결과로 이어지지 않음을 확인하기 바란다.

❖ 실행결과: inet_addr.c

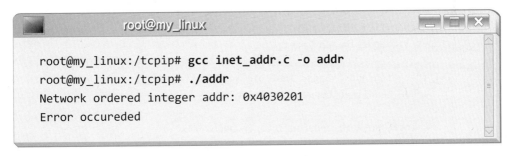

root@my_linux

```
root@my_linux:/tcpip# gcc inet_addr.c -o addr
root@my_linux:/tcpip# ./addr
Network ordered integer addr: 0x4030201
Error occureded
```

위의 실행결과에서 보이듯이 inet_addr 함수는 32비트 정수형태로 IP주소를 변환할 뿐만 아니라, 유효하지 못한 IP주소에 대한 오류검출 능력도 갖고 있다. 그리고 출력결과를 통해서 네트워크 바이트 순서로 정렬되었음도 확인할 수 있다.

이어서 소개하는 inet_aton 함수도 기능상으로는 inet_addr 함수와 동일하다. 즉, 문자열 형태의 IP주소를 32비트 정수, 그것도 네트워크 바이트 순서로 정렬해서 반환한다. 다만 구조체 변수 in_addr를 이용하는 형태라는 점에서 차이를 보인다. 참고로 활용도는 inet_aton 함수가 더 높다.

```
#include <arpa/inet.h>

int inet_aton(const char * string, struct in_addr * addr);
```
➜ 성공 시 1(true), 실패 시 0(false) 반환

- string   변환할 IP주소 정보를 담고 있는 문자열의 주소 값 전달.
- addr   변환된 정보를 저장할 in_addr 구조체 변수의 주소 값 전달.

실제 코드 작성과정에서 inet_addr 함수를 사용할 경우, 변환된 IP주소 정보를 구조체 sockaddr_in 에 선언되어 있는 in_addr 구조체 변수에 대입하는 과정을 추가로 거쳐야 한다. 그러나 위 함수를 사용할 경우 별도의 대입과정을 거칠 필요가 없다. 인자로 in_addr 구조체 변수의 주소 값을 전달하면, 변환된 값이 자동으로 in_addr 구조체 변수에 저장되기 때문이다. 그럼 예제를 통해서 inet_aton 함수의 사용방법을 확인해보자.

❖ inet_aton.c

```
1.  #include <stdio.h>
2.  #include <stdlib.h>
3.  #include <arpa/inet.h>
4.  void error_handling(char *message);
5.
6.  int main(int argc, char *argv[])
7.  {
8.      char *addr="127.232.124.79";
9.      struct sockaddr_in addr_inet;
10.
11.     if(!inet_aton(addr, &addr_inet.sin_addr))
12.         error_handling("Conversion error");
13.     else
14.         printf("Network ordered integer addr: %#x \n",
15.             addr_inet.sin_addr.s_addr);
16.     return 0;
17. }
18.
19. void error_handling(char *message)
20. {
21.     fputs(message, stderr);
22.     fputc('\n', stderr);
23.     exit(1);
24. }
```

 • 9, 11행: 변환된 IP주소 정보는 구조체 sockaddr_in의 멤버인 in_addr형 변수에 담겨야 의미 있게 사용할 수 있다. 그래서 inet_aton 함수는 두 번째 인자로 in_addr형 변수의 주소 값을 요구하고 있다. 이로써 변환된 IP주소 정보를 직접 저장하는 일을 덜 수 있게 되었다.

❖ 실행결과: inet_aton.c

```
root@my_linux:/tcpip# gcc inet_aton.c -o aton
root@my_linux:/tcpip# ./aton
Network ordered integer addr: 0x4f7ce87f
```

위 예제는 실행결과보다는 함수의 사용방법을 익히는데 목적을 두기 바란다. 그러한 의미에서 제공한 예제이니 말이다. 이제 마지막으로 inet_aton 함수의 반대기능을 제공하는 함수 하나를 소개하겠다. 이함수는 네트워크 바이트 순서로 정렬된 정수형 IP주소 정보를 우리가 눈으로 쉽게 인식할 수 있는 문자열의 형태로 변환해준다.

```
#include <arpa/inet.h>

char * inet_ntoa(struct in_addr adr);
```
    ➜ 성공 시 변환된 문자열의 주소 값, 실패 시 −1 반환

위 함수는 인자로 전달된 정수형태의 IP정보를 참조하여 문자열 형태의 IP정보로 변환해서, 변환된 문자열의 주소 값을 반환한다. 그런데 이 함수를 호출하는데 있어서 주의해야 할 사실이 하나 있다. 그것은 반환형이 char형 포인터라는 사실이다! 이것이 왜 주의사항일까? 그렇다면 한번 생각해보자. 문자열의 주소 값이 반환된다는 것은 이미 문자열이 메모리공간에 저장되었다는 뜻이다. 그런데 이 함수는 프로그래머에게 메모리공간의 할당을 요구하지 않는다. 대신에 함수 내부적으로 메모리공간을 할당해서 변환된 문자열 정보를 저장한다. 따라서 이 함수호출 후에는 가급적 반환된 문자열 정보를 다른 메모리 공간에 복사해 두는 것이 좋다. 다시 한번 inet_ntoa 함수가 호출되면, 전에 저장된 문자열 정보가 지워질 수 있기 때문이다. 정리하면 inet_ntoa 함수가 재호출되기 전까지만 반환된 문자열의 주소 값이 유효하니, 오랫동안 문자열 정보를 유지해야 한다면 별도의 메모리 공간에 복사를 해둬야 한다. 그럼 예제를 통해서 이 함수의 사용 예를 보이겠다.

❖ inet_ntoa.c

```
1.   #include <stdio.h>
2.   #include <string.h>
3.   #include <arpa/inet.h>
4.
5.   int main(int argc, char *argv[])
6.   {
7.       struct sockaddr_in addr1, addr2;
8.       char *str_ptr;
9.       char str_arr[20];
10.
11.      addr1.sin_addr.s_addr=htonl(0x1020304);
12.      addr2.sin_addr.s_addr=htonl(0x1010101);
13.
14.      str_ptr=inet_ntoa(addr1.sin_addr);
15.      strcpy(str_arr, str_ptr);
16.      printf("Dotted-Decimal notation1: %s \n", str_ptr);
17.
18.      inet_ntoa(addr2.sin_addr);
19.      printf("Dotted-Decimal notation2: %s \n", str_ptr);
20.      printf("Dotted-Decimal notation3: %s \n", str_arr);
21.      return 0;
22.  }
```

해 설

- 14행: 구조체 변수 addr1에 저장된 IP정보를 전달하면서 inet_ntoa 함수를 호출하고 있다. 따라서 IP주소 정보를 담은 문자열의 주소 값이 반환된다.

- 15행: 14행의 함수호출로 반환된 주소 값을 참조해서 문자열을 복사하고 있다.

- 18, 19행: inet_ntoa 함수가 다시 한번 호출되었다. 이로써 14행에서 반환된 주소 값에는 다른 문자열 정보가 채워진다. 이를 19행의 출력결과를 통해 확인할 수 있다.

- 20행: 15행에서 문자열을 복사해뒀기 때문에, 14행의 함수호출을 통해서 얻은 문자열을 재 출력 할 수 있음을 보이고 있다.

❖ 실행결과: inet_ntoa.c

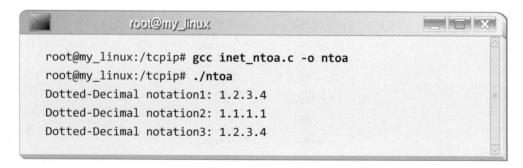

```
root@my_linux
root@my_linux:/tcpip# gcc inet_ntoa.c -o ntoa
root@my_linux:/tcpip# ./ntoa
Dotted-Decimal notation1: 1.2.3.4
Dotted-Decimal notation2: 1.1.1.1
Dotted-Decimal notation3: 1.2.3.4
```

인터넷 주소의 초기화

이제 비로소 결실을 맺을 때가 왔다. 지금까지 살펴본 내용을 기반으로 소켓생성과정에서 흔히 등장하는 인터넷 주소정보의 초기화 방법을 보이겠다.

```
struct sockaddr_in addr;
char *serv_ip="211.217.168.13";          // IP주소 문자열 선언
char *serv_port="9190";                  // PORT번호 문자열 선언
memset(&addr, 0, sizeof(addr));          // 구조체 변수 addr의 모든 멤버 0으로 초기화
addr.sin_family=AF_INET;                 // 주소체계 지정
addr.sin_addr.s_addr=inet_addr(serv_ip); // 문자열 기반의 IP주소 초기화
addr.sin_port=htons(atoi(serv_port));    // 문자열 기반의 PORT번호 초기화
```

위의 코드에서 호출하는 memset 함수는 동일한 값으로 바이트단위 초기화를 할 때 호출하는 함수이다. 첫 번째 인자로 구조체 변수 addr의 주소 값이 전달되었으니, 초기화의 대상은 변수 addr이 된다. 그리고 두 번째 인자로 0이 전달되었으니 0으로 초기화가 이뤄진다. 마지막으로 세 번째 인자로 addr의 바이트 크기가 전달되었으니, addr 전체가 0으로 초기화된다. 이렇듯 이 함수를 호출해서 addr을 전부 0으로 초기화하는 이유는, 0으로 초기화해야 하는 sockaddr_in 구조체 멤버 sin_zero를 0으로 초기화하기 위함이다. 그리고 위의 코드 마지막 문장에서 호출하는 atoi 함수는 문자열로 표현되어 있는 값을 정수로 변환해서 반환한다. 결론적으로, 위의 코드에서는 문자열로 표현된 IP주소와 PORT번호를 기반으로 하는 sockaddr_in 구조체 변수의 초기화 과정을 보인 것이다.

참고로 위의 코드에서는 IP와 PORT번호를 코드에 직접 넣어주고 있지만, 이는 좋은 방법이 아니다. 이렇게 구현하면 다른 컴퓨터에서 실행할 때마다 코드를 변경해야 하기 때문이다. 그래서 우리는 프로그램 실행 시 main 함수에 IP와 PORT번호를 전달하도록 예제를 작성하고 있다.

클라이언트의 주소정보 초기화

앞서 보인 인터넷 주소정보의 초기화 과정은 클라이언트 프로그램이 아닌 서버 프로그램에서 주로 등장한다. 이는 소켓에 IP와 PORT번호를 할당해서 다음과 같이 외치기 위함이다.

"IP 211.217.168.13, PORT 9190으로 들어오는 데이터는 내게로 다 보내라!"

반면 클라이언트 프로그램에서 생성하는 연결요청용 소켓은 다음과 같이 외친다.

"IP 211.217.168.13, PORT 9190으로 연결을 해라!"

외치는 형태가 다르다는 것은 호출하는 함수가 다름을 의미한다. 서버 프로그램의 외침은 잠시 후에 소개하는 bind 함수를 통해서 이뤄지고, 클라이언트 프로그램의 외침은 다른 Chapter에서 소개하는 connect 함수를 통해서 이뤄진다. 때문에 외치기 전에(함수호출 전에) 준비해야 할 주소 값의 유형도 다르다. 서버 프로그램에서는 sockaddr_in 구조체 변수를 하나 선언해서, 이를 서버 소켓이 동작하는 컴

퓨터의 IP와 소켓에 부여할 PORT번호로 초기화한 다음에 bind 함수를 호출한다. 반면에 클라이언트 프로그램에서는 sockaddr_in 구조체 변수를 하나 선언해서, 이를 연결할 서버 소켓의 IP와 PORT번호로 초기화한 다음에 connect 함수를 호출한다.

⁺INADDR_ANY

서버 소켓의 생성과정에서 매번 서버의 IP주소를 입력하는 것은 귀찮은 일이 될 수 있다. 그렇다면 다음과 같이 주소정보를 초기화해도 된다.

```
struct sockaddr_in addr;
char *serv_port="9190";
memset(&addr, 0, sizeof(addr));
addr.sin_family=AF_INET;
addr.sin_addr.s_addr=htonl(INADDR_ANY);
addr.sin_port=htons(atoi(serv_port));
```

앞서 소개한 방식과의 가장 큰 차이점은 INADDR_ANY라는 이름의 상수를 통해서 서버의 IP주소를 할당하고 있다는 점이다. 소켓의 IP주소를 이렇게 초기화할 경우 소켓이 동작하는 컴퓨터의 IP주소가 자동으로 할당되기 때문에 IP주소를 직접 입력하는 수고를 덜 수 있다. 뿐만 아니라, 컴퓨터 내에 두 개 이상의 IP를 할당 받아서 사용하는 경우(이를 가리켜 Multi-homed 컴퓨터라 하며, 일반적으로 라우터가 이에 해당한다), 할당 받은 IP중 어떤 주소를 통해서 데이터가 들어오더라도 PORT번호만 일치하면 수신할 수 있게 된다. 따라서 서버 프로그램의 구현에 많이 선호되는 방법이다. 반대로 클라이언트가 서버의 기능을 일부 포함하는 경우가 아니라면, 클라이언트 프로그램의 구현에서는 사용될 일이 별로 없다.

이해하고 넘어가세요! 서버 소켓 생성시 IP주소가 필요한 이유

서버 소켓은, 생성시 자신이 속한 컴퓨터의 IP주소로 초기화가 이뤄져야 한다. 즉, 초기화할 IP주소가 뻔하다! 그럼에도 불구하고 IP주소의 초기화를 요구하는 것에 의문을 가질 수 있다. 하지만 바로 위에서 언급한, 하나의 컴퓨터에 둘 이상의 IP주소가 할당될 수 있다는 사실을 통해서 이 부분을 이해할 수 있다. IP주소는 컴퓨터에 장착되어 있는 NIC(랜카드)의 개수만큼 부여가 가능하다. 그리고 이러한 경우에는 서버 소켓이라 할지라도 어느 IP주소로 들어오는(어느 NIC으로 들어오는) 데이터를 수신할지 결정해야 한다. 때문에 서버 소켓의 초기화 과정에서 IP주소 정보를 요구하는 것이다. 반면 NIC이 하나뿐인 컴퓨터라면 주저 없이 INADDR_ANY를 이용해서 초기화하는 것이 편리하다.

Chapter 01의 hello_server.c, hello_client.c의 실행에 대한 고찰

Chapter 01에서는 서버에 해당하는 hello_server.c의 실행을 위해서 다음의 명령문을 전달하였다.

```
./hserver 9190
```

코드를 분석해보면 알겠지만, main 함수에 전달된 9190은 PORT번호이다. 이렇듯 서버 소켓의 생성에 필요한 PORT번호를 전달하면서 프로그램을 실행하였다. 반대로 소켓의 IP주소는 전달하지 않았는데, 그 이유는 INADDR_ANY를 통한 IP주소의 초기화에서 찾을 수 있다. 이제 코드가 제법 눈에 들어올 테니 코드상에서 이를 직접 확인하기 바란다.

다음은 클라이언트에 해당하는 hello_client.c의 실행을 위한 명령문이다. 서버 프로그램의 실행방식과 비교해서 가장 두드러진 차이점은 IP주소 정보를 전달하고 있다는 점이다.

```
./hclient 127.0.0.1 9190
```

127.0.0.1을 가리켜 '루프백 주소(loopback address)'라 하며 이는 컴퓨터 자신의 IP주소를 의미한다. Chapter 01의 예제에서는 서버와 클라이언트가 하나의 컴퓨터에서 실행되는 상황을 연출했기 때문에 클라이언트가 연결할 서버 소켓의 주소로 127.0.0.1을 전달한 것이다. 물론 이를 대신해서 실제 컴퓨터의 IP주소를 입력해도 프로그램은 동작한다. 뿐만 아니라, 서버와 클라이언트를 서로 다른 두 대의 컴퓨터에서 각각 실행할 경우에는 이를 대신해서 서버의 IP주소를 입력하면 된다.

소켓에 인터넷 주소 할당하기

구조체 sockaddr_in의 변수초기화 방법에 대해서 살펴보았으니, 이제는 초기화된 주소정보를 소켓에 할당하는 일만 남았다. 다음에 소개하는 bind 함수가 바로 이러한 역할을 담당한다.

```
#include <sys/socket.h>

int bind(int sockfd, struct sockaddr *myaddr, socklen_t addrlen);

    ➡ 성공 시 0, 실패 시 -1 반환
```

- sockfd   주소정보를(IP와 PORT를) 할당할 소켓의 파일 디스크립터.
- myaddr   할당하고자 하는 주소정보를 지니는 구조체 변수의 주소 값.
- addrlen   두 번째 인자로 전달된 구조체 변수의 길이정보.

위의 함수호출이 성공하면, 첫 번째 인자에 해당하는 소켓에 두 번째 인자로 전달된 주소정보가 할당된다. 그럼 지금까지 설명한 내용을 바탕으로 서버 프로그램에서 흔히 등장하는 서버 소켓 초기화의 과정을 정리해 보겠다.

```
int serv_sock;
struct sockaddr_in serv_addr;
char *serv_port="9190";

/* 서버 소켓(리스닝 소켓) 생성 */
serv_sock=socket(PF_INET, SOCK_STREAM, 0);

/* 주소정보 초기화 */
memset(&serv_addr, 0, sizeof(serv_addr));
serv_addr.sin_family=AF_INET;
serv_addr.sin_addr.s_addr=htonl(INADDR_ANY);
serv_addr.sin_port=htons(atoi(serv_port));

/* 주소정보 할당 */
bind(serv_sock, (struct sockaddr*)&serv_addr, sizeof(serv_addr));
. . . . .
```

클라이언트 프로그램이 아닌, 서버 프로그램이라면 위의 코드구성을 기본적으로 갖추게 된다. 물론 위에서 보이지 않은 오류처리에 대한 코드는 추가로 포함이 된다.

03-5 : 윈도우 기반으로 구현하기

지금까지 설명한 구조체 sockaddr_in이나, 여러 가지 변환함수들이 윈도우에서 동일한 이름으로 존재하며, 사용방법과 의미까지 동일하다. 따라서 특별히 윈도우 기반이라고 해서 많은 부분을 수정하거나 다른 함수를 가져다 쓸 필요가 없다. 그럼 앞서 보인 몇몇 프로그램을 윈도우 기반으로 수정해 보이겠다.

⁺함수 htons, htonl의 윈도우 기반 사용 예

먼저 htons 함수와 htonl 함수를 윈도우 기반에서 사용해 보겠다. 참고로 이 두 함수는 앞서 설명한 리눅스의 경우와 차이가 없기 때문에 필자가 별도로 언급할 내용이 없다.

```
1.   #include <stdio.h>
2.   #include <winsock2.h>
3.   void ErrorHandling(char* message);
4.
5.   int main(int argc, char *argv[])
6.   {
7.       WSADATA wsaData;
8.       unsigned short host_port=0x1234;
9.       unsigned short net_port;
10.      unsigned long host_addr=0x12345678;
11.      unsigned long net_addr;
12.
13.      if(WSAStartup(MAKEWORD(2, 2), &wsaData)!=0)
14.          ErrorHandling("WSAStartup() error!");
15.
16.      net_port=htons(host_port);
17.      net_addr=htonl(host_addr);
18.
19.      printf("Host ordered port: %#x \n", host_port);
20.      printf("Network ordered port: %#x \n", net_port);
21.      printf("Host ordered address: %#lx \n", host_addr);
22.      printf("Network ordered address: %#lx \n", net_addr);
23.      WSACleanup();
24.      return 0;
25.  }
26.
27.  void ErrorHandling(char* message)
28.  {
29.      fputs(message, stderr);
30.      fputc('\n', stderr);
31.      exit(1);
32.  }
```

❖ 실행결과: endian_conv_win.c

```
O O O        command prompt

   Host ordered port: 0x1234
   Network ordered port: 0x3412
   Host ordered address: 0x12345678
   Network ordered address: 0x78563412
```

라이브러리 초기화에 필요한 WSAStartup 함수의 호출과 헤더파일 winsock2.h에 대한 #include문의 추가 이외에는 달라진 점이 없음에 주목하기 바란다.

✚함수 inet_addr, inet_ntoa의 윈도우 기반 사용 예

다음은 inet_addr 함수와 inet_ntoa 함수의 호출을 보이는 예제이다. 앞서 리눅스 기반에서는 이들을 각각 별도의 예제로 작성해 보였는데, 여기서는 하나의 예제에 담아 보이겠다. 그리고 윈도우에는 inet_aton 함수가 존재하지 않으므로 아래 예제에서 이 함수의 호출에 대한 예는 생략하였다.

❖ inet_adrconv_win.c

```
1.   #include <stdio.h>
2.   #include <string.h>
3.   #include <winsock2.h>
4.   void ErrorHandling(char* message);
5.
6.   int main(int argc, char *argv[])
7.   {
8.       WSADATA wsaData;
9.       if(WSAStartup(MAKEWORD(2, 2), &wsaData)!=0)
10.          ErrorHandling("WSAStartup() error!");
11.
12.      /* inet_addr 함수의 호출 예 */
13.      {
14.          char *addr="127.212.124.78";
15.          unsigned long conv_addr=inet_addr(addr);
16.          if(conv_addr==INADDR_NONE)
17.              printf("Error occured! \n");
18.          else
19.              printf("Network ordered integer addr: %#lx \n", conv_addr);
20.      }
21.
22.      /* inet_ntoa 함수의 호출 예 */
23.      {
24.          struct sockaddr_in addr;
25.          char *strPtr;
26.          char strArr[20];
27.
28.          addr.sin_addr.s_addr=htonl(0x1020304);
29.          strPtr=inet_ntoa(addr.sin_addr);
30.          strcpy(strArr, strPtr);
31.          printf("Dotted-Decimal notation3 %s \n", strArr);
32.      }
33.
34.      WSACleanup();
```

```
35.     return 0;
36. }
37.
38. void ErrorHandling(char* message)
39. {
40.     // 이전 예제와 동일하므로 생략!
41. }
```

❖ 실행결과: inet_adrconv_win.c

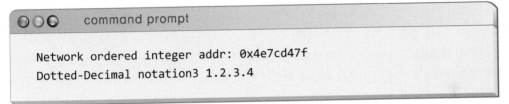

```
command prompt

Network ordered integer addr: 0x4e7cd47f
Dotted-Decimal notation3 1.2.3.4
```

위 예제에서는 main 함수 중간에 변수선언을 할 수 있도록, 그리고 각각의 함수호출의 예를 구분 지어서 볼 수 있도록 중괄호를 사용하였다. 이렇게 중간에 중괄호를 삽입하면 해당 영역의 시작부분에 지역변수를 선언할 수 있다. 물론 이렇게 선언된 지역변수는 중괄호를 빠져나가면 소멸이 된다.

✛윈도우에서 소켓에 인터넷 주소 할당하기

윈도우에서 소켓에 인터넷 주소를 할당하는 과정은 리눅스에서 보인 과정과 동일하다. bind 함수의 의미와 매개변수 및 반환형의 형태가 완전히 동일하기 때문이다.

```
SOCKET servSock;
struct sockaddr_in servAddr;
char *servPort="9190";

/* 서버 소켓 생성 */
servSock=socket(PF_INET, SOCK_STREAM, 0);

/* 주소정보 초기화 */
memset(&servAddr, 0, sizeof(servAddr));
servAddr.sin_family=AF_INET;
servAddr.sin_addr.s_addr=htonl(INADDR_ANY);
servAddr.sin_port=htons(atoi(servPort));
```

```
/* 주소정보 할당 */
bind(servSock, (struct sockaddr*)&servAddr, sizeof(servAddr));
. . . . .
```

이 역시 앞서 보인 리눅스 기반의 소켓 초기화 및 주소할당의 과정과 차이가 없다. 다만 변수의 이름만 조금 바꿔놓았을 뿐이다.

WSAStringToAddress & WSAAddressToString

이번에는 윈속2에서 추가된 변환함수 둘을 소개하겠다. 이 둘은 inet_ntoa, 그리고 inet_addr 함수와 기능은 같으나 다양한 프로토콜에 적용이 가능하다는 장점이 있다. 즉 IPv4뿐 아니라 IPv6에서도 사용이 가능하다. 물론 장점만 있는 것은 아니다. inet_ntoa, inet_addr 함수를 사용할 경우 리눅스 기반에서 윈도우 기반으로, 그리고 그 반대로도 프로그램의 변경이 용이하지만, 다음 두 함수를 사용하면 윈도우에 종속적인 코드가 만들어지기 때문에 다른 운영체제로의 이식성이 떨어진다는 단점이 있다. 때문에 이 책에서는 다음 두 함수를 사용하지 않는다. 다만 여러분에게 다양한 함수를 소개한다는 측면에서 언급만할 뿐이다.

먼저 WSAStringToAddress 함수를 소개하겠다. 이 함수는 주소정보를 나타내는 문자열을 가지고 주소정보 구조체 변수를 적절히 채워 넣을 때 호출하는 함수이다.

```
#include <winsock2.h>

INT WSAStringToAddress(
    LPTSTR AddressString, INT AddressFamily, LPWSAPROTOCOL_INFO lpProtocolInfo,
    LPSOCKADDR lpAddress, LPINT lpAddressLength
);
```

➡ 성공 시 0, 실패 시 SOCKET_ERROR 반환

- AddressString   IP와 PORT번호를 담고 있는 문자열의 주소 값 전달.
- AddressFamily   첫 번째 인자로 전달된 주소정보가 속하는 주소체계 정보전달.
- lpProtocolInfo   프로토콜 프로바이더(Provider) 설정, 일반적으로 NULL 전달.
- lpAddress   주소정보를 담을 구조체 변수의 주소 값 전달.
- lpAddressLength   네 번째 인자로 전달된 주소 값의 변수 크기를 담고 있는 변수의 주소 값 전달.

이 함수의 정의에 등장하는 각종 자료형의 이름은 기본 자료형에 대한 typedef 선언이 대부분이다. 따라서 잠시 후에 소개하는 예제는 기본 자료형 위주로 작성해서, 이들에 대해 충분한 정보가 전달되게 하겠다.

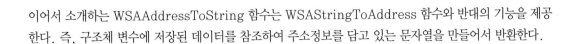

이어서 소개하는 WSAAddressToString 함수는 WSAStringToAddress 함수와 반대의 기능을 제공한다. 즉, 구조체 변수에 저장된 데이터를 참조하여 주소정보를 담고 있는 문자열을 만들어서 반환한다.

```
#include <winsock2.h>

INT WSAAddressToString(
    LPSOCKADDR lpsaAddress, DWORD dwAddressLength,
    LPWSAPROTOCOL_INFO lpProtocolInfo, LPTSTR lpszAddressString,
    LPDWORD lpdwAddressStringLength
);
```
→ 성공 시 0, 실패 시 SOCKET_ERROR 반환

- ● lpsaAddress 　　　　　　문자열로 변환할 주소정보를 지니는 구조체 변수의 주소 값 전달.
- ● dwAddressLength 첫 번째 인자로 전달된 구조체 변수의 크기 전달.
- ● lpProtocolInfo 　　　　프로토콜 프로바이더(Provider) 설정, 일반적으로 NULL 전달.
- ● lpszAddressString 문자열로 변환된 결과를 저장할 배열의 주소 값 전달.
- ● lpdwAddressStringLength 　네 번째 인자로 전달된 주소 값의 배열 크기를 담고 있는 변수의 주소 값 전달.

그럼 예제를 통해서 두 함수의 사용 예를 간단히 보이겠다.

❖ conv_addr_win.c

```
1.   #undef UNICODE
2.   #undef _UNICODE
3.   #include <stdio.h>
4.   #include <winsock2.h>
5.
6.   int main(int argc, char *argv[])
7.   {
8.       char *strAddr="203.211.218.102:9190";
9.
10.      char strAddrBuf[50];
11.      SOCKADDR_IN servAddr;
12.      int size;
13.
14.      WSADATA wsaData;
15.      WSAStartup(MAKEWORD(2, 2), &wsaData);
16.
17.      size=sizeof(servAddr);
18.      WSAStringToAddress(
19.          strAddr, AF_INET, NULL, (SOCKADDR*)&servAddr, &size);
```

```
20.
21.     size=sizeof(strAddrBuf);
22.     WSAAddressToString(
23.         (SOCKADDR*)&servAddr, sizeof(servAddr), NULL, strAddrBuf, &size);
24.
25.     printf("Second conv result: %s \n", strAddrBuf);
26.     WSACleanup();
27.     return 0;
28. }
```

- 1, 2행: #undef는 기존에 정의된 매크로를 해제하는 경우에 사용한다. 프로젝트의 환경에 따라서 VC++ 자체적으로 이 두 매크로를 정의하는 경우가 있는데, 그렇게 되면 18행과 22행에서 호출하는 두 함수의 매개변수형이 유니코드 기반으로 바뀌어서 잘못된 실행결과를 보이게 된다. 따라서 이 두 문장을 삽입한 것이다.
- 18행: 8행에서는 WSAStringToAddress 함수에 전달되는 문자열의 형태를 보여준다. 그리고 18행에서는 함수호출을 통해서, 이 문자열을 기반으로 11행에 선언된 구조체 변수에 주소 정보를 채우고 있다.
- 22행: 이번에는 18행에서의 변환과정을 역으로 실행하고 있다. 즉 WSAAddressToString 함수호출을 통해서 구조체 변수에 저장된 주소정보를 문자열의 형태로 변환하고 있다.

❖ 실행결과: conv_addr_win.c

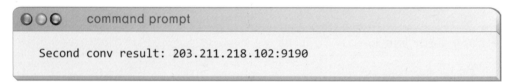

```
command prompt

Second conv result: 203.211.218.102:9190
```

위 예제는 WSAStringToAddress 함수와 WSAAddressToString 함수의 사용방법을 보이는 것이 주 목적이다. 그런데 여기 한가지 이상한 점이 있다. 조금 전에는 주소정보의 초기화 과정에서 구조체 sockaddr_in의 변수가 선언됨을 보였는데, 위 예제에서는 SOCKADDR_IN형 변수를 선언하고 있다. 그러나 이상하게 생각할 것 없다. 사실 이 둘은 같은 것이다. 다만 선언의 편의를 위해서 다음과 같이 typedef 선언이 되어있어서 이를 활용한 것뿐이다.

```
typedef struct sockaddr_in SOCKADDR_IN;
```

이로써 소켓과 관련된 주소의 할당에 대한 설명을 마치도록 하겠다.

내용 확인문제

01. IP주소 체계인 IPv4와 IPv6의 차이점은 무엇인가? 그리고 IPv6의 등장배경은 어떻게 되는가?

02. 회사의 로컬 네트워크에 연결되어 있는 개인 컴퓨터에 데이터가 전송되는 과정을, IPv4의 네트워크 ID와 호스트 ID, 그리고 라우터의 관계를 기준으로 설명하여라.

03. 소켓의 주소는 IP와 PORT번호 두 가지로 구성된다. 그렇다면 IP가 필요한 이유는 무엇이고, PORT번호가 필요한 이유는 또 무엇인가? 다시 말해서, IP를 통해서 구분되는 대상은 무엇이고, PORT 번호를 통해서 구분되는 대상은 또 무엇인가?

04. IP주소의 클래스를 결정하는 방법을 설명하고, 이를 근거로 다음 IP주소들이 속하는 클래스를 판단해보자.
  · 214.121.212.102　　　　(　　　　)
  · 120.101.122.89　　　　　(　　　　)
  · 129.78.102.211　　　　　(　　　　)

05. 컴퓨터는 라우터 또는 스위치라 불리는 물리적인 장치를 통해서 인터넷과 연결된다. 그렇다면 라우터 또는 스위치의 역할이 무엇인지 설명해보자.

06. '잘 알려진 PORT(Well-known PORT)'는 무엇이며, 그 값의 범위는 어떻게 되는가? 그리고 잘 알려진 PORT 중에서 대표적인 HTTP와 FTP의 PORT번호가 어떻게 되는지 조사해보자.

07. 소켓에 주소를 할당하는 bind 함수의 프로토타입은 다음과 같다.
```
int bind(int sockfd, struct sockaddr *myaddr, socklen_t addrlen);
```

그런데 호출은 다음의 형태로 이뤄진다.
```
bind(serv_sock, (struct sockaddr*) &serv_addr, sizeof(serv_addr);
```

여기서 serv_addr은 구조체 sockaddr_in의 변수이다. 그렇다면 bind 함수의 프로토타입과 달리 구조체 sockaddr_in의 변수를 사용하는 이유는 무엇인지 간단히 설명해보자.

08. 빅 엔디안과 리틀 엔디안에 대해서 설명하고, 네트워크 바이트 순서가 무엇인지, 그리고 이것이 필요한 이유는 또 무엇인지 설명해보자.

09. 빅 엔디안을 사용하는 컴퓨터에서 4바이트 정수 12를 리틀 엔디안을 사용하는 컴퓨터에게 전송하려 한다. 이때 데이터의 전송과정에서 발생하는 엔디안의 변환과정을 설명해보자.

10. '루프백 주소(loopback address)'는 어떻게 표현되며, 의미하는 바는 무엇인가? 그리고 루프백 주소를 대상으로 데이터를 전송하면 어떠한 일이 벌어지는가?

Chapter

04

TCP 기반 서버/ 클라이언트 1

지금까지 학습해온 내용은 크게 '소켓의 생성'과 '생성된 소켓의 주소 할당'으로 요약해서 말할 수 있다. 따라서 이제 본격적으로 소켓을 사용한 데이터의 송수신방법에 대해서 살펴볼 차례가 되었다.

이전에 소켓에 대해 처음 이야기할 때 '연결지향형 소켓'과 '비 연결 지향형 소켓'의 데이터 전송 특징에 대해 예를 들어가며 설명하였다. 특히 연결지향형 소켓을 강조해서 설명했는데, 이번 Chapter에서는 바로 그 연결지향형 소켓 기반의 서버 클라이언트 프로그램의 작성방법에 대해 구체적으로 살펴본다.

04-1 : TCP와 UDP에 대한 이해

인터넷 프로토콜 기반 소켓의 경우, 데이터 전송방법에 따라서 TCP 소켓과 UDP 소켓으로 나뉘고, 특히 TCP 소켓의 경우 연결을 지향하기 때문에 '스트림 기반 소켓'이라고도 이야기한다.

TCP는 Transmission Control Protocol의 약자로써 '데이터 전송과정의 컨트롤'이라는 뜻을 담고 있다. 때문에 TCP 소켓의 정확한 이해를 위해서는 컨트롤의 방법과 범위에 대해 살펴보는 것이 도움이 된다.

⁺TCP/IP 프로토콜 스택

TCP를 이야기하기에 앞서 TCP가 속해있는 'TCP/IP 프로토콜 스택'을 먼저 설명하고자 한다. 다음 그림은 TCP/IP 프로토콜 스택(Stack, 계층)을 보여준다.

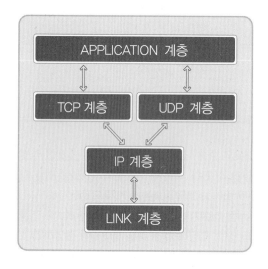

▶ 그림 04-1 : TCP/IP 프로토콜 스택

위 그림을 통해서 TCP/IP 스택이 총 네 개의 계층으로 나뉨을 알 수 있는데, 이는 데이터 송수신의 과정을 네 개의 영역으로 계층화했다는 의미로 받아들일 수 있다. 즉 '인터넷 기반의 효율적인 데이터 전송'이라는 커다란 하나의 문제를 하나의 덩치 큰 프로토콜 설계로 해결한 것이 아니라, 그 문제를 작게 나눠서 계층화하려는 노력이 시도되었고, 그 결과로 탄생한 것이 'TCP/IP 프로토콜 스택'인 것이다. 따라서 여러분이 TCP 소켓을 생성해서 데이터를 송수신할 경우에는 다음 네 계층의 도움을 통해서 데이터를 송수신하게 된다.

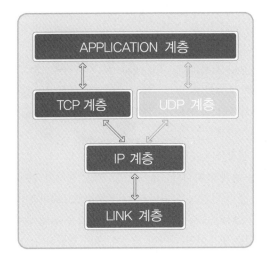

▶ 그림 04-2: TCP 프로토콜 스택

반면에 UDP 소켓을 생성해서 데이터를 송수신할 경우에는 다음 네 계층의 도움을 통해서 데이터를 송수신하게 된다.

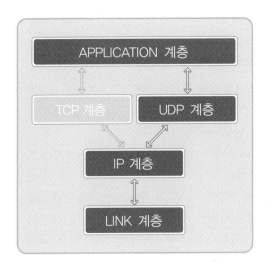

▶ 그림 04-3: UDP 프로토콜 스택

그리고 각각의 계층을 담당하는 것은 운영체제와 같은 소프트웨어이기도 하고, NIC와 같은 물리적인 장치이기도 하다.

 OSI 7 Layer(계층)

데이터 통신에 사용되는 프로토콜 스택은 7계층으로 세분화된다. 그러나 앞서 보인 그림에서와 같이 4계층으로 구분 짓기도 한다. 만약에 프로토콜 스택 7계층을 세부적으로 이해하기 원한다면 데이터 통신에 관련된 서적을 참고하면 된다. 하지만 프로그래머의 관점에서는 4계층으로 이해하고 있어도 충분하다.

+ TCP/IP 프로토콜의 탄생배경

'인터넷을 통한 효율적인 데이터의 송수신'이라는 과제의 해결을 위해서 많은 전문가들이 모여있다. 이들은 하드웨어 전문가부터 시작해서 시스템 전문가, 라우팅 알고리즘 전문가 등 아주 다양한 분야의 최고 전문가들이다. 그렇다면 왜 이렇게 많은 분야의 전문가들이 필요한 것일까?

지금까지 우리는 소켓의 생성 및 활용에만 관심을 둬서 생각하지 못했지만, 네트워크는 소프트웨어만 가지고 해결할 수 있는 문제가 아니다. 소프트웨어가 존재하기 전에 하드웨어적으로 시스템이 구축되어 있어야 하고, 그러한 물리적 환경을 기반으로 각종 소프트웨어적인 알고리즘을 필요로 한다. 즉, '인터넷을 통한 효율적인 데이터의 송수신'이라는 이슈의 해결을 위해서는 아주 많은 분야의 전문가가 필요하며, 이들간의 상호 논의로 만들어진 다양한 약속이 또한 필요하다. 따라서 이 문제는 작은 문제로 나눠서 해결하는 것이 효율적이다.

결국엔 문제를 영역별로 나눠서 '인터넷을 통한 효율적인 데이터의 송수신'에 대한 결론을 얻게 되었다. 문제를 영역별로 나눠서 해결하다 보니 프로토콜이 여러 개 만들어졌으며, 이들은 계층구조를 통해서 상호간에 관계를 맺게 되었다.

이해하고 넘어가세요! 개방형 시스템(Open System)

구체적으로 프로토콜을 계층화해서 얻게 되는 장점에는 어떤 것들이 있을까? 프로토콜 설계의 용이성? 물론 이것도 장점이라 말하기엔 충분하다. 그러나 이보다 더 중요한 이유가 있으니, 이는 바로 표준화 작업을 통한 '개방형 시스템(Open System)'의 설계이다.

표준이라는 것은 감추는 것이 아니라 활짝 열고 널리 알려서 많은 사람이 따르도록 유도하는 것이다. 따라서 여러 개의 표준을 근거로 설계된 시스템을 가리켜 '개방형 시스템'이라 하며, 우리가 지금 공부하고 있는 TCP/IP 프로토콜 스택 역시 개방형 시스템의 하나이다. 그렇다면 개방형 시스템의 장점이 무엇인지 살펴보자. IP 계층을 담당하는 라우터라는 장비가 있다. 회사에서 A사의 라우터 장비를 사용하고 있었는데, 이를 B사의 라우터 장비로 교체하려고 한다. 교체가 가능하겠는가? 물론 어렵지 않게 교체가 가능하다. 반드시 같은 회사의 같은 모델로 교체해야 하는 것은 아니다. 왜냐하면 모든 라우터 제조사들이 IP 계층의 표준에 맞춰서 라우터를 제작하기 때문이다.

한가지 예를 더 들겠다. 현재 여러분의 컴퓨터에 네트워크 카드, 소위 말하는 랜카드가 달려 있는가? 달려있지 않다면 여러분은 어렵지 않게 랜카드를 선택할 수 있다. 모든 랜카드 제조사가 LINK 계층의 표준을 따르기 때문이다. 이것이 바로 개방형 시스템의 장점이다.

이렇듯 표준이 존재한다는 것은 그만큼 빠른 속도의 기술발전이 가능하다는 것을 의미한다. 그리고 이것이 시스템을 개방형으로 설계하는 가장 큰 이유이기도 하다. 사실 소프트웨어 공학에서의 '객체지향(Object Oriented)'의 탄생배경에도 소프트웨어의 발전을 위해서는 표준이 필요하다는 생각이 큰 몫을 차지했다. 그만큼 표준이라는 것은 기술의 발전에 있어서 중요한 요소이다.

LINK 계층

그럼 이제 TCP/IP 프로토콜 스택을 계층별로 하나씩 살펴보기로 하자. 먼저 LINK 계층에 대해서 설명하겠다. LINK 계층은 물리적인 영역의 표준화에 대한 결과이다. 이는 가장 기본이 되는 영역으로 LAN, WAN, MAN과 같은 네트워크 표준과 관련된 프로토콜을 정의하는 영역이다. 두 호스트가 인터넷을 통해 데이터를 주고받으려면 다음 그림과 같이 물리적인 연결이 존재해야 하지 않겠는가? 바로 이 부분에 대한 표준을 LINK 계층에서 담당하고 있다.

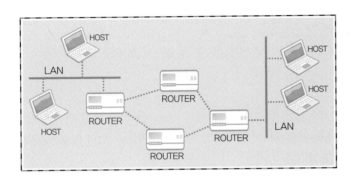

▶ 그림 04-4: 인터넷의 연결구조

IP 계층

이제 물리적인 연결이 형성되었으니, 데이터를 보낼 기본준비가 되었다. 그런데 복잡하게 연결되어 있는 인터넷을 통한 데이터의 전송을 위해 선행되어야 할 일은 경로의 선택이다. 목적지로 데이터를 전송하기 위해서 중간에 어떤 경로를 거쳐갈 것인가? 이 문제를 해결하는 것이 IP계층이고, 이 계층에서 사용하는 프로토콜이 IP(Internet Protocol)이다.

IP 자체는 비 연결지향적이며 신뢰할 수 없는 프로토콜이다. 데이터를 전송할 때마다 거쳐야 할 경로를 선택해 주지만, 그 경로는 일정치 않다. 특히 데이터 전송 도중에 경로상에 문제가 발생하면 다른 경로를 선택해 주는데, 이 과정에서 데이터가 손실되거나 오류가 발생하는 등의 문제가 발생한다고 해서 이를 해결해주지 않는다. 즉, 오류발생에 대한 대비가 되어있지 않은 프로토콜이 IP이다.

TCP/UDP 계층

데이터의 전송을 위한 경로의 검색을 IP계층에서 해결해주니, 그 경로를 기준으로 데이터를 전송만하면 된다. TCP와 UDP 계층은 이렇듯 IP계층에서 알려준 경로정보를 바탕으로 데이터의 실제 송수신을 담당한다. 때문에 이 계층을 가리켜 '전송(Transport) 계층'이라 한다. 전송 계층에 존재하는 UDP는 TCP에 비해 상대적으로 간단하며, 이후에 별도로 언급하니 일단은 TCP에 대해서만 추가로 설명하겠다. TCP는 신뢰성 있는 데이터의 전송을 담당한다. 그런데 TCP가 데이터를 보낼 때 기반이 되는 프로토콜이 IP이다(이것이 프로토콜이 스택의 구조로 계층화되어 있는 이유이다). 그럼 이 둘의 관계를 어떻게 이해하면 좋겠는가?

IP는 오로지 하나의 데이터 패킷(데이터 전송의 기본단위)이 전송되는 과정에만 중심을 두고 설계되었다. 따라서 여러 개의 데이터 패킷을 전송한다 하더라도 각각의 패킷이 전송되는 과정은 IP에 의해서 진행되므로 전송의 순서는 물론이거니와 전송 그 자체를 신뢰할 수 없다. 만약에 IP만을 이용해서 데이터를 전송한다면 먼저 전송한 A 패킷보다 뒤에 전송한 B 패킷이 먼저 도달할 수도 있다. 그리고 이어서 전송한 A, B, C 패킷 중에서 A와 C 패킷만 전송될 수 있으며, 그나마 C 패킷은 손상된 상태로 전송될 수도 있다. 반면에 TCP 프로토콜이 추가되어 데이터를 송수신하면 다음과 같은 대화를 주고받게 된다

- 호스트 A   두 번째 패킷까지 잘 받았소!
- 호스트 B   네 알겠습니다.

- 호스트 A   세 번째 패킷까지는 잘 받았소!
- 호스트 B   네 번째 패킷까지 보냈는데요? 네 번째 패킷은 못 받았나 보네요! 그럼 재전송
             하겠습니다!

이것이 바로 TCP의 역할이다. 이렇듯 데이터를 주고받는 과정에서 서로 데이터의 주고 받음을 확인한다면, 그리고 분실된 데이터에 대해서 재전송해준다면, 데이터의 전송을 신뢰할 수 있지 않겠는가? 비록 IP가 데이터의 전송을 보장하지 않더라도 말이다.

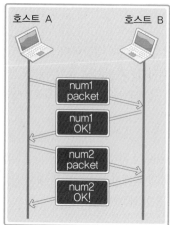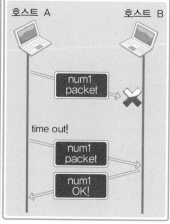

▶ 그림 04-5: 전송제어 프로토콜

위 그림은 TCP의 역할을 간단히 표현한 것이다. 결론적으로 말하면 IP의 상위계층에서 호스트 대 호스트의 데이터 송수신 방식을 약속하는 것이 TCP 그리고 UDP이며, TCP는 확인절차를 걸쳐서 신뢰성 없는 IP에 신뢰성을 부여한 프로토콜이라 할 수 있다.

⁺APPLICATION 계층

지금까지 설명한 내용은 소켓을 생성하면 데이터 송수신과정에서 자동으로 처리되는 것들이다. 데이터의 전송경로를 확인하는 과정이라든가 데이터 수신에 대한 응답의 과정이 소켓이라는 것 하나에 감춰져 있

기 때문이다. 그러나 감춰져 있다는 표현보다는 이러한 일들에 대해서 프로그래머를 자유롭게 해줬다는 표현이 더 정확하다. 즉, 프로그래밍에 있어서 이러한 과정을 여러분이 신경 쓰지 않아도 된다는 뜻이다. 하지만 신경을 쓰지 않아도 될 뿐이지, 몰라도 된다는 뜻은 아니다. 이러한 이론적인 내용들도 알고 있어야 필요에 맞는 네트워크 프로그램을 작성할 수 있다.

최종적으로 소켓이라는 도구가 여러분에게 주어졌고, 여러분은 이 도구를 이용해서 무엇인가를 만들면 된다. 이렇게 무엇인가를 만드는 과정에서 프로그램의 성격에 따라 클라이언트와 서버간의 데이터 송수신에 대한 약속(규칙)들이 정해지기 마련인데, 이를 가리켜 APPLICATION 프로토콜이라 한다. 그리고 대부분의 네트워크 프로그래밍은 APPLICATION 프로토콜의 설계 및 구현이 상당부분을 차지한다.

04-2 : TCP기반 서버, 클라이언트 구현

드디어 TCP 기반의 서버를 완벽하게 구현해볼 차례가 되었다. 이 과정에서 여러분은 소켓의 사용방법과 데이터의 전송방법을 함께 이해하게 될 것이다.

✚TCP 서버에서의 기본적인 함수호출 순서

아래 그림은 TCP 서버구현을 위한 기본적인 함수의 호출순서를 보이고 있다. 대부분의 TCP 서버 프로그램은 이 순서로 구현이 된다.

▶ 그림 04-6: TCP 서버의 함수호출 순서

제일 먼저 socket 함수의 호출을 통해서 소켓을 생성한다. 그리고 주소정보를 담기 위한 구조체 변수를 선언 및 초기화해서 bind 함수를 호출하여 소켓에 주소를 할당한다. 이 두 단계는 이미 여러분에게 설명한 내용이니, 이제 그 이후의 과정에 대해서 설명하겠다.

⁺연결요청 대기상태로의 진입

bind 함수호출을 통해서 소켓에 주소까지 할당했다면, 이번에는 listen 함수호출을 통해서 '연결요청 대기상태'로 들어갈 차례이다. 그리고 listen 함수가 호출되어야 클라이언트가 연결요청을 할 수 있는 상태가 된다. 즉, listen 함수가 호출되어야 클라이언트는 연결요청을 위해서 connect 함수를 호출할 수 있다(이전에 connect 함수가 호출되면 오류 발생).

```
#include <sys/socket.h>

int listen(int sock, int backlog);

    → 성공 시 0, 실패 시 -1 반환
```

● sock   연결요청 대기상태에 두고자 하는 소켓의 파일 디스크립터 전달, 이 함수의 인자로 전달된 디스크립터의 소켓이 서버 소켓(리스닝 소켓)이 된다.

● backlog   연결요청 대기 큐(Queue)의 크기정보 전달, 5가 전달되면 큐의 크기가 5가 되어 클라이언트의 연결요청을 5개까지 대기시킬 수 있다.

여기서 잠시 '연결요청 대기상태'의 의미와 '연결요청 대기 큐'라는 것에 대해서 별도의 설명을 추가하겠다. 서버가 '연결요청 대기상태'에 있다는 것은 클라이언트가 연결요청을 했을 때 연결이 수락될 때까지 연결요청 자체를 대기시킬 수 있는 상태에 있다는 것을 의미한다. 이를 그림을 통해서 설명해 보겠다.

▶ 그림 04-7: 연결요청 대기상태

위 그림을 보면, listen 함수의 첫 번째 인자로 전달된 파일 디스크립터의 소켓이 어떤 용도로 사용되는지 알 수 있다. 클라이언트의 연결요청도 인터넷을 통해서 흘러 들어오는 일종의 데이터 전송이기 때문에, 이것을 받아들이려면 당연히 소켓이 하나 있어야 한다. 서버 소켓의 역할이 바로 이것이다. 즉, 연결요청을 맞이하는, 일종의 문지기 또는 문의 역할을 한다고 볼 수 있다

클라이언트가 "저기여 혹시 제가 감히 연결될 수 있나요?"라고 서버 소켓에게 물어보면, 서버 소켓은 아주 친절한 문지기이기 때문에 "아 물론이죠, 그런데 지금 시스템이 조금 바쁘니, 대기실에서 번호표 뽑고 기다리시면 준비되는 대로 바로 연결해 드리겠습니다."라고 말하며, 클라이언트의 연결요청을 대기실로 안내한다. listen 함수가 호출되면, 이렇듯 문지기의 역할을 하는 서버 소켓이 만들어지고, listen 함수의 두 번째 인자로 전달되는 정수의 크기에 해당하는 대기실이 만들어진다. 이 대기실을 가리켜 '연결요청 대기 큐'라 하며, 서버 소켓과 연결요청 대기 큐가 완전히 준비되어서 클라이언트의 연결요청을 받아들일 수 있는 상태를 가리켜 '연결요청 대기상태'라 한다.

listen 함수의 두 번째 인자로 전달될 적절한 인자의 값은 서버의 성격마다 다르지만, 웹 서버와 같이 잦은 연결요청을 받는 서버의 경우에는 최소 15 이상을 전달해야 한다. 참고로 연결요청 대기 큐의 크기는 어디까지나 실험적 결과에 의존해서 결정하게 된다.

⁺클라이언트의 연결요청 수락

listen 함수호출 이후에 클라이언트의 연결요청이 들어왔다면, 들어온 순서대로 연결요청을 수락해야 한다. 연결요청을 수락한다는 것은 클라이언트와 데이터를 주고받을 수 있는 상태가 됨을 의미한다. 따라서 이러한 상태가 되기 위해 무엇이 필요한지 짐작할 수 있을 것이다. 당연히 소켓이 필요하다! 전혀 이상할 것 없다. 데이터를 주고받으려면 소켓이 있어야 하지 않는가? 물론 여러분은 서버 소켓을 생각하면서 이것을 사용하면 되지 않느냐고 물을 수 있다. 그런데 서버 소켓은 문지기이다. 클라이언트와의 데이터 송수신을 위해 이것을 사용하면 문은 누가 지키겠는가? 때문에 소켓을 하나 더 만들어야 한다. 하지만

우리가 소켓을 직접 만들 필요는 없다. 다음 함수의 호출결과로 소켓이 만들어지고, 이 소켓은 연결요청을 한 클라이언트 소켓과 자동으로 연결되니 말이다.

```
#include <sys/socket.h>

int accept(int sock, struct sockaddr * addr, socklen_t * addrlen);
```
→ 성공 시 생성된 소켓의 파일 디스크립터, 실패 시 −1 반환

- **sock** 서버 소켓의 파일 디스크립터 전달.
- **addr** 연결요청 한 클라이언트의 주소정보를 담을 변수의 주소 값 전달, 함수호출이 완료되면 인자로 전달된 주소의 변수에는 클라이언트의 주소정보가 채워진다.
- **addrlen** 두 번째 매개변수 addr에 전달된 주소의 변수 크기를 바이트 단위로 전달, 단 크기정보를 변수에 저장한 다음에 변수의 주소 값을 전달한다. 그리고 함수호출이 완료되면 크기정보로 채워져 있던 변수에는 클라이언트의 주소정보 길이가 바이트 단위로 계산되어 채워진다.

accept 함수는 '연결요청 대기 큐'에서 대기중인 클라이언트의 연결요청을 수락하는 기능의 함수이다. 따라서 accept 함수는 호출성공 시 내부적으로 데이터 입출력에 사용할 소켓을 생성하고, 그 소켓의 파일 디스크립터를 반환한다. 중요한 점은 소켓이 자동으로 생성되어, 연결요청을 한 클라이언트 소켓에 연결까지 이뤄진다는 점이다. 다음 그림은 accept 함수호출 시 일어나는 상황을 보이고 있다.

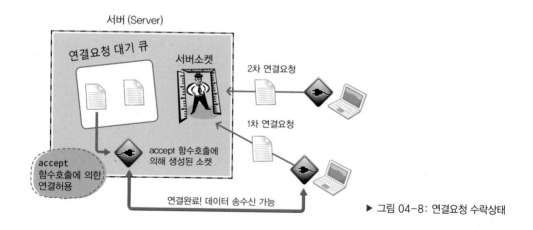

▶ 그림 04-8: 연결요청 수락상태

위 그림에서는 대기 큐(Queue)에 존재하던 연결요청 하나를 꺼내서 새로운 소켓을 생성한 후에 연결요청을 완료함을 보이고 있다. 이렇듯 서버에서 별도로 생성한 소켓과 클라이언트 소켓이 직접 연결되었으니, 이제는 데이터를 주고받는 일만 남았다.

✛ Hello world 서버 프로그램 리뷰

이제야 비로소 서버 프로그램의 구현과정 전체에 대한 설명을 완료하였다. 따라서 이전에 전혀 알지도 못하면서 무작정 실행만했던, Chapter 01에서 소개한 Hello world 서버 프로그램을 다시 한번 분석하고자 한다. 이미 Chapter 01에서 보인 소스코드지만 학습과 설명의 편의를 위해서 이를 다시 싣겠다.

❖ hello_server.c

```c
1.   /* 헤더파일 및 함수의 선언관계는
2.   Chapter 01의 hello_server.c 소스코드 참조 */
3.
4.   int main(int argc, char *argv[])
5.   {
6.       int serv_sock;
7.       int clnt_sock;
8.
9.       struct sockaddr_in serv_addr;
10.      struct sockaddr_in clnt_addr;
11.      socklen_t clnt_addr_size;
12.
13.      char message[]="Hello World!";
14.
15.      if(argc!=2)
16.      {
17.          printf("Usage : %s <port>\n", argv[0]);
18.          exit(1);
19.      }
20.
21.      serv_sock=socket(PF_INET, SOCK_STREAM, 0);
22.      if(serv_sock == -1)
23.          error_handling("socket() error");
24.
25.      memset(&serv_addr, 0, sizeof(serv_addr));
26.      serv_addr.sin_family=AF_INET;
27.      serv_addr.sin_addr.s_addr=htonl(INADDR_ANY);
28.      serv_addr.sin_port=htons(atoi(argv[1]));
29.
30.      if(bind(serv_sock, (struct sockaddr*) &serv_addr, sizeof(serv_addr))==-1)
31.          error_handling("bind() error");
32.
33.      if(listen(serv_sock, 5)==-1)
34.          error_handling("listen() error");
35.
36.      clnt_addr_size=sizeof(clnt_addr);
37.      clnt_sock=accept(serv_sock, (struct sockaddr*)&clnt_addr,&clnt_addr_size);
38.      if(clnt_sock==-1)
```

```
39.        error_handling("accept() error");
40.
41.    write(clnt_sock, message, sizeof(message));
42.    close(clnt_sock);
43.    close(serv_sock);
44.    return 0;
45. }
46.
47. void error_handling(char *message)
48. {
49.    fputs(message, stderr);
50.    fputc('\n', stderr);
51.    exit(1);
52. }
```

- 21행: 서버 프로그램의 구현과정에서 제일먼저 해야 할 일이 소켓의 생성이다. 따라서 21행에서는 소켓을 생성하고 있다. 단, 이 때 생성되는 소켓은 아직 서버 소켓이라 부르기 이른 상태이다.

- 25~31행: 소켓의 주소할당을 위해 구조체 변수를 초기화하고 bind 함수를 호출하고 있다.

- 33행: 연결요청 대기상태로 들어가기 위해서 listen 함수를 호출하고 있다. 연결요청 대기 큐의 크기도 5로 설정하고 있다. 이제야 비로소 21행에서 생성한 소켓을 가리켜 서버 소켓이라 할 수 있다.

- 37행: accept 함수가 호출되었으니, 대기 큐에서 첫 번째로 대기 중에 있는 연결요청을 참조하여 클라이언트와의 연결을 구성하고, 이 때 생성된 소켓의 파일 디스크립터를 반환한다. 참고로 이 함수가 호출되었을 때 대기 큐가 비어있는 상태라면, 대기 큐가 찰 때까지, 다시 말해서 클라이언트의 연결요청이 들어올 때까지 accept 함수는 반환하지 않는다.

- 41, 42행: write 함수호출을 통해서 클라이언트에게 데이터를 전송하고 있다. 그리고는 close 함수호출을 통해서 연결을 끊고 있다.

Chapter 01에서 볼 때는 복잡해 보이던 서버 프로그램의 코드가 지금까지 우리가 이야기해 왔던 서버 구현의 순서를 그대로 코드로 옮겨놓은 것에 지나지 않음을 알았을 것이다. 이렇듯 서버 프로그램의 기본 구현과정은 매우 단순하다.

✚TCP 클라이언트의 기본적인 함수호출 순서

이번엔 클라이언트의 구현순서에 대해서 이야기해 보겠다. 앞에서도 언급했듯이 클라이언트의 구현과정은 서버에 비해 매우 간단하다. '소켓의 생성', 그리고 '연결의 요청'이 전부이기 때문이다.

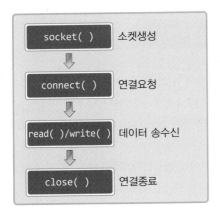

socket( )	소켓생성
↓	
connect( )	연결요청
↓	
read( )/write( )	데이터 송수신
↓	
close( )	연결종료

▶ 그림 04-9: TCP 클라이언트 함수호출 순서

서버의 구현과정과 비교해서 차이가 있는 부분은 '연결요청'이라는 과정이다. 이는 클라이언트 소켓을 생성한 후에 서버로 연결을 요청하는 과정이다. 서버는 listen 함수를 호출한 이후부터 연결요청 대기 큐를 만들어 놓는다. 따라서 그 이후부터 클라이언트는 연결요청을 할 수 있다. 그렇다면 클라이언트는 어떻게 연결요청을 할까? 다음 함수호출을 통해서 연결요청을 한다.

```
#include <sys/socket.h>

int connect(int sock, struct sockaddr * servaddr, socklen_t addrlen);

    → 성공 시 0, 실패 시 −1 반환
```

- sock   클라이언트 소켓의 파일 디스크립터 전달.
- servaddr 연결요청 할 서버의 주소정보를 담은 변수의 주소 값 전달
- addrlen 두 번째 매개변수 servaddr에 전달된 주소의 변수 크기를 바이트 단위로 전달

클라이언트에 의해서 connect 함수가 호출되면 다음 둘 중 한가지 상황이 되어야 함수가 반환된다(함수호출이 완료된다).

- 서버에 의해 연결요청이 접수되었다.
- 네트워크 단절 등 오류상황이 발생해서 연결요청이 중단되었다.

여기서 주의할 사실은 위에서 말하는 '연결요청의 접수'는 서버의 accept 함수호출을 의미하는 것이 아니라는 점이다. 이는 클라이언트의 연결요청 정보가 서버의 연결요청 대기 큐에 등록된 상황을 의미하는 것이다. 때문에 connect 함수가 반환했더라도 당장에 서비스가 이뤄지지 않을 수도 있음을 기억해야 한다.

이해하고 넘어가세요!　　**클라이언트 소켓의 주소정보는 어디에?**

서버를 구현하면서 반드시 거쳤던 과정 중 하나가 서버 소켓에 IP와 PORT를 할당하는 것이었다. 그런데 생각해보면 클라이언트 프로그램의 구현순서에는 소켓의 주소할당 과정이 없었다. 그저 소켓을 생성하고 서버로의 연결을 위해서 connect 함수를 호출한 것이 전부였다. 그렇다면 클라이언트 소켓은 IP와 PORT의 할당이 불필요한 것일까? 물론 아니다! 네트워크를 통해서 데이터를 송수신하려면 IP와 PORT가 반드시 할당되어야 한다. 그렇다면 클라이언트 소켓은 언제, 어디서, 어떻게 할당이 가능했던 것일까? 자! 하나씩 풀어보도록 하자.

- 언제?　　　　connect 함수가 호출될 때
- 어디서?　　　운영체제에서, 보다 정확히 표현하면 커널에서
- 어떻게?　　　IP는 컴퓨터(호스트)에 할당된 IP로, PORT는 임의로 선택해서!

즉 bind 함수를 통해서 소켓에 IP와 PORT를 직접 할당하지 않아도 connect 함수호출 시 자동으로 소켓에 IP와 PORT가 할당된다. 따라서 클라이언트 프로그램을 구현할 때에는 bind 함수를 명시적으로 호출할 필요가 없다.

✛Hello world 클라이언트 프로그램 리뷰

앞서 Hello world 서버 프로그램을 다시 한번 관찰한 것처럼 이번에는 Hello world 클라이언트 프로그램을 다시 한번 관찰하겠다.

❖ hello_client.c

```
1.    /* 헤더파일 및 함수의 선언관계는
2.    Chapter 01의 hello_client.c 소스코드 참조 */
3.
4.    int main(int argc, char * argv[])
5.    {
6.        int sock;
7.        struct sockaddr_in serv_addr;
8.        char message[30];
9.        int str_len;
10.
11.       if(argc!=3)
12.       {
13.           printf("Usage : %s <IP> <port>\n", argv[0]);
```

```
14.        exit(1);
15.    }
16.
17.    sock=socket(PF_INET, SOCK_STREAM, 0);
18.    if(sock == -1)
19.        error_handling("socket() error");
20.
21.    memset(&serv_addr, 0, sizeof(serv_addr));
22.    serv_addr.sin_family=AF_INET;
23.    serv_addr.sin_addr.s_addr=inet_addr(argv[1]);
24.    serv_addr.sin_port=htons(atoi(argv[2]));
25.
26.    if(connect(sock, (struct sockaddr*)&serv_addr, sizeof(serv_addr))==-1)
27.        error_handling("connect() error!");
28.
29.    str_len=read(sock, message, sizeof(message)-1);
30.    if(str_len==-1)
31.        error_handling("read() error!");
32.
33.    printf("Message from server : %s \n", message);
34.    close(sock);
35.    return 0;
36. }
37.
38. void error_handling(char *message)
39. {
40.    fputs(message, stderr);
41.    fputc('\n', stderr);
42.    exit(1);
43. }
```

해 설

- 17행: 서버 접속을 위한 소켓을 생성하고 있다. 이 때 생성하는 것은 TCP 소켓이어야 한다.
- 21~24행: 구조체 변수 serv_addr에 IP와 PORT정보를 초기화하고 있다. 초기화되는 값은 연결을 목적으로 하는 서버 소켓의 IP와 PORT정보이다.
- 26행: connect 함수호출을 통해서 서버로 연결요청을 하고 있다.
- 29행: 연결요청을 성공한 후에 서버로부터 전송되는 데이터를 수신하고 있다.
- 34행: 데이터 수신 이후에 close 함수호출을 통해서 소켓을 닫고 있다. 따라서 서버와의 연결은 종료가 된다.

이제는 TCP 서버와 TCP 클라이언트의 소스코드가 전부 이해되어야 한다. 만약에 아직도 이해되지 않는 부분이 있다면, 약간의 복습을 통해서 완전히 이해하기 바란다.

✦TCP기반 서버, 클라이언트의 함수호출 관계

지금까지 TCP 서버, TCP 클라이언트 프로그램의 구현순서를 설명했는데, 사실 이 둘은 서로 독립된 과정이 아니기 때문에 하나의 과정으로 머리 속에 그릴 수 있어야 한다. 그래서 이 두 과정을 하나의 그림으로 정리해보고자 한다. 앞서 모두 설명이 이뤄진 것이니 복습을 한다고 생각하면 좋겠다.

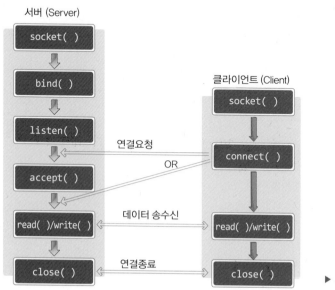

▶ 그림 04-10: 함수호출 관계

전체적인 흐름을 정리하면, 서버는 소켓 생성 이후에 bind, listen 함수의 연이은 호출을 통해 대기상태에 들어가고, 클라이언트는 connect 함수호출을 통해서 연결요청을 하게 된다. 특히 클라이언트는 서버소켓의 listen 함수호출 이후에 connect 함수호출이 가능하다는 사실을 기억할 필요가 있다. 뿐만 아니라 클라이언트가 connect 함수를 호출하기에 앞서 서버가 accept 함수를 먼저 호출할 수 있다는 사실도 함께 기억하기 바란다. 물론 이때는 클라이언트가 connect 함수를 호출할 때까지 서버는 accept 함수가 호출된 위치에서 블로킹 상태에 놓이게 된다.

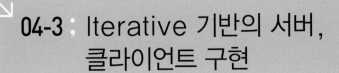

04-3 : Iterative 기반의 서버, 클라이언트 구현

이제 마지막으로 에코 서버와 에코 클라이언트를 구현해보고자 한다. 에코 서버는 클라이언트가 전송하는 문자열 데이터를 그대로 재전송하는, 말 그대로 문자열 데이터를 에코(echo)시키는 서버이다. 그런데 이의 구현에 앞서 먼저 Iterative 서버의 구현에 대해서 이야기할 필요가 있다.

✛Iterative 서버의 구현

지금까지 우리가 보아온 Hello world 서버는 한 클라이언트의 요청에만 응답을 하고 바로 종료되어버렸다. 때문에 연결요청 대기 큐의 크기도 사실상 의미가 없었다. 그런데 이는 우리가 생각해 오던 서버의 모습이 아니다. 큐의 크기까지 설정해 놓았다면, 연결요청을 하는 모든 클라이언트에게 약속되어 있는 서비스를 제공해야 한다. 그렇다면 계속해서 들어오는 클라이언트의 연결요청을 수락하기 위해서는 서버의 코드 구현을 어떠한 식으로 확장해야 할까? 단순히 생각하자! 반복문을 삽입해서 accept 함수를 반복 호출하면 된다.

▶ 그림 04-11: Iterative 서버의 함수호출 순서

위 그림의 흐름도를 보충설명 한다면, accept 함수가 호출된 다음에 입출력 함수인 read, write 함수를 호출하고 있다. 그리고 이어서 close 함수를 호출하고 있는데, 이는 서버 소켓을 대상으로 하는 것이

아니라, accept 함수의 호출과정에서 생성된 소켓을 대상으로 하는 것이다.

close 함수까지 호출되었다면 한 클라이언트에 대한 서비스가 완료된 것이다. 그럼 이어서 또 다른 클라이언트에게 서비스하기 위해서 무엇을 해야겠는가? 또 다시 accept 함수부터 호출해야 한다.

> "그럼 뭐에요! 은행창구도 아니고, 그래도 명색이 서버인데 한 순간에 하나의 클라이언트에게만 서비스를 제공할 수 있다는 거에요?"

그렇다! 명색이 서버인데 한 순간에 하나의 클라이언트에게만 서비스를 제공할 수 있다. 그러나 이후에 프로세스와 쓰레드에 대해 공부하고 나면, 동시에 둘 이상의 클라이언트에게 서비스를 제공하는 서버를 만들 수 있게 된다. 그러니 아쉽지만 지금은 이 정도로 만족하기 바란다.

✝Iterative 에코 서버, 에코 클라이언트

앞서 설명한 형태의 서버를 가리켜 Iterative 서버라 한다. 그리고 서버가 Iterative 형태로 동작한다 해도 클라이언트 코드에는 차이가 없음을 이해할 수 있을 것이다. 그럼 이번에는 Iterative 형태로 동작하는 에코 서버, 그리고 이와 함께 동작하는 에코 클라이언트를 작성해 보겠다. 먼저 프로그램의 기본 동작방식을 정리해 보겠다.

- 서버는 한 순간에 하나의 클라이언트와 연결되어 에코 서비스를 제공한다.
- 서버는 총 다섯 개의 클라이언트에게 순차적으로 서비스를 제공하고 종료한다.
- 클라이언트는 프로그램 사용자로부터 문자열 데이터를 입력 받아서 서버에 전송한다.
- 서버는 전송 받은 문자열 데이터를 클라이언트에게 재전송한다. 즉, 에코 시킨다.
- 서버와 클라이언트간의 문자열 에코는 클라이언트가 Q를 입력할 때까지 계속한다.

그럼 먼저 위 요구사항에 맞춰서 동작하는 에코 서버의 소스코드를 소개하겠으니, 특히 accept 함수의 반복호출이 어떻게 이뤄지는지 주의 깊게 관찰하기 바란다.

❖ echo_server.c

```
1.   #include <stdio.h>
2.   #include <stdlib.h>
3.   #include <string.h>
4.   #include <unistd.h>
5.   #include <arpa/inet.h>
6.   #include <sys/socket.h>
7.
8.   #define BUF_SIZE 1024
9.   void error_handling(char *message);
10.
11.  int main(int argc, char *argv[])
12.  {
13.      int serv_sock, clnt_sock;
```

```
14.     char message[BUF_SIZE];
15.     int str_len, i;
16.
17.     struct sockaddr_in serv_adr, clnt_adr;
18.     socklen_t clnt_adr_sz;
19.
20.     if(argc!=2) {
21.         printf("Usage : %s <port>\n", argv[0]);
22.         exit(1);
23.     }
24.
25.     serv_sock=socket(PF_INET, SOCK_STREAM, 0);
26.     if(serv_sock==-1)
27.         error_handling("socket() error");
28.
29.     memset(&serv_adr, 0, sizeof(serv_adr));
30.     serv_adr.sin_family=AF_INET;
31.     serv_adr.sin_addr.s_addr=htonl(INADDR_ANY);
32.     serv_adr.sin_port=htons(atoi(argv[1]));
33.
34.     if(bind(serv_sock, (struct sockaddr*)&serv_adr, sizeof(serv_adr))==-1)
35.         error_handling("bind() error");
36.
37.     if(listen(serv_sock, 5)==-1)
38.         error_handling("listen() error");
39.
40.     clnt_adr_sz=sizeof(clnt_adr);
41.
42.     for(i=0; i<5; i++)
43.     {
44.         clnt_sock=accept(serv_sock, (struct sockaddr*)&clnt_adr, &clnt_adr_sz);
45.         if(clnt_sock==-1)
46.             error_handling("accept() error");
47.         else
48.             printf("Connected client %d \n", i+1);
49.
50.         while((str_len=read(clnt_sock, message, BUF_SIZE))!=0)
51.             write(clnt_sock, message, str_len);
52.
53.         close(clnt_sock);
54.     }
55.     close(serv_sock);
56.     return 0;
57. }
58.
59. void error_handling(char *message)
60. {
```

```
61.        fputs(message, stderr);
62.        fputc('\n', stderr);
63.        exit(1);
64. }
```

해 설

- 42~54행: 총 5개의 클라이언트에게 서비스를 제공하기 위한 반복문이다. 결과적으로 accept 함수가 총 5회 호출되어 총 5개의 클라이언트에게 순서대로 에코 서비스를 제공한다.

- 50, 51행: 실제 에코 서비스가 이뤄지는 부분이다. 읽어 들인 문자열을 그대로 전송하고 있다.

- 53행: 소켓을 대상으로 close 함수가 호출되면, 연결되어있던 상대방 소켓에게 EOF가 전달된다. 즉, 클라이언트 소켓이 close 함수를 호출하면 50행의 조건은 '거짓(false)'이 되어 53행이 실행된다.

- 55행: 총 5개의 클라이언트에게 서비스를 제공하고 나면, 마지막으로 서버 소켓을 종료하면서 프로그램을 종료한다.

❖ 실행결과: echo_server.c

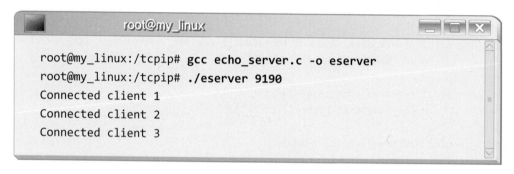

```
root@my_linux:/tcpip# gcc echo_server.c -o eserver
root@my_linux:/tcpip# ./eserver 9190
Connected client 1
Connected client 2
Connected client 3
```

위의 실행결과에서 보이듯이 클라이언트와의 연결정보가 출력되도록 예제가 작성되어 있다. 위의 실행결과는 현재 세 번째 클라이언트와 연결된 상황을 보이고 있다. 그럼 이어서 에코 클라이언트를 소개하겠다.

❖ echo_client.c

```
1.   #include <stdio.h>
2.   #include <stdlib.h>
3.   #include <string.h>
4.   #include <unistd.h>
5.   #include <arpa/inet.h>
6.   #include <sys/socket.h>
7.
8.   #define BUF_SIZE 1024
9.   void error_handling(char *message);
10.
11.  int main(int argc, char *argv[])
12.  {
```

```c
13.    int sock;
14.    char message[BUF_SIZE];
15.    int str_len;
16.    struct sockaddr_in serv_adr;
17.
18.    if(argc!=3) {
19.        printf("Usage : %s <IP> <port>\n", argv[0]);
20.        exit(1);
21.    }
22.
23.    sock=socket(PF_INET, SOCK_STREAM, 0);
24.    if(sock==-1)
25.        error_handling("socket() error");
26.
27.    memset(&serv_adr, 0, sizeof(serv_adr));
28.    serv_adr.sin_family=AF_INET;
29.    serv_adr.sin_addr.s_addr=inet_addr(argv[1]);
30.    serv_adr.sin_port=htons(atoi(argv[2]));
31.
32.    if(connect(sock, (struct sockaddr*)&serv_adr, sizeof(serv_adr))==-1)
33.        error_handling("connect() error!");
34.    else
35.        puts("Connected...........");
36.
37.    while(1)
38.    {
39.        fputs("Input message(Q to quit): ", stdout);
40.        fgets(message, BUF_SIZE, stdin);
41.
42.        if(!strcmp(message,"q\n") || !strcmp(message,"Q\n"))
43.            break;
44.
45.        write(sock, message, strlen(message));
46.        str_len=read(sock, message, BUF_SIZE-1);
47.        message[str_len]=0;
48.        printf("Message from server: %s", message);
49.    }
50.    close(sock);
51.    return 0;
52. }
53.
54. void error_handling(char *message)
55. {
56.    fputs(message, stderr);
57.    fputc('\n', stderr);
58.    exit(1);
59. }
```

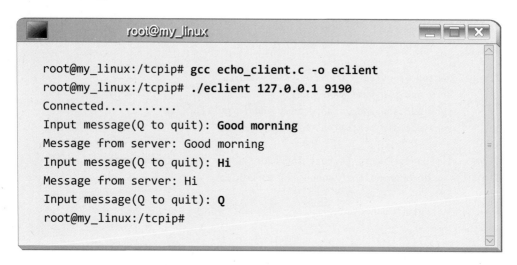

> **해 설**
>
> • 32행: connect 함수가 호출되고 있다. 앞서 언급했듯이, 이 함수호출로 인한 연결요청 정보가 서버의 대기 큐에 등록이 되면, connect 함수는 정상적으로 호출을 완료한다. 때문에 35행에 의해서 연결되었다는 문자열 정보가 출력되더라도 서버에서 accept 함수를 호출하지 않은 상황이라면 실제 서비스가 이뤄지지 않음에 주의해야 한다.
>
> • 50행: 이렇게 close 함수가 호출되면 상대 소켓으로는 EOF가 전송된다. 즉, EOF는 연결의 끝을 의미한다.

❖ 실행결과: echo_client.c

```
root@my_linux:/tcpip# gcc echo_client.c -o eclient
root@my_linux:/tcpip# ./eclient 127.0.0.1 9190
Connected..........
Input message(Q to quit): Good morning
Message from server: Good morning
Input message(Q to quit): Hi
Message from server: Hi
Input message(Q to quit): Q
root@my_linux:/tcpip#
```

우리가 구현한 에코 서버, 에코 클라이언트가 문자열 단위로 에코 됨을 인식하고 클라이언트인 echo_client.c의 45, 46행을 다시 관찰하자. 여러분이 필자가 설명한 TCP를 제대로 이해했다면, 이는 문자열 단위의 에코에 적절하지 않은 코드임을 알 수 있을 것이다.

✚에코 클라이언트의 문제점

다음은 echo_client.c의 45~48행에 삽입된 입출력 문장이다.

```
write(sock, message, strlen(message));
str_len=read(sock, message, BUF_SIZE-1);
message[str_len]=0;
printf("Message from server: %s", message);
```

위의 코드는 다음과 같은 잘못된 가정이 존재한다.

"read, write 함수가 호출될 때마다 문자열 단위로 실제 입출력이 이뤄진다."

물론 write 함수를 호출할 때마다 하나의 문장을 전송하니, 이렇게 가정하는 것도 무리는 아니다. 하지만 TCP는 데이터의 경계가 존재하지 않는다고 했던 Chapter 02의 설명을 기억하는가? 위에서 구현한 클라이언트는 TCP 클라이언트이기 때문에 둘 이상의 write 함수호출로 전달된 문자열 정보가 묶여서 한번에 서버로 전송될 수 있다. 그리고 그러한 상황이 발생하면 클라이언트는 한번에 둘 이상의 문자열 정보를 서버로부터 되돌려 받아서, 원하는 결과를 얻지 못할 수 있다. 그리고 서버가 다음과 같이 판단하는 상황도 생각해봐야 한다.

"문자열의 길이가 제법 긴 편이니, 문자열을 두 개의 패킷에 나눠서 보내야겠군!"

서버는 한번의 write 함수호출로 데이터 전송을 명령했지만, 전송할 데이터의 크기가 크다면, 운영체제는 내부적으로 이를 여러 개의 조각으로 나눠서 클라이언트에게 전송할 수도 있는 일이다. 그리고 이 과정에서 데이터의 모든 조각이 클라이언트에게 전송되지 않았음에도 불구하고, 클라이언트는 read 함수를 호출할지도 모른다.

이 모든 문제가 TCP의 데이터 전송특성에서 비롯된 것이다. 그렇다면 어떻게 이 문제를 해결해야 할까? 이에 대한 해답은 다음 Chapter에서 찾아보기로 하자.

"그런데 위 예제는 잘 동작하잖아요?"

물론 우리가 구현한 에코 서버와 에코 클라이언트는 별 무리 없이 제대로 된 서비스 결과를 보이고 있다. 그러나 이는 운이 좋았던 것이다! 송수신하는 데이터의 크기가 작고, 실제 실행환경이 하나의 컴퓨터 또는 근거리에 놓여있는 두 개의 컴퓨터이다 보니 오류가 발생하지 않는 것 일뿐, 오류의 발생확률은 여전히 존재한다.

04-4 : 윈도우 기반으로 구현하기

책 뒷부분으로 넘어갈수록 윈도우 기반 예제와 리눅스 기반 예제의 차이가 벌어지기 시작한다. 그러나 아직은 별 차이가 나지 않는다. 때문에 리눅스 기반 예제를 쉽게 윈도우 기반으로 변경할 수 있다.

윈도우 기반 에코 서버

리눅스 기반 예제를 윈도우 기반으로 변경하기 위해서 일단 다음 네 가지만 기억하면 된다.

- WSAStartup, WSACleanup 함수호출을 통한 소켓 라이브러리의 초기화와 해제
- 자료형과 변수의 이름을 윈도우 스타일로 변경하기
- 데이터 송수신을 위해서 read, write 함수 대신 recv, send 함수 호출하기
- 소켓의 종료를 위해서 close 대신 closesocket 함수 호출하기

그럼 윈도우 기반으로 변경된 에코 서버를 여러분께 보이겠다. 단, 위에서 언급한 네 가지만 변경하면 되기 때문에 코드에 대한 별도의 설명은 생략하겠다.

❖ echo_server_win.c

```
1.   #include <stdio.h>
2.   #include <stdlib.h>
3.   #include <string.h>
4.   #include <winsock2.h>
5.
6.   #define BUF_SIZE 1024
7.   void ErrorHandling(char *message);
8.
9.   int main(int argc, char *argv[])
10.  {
11.      WSADATA wsaData;
12.      SOCKET hServSock, hClntSock;
13.      char message[BUF_SIZE];
14.      int strLen, i;
15.
16.      SOCKADDR_IN servAdr, clntAdr;
17.      int clntAdrSize;
18.
19.      if(argc!=2) {
20.          printf("Usage : %s <port>\n", argv[0]);
21.          exit(1);
22.      }
23.
24.      if(WSAStartup(MAKEWORD(2, 2), &wsaData)!=0)
25.          ErrorHandling("WSAStartup() error!");
26.
27.      hServSock=socket(PF_INET, SOCK_STREAM, 0);
28.      if(hServSock==INVALID_SOCKET)
29.          ErrorHandling("socket() error");
30.
31.      memset(&servAdr, 0, sizeof(servAdr));
32.      servAdr.sin_family=AF_INET;
```

```
33.         servAdr.sin_addr.s_addr=htonl(INADDR_ANY);
34.         servAdr.sin_port=htons(atoi(argv[1]));
35.
36.         if(bind(hServSock, (SOCKADDR*)&servAdr, sizeof(servAdr))==SOCKET_ERROR)
37.             ErrorHandling("bind() error");
38.
39.         if(listen(hServSock, 5)==SOCKET_ERROR)
40.             ErrorHandling("listen() error");
41.
42.         clntAdrSize=sizeof(clntAdr);
43.
44.         for(i=0; i<5; i++)
45.         {
46.             hClntSock=accept(hServSock, (SOCKADDR*)&clntAdr, &clntAdrSize);
47.             if(hClntSock==-1)
48.                 ErrorHandling("accept() error");
49.             else
50.                 printf("Connected client %d \n", i+1);
51.
52.             while((strLen=recv(hClntSock, message, BUF_SIZE, 0))!=0)
53.                 send(hClntSock, message, strLen, 0);
54.
55.             closesocket(hClntSock);
56.         }
57.         closesocket(hServSock);
58.         WSACleanup();
59.         return 0;
60. }
61.
62. void ErrorHandling(char *message)
63. {
64.     fputs(message, stderr);
65.     fputc('\n', stderr);
66.     exit(1);
67. }
```

⁺윈도우 기반 에코 클라이언트

에코 클라이언트의 변경과정도 에코 서버와 다르지 않다. 따라서 이번에도 코드만 소개하는 정도로 마무리하겠다.

❖ echo_client_win.c

```
1.  #include <stdio.h>
```

```
2.    #include <stdlib.h>
3.    #include <string.h>
4.    #include <winsock2.h>
5.
6.    #define BUF_SIZE 1024
7.    void ErrorHandling(char *message);
8.
9.    int main(int argc, char *argv[])
10.   {
11.       WSADATA wsaData;
12.       SOCKET hSocket;
13.       char message[BUF_SIZE];
14.       int strLen;
15.       SOCKADDR_IN servAdr;
16.
17.       if(argc!=3) {
18.           printf("Usage : %s <IP> <port>\n", argv[0]);
19.           exit(1);
20.       }
21.
22.       if(WSAStartup(MAKEWORD(2, 2), &wsaData)!=0)
23.           ErrorHandling("WSAStartup() error!");
24.
25.       hSocket=socket(PF_INET, SOCK_STREAM, 0);
26.       if(hSocket==INVALID_SOCKET)
27.           ErrorHandling("socket() error");
28.
29.       memset(&servAdr, 0, sizeof(servAdr));
30.       servAdr.sin_family=AF_INET;
31.       servAdr.sin_addr.s_addr=inet_addr(argv[1]);
32.       servAdr.sin_port=htons(atoi(argv[2]));
33.
34.       if(connect(hSocket, (SOCKADDR*)&servAdr, sizeof(servAdr))==SOCKET_ERROR)
35.           ErrorHandling("connect() error!");
36.       else
37.           puts("Connected...........");
38.
39.       while(1)
40.       {
41.           fputs("Input message(Q to quit): ", stdout);
42.           fgets(message, BUF_SIZE, stdin);
43.
44.           if(!strcmp(message,"q\n") || !strcmp(message,"Q\n"))
45.               break;
46.
47.           send(hSocket, message, strlen(message), 0);
48.           strLen=recv(hSocket, message, BUF_SIZE-1, 0);
```

```
49.         message[strLen]=0;
50.         printf("Message from server: %s", message);
51.     }
52.     closesocket(hSocket);
53.     WSACleanup();
54.     return 0;
55. }
56.
57. void ErrorHandling(char *message)
58. {
59.     fputs(message, stderr);
60.     fputc('\n', stderr);
61.     exit(1);
62. }
```

실행결과는 앞서 보인 에코 서버, 에코 클라이언트와 다르지 않다. 다음은 첫 번째 클라이언트와의 연결이 종료되고, 두 번째 클라이언트에게 에코 서비스를 제공하는 서버의 실행상황을 보인 것이다.

❖ 실행결과: echo_server_win.c

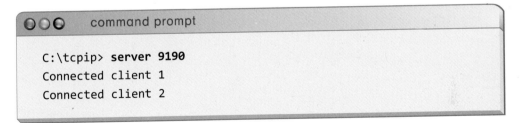

```
 ○○○     command prompt

   C:\tcpip> server 9190
   Connected client 1
   Connected client 2
```

다음은 에코 서버에 접속해서 서비스를 받고 연결이 종료된, 그리고 이어서 에코 서버에 접속해서 서비스를 받고 있는 두 클라이언트의 실행결과를 보여준다.

❖ 실행결과: echo_client_win.c one

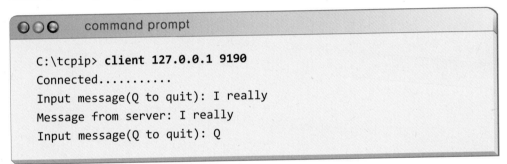

```
 ○○○     command prompt

   C:\tcpip> client 127.0.0.1 9190
   Connected..........
   Input message(Q to quit): I really
   Message from server: I really
   Input message(Q to quit): Q
```

❖ 실행결과: echo_client_win.c two

```
C:\tcpip> client 127.0.0.1 9190
Connected...........
Input message(Q to quit): 난 정말
Message from server: 난 정말
Input message(Q to quit):
```

이로써 에코 서버, 에코 클라이언트의 Iterative 모델에 대한 설명을 마친다. 단, 이번 Chapter에서 언급한 에코 클라이언트의 문제점을 반드시 이해하고 다음 Chapter로 넘어가기 바란다.

01. TCP/IP 프로토콜 스택을 4개의 계층으로 구분해 보자. 그리고 TCP 소켓이 거치는 계층구조와 UDP 소켓이 거치는 계층구조의 차이점을 설명해보자.

02. TCP/IP 프로토콜 스택 중에서 LINK 계층과 IP 계층이 담당하는 역할이 무엇인지 설명해보자. 그리고 이 둘의 관계도 함께 설명해보자.

03. TCP/IP 프로토콜 스택을 4개의 계층(또는 7개의 계층)으로 나누는 이유는 무엇인가? 이를 개방형 시스템에 대한 설명과 함께 답해보자.

04. 클라이언트는 connect 함수호출을 통해서 서버로의 연결을 요청한다. 그렇다면 클라이언트는 서버가 어떠한 함수를 호출한 이후부터 connect 함수를 호출할 수 있는가?

05. 연결요청 대기 큐라는 것이 생성되는 순간은 언제이며, 이것이 어떠한 역할을 하는지 설명해 보자. 그리고 accept 함수와의 관계도 함께 설명해보자.

06. 클라이언트 프로그램에서 소켓에 주소정보를 할당하는 bind 함수호출이 불필요한 이유는 무엇인가? 그리고 bind 함수를 호출하지 않았을 경우, 언제 어떠한 방식으로 IP주소와 PORT번호가 할당되는가?

07. Chapter 01에서 구현한 예제 hello_server.c와 hello_server_win.c를 Iterative 모델로 변경하고, 제대로 변경이 되었는지 클라이언트와 함께 테스트해보자.

TCP 기반 서버/
클라이언트 2

우리는 Chapter 04에서 에코 서비스를 기반으로 TCP 서버와 TCP 클라이언트의 구현에 대해 살펴보았다. 그러나 프로그래밍 관점에서만 공부했을 뿐, TCP의 동작방식을 이론적으로 살펴보지는 못했다. 그래서 이번 Chapter에서는 기본적으로 알고 있어야 하는 TCP의 이론적인 부분에 대해 설명하고자 한다. 그리고 Chapter 04에서 보인 에코 클라이언트의 문제점에 대한 해결책도 함께 고민해볼 것이다.

05-1 : 에코 클라이언트의 완벽 구현!

이미 Chapter 04에서 에코 클라이언트에 문제가 있음을 설명하였으니, 이를 반복하지는 않겠다. 그러니 앞서 설명한 에코 클라이언트의 문제점이 잘 이해되지 않는다면, Chapter 02에서 설명한 TCP의 전송특성과 더불어 Chapter 04에서 설명하고 있는 내용을 복습하기 바란다.

✚에코 서버는 문제가 없고, 에코 클라이언트만 문제가 있나요?

문제는 에코 서버에 있지 않고, 에코 클라이언트에 있다. 그런데 코드만 놓고 비교하면, 이 부분이 이해되지 않을 수 있다. 입출력에 사용된 함수의 호출문이 동일하기 때문이다. 먼저 에코 서버의 입출력 문장을 다시 보자. 이는 예제 echo_server.c의 50, 51행 문장이다.

```
while((str_len=read(clnt_sock, message, BUF_SIZE))!=0)
    write(clnt_sock, message, str_len);
```

이어서 에코 클라이언트의 입출력 문장을 다시 보자. 이는 echo_client.c의 45, 46행 문장이다.

```
write(sock, message, strlen(message));
str_len=read(sock, message, BUF_SIZE-1);
```

둘 다 read 함수와 write 함수를 반복 호출하는데 차이가 없다. 실제로 앞서 보인 에코 클라이언트는 자신이 서버로 전송한 데이터를 100% 수신한다. 다만 수신하는 단위에 문제가 있을 뿐이다. 클라이언트 코드를 조금 더 보겠다. 이는 echo_client.c의 37행에 삽입된 반복문이다.

```
while(1)
{
    fputs("Input message(Q to quit): ", stdout);
    fgets(message, BUF_SIZE, stdin);
    . . . .
    write(sock, message, strlen(message));
    str_len=read(sock, message, BUF_SIZE-1);
    message[str_len]=0;
    printf("Message from server: %s", message);
}
```

이제 이해되는가? 에코 클라이언트는 문자열을 전송한다. 그것도 write 함수호출을 통해서 한방에 전송한다! 그리고 read 함수호출을 통해서 자신이 전송한 문자열 데이터를 한방에 수신하기를 원하고 있다. 바로 이것이 문제이다!

> "결국엔 에코 클라이언트에게 문자열 데이터가 전부 전송되니까 기다리면 되겠네요. 시간 좀 지나서
> read 함수를 호출하면 한방에 문자열 데이터를 수신할 수 있는 것 맞죠?"

맞다! 시간이 좀 지나면 수신할 수 있다. 그런데 얼마나 기다려야 하겠는가? 한 10분쯤 기다려 보겠는가? 그렇다면 이는 이치에 맞지 않는 클라이언트가 된다. 이치에 맞는 클라이언트라면, 문자열 데이터가 전송되었을 때 이를 모두 읽어서 출력해야 한다.

＋에코 클라이언트의 해결책!

필자가 설명하고 있는 에코 클라이언트의 문제점은 초보 프로그래머들도 흔히 실수하는 것 중 하나이다. 그런데 에코 클라이언트의 경우에는 해결이 매우 쉽다. 클라이언트가 수신해야 할 데이터의 크기를 미리 알고 있기 때문이다. 예를 들어서 크기가 20바이트인 문자열을 전송했다면, 20바이트를 수신할 때까지 반복해서 read 함수를 호출하면 된다. 그럼 이로써 답이 나왔으니, 이를 코드에 적용해보겠다.

❖ echo_client2.c

```
1.   #include <stdio.h>
2.   #include <stdlib.h>
3.   #include <string.h>
4.   #include <unistd.h>
5.   #include <arpa/inet.h>
6.   #include <sys/socket.h>
7.   #define BUF_SIZE 1024
8.   void error_handling(char *message);
9.
10.  int main(int argc, char *argv[])
11.  {
12.      int sock;
13.      char message[BUF_SIZE];
14.      int str_len, recv_len, recv_cnt;
15.      struct sockaddr_in serv_adr;
16.
17.      if(argc!=3) {
18.          printf("Usage : %s <IP> <port>\n", argv[0]);
19.          exit(1);
20.      }
21.
22.      sock=socket(PF_INET, SOCK_STREAM, 0);
23.      if(sock==-1)
```

```
24.        error_handling("socket() error");
25.
26.     memset(&serv_adr, 0, sizeof(serv_adr));
27.     serv_adr.sin_family=AF_INET;
28.     serv_adr.sin_addr.s_addr=inet_addr(argv[1]);
29.     serv_adr.sin_port=htons(atoi(argv[2]));
30.
31.     if(connect(sock, (struct sockaddr*)&serv_adr, sizeof(serv_adr))==-1)
32.        error_handling("connect() error!");
33.     else
34.        puts("Connected..........");
35.
36.     while(1)
37.     {
38.        fputs("Input message(Q to quit): ", stdout);
39.        fgets(message, BUF_SIZE, stdin);
40.        if(!strcmp(message,"q\n") || !strcmp(message,"Q\n"))
41.           break;
42.
43.        str_len=write(sock, message, strlen(message));
44.
45.        recv_len=0;
46.        while(recv_len<str_len)
47.        {
48.           recv_cnt=read(sock, &message[recv_len], BUF_SIZE-1);
49.           if(recv_cnt==-1)
50.              error_handling("read() error!");
51.           recv_len+=recv_cnt;
52.        }
53.        message[recv_len]=0;
54.        printf("Message from server: %s", message);
55.     }
56.     close(sock);
57.     return 0;
58. }
59.
60. void error_handling(char *message)
61. {
62.     fputs(message, stderr);
63.     fputc('\n', stderr);
64.     exit(1);
65. }
```

위 예제 43~53행까지가 변경 및 추가된 부분이다. 이전 예제에서는 단순히 read 함수를 한번 호출하고 말았던 것을 이 예제에서는 전송한 데이터의 크기만큼 데이터를 수신하기 위해서 read 함수를 반복호출 하고 있다. 따라서 정확히 전송한 바이트 크기만큼 데이터를 수신할 수 있게 되었다. 참고로 위 예제 46

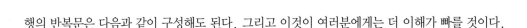

행의 반복문은 다음과 같이 구성해도 된다. 그리고 이것이 여러분에게는 더 이해가 빠를 것이다.

```
while(recv_len!=str_len)
{
    . . . .
}
```

보낸 만큼 받아야 하므로 recv_len에 저장된 값과 str_len에 저장된 값이 일치하는 시점이 while문을 빠져나가는 시점이 되니, 위의 반복문이 더 논리적이라는 생각을 할 수 있다. 하지만 위의 반복문은 무한 루프에 빠지는 문제가 발생할 수 있다. 혹시라도 오류가 발생해서 데이터를 읽는 과정에서 recv_len에 저장된 값이 str_len을 초과하는 상황이 발생한다고 가정해보자. 그렇다면 프로그램은 while문을 빠져 나가지 못한다. 하지만 while문을 다음과 같이 구성해 놓으면, 오류상황이 발생해도 무한루프에 빠지지 않는다.

```
while(recv_len<str_len)
{
    . . . .
}
```

이렇듯 반복문을 구성할 때에는 예측하지 못한 상황에 따른 무한루프의 형성 가능성을 최소화하는 것이 좋다. 마지막으로 위 예제는 Chapter 04에서 소개한 echo_server.c와 함께 실행시키면 된다. 실행 결과는 여러분에게 매우 익숙할 테니 여기서는 생략하겠다.

⁺에코 클라이언트 이외의 경우에는? 어플리케이션 프로토콜의 정의

에코 클라이언트의 경우에는 수신할 데이터의 크기를 이전에 파악할 수 있지만, 이것이 불가능한 경우가 훨씬 많음을 인식해야 한다. 그렇다면 이렇게 수신할 데이터의 크기를 파악하는 것이 불가능한 경우에는 어떻게 데이터를 송수신해야 할까? 이러한 경우에 필요한 것이 바로 어플리케이션 프로토콜의 정의이다. 앞서 구현한 에코 서버, 에코 클라이언트에서는 다음의 프로토콜을 정의하였다.

"Q가 전달되면 연결을 종료한다."

마찬가지로 데이터의 송수신 과정에서도 데이터의 끝을 파악할 수 있는 약속(프로토콜)을 별도로 정의해 서 데이터의 끝을 표현하거나, 송수신될 데이터의 크기를 미리 알려줘서 그에 따른 대비가 가능해야 한 다. 참고로 서버, 클라이언트의 구현과정에서 이렇게 하나, 둘씩 만들어지는 약속을 모아서 '어플리케이 션 프로토콜'이라 한다. 이렇듯 어플리케이션 프로토콜은 대단한 것이 아니다. 목적에 맞는 프로그램의 구현에 따라서 정의하게 되는 약속에 지나지 않는다.

그럼 어플리케이션 프로토콜의 정의를 경험하기 위해서 프로그램을·하나 작성해 보겠다. 이 프로그램에 서 서버는 클라이언트로부터 여러 개의 숫자와 연산자 정보를 전달받는다. 그러면 서버는 전달받은 숫자를 바탕으로 덧셈, 뺄셈 또는 곱셈을 계산해서 그 결과를 클라이언트에게 전달한다. 예를 들어서 서버로 3, 5, 9가 전달되고 덧셈연산이 요청된다면 클라이언트에는 3+5+9의 연산결과가 전달되어야 하고, 곱 셈연산이 요청된다면 클라이언트에는 3×5×9의 연산결과가 전달되어야 한다. 단, 서버로 4, 3, 2가 전달되고 뺄셈연산이 요청되면 클라이언트에는 4-3-2의 연산결과가 전달되어야 한다. 즉, 뺄셈의 경우 에는 첫 번째 정수를 대상으로 뺄셈이 진행되어야 한다.

자! 그럼 이정도 요구사항만 가지고 여러분이 직접 서버와 클라이언트를 구현해보기 바란다. 세부적인 사 항은 여러분들 나름대로 정의해 가면서 말이다. 참고로 필자가 구현한 프로그램의 실행결과는 다음과 같 다. 먼저 서버의 실행결과를 보이겠다.

❖ 실행결과: op_server.c

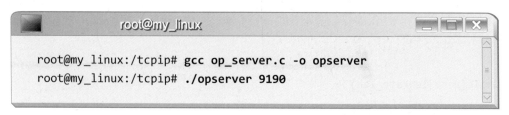

보다시피 서버의 실행결과에서는 특별히 신경 쓸 부분이 없다. 하지만 다음 클라이언트의 실행결과를 통 해서는 프로그램의 동작방식을 파악할 수 있을 것이다.

❖ 실행결과: op_client.c one

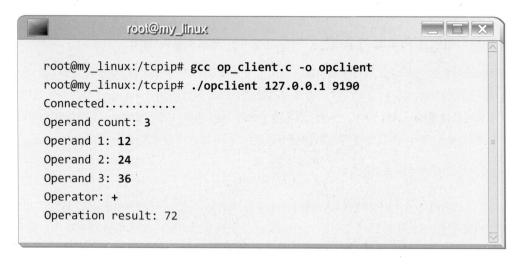

위의 실행결과에서 보이듯이 클라이언트 프로그램은 시작과 동시에 피연산자의 개수를 묻는다. 그리고 입력한 피연산자의 수만큼 정수를 입력 받는다. 끝으로 연산의 형태를 연산기호로 입력 받아서 연산의 결 과를 출력해준다(+, -, * 중 하나). 물론 연산은 클라이언트가 아닌 서버가 진행한 것이며, 클라이언트

는 이를 단순히 출력만 해주고 있다. 보다 정확한 이해를 위해서 클라이언트의 실행결과를 하나 더 보이 겠다. 이번에는 피연산자의 수가 두 개이고 뺄셈연산이 요청된 예이다.

❖ 실행결과: op_client.c two

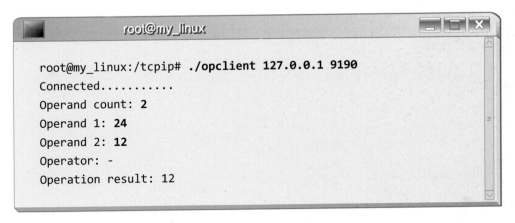

```
root@my_linux:/tcpip# ./opclient 127.0.0.1 9190
Connected..........
Operand count: 2
Operand 1: 24
Operand 2: 12
Operator: -
Operation result: 12
```

반드시 필자가 보인 실행결과와 일치하지 않아도 된다. 여러분이 생각할 때 보다 합리적인 실행의 모델이 있다면, 그 모델을 바탕으로 예제를 작성해보기 바란다.

✛계산기 서버, 클라이언트의 예

구현해 보았는가? 사실 기능적으로는 별 것 아니더라도 이를 네트워크상에서 동작하도록 만드는 일은 생각만큼 쉽지 않다. 특히 C언어의 배열 및 포인터의 활용 능력이 조금 부족한 경우에는 표현하고자 하는 바를 충분히 표현하지 못해서 고생할 수 있다. 그래서 필자는 이번 예제를 통해서 에코 서버, 에코 클라이언트에서 언급하지 못한 부분을 보충하려는 것이다! 하지만 앞서 필자가 요구했듯이 가급적이면 여러분 스스로의 힘으로 한번 구현해봤으면 한다. 구현에 성공한다면(소스코드 보고 이해하는 것 말고), 여러분 개인적으로는 큰 자신감을 얻는 계기가 될 테니 말이다.

필자는 구현에 앞서 다음과 같이 어플리케이션 프로토콜을 정의하였다. 이는 어디까지나 예제 구현에 필요한 최소한의 프로토콜 정의이다. 실제 프로그램의 구현을 위해서는 보다 자세하고 정확한 프로토콜이 정의되어야 한다.

- 클라이언트는 서버에 접속하자마자 피연산자의 개수정보를 1바이트 정수형태로 전달한다.
- 클라이언트가 서버에 전달하는 정수 하나는 4바이트로 표현한다.
- 정수를 전달한 다음에는 연산의 종류를 전달한다. 연산정보는 1바이트로 전달한다.
- 문자 +, -, * 중 하나를 선택해서 전달한다.
- 서버는 연산결과를 4바이트 정수의 형태로 클라이언트에게 전달한다.
- 연산결과를 얻은 클라이언트는 서버와의 연결을 종료한다.

이 정도 분량의 프로토콜만 정의하면, 프로그램의 반은 구현한 것이나 다름없다. 그만큼 네트워크 프로그래밍에서는 어플리케이션 프로토콜의 정의가 중요하다. 프로토콜만 잘 정의하면, 구현은 큰 문제되지 않는다. 그리고 앞에서도 한번 언급했지만, close 함수가 호출되면 상대방에게 EOF가 전달된다는 사실도 기억하고 활용하기 바란다. 그럼 먼저 필자가 구현한 클라이언트 코드를 보이겠다. 참고로 이 예제는 서버보다 클라이언트에서 공부할 내용이 더 많다.

❖ op_client.c

```
1.   #include <"다른 예제의 헤더선언과 동일하므로 생략합니다">
2.   #define BUF_SIZE 1024
3.   #define RLT_SIZE 4
4.   #define OPSZ 4
5.   void error_handling(char *message);
6.
7.   int main(int argc, char *argv[])
8.   {
9.       int sock;
10.      char opmsg[BUF_SIZE];
11.      int result, opnd_cnt, i;
12.      struct sockaddr_in serv_adr;
13.      if(argc!=3) {
14.          printf("Usage : %s <IP> <port>\n", argv[0]);
15.          exit(1);
16.      }
17.
18.      sock=socket(PF_INET, SOCK_STREAM, 0);
19.      if(sock==-1)
20.          error_handling("socket() error");
21.
22.      memset(&serv_adr, 0, sizeof(serv_adr));
23.      serv_adr.sin_family=AF_INET;
24.      serv_adr.sin_addr.s_addr=inet_addr(argv[1]);
25.      serv_adr.sin_port=htons(atoi(argv[2]));
26.
27.      if(connect(sock, (struct sockaddr*)&serv_adr, sizeof(serv_adr))==-1)
28.          error_handling("connect() error!");
29.      else
30.          puts("Connected..........");
31.
32.      fputs("Operand count: ", stdout);
33.      scanf("%d", &opnd_cnt);
34.      opmsg[0]=(char)opnd_cnt;
35.
36.      for(i=0; i<opnd_cnt; i++)
37.      {
38.          printf("Operand %d: ", i+1);
```

```
39.        scanf("%d", (int*)&opmsg[i*OPSZ+1]);
40.    }
41.    fgetc(stdin);
42.    fputs("Operator: ", stdout);
43.    scanf("%c", &opmsg[opnd_cnt*OPSZ+1]);
44.    write(sock, opmsg, opnd_cnt*OPSZ+2);
45.    read(sock, &result, RLT_SIZE);
46.
47.    printf("Operation result: %d \n", result);
48.    close(sock);
49.    return 0;
50. }
51.
52. void error_handling(char *message)
53. {
54.    // 다른 예제의 error_handling 함수와 동일하므로 생략
55. }
```

해 설

- 3, 4행: 피연산자의 바이트 수와 연산결과의 바이트 수를 상수화하였다.

- 10행: 데이터의 송수신을 위한 메모리 공간은 이렇듯 배열을 기반으로 생성하는 것이 좋다. 데이터를 누적해서 송수신해야 하기 때문이다.

- 33, 34행: 프로그램 사용자로부터 피연산자의 개수정보를 입력 받은 후, 이를 배열 opmsg에 저장하고 있다. char형으로의 형변환은 "피연산자의 개수정보를 1바이트 정수형태로 전달한다."라고 정의한 프로토콜에 근거한 형변환이다. 때문에 1바이트로 표현 불가능한 범위의 정수가 입력되면 안 된다. 참고로 여기서는 부호 있는 정수의 형태로 예제를 작성하였지만, 피연산자의 개수정보는 음수가 될 수 없으므로 부호 없는 양의 정수형태로 예제를 작성하는 것이 보다 합리적이다.

- 36~40행: 프로그램 사용자로부터 정수를 입력 받아서 배열 opmsg에 이어서 저장하고 있다. char형 배열에 4바이트 int형 정수를 저장해야 하기 때문에 int형 포인터로 형변환을 하고 있다. 만약에 이 부분이 이해되지 않는다면, 포인터에 대한 별도의 학습이 필요한 상태임을 인식하기 바란다.

- 41행: 43행에서 문자를 입력 받아야 하는데, 이에 앞서 버퍼에 남아있는 \n 문자의 삭제를 위해 fgetc 함수가 호출되고 있다.

- 43행: 마지막으로 연산자 정보를 입력 받아서 배열 opmsg에 저장하고 있다.

- 44행: 드디어 write 함수호출을 통해서 opmsg에 저장되어 있는 연산과 관련된 정보를 한방에 전송하고 있다. 이렇듯 한번의 write 함수 호출을 통해서 묶어서 보내도 되고, 여러 번의 write 함수호출을 통해서 나눠서 보내도 된다. 여러 차례 강조했듯이, TCP는 데이터의 경계가 존재하지 않기 때문이다.

- 45행: 서버가 전송해주는 연산결과의 저장과정을 보이고 있다. 수신할 데이터의 크기가 4바이트이기 때문에 이렇게 한번의 read 함수 호출로 충분히 수신이 가능하다.

이로써 클라이언트에 대한 설명을 마쳤는데, 마지막으로 클라이언트가 서버에 전송하는 데이터 구성의 예를 그림으로 정리해 보고자 한다.

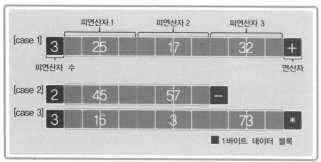

▶ 그림 05-1: 클라이언트 op_client.c의 데이터 전송 포맷

이렇듯 하나의 배열에 다양한 종류의 데이터를 저장해서 전송하려면, char형 배열을 선언해야 한다. 뿐만 아니라, 다소 과도한(?) 포인터 및 배열 연산이 등장하기도 한다. 그럼 이번에는 서버 프로그램의 코드를 보이겠다.

❖ op_server.c

```
1.   #include <"다른 예제의 헤더선언과 동일하므로 생략합니다">
2.   #define BUF_SIZE 1024
3.   #define OPSZ 4
4.   void error_handling(char *message);
5.   int calculate(int opnum, int opnds[], char oprator);
6.
7.   int main(int argc, char *argv[])
8.   {
9.       int serv_sock, clnt_sock;
10.      char opinfo[BUF_SIZE];
11.      int result, opnd_cnt, i;
12.      int recv_cnt, recv_len;
13.      struct sockaddr_in serv_adr, clnt_adr;
14.      socklen_t clnt_adr_sz;
15.      if(argc!=2) {
16.          printf("Usage : %s <port>\n", argv[0]);
17.          exit(1);
18.      }
19.
20.      serv_sock=socket(PF_INET, SOCK_STREAM, 0);
21.      if(serv_sock==-1)
22.          error_handling("socket() error");
23.
24.      memset(&serv_adr, 0, sizeof(serv_adr));
25.      serv_adr.sin_family=AF_INET;
26.      serv_adr.sin_addr.s_addr=htonl(INADDR_ANY);
27.      serv_adr.sin_port=htons(atoi(argv[1]));
```

```
28.
29.     if(bind(serv_sock, (struct sockaddr*)&serv_adr, sizeof(serv_adr))==-1)
30.         error_handling("bind() error");
31.     if(listen(serv_sock, 5)==-1)
32.         error_handling("listen() error");
33.     clnt_adr_sz=sizeof(clnt_adr);
34.
35.     for(i=0; i<5; i++)
36.     {
37.         opnd_cnt=0;
38.         clnt_sock=accept(serv_sock, (struct sockaddr*)&clnt_adr, &clnt_adr_sz);
39.         read(clnt_sock, &opnd_cnt, 1);
40.
41.         recv_len=0;
42.         while((opnd_cnt*OPSZ+1)>recv_len)
43.         {
44.             recv_cnt=read(clnt_sock, &opinfo[recv_len], BUF_SIZE-1);
45.             recv_len+=recv_cnt;
46.         }
47.         result=calculate(opnd_cnt, (int*)opinfo, opinfo[recv_len-1]);
48.         write(clnt_sock, (char*)&result, sizeof(result));
49.         close(clnt_sock);
50.     }
51.     close(serv_sock);
52.     return 0;
53. }
54.
55. int calculate(int opnum, int opnds[], char op)
56. {
57.     int result=opnds[0], i;
58.     switch(op)
59.     {
60.     case '+':
61.         for(i=1; i<opnum; i++) result+=opnds[i];
62.         break;
63.     case '-':
64.         for(i=1; i<opnum; i++) result-=opnds[i];
65.         break;
66.     case '*':
67.         for(i=1; i<opnum; i++) result*=opnds[i];
68.         break;
69.     }
70.     return result;
71. }
72.
73. void error_handling(char *message)
74. {
```

```
75.     // 다른 예제의 error_handling 함수와 동일하므로 생략
76. }
```

해 설

- 35행: 총 5개의 클라이언트 연결요청을 수용하기 위해서 for문이 구성되었다.
- 39행: 제일먼저 피연산자의 개수정보를 수신하고 있다.
- 42~46행: 39행을 통해서 확인한 피연산자의 개수정보를 바탕으로 피연산자 정보를 수신하고 있다.
- 47행: calculate 함수를 호출하면서, 피연산자의 정보와 연산자 정보를 인자로 전달하고 있다.
- 48행: calculate 함수가 반환한 연산결과를 클라이언트에게 전송하고 있다.

이로써 계산기 서버, 클라이언트에 대한 설명을 마친다. 개인적으로 조금 부담을 느끼는 분도 있을 것이다. 하지만 예제만 놓고 보면 누구나 이해할 수 있는 수준이다. 따라서 조금만 노력하면 누구나 쉽게 이해할 수 있다.

05-2 : TCP의 이론적인 이야기!

이쯤에서 TCP에 대한 소개를 마무리하려니 아쉬운 맘이 들어, 추가적으로 TCP의 이론적인 설명을 조금 보태려 한다. 참고로 여기서 설명하는 내용은 이후에 '소켓의 다양한 옵션(Chapter 09)'을 이해하는데 기본이 되니, 조목조목 따져서 완전히 이해하기 바란다.

⁺TCP 소켓에 존재하는 입출력 버퍼

TCP 소켓의 데이터 송수신에는 경계가 없음을 수 차례 설명하였다. 따라서 서버가 한번의 write 함수호출을 통해서 40바이트를 전송해도 클라이언트는 네 번의 read 함수호출을 통해서 10바이트씩 데이터를

수신하는 것이 가능함을 여러분도 잘 알고 있을 것이다. 그런데 이러한 현상에 의문을 가질 수 있다. 서버는 데이터를 한번에 40바이트를 전송했는데, 클라이언트가 이를 여유 있게 조금씩 수신하니 말이다. 클라이언트가 10바이트만 먼저 수신했다면, 서버가 보낸 나머지 30바이트는 어디서 대기하고 있는 것일까? 마치 비행기가 착륙하기 위해서 공중을 선회하는 것처럼 나머지 30바이트가 네트워크 상에서 떠돌며 대기하고 있는 것은 아니지 않겠는가?

사실 write 함수가 호출되는 순간이 데이터가 전송되는 순간이 아니고, read 함수가 호출되는 순간이 데이터가 수신되는 순간이 아니다. 정확히 말하면 write 함수가 호출되는 순간 데이터는 출력버퍼로 이동을 하고, read 함수가 호출되는 순간 입력버퍼에 저장된 데이터를 읽어 들이게 된다.

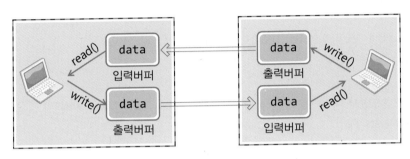

▶ 그림 05-2: TCP 소켓의 입출력 버퍼

위 그림이 보이듯이 write 함수가 호출되면 출력버퍼라는 곳에 데이터가 전달되어서 상황에 맞게 적절히 (한번에 보내든 나눠서 보내든) 데이터를 상대방의 입력버퍼로 전송한다. 그러면 상대방은 read 함수호출을 통해서 입력버퍼에 저장된 데이터를 읽게 되는 것이다. 이러한 입출력 버퍼의 특성 몇 가지를 정리하면 다음과 같다.

- 입출력 버퍼는 TCP 소켓 각각에 대해 별도로 존재한다.
- 입출력 버퍼는 소켓생성시 자동으로 생성된다.
- 소켓을 닫아도 출력버퍼에 남아있는 데이터는 계속해서 전송이 이뤄진다.
- 소켓을 닫으면 입력버퍼에 남아있는 데이터는 소멸되어버린다.

그렇다면 다음과 같은 상황이 발생하면 어떤 일이 일어나겠는가? 입출력 버퍼의 존재를 알았으니, 다음과 같은 상황에서의 흐름을 나름대로 유추해 볼 수 있을 것이다.

"클라이언트의 입력버퍼 크기가 50바이트인데, 서버에서 100바이트를 전송하였다!"

이는 문제가 아닐 수 없다. 입력버퍼의 크기가 50바이트인데, 100바이트가 전송되니 말이다. 물론 다음과 같은 해결책을 제시할 수 있다.

"입력버퍼가 채워지기 전에 잽싸게 read 함수를 호출해서 데이터를 읽어 들이는 겁니다! 그럼 읽어 들인 만큼 버퍼가 비워지니 문제가 되지 않겠죠!"

필자가 잠시 함께 웃어보자고 한 이야기이니, 이를 진심으로 받아들이진 않을 줄로 믿는다. 그럼 바로 결론을 말씀 드리겠다.

"입력버퍼의 크기를 초과하는 분량의 데이터 전송은 발생하지 않습니다!"

즉, 지금 우리가 고민하는 상황은 절대 일어나지 않는다. 왜냐하면 TCP가 데이터의 흐름까지 컨트롤하기 때문이다. TCP에는 '슬라이딩 윈도우(Sliding Window)'라는 프로토콜이 존재한다. 이 프로토콜의 역할을 대화로 표현하면 다음과 같다.

- 소켓 A   야 50바이트까지는 보내도 괜찮아!
- 소켓 B   OK!

- 소켓 A   내가 20바이트 비웠으니까 70바이트까지 괜찮아
- 소켓 B   OK!

이렇듯 서로 대화를 주고받으면서 데이터를 송수신하기 때문에, 버퍼가 차고 넘쳐서 데이터가 소멸되는 일이 TCP에서는 발생하지 않는다.

참 고

write 함수가 반환되는 시점

write 함수가, 그리고 윈도우의 send 함수가 반환되는 시점은 상대 호스트로 데이터의 전송이 완료되는 시점이 아닌, 전송할 데이터가 출력버퍼로 이동이 완료되는 시점이다. 그러나 TCP의 경우는 출력버퍼로 이동된 데이터의 전송을 보장하기 때문에 "write 함수는 데이터의 전송이 완료되어야 반환이 된다."라고 표현한다. 따라서 이 표현에 대한 정확한 이해가 필요하다!

+TCP의 내부 동작원리1: 상대 소켓과의 연결

TCP 소켓의 생성에서 소멸의 과정까지 거치게 되는 일을 크게 나누면, 다음 세가지로 구분할 수 있다.

- 상대 소켓과의 연결
- 상대 소켓과의 데이터 송수신
- 상대 소켓과의 연결종료

그럼 먼저 상대 소켓과의 연결이 어떻게 이뤄지는지 설명하겠다. 연결설정 과정에서 두 소켓이 주고받는 대화의 내용을 간단히 정리하면 다음과 같다.

- [Shake 1] 소켓 A   Hi! 소켓 B, 내가 전달할 데이터가 있으니 우리 연결 좀 하자.
- [Shake 2] 소켓 B   Okay! 지금 나도 준비가 되었으니 언제든지 시작해도 좋다.

• [Shake 3] 소켓 A   Thank you! 내 요청을 들어줘서 고맙다.

실제로 TCP 소켓은 연결설정 과정에서 총 세 번의 대화를 주고 받는다. 그래서 이를 가리켜 Three-way handshaking이라 한다. 즉, 세 번 악수했다는 의미이다. 그럼 연결설정 과정에서 주고받는 메시지의 형태를 다음 그림을 통해서 비유가 아닌 실제를 살펴보겠다.

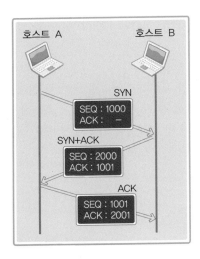

▶ 그림 05-3: TCP 소켓의 연결설정 과정

소켓은 전 이중(Full-duplex) 방식으로 동작하므로 양방향으로 데이터를 주고받을 수 있다. 따라서 데이터 송수신에 앞서 준비과정이 필요하다. 먼저 연결요청을 하는 호스트 A가 호스트 B에게 다음 메시지를 전달하고 있다.

    [SYN] SEQ: 1000, ACK: -

이는 SEQ가 1000, ACK는 비어있음을 뜻하는데, 여기서 SEQ 1000이 의미하는 바는 다음과 같다.

  "내가 지금 보내는 이 패킷에 1000이라는 번호를 부여하니, 잘 받았다면 다음에는 1001번 패킷을 전
   달하라고 내게 말해달라!"

이는 처음 연결요청에 사용되는 메시지이기 때문에 이 메시지를 가리켜 SYN이라 한다. 그리고 SYN은 Synchronization의 줄임 말로써, 데이터 송수신에 앞서 전송되는 '동기화 메시지'라는 의미를 담고 있다. 이어서 호스트 B가 호스트 A에게 다음 메시지를 전달하고 있다.

    [SYN+ACK] SEQ: 2000, ACK: 1001

이는 SEQ가 2000, ACK가 1001임을 뜻하는데, 여기서 SEQ 2000이 의미하는 바는 다음과 같다.

  "내가 지금 보내는 이 패킷에 2000이라는 번호를 부여하니, 잘 받았다면 다음에는 2001번 패킷을 전

달하라고 내게 말해달라!"

그리고 ACK 1001이 의미하는 바는 다음과 같다.

"좀 전에 전송한 SEQ가 1000인 패킷은 잘 받았으니, 다음 번에는 SEQ가 1001인 패킷을 전송하기 바란다!"

즉, 처음 호스트 A가 전송한 패킷에 대한 '응답 메시지(ACK 1001)'와 함께 호스트 B의 데이터 전송을 위한 '동기화 메시지(SEQ 2000)'를 함께 묶어서 보내고 있다. 그래서 이러한 유형의 메시지를 가리켜 SYN+ACK라 한다.

이렇듯 데이터의 송수신에 앞서, 송수신에 사용되는 패킷에 번호를 부여하고, 이 번호정보를 상대방에게 알리는 이유는 데이터의 손실을 막기 위함 아니겠는가? 잠시 후에 설명하겠지만, 이렇게 패킷에 번호를 부여해서 확인하는 절차를 거치기 때문에 손실된 데이터의 확인 및 재전송이 가능한 것이고, 때문에 TCP는 손실 없는 데이터의 전송을 보장하는 것이다. 그럼 마지막으로 호스트 A가 호스트 B에게 전송한 메시지를 살펴보자.

```
[ACK] SEQ: 1001, ACK: 2001
```

이미 앞서 한차례씩 송수신한 패킷에서 보였듯이 TCP의 연결과정에서 패킷을 보낼 때에는 항상 번호를 부여한다. 그래서 SEQ 1001이 부여되었다. 앞서 보낸 패킷의 SEQ가 1000이었으니, 이번에는 이보다 1이 증가한 1001이 부여된 것이다. 그리고 이 패킷은 다음의 메시지 전달을 목적으로 전송되었다.

"좀 전에 전송한 SEQ가 2000인 패킷은 잘 받았으니, 다음 번에는 SEQ가 2001인 패킷을 전송하기 바란다!"

때문에 ACK 2001이 추가된 형태의 ACK 메시지가 전송되었다. 이로써 호스트 A, 호스트 B 상호간에 데이터 송수신을 위한 준비가 모두 되었음을 서로 인식하게 되었다.

✛TCP의 내부 동작원리2: 상대 소켓과의 데이터 송수신

처음 진행한 Three-way handshaking을 통해서 데이터의 송수신 준비가 끝났으니, 이제 본격적으로 데이터를 송수신할 차례가 되었다. 데이터 송수신의 기본방식은 다음과 같다.

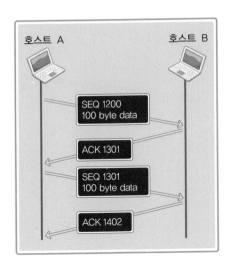

▶ 그림 05-4: TCP 소켓의 데이터 송수신 과정

위 그림은 호스트 A가 호스트 B에게 총 200바이트를 두 번에 나눠서(두 개의 패킷에 나눠서) 전송하는 과정을 보인 것이다. 먼저 호스트 A가 100바이트의 데이터를 하나의 패킷에 실어 전송하였는데, 패킷의 SEQ를 1200으로 부여하고 있다. 때문에 호스트 B는 이를 근거로 패킷이 제대로 수신되었음을 알려야 하기에, ACK 1301 메시지를 담은 패킷을 호스트 A에 전송하고 있다.

이 때 ACK 번호가 1201이 아닌 1301인 이유는 ACK 번호를 전송된 바이트 크기만큼 추가로 증가시켰기 때문이다. 이렇듯 ACK 번호를 전송된 바이트 크기만큼 추가로 증가시키지 않으면, 패킷의 전송은 확인할 수 있을지 몰라도, 패킷에 담긴 100바이트가 전부 전송되었는지, 아니면 그 중 일부가 손실되고 80바이트만 전송되었는지 알 방법이 없지 않은가? 그래서 다음의 공식을 기준으로 ACK 메시지를 전송한다.

ACK 번호 → SEQ 번호 + 전송된 바이트 크기 + 1

마지막에 1을 더한 이유는 Three-way handshaking에서도 보였듯이, 다음 번에 전달될 SEQ의 번호를 알리기 위함이다. 그럼 이번에는 중간에 패킷이 소멸되는 상황을 보이겠다.

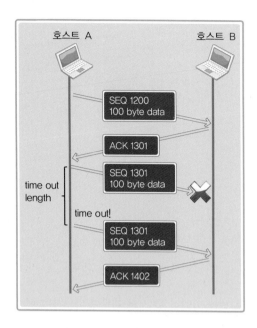

▶ 그림 05-5: TCP 소켓의 데이터 송신 오류

위 그림은 SEQ 1301인 패킷에 100바이트 데이터를 실어서 호스트 B로 전송되고 있음을 보이고 있다. 그런데 중간에 문제가 발생해서 호스트 B에 전송되지 못했다. 이러한 경우 호스트 A는 일정시간이 지나도 SEQ 1301에 대한 ACK 메시지를 받지 못하기 때문에 재전송을 진행한다. 이렇듯 데이터의 손실에 대한 재전송을 위해서, TCP 소켓은 ACK 응답을 요구하는 패킷 전송 시에 타이머를 동작시킨다. 그리고 해당 타이머가 Time-out! 되었을 때 패킷을 재전송한다.

✛TCP의 내부 동작원리3: 상대 소켓과의 연결종료

TCP 소켓은 연결종료도 매우 우아하게(?) 진행한다. 그냥 연결을 뚝 끊어버리면, 상대방이 전송할 데이터가 남아있을 때 문제가 되기 때문에 상호간에 연결종료의 합의과정을 거치게 된다. 다음은 연결종료 과정에서 주고받는 메시지를 대화로 표현한 것이다.

- 소켓 A   전 연결을 끊고자 합니다.
- 소켓 B   아! 그러세요? 잠시만 기다리세요.

- 소켓 B   네 저도 준비가 끝났습니다. 그럼 연결을 끊으시지요.
- 소켓 A   네! 그 동안 즐거웠습니다.

먼저 소켓 A가 종료 메시지를 소켓 B에게 전달하고, 소켓 B는 해당 메시지의 수신을 소켓 A에게 알린다. 그리고 이어서 소켓 B가 종료 메시지를 소켓 A에게 전달하고, 소켓 A는 해당 메시지의 수신을 소켓 B에게 알리며 종료의 과정을 마치게 된다.

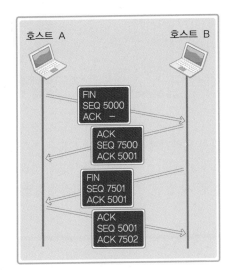

▶ 그림 05-6: TCP 소켓의 연결종료 과정

위 그림에서 패킷 안에 삽입되어 있는 FIN은 종료를 알리는 메시지를 뜻한다. 즉, 상호간에 FIN 메시지를 한번씩 주고 받고서 연결이 종료되는데, 이 과정이 네 단계에 걸쳐서 진행되기 때문에 이를 가리켜 Four-way handsahking이라고 부른다. 그리고 SEQ와 ACK의 의미는 앞서 설명한 내용과 다르지 않으니 추가로 언급하지 않겠다. 순서대로 번호 맞추기를 해보면 쉽게 이해가 될 것이다. 다만 ACK 5001이 호스트 A에 두 번 전달된 것이 이상하게 생각될 수 있다. 그러나 FIN 메시지에 포함된 ACK 5001은 앞서 전송한 ACK 메시지가 수신된 이후로 데이터 수신이 없었기 때문에 재전송된 것이다.

지금까지 TCP 프로토콜의 기본이 되는 'TCP 흐름제어(Flow Control)'를 조금 설명하였는데, 이 내용이 앞서 언급한 TCP의 데이터 전송특성을 이해하는데 도움이 되었으면 좋겠다.

05-3 : 윈도우 기반으로 구현하기

이번 Chapter에서 설명한 이론적인 내용은 운영체제에 따라서 달라지지 않기 때문에 윈도우 기반에서 달리 이해해야 할 것은 없다. 따라서 앞서 구현한 예제 op_server.c와 op_client.c를 윈도우 기반으로 변경한 코드를 보이는 정도로 윈도우 관련 추가설명을 마무리하고자 한다. 변경방법은 이전에 진행한 방식과 동일하다.

❖ op_client_win.c

```
1.   #include <stdio.h>
2.   #include <stdlib.h>
3.   #include <string.h>
4.   #include <winsock2.h>
5.
6.   #define BUF_SIZE 1024
7.   #define RLT_SIZE 4
8.   #define OPSZ 4
9.   void ErrorHandling(char *message);
10.
11.  int main(int argc, char *argv[])
12.  {
13.      WSADATA wsaData;
14.      SOCKET hSocket;
15.      char opmsg[BUF_SIZE];
16.      int result, opndCnt, i;
17.      SOCKADDR_IN servAdr;
18.      if(argc!=3) {
19.          printf("Usage : %s <IP> <port>\n", argv[0]);
20.          exit(1);
21.      }
22.
23.      if(WSAStartup(MAKEWORD(2, 2), &wsaData)!=0)
24.          ErrorHandling("WSAStartup() error!");
25.
26.      hSocket=socket(PF_INET, SOCK_STREAM, 0);
27.      if(hSocket==INVALID_SOCKET)
28.          ErrorHandling("socket() error");
29.
30.      memset(&servAdr, 0, sizeof(servAdr));
31.      servAdr.sin_family=AF_INET;
32.      servAdr.sin_addr.s_addr=inet_addr(argv[1]);
```

```
33.     servAdr.sin_port=htons(atoi(argv[2]));
34.
35.     if(connect(hSocket, (SOCKADDR*)&servAdr, sizeof(servAdr))==SOCKET_ERROR)
36.         ErrorHandling("connect() error!");
37.     else
38.         puts("Connected...........");
39.
40.     fputs("Operand count: ", stdout);
41.     scanf("%d", &opndCnt);
42.     opmsg[0]=(char)opndCnt;
43.
44.     for(i=0; i<opndCnt; i++)
45.     {
46.         printf("Operand %d: ", i+1);
47.         scanf("%d", (int*)&opmsg[i*OPSZ+1]);
48.     }
49.     fgetc(stdin);
50.     fputs("Operator: ", stdout);
51.     scanf("%c", &opmsg[opndCnt*OPSZ+1]);
52.     send(hSocket, opmsg, opndCnt*OPSZ+2, 0);
53.     recv(hSocket, &result, RLT_SIZE, 0);
54.
55.     printf("Operation result: %d \n", result);
56.     closesocket(hSocket);
57.     WSACleanup();
58.     return 0;
59. }
60.
61. void ErrorHandling(char *message)
62. {
63.     fputs(message, stderr);
64.     fputc('\n', stderr);
65.     exit(1);
66. }
```

❖ op_server_win.c

```
1.  #include <stdio.h>
2.  #include <stdlib.h>
3.  #include <string.h>
4.  #include <winsock2.h>
5.
6.  #define BUF_SIZE 1024
7.  #define OPSZ 4
8.  void ErrorHandling(char *message);
```

```
9.    int calculate(int opnum, int opnds[], char oprator);
10.
11.   int main(int argc, char *argv[])
12.   {
13.       WSADATA wsaData;
14.       SOCKET hServSock, hClntSock;
15.       char opinfo[BUF_SIZE];
16.       int result, opndCnt, i;
17.       int recvCnt, recvLen;
18.       SOCKADDR_IN servAdr, clntAdr;
19.       int clntAdrSize;
20.       if(argc!=2) {
21.           printf("Usage : %s <port>\n", argv[0]);
22.           exit(1);
23.       }
24.
25.       if(WSAStartup(MAKEWORD(2, 2), &wsaData)!=0)
26.           ErrorHandling("WSAStartup() error!");
27.
28.       hServSock=socket(PF_INET, SOCK_STREAM, 0);
29.       if(hServSock==INVALID_SOCKET)
30.           ErrorHandling("socket() error");
31.
32.       memset(&servAdr, 0, sizeof(servAdr));
33.       servAdr.sin_family=AF_INET;
34.       servAdr.sin_addr.s_addr=htonl(INADDR_ANY);
35.       servAdr.sin_port=htons(atoi(argv[1]));
36.
37.       if(bind(hServSock, (SOCKADDR*)&servAdr, sizeof(servAdr))==SOCKET_ERROR)
38.           ErrorHandling("bind() error");
39.       if(listen(hServSock, 5)==SOCKET_ERROR)
40.           ErrorHandling("listen() error");
41.       clntAdrSize=sizeof(clntAdr);
42.
43.       for(i=0; i<5; i++)
44.       {
45.           opndCnt=0;
46.           hClntSock=accept(hServSock, (SOCKADDR*)&clntAdr, &clntAdrSize);
47.           recv(hClntSock, &opndCnt, 1, 0);
48.
49.           recvLen=0;
50.           while((opndCnt*OPSZ+1)>recvLen)
51.           {
52.               recvCnt=recv(hClntSock, &opinfo[recvLen], BUF_SIZE-1, 0);
53.               recvLen+=recvCnt;
54.           }
55.           result=calculate(opndCnt, (int*)opinfo, opinfo[recvLen-1]);
```

```
56.         send(hClntSock, (char*)&result, sizeof(result), 0);
57.         closesocket(hClntSock);
58.     }
59.     closesocket(hServSock);
60.     WSACleanup();
61.     return 0;
62. }
63.
64. int calculate(int opnum, int opnds[], char op)
65. {
66.     int result=opnds[0], i;
67.
68.     switch(op)
69.     {
70.     case '+':
71.         for(i=1; i<opnum; i++) result+=opnds[i];
72.         break;
73.     case '-':
74.         for(i=1; i<opnum; i++) result-=opnds[i];
75.         break;
76.     case '*':
77.         for(i=1; i<opnum; i++) result*=opnds[i];
78.         break;
79.     }
80.     return result;
81. }
82.
83. void ErrorHandling(char *message)
84. {
85.     fputs(message, stderr);
86.     fputc('\n', stderr);
87.     exit(1);
88. }
```

내용 확인문제

01. TCP 소켓의 연결설정 과정인 Three-way handshaking에 대해서 설명해 보자. 특히 총 3회의 데이터 송수신이 이뤄지는데, 각각의 데이터 송수신 과정에서 주고 받는 데이터에 포함된 내용이 무엇인지 설명해보자.

02. TCP는 데이터의 전송을 보장하는 프로토콜이다. 그러나 인터넷을 통해서 전송되는 데이터는 소멸될 수 있다. 그렇다면 TCP는 어떠한 원리로 중간에 소멸되는 데이터의 전송까지 보장을 하는 것인지 ACK와 SEQ를 대상으로 설명해보자.

03. TCP 소켓을 기반으로 write 함수와 read 함수가 호출되었을 때의 데이터 이동을 입력버퍼와 출력버퍼의 상태와 더불어서 설명해보자.

04. 데이터를 수신할 상대 호스트의 입력버퍼에 남아있는 여유공간이 50byte인 상황에서 write 함수호출을 통해서 70byte의 데이터 전송을 요청했을 때, TCP는 어떻게 이를 처리하는지 설명해보자.

05. Chapter 02에서 보인 예제 tcp_server.c(Chapter 01의 hello_server.c)와 tcp_client.c에서는 서버가 전송하는 문자열을 클라이언트가 수신하고 끝낸다. 그런데 이번에는 서버와 클라이언트가 한번씩 문자열을 주고 받는 형태로 예제를 변경해보자. 단! 데이터의 송수신이 TCP 기반으로 진행된다는 사실을 고려하여 문자열 전송에 앞서 문자열의 길이 정보를 4바이트 정수의 형태로 먼저 전송하기로 하자. 즉, 연결이 된 상태에서 서버와 클라이언트는 다음의 유형으로 데이터를 송수신해야 한다.

문자열 길이   문자열 데이터

그리고 문자열의 전송순서는 상관이 없으며 문자열의 종류도 여러분이 임의로 결정해도 된다. 단, 총 3회 문자열을 주고받아야 한다.

06. 파일을 송수신하기 위한 클라이언트와 서버를 구현하되, 다음 순서의 시나리오를 기준으로 구현해보자.
- 클라이언트는 프로그램 사용자로부터 전송 받을 파일의 이름을 입력 받는다.
- 클라이언트는 해당 이름의 파일전송을 서버에게 요청한다.
- 파일이 존재할 경우 서버는 파일을 전송하고, 파일이 존재하지 않을 경우 그냥 연결을 종료한다.

UDP 기반 서버/
클라이언트

앞서 두 Chapter에 걸쳐서 TCP에 대해 설명하였다. 이렇듯 TCP는
공부할 내용이 상대적으로 많은 프로토콜이다. 하지만 이번에 설명할
UDP는 한 Chapter 내에서 충분한 설명이 이뤄질 수 있는 프로토콜
이다. 그만큼 UDP는 TCP에 비해서 공부할 내용이 적지만, TCP 못지
않게 유용하게 사용이 되니, 소홀함 없이 공부하기 바란다.

06-1 : UDP에 대한 이해

우리는 Chapter 04에서 TCP를 공부하면서 TCP/IP 프로토콜 스택을 함께 공부하였다. 이 때 네 개의 계층으로 나뉘는 TCP/IP 프로토콜 스택의 상위 두 번째 계층인 '전송(Transport) 계층'이 TCP와 UDP로 나뉘는 것을 설명하였다. 이렇듯 데이터 송수신은 TCP 소켓을 생성해서 TCP 방식으로 송수신하는 방식과 UDP 소켓을 생성해서 UDP 방식으로 송수신하는 방식으로 나뉜다.

+UDP 소켓의 특성

편지를 예로 들면서 UDP의 동작원리를 설명하고자 한다. 이는 UDP의 설명에 사용되는 전통적인 예로써 완벽히 UDP와 맞아 떨어지는 특징이 있다. 편지를 보내기 위해서는 일단 편지봉투에다가 보내는 사람과 받는 사람의 주소정보를 써 넣어야 한다. 그리고 우표를 붙여서 우체통에 넣어주면 끝이다. 다만 편지의 특성상 보내고 나서 상대방의 수신여부를 확인할 길은 없다. 물론 전송도중에 편지가 분실될 확률도 없지 않다. 즉, 편지는 신뢰할 수 없는 전송방법이다. 이와 마찬가지로 UDP 소켓은 신뢰할 수 없는 전송방법을 제공한다.

> "그럼 TCP가 훨씬 좋은 프로토콜이네요?"

신뢰성만 놓고 보면 분명 TCP가 UDP보다 좋은 프로토콜이다. 하지만 UDP는 TCP보다 훨씬 간결한 구조로 설계되어있다. ACK와 같은 응답 메시지를 보내는 일도 없으며, SEQ와 같이 패킷에 번호를 부여하는 일도 없다. 때문에 상황에 따라서 TCP보다 훨씬 좋은 성능을 발휘한다. 물론 프로그래밍의 관점에서 보더라도 UDP는 TCP보다 구현이 용이하다. 게다가 UDP도 TCP만큼은 아니지만 생각만큼 데이터의 손실이 자주 발생하는 것은 아니기 때문에, 신뢰성보다 성능이 중요시되는 상황에서는 UDP가 좋은 선택이 될 수 있다.

그렇다면 UDP의 역할은 어디까지일까? 앞서 TCP는 신뢰성 없는 IP를 기반으로 신뢰성 있는 데이터의 송수신을 위해서 '흐름제어(Flow Control)'를 한다고 설명했는데, 바로 이 흐름제어가 UDP에는 존재하지 않는다.

> "그럼 UDP와 TCP의 차이는 흐름제어밖에 없는 건가요?"

그렇다! 흐름제어가 UDP와 TCP를 구분 지어주는 가장 큰 차이점이다. 그런데 TCP에서 흐름제어를 빼면 별로 남는 게 없다. 다시 말해서 TCP의 생명은 흐름제어에 있다. 앞서 Chapter 05에서 설명한 '상대 소켓과의 연결 및 종료 과정' 역시 흐름제어의 일부분이다.

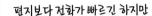

참 고

편지보다 전화가 빠르긴 하지만

필자는 TCP를 전화, UDP를 편지에 비유하였다. 그러나 이는 프로토콜을 비유한 것일 뿐, 데이터의 송수신 속도까지 묶어서 비유한 것은 아니다. 즉, 전화가 편지보다 빠른 데이터 전송수단이니 TCP가 UDP보다 빠르다고 생각하면 안 된다. 오히려 그 반대이다. UDP가 TCP보다 훨씬 빠르다. 단, TCP가 UDP보다 빠를 순 없지만, 송수신하는 데이터의 성격에 따라서 UDP와 비슷한 속도를 내기도 한다. 예를 들어서 한번에 송수신하는 데이터의 분량이 크면 클수록 TCP는 UDP 못지않은 전송속도를 낸다.

UDP의 내부 동작원리

UDP는 TCP와 달리 흐름제어를 하지 않는다고 앞서 설명하였다. 그럼 이번에는 UDP의 역할이 어디까지인지 구체적으로 언급해보겠다. 이를 위해 다음 그림을 보자.

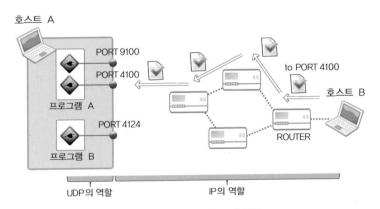

▶ 그림 06-1 : 패킷 전송에 있어서의 UDP와 IP의 역할

위 그림에서 보이듯이 호스트 B를 떠난 UDP 패킷이 호스트 A에게 전달되도록 하는 것은 IP의 역할이다. 그런데 이렇게 전달된 UDP 패킷을 호스트 A 내에 존재하는 UDP 소켓 중 하나에게 최종 전달하는 것은 IP의 역할이 아니다. 이는 바로 UDP의 역할이다. 즉, UDP의 역할 중 가장 중요한 것은 호스트로 수신된 패킷을 PORT 정보를 참조하여 최종 목적지인 UDP 소켓에 전달하는 것이다.

UDP의 효율적 사용

네트워크 프로그래밍의 대부분이 TCP를 기반으로 구현될 것 같지만, UDP를 기반으로 구현되는 경우도 흔히 볼 수 있다. 그럼 언제 UDP를 사용하는 것이 효율적인지 생각해보자. 그런데 이에 앞서 UDP도 나름대로 상당히 신뢰할만하다는 것을 말씀 드리고 싶다. 인터넷의 특성상 손실되는 정보들이 많음에도 불구하고 생각보다는 신뢰할만하다. 그래도 1만개의 패킷을 보냈는데 그 중 1개만 손실 되도 문제가 발생하는 압축파일의 경우에는 반드시 TCP를 기반으로 송수신이 이뤄져야 한다. 왜냐하면 압축파일은 그 특성상 파일의 일부만 손실되어도 압축의 해제가 어렵기 때문이다. 그러나 인터넷 기반으로 실시간 영상 및 음성을 전송하는 경우에는 얘기가 조금 다르다. 멀티미디어 데이터는 그 특성상 일부가 손실되어도 크게 문제되지 않는다. 잠깐의 화면 떨림, 또는 아주 작은 잡음 정도는 그냥 넘어갈만하다. 하지만 실시간으로 서비스를 해야 하므로 속도가 상당히 중요한 요소가 된다. 때문에 Chapter 05에서 보인 흐름제어의 과정은 귀찮게 느껴지기만 한다. 이러한 경우가 UDP 기반의 구현을 고려할만한 상황이다. 그러나 UDP가 TCP에 비해서 언제나 빠른 속도를 내는 것은 아니다. TCP가 UDP에 비해 느린 이유 두 가지만 들라고 하면, 다음 두 가지를 들 수 있다.

- 데이터 송수신 이전, 이후에 거치는 연결설정 및 해제과정
- 데이터 송수신 과정에서 거치는 신뢰성보장을 위한 흐름제어

따라서 송수신하는 데이터의 양은 작으면서 잦은 연결이 필요한 경우에는 UDP가 TCP보다 훨씬 효율적이고 빠르게 동작한다. 기회가 된다면 TCP/IP 프로토콜의 내부구조를 조금 더 공부하기 바란다. C 프로그래머가 컴퓨터 구조와 운영체제를 알면 더 좋은 프로그램을 만들 수 있는 것처럼, 네트워크 프로그래머는 여기에 더해 TCP/IP 프로토콜까지 이해하고 있으면, 보다 능력 있는 네트워크 프로그래머가 될 수 있으니 말이다.

06-2 : UDP 기반 서버/클라이언트의 구현

처음부터 이론적으로만 언급했던 UDP를 이제 구현관점에서 살펴보겠다. 그런데 UDP는 앞서 설명한 내용만 이해하면 구현은 그리 문제되지 않는다.

✚ UDP에서의 서버와 클라이언트는 연결되어 있지 않습니다.

UDP 서버, 클라이언트는 TCP와 같이 연결된 상태로 데이터를 송수신하지 않는다. 때문에 TCP와 달

리 연결 설정의 과정이 필요 없다. 따라서 TCP 서버 구현과정에서 거쳤던 listen 함수와 accept 함수의 호출은 불필요하다. UDP 소켓의 생성과 데이터의 송수신 과정만 존재할 뿐이다.

✚UDP에서는 서버건 클라이언트건 하나의 소켓만 있으면 됩니다.

TCP에서는 소켓과 소켓의 관계가 일대일 이었다. 때문에 서버에서 열 개의 클라이언트에게 서비스를 제공하려면 문지기의 역할을 하는 서버 소켓을 제외하고도 열 개의 소켓이 더 필요했다. 그러나 UDP는 서버건 클라이언트건 하나의 소켓만 있으면 된다. 앞서 UDP를 말할 때 편지를 예로 들었는데, 편지를 주고받기 위해서 필요한 우체통을 UDP 소켓에 비유할 수 있다. 우체통이 근처에 하나 있다면, 이를 이용해서 어디건 편지를 보낼 수 있지 않은가? 마찬가지로 UDP 소켓이 하나 있다면 어디건 데이터를 전송할 수 있다. 다음 그림에서 보이듯이 말이다.

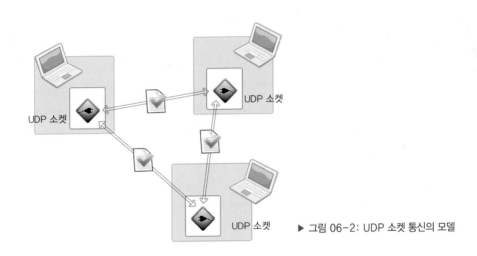

▶ 그림 06-2: UDP 소켓 통신의 모델

위 그림에서는 하나의 UDP 소켓으로 두 곳의 호스트를 대상으로 데이터의 송수신이 가능함을 보이고 있다. 이렇듯 UDP 소켓은 하나만 있으면 둘 이상의 호스트와의 통신이 가능하다.

✚UDP 기반의 데이터 입출력 함수

TCP 소켓을 생성하고 나서 데이터를 전송하는 경우에는, 주소 정보를 따로 추가하는 과정이 필요 없다. 왜냐하면 TCP 소켓은 목적지에 해당하는 소켓과 연결된 상태이기 때문이다. 즉, TCP 소켓은 목적지의 주소정보를 이미 알고 있는 상태이다. 그러나 UDP 소켓은 연결상태를 유지하지 않으므로(UDP 소켓은 단순히 우체통의 역할만 하므로), 데이터를 전송할 때마다 반드시 목적지의 주소정보를 별도로 추가해야 한다. 이는 우체통에 넣을 우편물에 주소정보를 써 넣는 것에 비유할 수 있다. 그럼 여기 주소정보를 써 넣으면서 데이터를 전송할 때 호출하는 UDP 관련함수를 소개하겠다.

```
#include <sys/socket.h>

ssize_t sendto(int sock, void *buff, size_t nbytes, int flags,
                                    struct sockaddr *to, socklen_t addrlen);
```
→ 성공 시 전송된 바이트 수, 실패 시 −1 반환

- sock   데이터 전송에 사용될 UDP 소켓의 파일 디스크립터를 인자로 전달.
- buff   전송할 데이터를 저장하고 있는 버퍼의 주소 값 전달.
- nbytes 전송할 데이터 크기를 바이트 단위로 전달.
- flags   옵션 지정에 사용되는 매개변수, 지정할 옵션이 없다면 0 전달.
- to   목적지 주소정보를 담고 있는 sockaddr 구조체 변수의 주소 값 전달.
- addrlen 매개변수 to로 전달된 주소 값의 구조체 변수 크기 전달.

위 함수가 이전에 소개한 TCP 기반의 출력함수와 가장 비교되는 것은 목적지 주소정보를 요구하고 있다는 점이다. 그럼 이어서 UDP 데이터 수신에 사용되는 함수를 소개하겠다. UDP 데이터는 발신지가 일정치 않기 때문에 발신지 정보를 얻을 수 있도록 함수가 정의되어 있다. 즉, 이 함수는 UDP 패킷에 담겨 있는 발신지 정보를 함께 반환한다.

```
#include <sys/socket.h>

ssize_t recvfrom(int sock, void *buff, size_t nbytes, int flags,
                                    struct sockaddr *from, socklen_t *addrlen);
```
→ 성공 시 수신한 바이트 수, 실패 시 −1 반환

- sock   데이터 수신에 사용될 UDP 소켓의 파일 디스크립터를 인자로 전달.
- buff   데이터 수신에 사용될 버퍼의 주소 값 전달.
- nbytes 수신할 최대 바이트 수 전달, 때문에 매개변수 buff가 가리키는 버퍼의 크기를 넘을 수 없다.
- flags   옵션 지정에 사용되는 매개변수, 지정할 옵션이 없다면 0 전달.
- from   발신지 정보를 채워 넣을 sockaddr 구조체 변수의 주소 값 전달.
- addrlen 매개변수 from으로 전달된 주소에 해당하는 구조체 변수의 크기정보를 담고 있는 변수의 주소값 전달

UDP 프로그램 작성의 핵심은 지금 설명한 위의 두 함수에 있다고 해도 과언이 아니다. 그 정도로 UDP 관련 데이터 송수신에서 이 두 함수가 차지하는 위치는 매우 크다.

⁺UDP 기반의 에코 서버와 에코 클라이언트

지금까지 설명한 내용을 종합해서 에코 서버를 구현해 보겠다. 참고로 UDP에서는 TCP와 달리 연결요청과 그에 따른 수락의 과정이 존재하지 않기 때문에 서버 및 클라이언트라는 표현이 적절치 않은 부분도 있다. 다만 서비스를 제공한다는 측면에서 서버라 하는 것이니 이 부분에 오해 없기 바란다.

❖ uecho_server.c

```
1.  #include <stdio.h>
2.  #include <stdlib.h>
3.  #include <string.h>
4.  #include <unistd.h>
5.  #include <arpa/inet.h>
6.  #include <sys/socket.h>
7.
8.  #define BUF_SIZE 30
9.  void error_handling(char *message);
10.
11. int main(int argc, char *argv[])
12. {
13.     int serv_sock;
14.     char message[BUF_SIZE];
15.     int str_len;
16.     socklen_t clnt_adr_sz;
17.
18.     struct sockaddr_in serv_adr, clnt_adr;
19.     if(argc!=2){
20.         printf("Usage : %s <port>\n", argv[0]);
21.         exit(1);
22.     }
23.
24.     serv_sock=socket(PF_INET, SOCK_DGRAM, 0);
25.     if(serv_sock == -1)
26.         error_handling("UDP socket creation error");
27.
28.     memset(&serv_adr, 0, sizeof(serv_adr));
29.     serv_adr.sin_family=AF_INET;
30.     serv_adr.sin_addr.s_addr=htonl(INADDR_ANY);
31.     serv_adr.sin_port=htons(atoi(argv[1]));
32.
33.     if(bind(serv_sock, (struct sockaddr*)&serv_adr, sizeof(serv_adr))==-1)
34.         error_handling("bind() error");
```

```
35.
36.    while(1)
37.    {
38.        clnt_adr_sz=sizeof(clnt_adr);
39.        str_len=recvfrom(serv_sock, message, BUF_SIZE, 0,
40.                (struct sockaddr*)&clnt_adr, &clnt_adr_sz);
41.        sendto(serv_sock, message, str_len, 0,
42.                (struct sockaddr*)&clnt_adr, clnt_adr_sz);
43.    }
44.    close(serv_sock);
45.    return 0;
46. }
47.
48. void error_handling(char *message)
49. {
50.    fputs(message, stderr);
51.    fputc('\n', stderr);
52.    exit(1);
53. }
```

- 24행: UDP 소켓의 생성을 위해서 socket 함수의 두 번째 인자로 SOCK_DGRAM을 전달하고 있다.

- 39행: 33행에 할당된 주소로 전달되는 모든 데이터를 수신하고 있다. 물론 데이터의 전달대상에는 제한이 없다.

- 41행: 39행의 함수호출을 통해서 데이터를 전송한 이의 주소정보도 함께 얻게 되는데, 바로 이 주소정보를 이용해서 수신된 데이터를 역으로 재전송하고 있다.

- 44행: 37행의 while문이 무한루프이고, 이 루프를 빠져나가기 위한 break문이 삽입되지 않았기 때문에 사실상 이 문장은 실행되지 않는다. 따라서 이 문장에 큰 의미는 없다.

이어서 위의 서버와 함께 동작하는 클라이언트를 소개하겠다. 이 코드에는 TCP 클라이언트와 달리 connect 함수의 호출이 존재하지 않음에 주목하기 바란다.

❖ uecho_client.c

```
1.  #include <"uecho_server.c의 헤더선언과 동일하므로 생략합니다">
2.  #define BUF_SIZE 30
3.  void error_handling(char *message);
4.
5.  int main(int argc, char *argv[])
6.  {
7.      int sock;
8.      char message[BUF_SIZE];
9.      int str_len;
```

```
10.     socklen_t adr_sz;
11.
12.     struct sockaddr_in serv_adr, from_adr;
13.     if(argc!=3){
14.         printf("Usage : %s <IP> <port>\n", argv[0]);
15.         exit(1);
16.     }
17.
18.     sock=socket(PF_INET, SOCK_DGRAM, 0);
19.     if(sock==-1)
20.         error_handling("socket() error");
21.
22.     memset(&serv_adr, 0, sizeof(serv_adr));
23.     serv_adr.sin_family=AF_INET;
24.     serv_adr.sin_addr.s_addr=inet_addr(argv[1]);
25.     serv_adr.sin_port=htons(atoi(argv[2]));
26.
27.     while(1)
28.     {
29.         fputs("Insert message(q to quit): ", stdout);
30.         fgets(message, sizeof(message), stdin);
31.         if(!strcmp(message,"q\n") || !strcmp(message,"Q\n"))
32.             break;
33.
34.         sendto(sock, message, strlen(message), 0,
35.             (struct sockaddr*)&serv_adr, sizeof(serv_adr));
36.         adr_sz=sizeof(from_adr);
37.         str_len=recvfrom(sock, message, BUF_SIZE, 0,
38.                 (struct sockaddr*)&from_adr, &adr_sz);
39.         message[str_len]=0;
40.         printf("Message from server: %s", message);
41.     }
42.     close(sock);
43.     return 0;
44. }
45.
46. void error_handling(char *message)
47. {
48.     fputs(message, stderr);
49.     fputc('\n', stderr);
50.     exit(1);
51. }
```

해 설

- 18행: UDP 소켓을 생성하였다. 이제 남은 것은 데이터 송수신 함수의 호출뿐이다.

- 34, 37행: 34행에서는 서버로 데이터를 전송하고, 37행에서는 전송되어오는 데이터를 수신하고
  있다.

Chapter 04에서 설명한 connect 함수를 잘 이해했다면, 위의 클라이언트 코드를 보면서 다음과 같은 질문을 할 수 있어야 한다.

"TCP 클라이언트 소켓은 connect 함수가 호출될 때 IP와 PORT정보가 자동으로 할당된다고 하였는데, 그럼 UDP 클라이언트 소켓은 IP와 PORT정보가 언제 할당되나요?"

모든 소켓에는 IP와 PORT가 할당되어야 한다. 다만 직접 할당을 하느냐, 자동으로 할당이 되느냐의 문제만 남아있을 뿐이다. 우선 여러분 나름대로 UDP 소켓에 IP와 PORT정보가 할당되는 시기를 유추해보기 바란다. 그럼 이에 대한 이야기는 잠시 후로 미루고 일단 실행결과를 보이겠다.

❖ 실행결과: uecho_server.c

❖ 실행결과: uecho_client.c

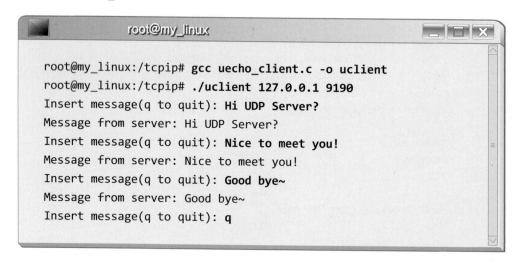

실행과정에서 누가 먼저 실행되느냐는 중요하지 않다. 다만 sendto 함수호출 이전에 sendto 함수의 목적지에 해당하는 프로그램이 실행되어 있기만 하면 된다.

⁺UDP 클라이언트 소켓의 주소정보 할당

지금까지 UDP 기반의 서버, 클라이언트 프로그램 구현에 대해 설명하였다. 그런데 UDP 클라이언트 프로그램을 가만히 보면, IP와 PORT를 소켓에 할당하는 부분이 눈에 띄지 않는다. TCP 클라이언트의 경우에는 connect 함수호출 시 자동으로 할당되었는데, UDP 클라이언트의 경우에는 그러한 기능을 대신할만한 함수호출문 조차 보이지 않는다. 도대체 어느 시점에 IP와 PORT가 할당되는 것일까?

UDP 프로그램에서는 데이터를 전송하는 sendto 함수호출 이전에 해당 소켓에 주소정보가 할당되어 있어야 한다. 따라서 sendto 함수호출 이전에 bind 함수를 호출해서 주소정보를 할당해야 한다. 물론 bind 함수는 TCP 프로그램의 구현에서 호출되었던 함수이다. 그러나 이 함수는 TCP와 UDP를 가리지 않으므로 UDP 프로그램에서도 호출 가능하다. 그리고 만약에 sendto 함수호출 시까지 주소정보가 할당되지 않았다면, sendto 함수가 처음 호출되는 시점에 해당 소켓에 IP와 PORT번호가 자동으로 할당된다. 또한 이렇게 한번 할당되면 프로그램이 종료될 때까지 주소정보가 그대로 유지되기 때문에 다른 UDP 소켓과 데이터를 주고받을 수 있다. 물론 IP는 호스트의 IP로, PORT는 사용하지 않는 PORT번호 하나를 임의로 골라서 할당하게 된다.

이렇듯 sendto 함수호출 시 IP와 PORT번호가 자동으로 할당되기 때문에 일반적으로 UDP의 클라이언트 프로그램에서는 주소정보를 할당하는 별도의 과정이 불필요하다. 그래서 앞서 보인 예제에서도 별도의 주소정보 할당과정을 생략하였으며, 이것이 일반적인 구현방법이다.

06-3 : UDP의 데이터 송수신 특성과 UDP에서의 connect 함수호출

TCP 기반에서 송수신하는 데이터에는 경계가 존재하지 않음을 앞서 충분히 설명하였고, 이를 예제를 통해서 확인까지 하였다. 그래서 이번에는 UDP 기반에서 송수신하는 데이터에 경계가 존재함을 예제를 통해서 확인하고자 한다. 그리고 UDP에서의 connect 함수호출과 관련해서 조금 더 이야기하면서 UDP에 대한 설명을 마무리하겠다.

✛데이터의 경계가 존재하는 UDP 소켓

TCP 기반에서 송수신하는 데이터에는 경계가 존재하지 않는다고 하였는데, 이는 다음의 의미를 지닌다.

"데이터 송수신 과정에서 호출하는 입출력함수의 호출횟수는 큰 의미를 지니지 않는다."

반대로 UDP는 데이터의 경계가 존재하는 프로토콜이므로, 데이터 송수신 과정에서 호출하는 입출력함수의 호출횟수가 큰 의미를 지닌다. 때문에 입력함수의 호출횟수와 출력함수의 호출횟수가 완벽히 일치해야 송신된 데이터 전부를 수신할 수 있다. 예를 들어서 세 번의 출력함수 호출을 통해서 전송된 데이터는 반드시 세 번의 입력함수 호출이 있어야 데이터 전부를 수신할 수 있다. 그럼 간단한 예제를 통해서 이를 확인해 보겠다.

❖ bound_host1.c

```
1.   #include <"다른 프로그램의 헤더선언과 동일하므로 생략합니다">
2.   #define BUF_SIZE 30
3.   void error_handling(char *message);
4.
5.   int main(int argc, char *argv[])
6.   {
7.       int sock;
8.       char message[BUF_SIZE];
9.       struct sockaddr_in my_adr, your_adr;
10.      socklen_t adr_sz;
11.      int str_len, i;
12.
13.      if(argc!=2) {
14.          printf("Usage : %s <port>\n", argv[0]);
15.          exit(1);
16.      }
17.
18.      sock=socket(PF_INET, SOCK_DGRAM, 0);
19.      if(sock==-1)
20.          error_handling("socket() error");
21.
22.      memset(&my_adr, 0, sizeof(my_adr));
23.      my_adr.sin_family=AF_INET;
24.      my_adr.sin_addr.s_addr=htonl(INADDR_ANY);
25.      my_adr.sin_port=htons(atoi(argv[1]));
26.
27.      if(bind(sock, (struct sockaddr*)&my_adr, sizeof(my_adr))==-1)
28.          error_handling("bind() error");
29.
30.      for(i=0; i<3; i++)
31.      {
32.          sleep(5);        // delay 5 sec.
```

```
33.          adr_sz=sizeof(your_adr);
34.          str_len=recvfrom(sock, message, BUF_SIZE, 0,
35.                  (struct sockaddr*)&your_adr, &adr_sz);
36.
37.          printf("Message %d: %s \n", i+1, message);
38.      }
39.      close(sock);
40.      return 0;
41. }
42.
43. void error_handling(char *message)
44. {
45.      // 다른 예제의 error_handling 함수정의와 동일하므로 생략
46. }
```

위 예제에서 여러분이 눈 여겨 볼 부분은 30행에 존재하는 for문이다. 우선 32행에서 sleep 함수를 호출하고 있는데, 인자로 전달된 시간만큼(초 단위) 프로그램을 멈추는 기능을 제공한다. 즉 30행의 for문 안에서는 5초 간격으로 recvfrom 함수를 호출하고 있다. 그리고 이 함수가 몇 번 호출되었는지 확인하기 위한 문장이 삽입되어 있다. 프로그램의 실행을 지연시킨 이유에 대해서는 잠시 후에 설명하겠다.

이어서 보이는 예제는 앞서 보인 bound_host1.c에 데이터를 전송하는 예제이다. 이 예제에서는 총 3회의 sendto 함수호출을 통해서 문자열 데이터를 전송한다.

❖ bound_host2.c

```
1.  #include <"다른 예제의 헤더선언과 동일하므로 생략합니다">
2.  #define BUF_SIZE 30
3.  void error_handling(char *message);
4.
5.  int main(int argc, char *argv[])
6.  {
7.      int sock;
8.      char msg1[]="Hi!";
9.      char msg2[]="I'm another UDP host!";
10.     char msg3[]="Nice to meet you";
11.
12.     struct sockaddr_in your_adr;
13.     socklen_t your_adr_sz;
14.     if(argc!=3){
15.         printf("Usage : %s <IP> <port>\n", argv[0]);
16.         exit(1);
17.     }
18.
19.     sock=socket(PF_INET, SOCK_DGRAM, 0);
```

```
20.        if(sock==-1)
21.            error_handling("socket() error");
22.
23.        memset(&your_adr, 0, sizeof(your_adr));
24.        your_adr.sin_family=AF_INET;
25.        your_adr.sin_addr.s_addr=inet_addr(argv[1]);
26.        your_adr.sin_port=htons(atoi(argv[2]));
27.
28.        sendto(sock, msg1, sizeof(msg1), 0,
29.            (struct sockaddr*)&your_adr, sizeof(your_adr));
30.        sendto(sock, msg2, sizeof(msg2), 0,
31.            (struct sockaddr*)&your_adr, sizeof(your_adr));
32.        sendto(sock, msg3, sizeof(msg3), 0,
33.            (struct sockaddr*)&your_adr, sizeof(your_adr));
34.        close(sock);
35.        return 0;
36. }
37.
38. void error_handling(char *message)
39. {
40.        // 다른 예제의 error_handling 함수정의와 동일하므로 생략
41. }
```

결국 bound_host2.c는 총 3회의 sendto 함수호출을 통해서 데이터를 전송하고, bound_host1.c
는 총 3회의 recvfrom 함수호출을 통해서 데이터를 수신한다. 그런데 recvfrom 함수호출에는 5초간
의 지연시간이 존재하기 때문에, recvfrom 함수가 호출되기 이전에 3회의 sendto 함수호출이 진행되
어서, 데이터는 이미 bound_host1.c에 전송된 상태에 놓이게 된다. TCP라면 이 상황에서 단 한번의
입력함수 호출을 통해서 모든 데이터를 읽어 들일 수 있다. 그러나 UDP는 다르다. 이 상황에서도 3회의
recvfrom 함수호출이 요구된다. 그리고 이는 다음의 실행결과를 통해서 확인할 수 있다.

❖ 실행결과: bound_host1.c

```
root@my_linux:/tcpip# gcc bound_host1.c -o host1
root@my_linux:/tcpip# ./host1
Usage : ./host1 <port>
root@my_linux:/tcpip# ./host1 9190
Message 1: Hi!
Message 2: I'm another UDP host!
Message 3: Nice to meet you
root@my_linux:/home/swyoon/tcpip#
```

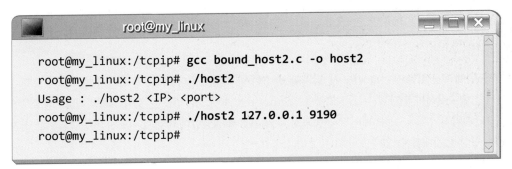

```
root@my_linux:/tcpip# gcc bound_host2.c -o host2
root@my_linux:/tcpip# ./host2
Usage : ./host2 <IP> <port>
root@my_linux:/tcpip# ./host2 127.0.0.1 9190
root@my_linux:/tcpip#
```

위의 실행결과는, 특히 bound_host1.c의 실행결과는 recvfrom 함수의 호출이 3회 진행되었음을 보이고 있다. 이로써 UDP 기반의 데이터 송수신과정에서는 입출력 함수의 호출횟수를 일치시켜야 함을 여러분께 보였다.

UDP 데이터그램(Datagram)

UDP 소켓이 전송하는 패킷을 가리켜 데이터그램이라고 표현하기도 하는데, 사실 데이터그램도 패킷의 일종이다. 다만 TCP 패킷과 달리 데이터의 일부가 아닌, 그 자체가 하나의 데이터로 의미를 가질 때 데이터그램이라 표현할 뿐이다. 이는 UDP의 데이터 전송특성과 관계가 있다. UDP는 데이터의 경계가 존재하기 때문에 하나의 패킷이 하나의 데이터로 간주된다. 따라서 데이터그램이라고 표현하는 것이다.

✝connected UDP 소켓, unconnected UDP 소켓

TCP 소켓에는 데이터를 전송할 목적지의 IP와 PORT번호를 등록하는 반면, UDP 소켓에는 데이터를 전송할 목적지의 IP와 PORT번호를 등록하지 않는다. 때문에 sendto 함수호출을 통한 데이터의 전송과정은 다음과 같이 크게 세 단계로 나눌 수 있다.

- 1단계   UDP 소켓에 목적지의 IP와 PORT번호 등록
- 2단계   데이터 전송
- 3단계   UDP 소켓에 등록된 목적지 정보 삭제

즉, sendto 함수가 호출될 때마다 위의 과정을 반복하게 된다. 이렇듯 목적지의 주소정보가 계속해서 변경되기 때문에 하나의 UDP 소켓을 이용해서 다양한 목적지로 데이터 전송이 가능한 것이다. 그리고 이렇게 목적지 정보가 등록되어 있지 않은 소켓을 가리켜 'unconnected 소켓'이라 하고, 반면 목적지 정보가 등록되어 있는 소켓을 가리켜 'connected 소켓'이라 한다. 물론 UDP 소켓은 기본적으로 unconnected

소켓이다. 그런데 이러한 UDP 소켓은 다음과 같은 상황에서는 매우 불합리하게 동작한다.

> "IP 211.210.147.82, PORT 82번으로 준비된 총 세 개의 데이터를 세 번의 sendto 함수호출을 통해서 전송한다."

이 경우 위에서 정리한 데이터 전송 세 단계를 총 3회 반복해야 한다. 그래서 하나의 호스트와 오랜 시간 데이터를 송수신해야 한다면, UDP 소켓을 connected 소켓으로 만드는 것이 효율적이다. 참고로 앞서 보인 1단계와 3단계가 UDP 데이터 전송과정의 약 1/3에 해당한다고 하니, 이 시간을 줄임으로 적지 않은 성능향상을 기대할 수 있다.

connected UDP 소켓 생성

connected UDP 소켓을 생성하는 방법은 의외로 간단하다. UDP 소켓을 대상으로 connect 함수만 호출해주면 된다.

```
sock=socket(PF_INET, SOCK_DGRAM, 0);
memset(&adr, 0, sizeof(adr));
adr.sin_family=AF_INET;
adr.sin_addr.s_addr= . . . .
adr.sin_port= . . . .
connect(sock, (struct sockaddr*)&adr, sizeof(adr));
```

위의 코드를 언뜻 보면 TCP 소켓 생성과정의 일부처럼 보인다. 하지만 socket 함수의 두 번째 인자가 SOCK_DGRAM이지 않은가? 이는 분명 UDP 소켓의 생성과정이다. 물론 UDP 소켓을 대상으로 connect 함수를 호출했다고 해서 목적지의 UDP 소켓과 연결설정 과정을 거친다거나 하지는 않는다. 다만 UDP 소켓에 목적지의 IP와 PORT정보가 등록될 뿐이다.

이로써 이후부터는 TCP 소켓과 마찬가지로 sendto 함수가 호출될 때마다 데이터 전송의 과정만 거치게 된다. 뿐만 아니라 송수신의 대상이 정해졌기 때문에 sendto, recvfrom 함수가 아닌 write, read 함수의 호출로도 데이터를 송수신할 수 있다.

그럼 간단히 예제를 하나 제시하겠다. 다음 예제는 앞서 제시한 uecho_clinet.c를 connected UDP 소켓 기반으로 재 구현한 것이다. 때문에 uecho_server.c와 함께 실행이 가능하다. 그리고 비교의 편의를 위해서 uecho_client.c의 입출력 함수를 삭제하지 않고 주석처리 하였다.

❖ uecho_con_client.c

```
1.   #include <"다른 예제의 헤더선언과 동일하므로 생략합니다">
2.   #define BUF_SIZE 30
3.   void error_handling(char *message);
4.
5.   int main(int argc, char *argv[])
```

```
6.  {
7.      int sock;
8.      char message[BUF_SIZE];
9.      int str_len;
10.     socklen_t adr_sz;      // 불필요해진 변수!
11.
12.     struct sockaddr_in serv_adr, from_adr;      // from_adr 불필요해짐!
13.     if(argc!=3){
14.         printf("Usage : %s <IP> <port>\n", argv[0]);
15.         exit(1);
16.     }
17.
18.     sock=socket(PF_INET, SOCK_DGRAM, 0);
19.     if(sock==-1)
20.         error_handling("socket() error");
21.
22.     memset(&serv_adr, 0, sizeof(serv_adr));
23.     serv_adr.sin_family=AF_INET;
24.     serv_adr.sin_addr.s_addr=inet_addr(argv[1]);
25.     serv_adr.sin_port=htons(atoi(argv[2]));
26.
27.     connect(sock, (struct sockaddr*)&serv_adr, sizeof(serv_adr));
28.
29.     while(1)
30.     {
31.         fputs("Insert message(q to quit): ", stdout);
32.         fgets(message, sizeof(message), stdin);
33.         if(!strcmp(message,"q\n") || !strcmp(message,"Q\n"))
34.             break;
35.         /*
36.         sendto(sock, message, strlen(message), 0,
37.             (struct sockaddr*)&serv_adr, sizeof(serv_adr));
38.         */
39.         write(sock, message, strlen(message));
40.
41.         /*
42.         adr_sz=sizeof(from_adr);
43.         str_len=recvfrom(sock, message, BUF_SIZE, 0,
44.                 (struct sockaddr*)&from_adr, &adr_sz);
45.         */
46.         str_len=read(sock, message, sizeof(message)-1);
47.
48.         message[str_len]=0;
49.         printf("Message from server: %s", message);
50.     }
51.     close(sock);
52.     return 0;
```

```
53. }
54.
55. void error_handling(char *message)
56. {
57.     fputs(message, stderr);
58.     fputc('\n', stderr);
59.     exit(1);
60. }
```

실행결과와 소스해설은 별도로 필요치 않을 것 같아서 생략하겠다. 그런데 위의 코드만 놓고 보면 sendto, recvfrom 함수의 호출을 write, read 함수가 대신한 것도 무시 못할 이점임을 알 수 있다.

06-4 : 윈도우 기반으로 구현하기

먼저 윈도우 기반의 sendto 함수와 recvfrom 함수를 보이겠다. 사실상 리눅스와 차이는 없으나 여러분이 직접 확인할 수 있도록 지면에 싣겠다.

```
#include <winsock2.h>

int sendto(SOCKET s, const char* buf, int len, int flags, const struct sockaddr* to, int tolen);
```
➜ 성공 시 전송된 바이트 수, 실패 시 SOCKET_ERROR 반환

```
#include <winsock2.h>

int recvfrom(SOCKET s, char* buf, int len, int flags, struct sockaddr* from, int* fromlen);
```
➡ 성공 시 수신한 바이트 수, 실패 시 SOCKET_ERROR 반환

위의 두 함수는 리눅스의 sendto, recvfrom 함수와 매개변수의 개수, 순서 및 의미가 완전히 동일하다. 때문에 추가적인 설명은 생략하겠다. 대신 이어서 윈도우 기반의 UDP 에코 클라이언트와 에코 서버를 구현해 보겠다. 단, 에코 클라이언트는 connected UDP 소켓을 기반으로 구현해 보겠다.

❖ uecho_server_win.c

```
1.    #include <stdio.h>
2.    #include <stdlib.h>
3.    #include <string.h>
4.    #include <winsock2.h>
5.    #define BUF_SIZE 30
6.    void ErrorHandling(char *message);
7.
8.    int main(int argc, char *argv[])
9.    {
10.       WSADATA wsaData;
11.       SOCKET servSock;
12.       char message[BUF_SIZE];
13.       int strLen;
14.       int clntAdrSz;
15.
16.       SOCKADDR_IN servAdr, clntAdr;
17.       if(argc!=2) {
18.           printf("Usage : %s <port>\n", argv[0]);
19.           exit(1);
20.       }
21.       if(WSAStartup(MAKEWORD(2, 2), &wsaData)!=0)
22.           ErrorHandling("WSAStartup() error!");
23.
24.       servSock=socket(PF_INET, SOCK_DGRAM, 0);
25.       if(servSock==INVALID_SOCKET)
26.           ErrorHandling("UDP socket creation error");
27.
28.       memset(&servAdr, 0, sizeof(servAdr));
29.       servAdr.sin_family=AF_INET;
30.       servAdr.sin_addr.s_addr=htonl(INADDR_ANY);
```

```
31.        servAdr.sin_port=htons(atoi(argv[1]));
32.
33.        if(bind(servSock, (SOCKADDR*)&servAdr, sizeof(servAdr))==SOCKET_ERROR)
34.            ErrorHandling("bind() error");
35.
36.        while(1)
37.        {
38.            clntAdrSz=sizeof(clntAdr);
39.            strLen=recvfrom(servSock, message, BUF_SIZE, 0,
40.                    (SOCKADDR*)&clntAdr, &clntAdrSz);
41.            sendto(servSock, message, strLen, 0,
42.                (SOCKADDR*)&clntAdr, sizeof(clntAdr));
43.        }
44.        closesocket(servSock);
45.        WSACleanup();
46.        return 0;
47. }
48.
49. void ErrorHandling(char *message)
50. {
51.        fputs(message, stderr);
52.        fputc('\n', stderr);
53.        exit(1);
54. }
```

❖ uecho_client_win.c

```
1.  #include <stdio.h>
2.  #include <stdlib.h>
3.  #include <string.h>
4.  #include <winsock2.h>
5.
6.  #define BUF_SIZE 30
7.  void ErrorHandling(char *message);
8.
9.  int main(int argc, char *argv[])
10. {
11.        WSADATA wsaData;
12.        SOCKET sock;
13.        char message[BUF_SIZE];
14.        int strLen;
15.
16.        SOCKADDR_IN servAdr;
17.        if(argc!=3) {
```

```
18.        printf("Usage : %s <IP> <port>\n", argv[0]);
19.        exit(1);
20.    }
21.    if(WSAStartup(MAKEWORD(2, 2), &wsaData)!=0)
22.        ErrorHandling("WSAStartup() error!");
23.
24.    sock=socket(PF_INET, SOCK_DGRAM, 0);
25.    if(sock==INVALID_SOCKET)
26.        ErrorHandling("socket() error");
27.
28.    memset(&servAdr, 0, sizeof(servAdr));
29.    servAdr.sin_family=AF_INET;
30.    servAdr.sin_addr.s_addr=inet_addr(argv[1]);
31.    servAdr.sin_port=htons(atoi(argv[2]));
32.    connect(sock, (SOCKADDR*)&servAdr, sizeof(servAdr));
33.
34.    while(1)
35.    {
36.        fputs("Insert message(q to quit): ", stdout);
37.        fgets(message, sizeof(message), stdin);
38.        if(!strcmp(message,"q\n") || !strcmp(message,"Q\n"))
39.            break;
40.
41.        send(sock, message, strlen(message), 0);
42.        strLen=recv(sock, message, sizeof(message)-1, 0);
43.        message[strLen]=0;
44.        printf("Message from server: %s", message);
45.    }
46.    closesocket(sock);
47.    WSACleanup();
48.    return 0;
49. }
50.
51. void ErrorHandling(char *message)
52. {
53.    fputs(message, stderr);
54.    fputc('\n', stderr);
55.    exit(1);
56. }
```

위의 클라이언트 코드에서는 connected UDP 소켓을 기반으로 입출력을 진행하기 때문에 sendto, recvfrom 함수를 대신해서 send, recv 함수를 호출하고 있다. 물론 이것 이외에도 앞서 설명한 connected UDP 소켓의 이점이 그대로 반영된다.

내용 확인문제

01. TCP보다 UDP가 빠른 이유는 무엇인가? 그리고 TCP는 데이터의 전송을 신뢰할 수 있지만 UDP는 신뢰할 수 없는 이유는 또 무엇인가?

02. 다음 중 UDP의 특성이 아닌 것을 모두 고르면?

    a. UDP는 TCP와 달리 연결의 개념이 존재하지 않는다. 따라서 반드시 TCP에서 보인 것처럼 1대 1의 형태로 데이터를 송수신하지 않을 수 있다.

    b. UDP 기반으로 데이터를 전송할 목적지가 두 군데라면, 총 두 개의 소켓을 생성해야 한다.

    c. UDP 소켓은 TCP 소켓이 할당한 동일한 번호의 PORT에 재할당이 불가능하다.

    d. UDP 소켓과 TCP 소켓은 공존할 수 있다. 따라서 필요하다면 한 호스트상에서 TCP 방식과 UDP 방식의 데이터 송수신을 모두 진행할 수 있다.

    e. UDP 소켓을 대상으로도 connect 함수를 호출할 수 있는데, 이러한 경우 UDP 소켓도 TCP 소켓과 마찬가지로 Three-way handshaking 과정을 거치게 된다.

03. UDP 데이터그램이 최종 목적지인 상대 호스트의 UDP 소켓에 전달되는데 있어서, IP가 담당하는 부분과 UDP가 담당하는 부분을 구분 지어 설명해보자.

04. UDP는 일반적으로 TCP보다 빠르다. 그러나 송수신하는 데이터의 성격에 따라서 그 차이는 미미할 수도 있고, 반대로 매우 클 수도 있다. 그렇다면 어떠한 상황에서 UDP는 TCP보다 매우 좋은 성능을 보이는지 설명해보자.

05. 클라이언트의 TCP 소켓은 connect 함수를 호출할 때 자동으로 IP와 PORT가 할당된다. 그렇다면 bind 함수를 호출하지 않는 UDP 소켓은 언제 IP와 PORT가 할당되는가?

06. connect 함수의 호출문장은 TCP 클라이언트의 경우 반드시 삽입해야 하는 문장이다. 그러나 UDP의 경우는 선택적으로 삽입이 가능하다. 그렇다면 UDP에서 connect 함수를 호출하면 어떠한 이점이 있는가?

07. 본문에서 보인 예제 uecho_server.c와 uecho_client.c를 참고해서 서버와 클라이언트 상호간에 한번씩 메시지를 주고받는 형태로 대화를 진행하는 예제를 작성해보자. 단, 주고받는 대화는 콘솔상에 출력되어야 한다.

소켓의 우아한 연결종료

제목에서 이야기하는 것처럼 이번에는 연결되어 있는 두 소켓의 우아한 종료방법에 대해 살펴보고자 한다. 그렇다면 지금까지 사용했던 종료방법은 우아하지 못했단 뜻인가? 사실 그렇다! close 또는 closesocket 함수의 호출을 통해서 상대방의 의견도 묻지 않고 일방적으로 연결을 끊었으니 말이다.

07-1 : TCP 기반의 Half-close

TCP에서는 연결과정보다 중요한 것이 종료과정이다. 연결과정에서는 큰 변수가 발생하지 않지만 종료과정에서는 예상치 못한 일이 발생할 수 있기 때문이다. 따라서 종료과정은 명확해야 한다. 이번에 설명하는 Half-close는 명확한 종료를 위해 반드시 알아야 할 내용이다.

✚일방적인 연결종료의 문제점

리눅스의 close 함수호출과 윈도우의 closesocket 함수호출은 완전종료를 의미한다. 완전종료라는 것은 데이터를 전송하는 것은 물론이거니와 수신하는 것 조차 더 이상 불가능한 상황을 의미한다. 때문에 한쪽에서의 일방적인 close 또는 closesocket 함수호출은 경우에 따라서 우아해 보이지 못할 수 있다.

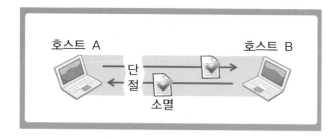

▶ 그림 07-1: 일방적 연결종료

위 그림은 양방향으로 통신하고 있는 두 호스트의 상황을 묘사한 것이다. 상황은 이렇다! 호스트 A가 마지막 데이터를 전송하고 나서 close 함수의 호출을 통해서 연결을 종료하였다. 때문에 그 이후부터 호스트 A는 호스트 B가 전송하는 데이터를 수신하지 못한다. 아니! 데이터 수신과 관련된 함수의 호출 자체가 불가능하다. 때문에 결국엔 호스트 B가 전송한, 호스트 A가 반드시 수신해야 할 데이터라 할지라도 그냥 소멸되고 만다.

이러한 문제의 해결을 위해서 데이터의 송수신에 사용되는 스트림의 일부만 종료(Half-close)하는 방법이 제공되고 있다. 일부를 종료한다는 것은 전송은 가능하지만 수신은 불가능한 상황, 혹은 수신은 가능하지만 전송은 불가능한 상황을 뜻한다. 말 그대로 스트림의 반만 닫는 것이다.

✚소켓과 스트림(Stream)

소켓을 통해서 두 호스트가 연결되면, 그 다음부터는 상호간에 데이터의 송수신이 가능한 상태가 된다. 그리고 바로 이러한 상태를 가리켜 '스트림이 형성된 상태'라 한다. 즉, 두 소켓이 연결되어서 데이터의 송수신이 가능한 상태를 일종의 스트림으로 보는 것이다.

스트림은 물의 흐름을 의미한다. 그런데 물의 흐름은 한쪽 방향으로만 형성된다. 마찬가지로 소켓의 스트림 역시 한쪽 방향으로만 데이터의 이동이 가능하기 때문에 양방향 통신을 위해서는 다음 그림에서 보이듯이 두 개의 스트림이 필요하다.

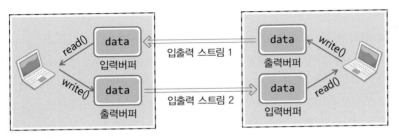

▶ 그림 07-2: 소켓을 기반으로 생성되는 두 개의 스트림

때문에 두 호스트간에 소켓이 연결되면, 각 호스트 별로 입력 스트림과 출력 스트림이 형성된다. 물론 한 호스트의 입력 스트림은 다른 호스트의 출력 스트림으로 이어지고, 한 호스트의 출력 스트림은 다른 호스트의 입력 스트림으로 이어진다. 그리고 우리가 이번 Chapter에서 하고자 하는 우아한 종료라는 것은 한번에 이 두 스트림을 모두 끊어버리는 것이 아니라, 이 중 하나의 스트림만 끊는 것이다. 물론 리눅스의 close 함수와 윈도우의 closesocket 함수는 두 가지 스트림을 동시에 끊어버리기 때문에 우아한 연결종료와는 거리가 멀다.

✚우아한 종료를 위한 shutdown 함수

그럼 이제 우아한 종료 즉, Half-close에 사용되는 함수를 소개하겠다. 다음 shutdown 함수가 스트림의 일부를 종료하는데 사용되는 함수이다.

```
#include <sys/socket.h>

int shutdown(int sock, int howto);
    ➜ 성공 시 0, 실패 시 -1 반환
```

• sock   종료할 소켓의 파일 디스크립터 전달.
• howto   종료방법에 대한 정보 전달.

위의 함수호출 시 두 번째 매개변수에 전달되는 인자에 따라서 종료의 방법이 결정된다. 두 번째 매개변수에 전달될 수 있는 인자의 종류는 다음과 같다.

- SHUT_RD   입력 스트림 종료
- SHUT_WR   출력 스트림 종료
- SHUT_RDWR   입출력 스트림 종료

shutdown 함수의 두 번째 인자로 SHUT_RD가 전달되면 입력 스트림이 종료되어 더 이상 데이터를 수신할 수 없는 상태가 된다. 혹 데이터가 입력버퍼에 전달되더라도 그냥 지워져 버릴 뿐만 아니라 입력 관련 함수의 호출도 더 이상은 허용이 안 된다. 반면 SHUT_WR가 두 번째 인자로 전달되면 출력 스트림이 종료되어 더 이상의 데이터 전송이 불가능해진다. 단! 출력 버퍼에 아직 전송되지 못한 상태로 남아 있는 데이터가 존재하면 해당 데이터는 목적지로 전송된다. 마지막으로 SHUT_RDWR가 전달되면 입력 스트림과 출력 스트림이 모두 종료되는데, 이는 shutdown 함수를 한번은 SHUT_RD를 인자로, 또 한번은 SHUT_WR을 인자로 두 번 호출한 것과 같다.

✛Half-close가 필요한 이유

소켓을 반만 닫는다는 것에 대한 의미는 충분히 이해를 했다. 그러나 아직 풀어야 할 궁금증이 남아 있다.

> "Half-close가 도대체 왜 필요한 거지? 그냥 데이터를 주고받기에 충분한 만큼 연결을 유지했다가 종료하면 되는 것 아닌가? 급히 종료하지만 않으면 Half-close가 필요하지는 않을 것 같은데 말이야!"

전혀 틀린 말은 아니다. 충분한 시간적 여유를 둬서 송수신을 완료하고 난 다음에 연결을 종료해도 되는 상황에서는 굳이 Half-close를 활용할 필요가 없다. 그러나 다음과 같은 상황을 생각해 보자.

> "클라이언트가 서버에 접속하면 서버는 약속된 파일을 클라이언트에게 전송하고, 클라이언트는 파일을 잘 수신했다는 의미로 문자열 'Thank you'를 서버에 전송한다."

여기서 문자열 'Thank you'의 전달은 사실상 불필요한 일이지만, 연결종료 직전에 클라이언트가 서버에 전송해야 할 데이터가 존재하는 상황으로 확대해석하기 바란다. 그런데 이 상황에 대한 프로그램의 구현도 그리 간단하지만은 않다. 파일을 전송하는 서버는 단순히 파일 데이터를 연속해서 전송하면 되지만, 클라이언트는 언제까지 데이터를 수신해야 할지 알 수 없기 때문이다. 클라이언트 입장에서는 무턱대고 계속해서 입력함수를 호출할 수도 없는 노릇이다. 그랬다가는 블로킹 상태(호출된 함수가 반환하지 않는 상태)에 빠질 수 있기 때문이다.

> "서버와 클라이언트 사이에 파일의 끝을 의미하는 문자 하나를 약속하면 되잖아요?"

이것도 어울리지 않는 상황이다. 약속으로 정해진 문자와 일치하는 데이터가 파일에 존재할 수 있기 때문이다. 이러한 문제의 해결을 위해서 서버는 파일의 전송이 끝났음을 알리는 목적으로 EOF를 마지막에 전송해야 한다. 클라이언트는 EOF의 수신을 함수의 반환 값을 통해서 확인이 가능하기 때문에 파일에 저장된 데이터와 중복될 일도 없다. 그럼 이제 남은 문제는 하나다! 서버는 어떻게 EOF를 전달할 수 있겠는가?

　"출력 스트림을 종료하면 상대 호스트로 EOF가 전송됩니다."

물론 close 함수호출을 통해서 입출력 스트림을 모두 종료해줘도 EOF는 전송되지만, 이럴 경우 상대방이 전송하는 데이터를 더 이상 수신 못한다는 문제가 있다. 즉, close 함수호출을 통해서 스트림을 종료하면 클라이언트가 마지막으로 보내는 문자열 'Thank you'를 수신할 수 없다. 따라서 shutdown 함수호출을 통해서 서버의 출력 스트림만 Half-close 해야 하는 것이다. 이럴 경우 EOF도 전송되고 입력 스트림은 여전히 살아있어서 데이터의 수신도 가능하다. 그럼 지금까지 이야기 한 내용을 바탕으로 실제 파일을 송수신하는 서버와 클라이언트를 구현해보자.

✛Half-close 기반의 파일전송 프로그램

위에서 언급한 파일전송 서버, 클라이언트의 데이터 흐름을 정리하면 다음과 같다. 이 흐름에 맞게 예제를 작성해 볼 텐데, 이를 통해서 EOF 전달의 필요성과 Half-close의 필요성을 완전히 인식하기 바란다.

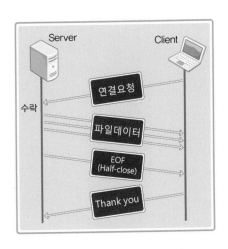

▶ 그림 07-3: 파일 전송 데이터 흐름도

먼저 서버 프로그램을 소개하겠다. 참고로 이 예제에서는 앞서 보인 다른 예제들과 달리 오류처리에 대한 코드를 상당부분 생략하였음에 주의하기 바란다. 이는 단지 코드분석의 편의를 제공하기 위함이니, 실제 프로그램 작성에서까지 생략하는 일은 없어야겠다.

❖ file_server.c

```
1.  #include <stdio.h>
2.  #include <stdlib.h>
3.  #include <string.h>
```

```
4.    #include <unistd.h>
5.    #include <arpa/inet.h>
6.    #include <sys/socket.h>
7.
8.    #define BUF_SIZE 30
9.    void error_handling(char *message);
10.
11.   int main(int argc, char *argv[])
12.   {
13.       int serv_sd, clnt_sd;
14.       FILE * fp;
15.       char buf[BUF_SIZE];
16.       int read_cnt;
17.
18.       struct sockaddr_in serv_adr, clnt_adr;
19.       socklen_t clnt_adr_sz;
20.
21.       if(argc!=2) {
22.           printf("Usage: %s <port>\n", argv[0]);
23.           exit(1);
24.       }
25.
26.       fp=fopen("file_server.c", "rb");
27.       serv_sd=socket(PF_INET, SOCK_STREAM, 0);
28.
29.       memset(&serv_adr, 0, sizeof(serv_adr));
30.       serv_adr.sin_family=AF_INET;
31.       serv_adr.sin_addr.s_addr=htonl(INADDR_ANY);
32.       serv_adr.sin_port=htons(atoi(argv[1]));
33.
34.       bind(serv_sd, (struct sockaddr*)&serv_adr, sizeof(serv_adr));
35.       listen(serv_sd, 5);
36.
37.       clnt_adr_sz=sizeof(clnt_adr);
38.       clnt_sd=accept(serv_sd, (struct sockaddr*)&clnt_adr, &clnt_adr_sz);
39.
40.       while(1)
41.       {
42.           read_cnt=fread((void*)buf, 1, BUF_SIZE, fp);
43.           if(read_cnt<BUF_SIZE)
44.           {
45.               write(clnt_sd, buf, read_cnt);
46.               break;
47.           }
48.           write(clnt_sd, buf, BUF_SIZE);
49.       }
50.
```

```
51.     shutdown(clnt_sd, SHUT_WR);
52.     read(clnt_sd, buf, BUF_SIZE);
53.     printf("Message from client: %s \n", buf);
54.
55.     fclose(fp);
56.     close(clnt_sd); close(serv_sd);
57.     return 0;
58. }
59.
60. void error_handling(char *message)
61. {
62.     fputs(message, stderr);
63.     fputc('\n', stderr);
64.     exit(1);
65. }
```

- 26행: 서버의 소스파일인 file_server.c를 클라이언트에게 전송하기 위해서 파일을 열고 있다.
- 40~49행: 38행의 accept 함수호출을 통해서 연결된 클라이언트에게 파일 데이터를 전송하기 위해 반복문이 구성되어 있다.
- 51행: 파일전송 후에 출력 스트림에 대한 Half-close를 진행하고 있다. 이로써 클라이언트에게 는 EOF가 전송되고, 이를 통해서 클라이언트는 파일전송이 완료되었음을 인식할 수 있다.
- 52행: 출력 스트림만 닫았기 때문에 입력 스트림을 통한 데이터의 수신은 여전히 가능하다.

❖ file_client.c

```
1.  #include <"헤더선언이 file_server.c와 동일하므로 생략합니다.">
2.  #define BUF_SIZE 30
3.  void error_handling(char *message);
4.
5.  int main(int argc, char *argv[])
6.  {
7.      int sd;
8.      FILE *fp;
9.
10.     char buf[BUF_SIZE];
11.     int read_cnt;
12.     struct sockaddr_in serv_adr;
13.     if(argc!=3) {
14.         printf("Usage: %s <IP> <port>\n", argv[0]);
15.         exit(1);
16.     }
17.
18.     fp=fopen("receive.dat", "wb");
```

```
19.        sd=socket(PF_INET, SOCK_STREAM, 0);
20.
21.        memset(&serv_adr, 0, sizeof(serv_adr));
22.        serv_adr.sin_family=AF_INET;
23.        serv_adr.sin_addr.s_addr=inet_addr(argv[1]);
24.        serv_adr.sin_port=htons(atoi(argv[2]));
25.
26.        connect(sd, (struct sockaddr*)&serv_adr, sizeof(serv_adr));
27.
28.        while((read_cnt=read(sd, buf, BUF_SIZE ))!=0)
29.            fwrite((void*)buf, 1, read_cnt, fp);
30.
31.        puts("Received file data");
32.        write(sd, "Thank you", 10);
33.        fclose(fp);
34.        close(sd);
35.        return 0;
36.  }
37.
38.  void error_handling(char *message)
39.  {
40.        fputs(message, stderr);
41.        fputc('\n', stderr);
42.        exit(1);
43.  }
```

• 18행: 서버가 전송하는 파일 데이터를 담기 위해서 파일을 하나 생성하고 있다.

• 28, 29행: EOF가 전송될 때까지 데이터를 수신한 다음, 18행에서 생성한 파일에 담고 있다.

• 32행: 서버로 인사 메시지를 전송하고 있다. 서버의 입력 스트림이 닫히지 않았다면, 이 메시지를 수신할 수 있다.

다음은 위 예제의 실행결과이다. 실행 후 클라이언트 영역에 생성된 파일 receive.dat를 열어보면, 정상적인 데이터 수신을 확인할 수 있다. 특히 아래의 실행결과를 통해서 클라이언트가 마지막으로 전송한 메시지 'Thank you'를 서버가 수신했음에 주목해야 한다.

❖ 실행결과: file_server.c

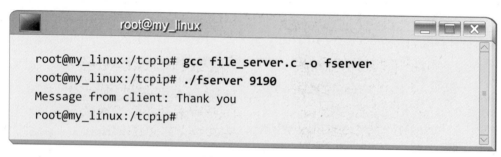

❖ 실행결과: file_client.c

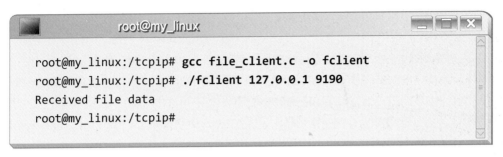

```
root@my_linux
root@my_linux:/tcpip# gcc file_client.c -o fclient
root@my_linux:/tcpip# ./fclient 127.0.0.1 9190
Received file data
root@my_linux:/tcpip#
```

07-2 : 윈도우 기반으로 구현하기

윈도우 기반에서도 Half-close를 위해서는 shutdown 함수를 호출한다. 단 인자로 전달되는 상수의 이름에 약간의 차이가 있으니, 이를 확인할 필요는 있다.

```
#include <winsock2.h>

int shutdown(SOCKET sock, int howto);

    ➡ 성공 시 0, 실패 시 SOCKET_ERROR 반환
```

- sock 종료할 소켓의 핸들.
- howto 종료방법에 대한 정보 전달.

위 함수의 두 번째 매개변수에 전달되는 인자와 그 의미는 다음과 같다.

- SD_RECEIVE 입력 스트림 종료

- SD_SEND   출력 스트림 종료

- SD_BOTH   입출력 스트림 종료

참고로 두 번째 매개변수에 전달되는 상수의 이름은 리눅스와 차이가 있지만, 선언된 상수의 값은 서로 동일하다. 즉, SD_RECEIVE, SHUT_RD은 모두 0, SD_SEND, SHUT_WR은 모두 1, 그리고 SD_BOTH, SHUT_RDWR는 모두 2로 선언되어 있다. 물론 이러한 사실이 여러분에게 큰 의미를 주지는 못한다. 자! 그럼 이제 앞서 제시한 예제를 윈도우 기반으로 변경하면서 이번 Chapter를 마무리하겠다.

❖ file_server_win.c

```c
1.  #include <stdio.h>
2.  #include <stdlib.h>
3.  #include <string.h>
4.  #include <winsock2.h>
5.
6.  #define BUF_SIZE 30
7.  void ErrorHandling(char *message);
8.
9.  int main(int argc, char *argv[])
10. {
11.     WSADATA wsaData;
12.     SOCKET hServSock, hClntSock;
13.     FILE * fp;
14.     char buf[BUF_SIZE];
15.     int readCnt;
16.
17.     SOCKADDR_IN servAdr, clntAdr;
18.     int clntAdrSz;
19.
20.     if(argc!=2) {
21.         printf("Usage: %s <port>\n", argv[0]);
22.         exit(1);
23.     }
24.     if(WSAStartup(MAKEWORD(2, 2), &wsaData)!=0)
25.         ErrorHandling("WSAStartup() error!");
26.
27.     fp=fopen("file_server_win.c", "rb");
28.     hServSock=socket(PF_INET, SOCK_STREAM, 0);
29.
30.     memset(&servAdr, 0, sizeof(servAdr));
31.     servAdr.sin_family=AF_INET;
32.     servAdr.sin_addr.s_addr=htonl(INADDR_ANY);
33.     servAdr.sin_port=htons(atoi(argv[1]));
34.
```

```
35.     bind(hServSock, (SOCKADDR*)&servAdr, sizeof(servAdr));
36.     listen(hServSock, 5);
37.
38.     clntAdrSz=sizeof(clntAdr);
39.     hClntSock=accept(hServSock, (SOCKADDR*)&clntAdr, &clntAdrSz);
40.
41.     while(1)
42.     {
43.         readCnt=fread((void*)buf, 1, BUF_SIZE, fp);
44.         if(readCnt<BUF_SIZE)
45.         {
46.             send(hClntSock, (char*)&buf, readCnt, 0);
47.             break;
48.         }
49.         send(hClntSock, (char*)&buf, BUF_SIZE, 0);
50.     }
51.
52.     shutdown(hClntSock, SD_SEND);
53.     recv(hClntSock, (char*)buf, BUF_SIZE, 0);
54.     printf("Message from client: %s \n", buf);
55.
56.     fclose(fp);
57.     closesocket(hClntSock); closesocket(hServSock);
58.     WSACleanup();
59.     return 0;
60. }
61.
62. void ErrorHandling(char *message)
63. {
64.     fputs(message, stderr);
65.     fputc('\n', stderr);
66.     exit(1);
67. }
```

❖ file_client_win.c

```
1.   #include <stdio.h>
2.   #include <stdlib.h>
3.   #include <string.h>
4.   #include <winsock2.h>
5.
6.   #define BUF_SIZE 30
7.   void ErrorHandling(char *message);
8.
9.   int main(int argc, char *argv[])
```

```
10. {
11.     WSADATA wsaData;
12.     SOCKET hSocket;
13.     FILE *fp;
14.
15.     char buf[BUF_SIZE];
16.     int readCnt;
17.     SOCKADDR_IN servAdr;
18.
19.     if(argc!=3) {
20.         printf("Usage: %s <IP> <port>\n", argv[0]);
21.         exit(1);
22.     }
23.     if(WSAStartup(MAKEWORD(2, 2), &wsaData)!=0)
24.         ErrorHandling("WSAStartup() error!");
25.
26.     fp=fopen("receive.dat", "wb");
27.     hSocket=socket(PF_INET, SOCK_STREAM, 0);
28.
29.     memset(&servAdr, 0, sizeof(servAdr));
30.     servAdr.sin_family=AF_INET;
31.     servAdr.sin_addr.s_addr=inet_addr(argv[1]);
32.     servAdr.sin_port=htons(atoi(argv[2]));
33.
34.     connect(hSocket, (SOCKADDR*)&servAdr, sizeof(servAdr));
35.
36.     while((readCnt=recv(hSocket, buf, BUF_SIZE, 0))!=0)
37.         fwrite((void*)buf, 1, readCnt, fp);
38.
39.     puts("Received file data");
40.     send(hSocket, "Thank you", 10, 0);
41.     fclose(fp);
42.     closesocket(hSocket);
43.     WSACleanup();
44.     return 0;
45. }
46.
47. void ErrorHandling(char *message)
48. {
49.     fputs(message, stderr);
50.     fputc('\n', stderr);
51.     exit(1);
52. }
```

실행결과 및 소스코드의 내용은 앞서 보인 file_server.c, file_client.c와 차이가 없으므로, 소스코드를 소개하는 것으로 마무리하겠다.

01. TCP에서의 스트림 형성이 의미하는 바가 무엇인지 설명해보자. 그리고 UDP에서도 스트림이 형성되었다고 할 수 있는 요소가 있는지 없는지 말해보고, 그 이유에 대해서도 설명해보자.

02. 리눅스에서의 close 함수 또는 윈도우에서의 closesocket 함수 호출은 일방적인 종료로써 상황에 따라서 문제가 되기도 한다. 그렇다면 일방적인 종료가 의미하는 바는 무엇이며, 어떠한 상황에서 문제가 되는지 설명해 보자.

03. Half-close는 무엇인가? 그리고 출력 스트림에 대해서 Half-close를 진행한 호스트는 어떠한 상태에 놓이게 되며, 출력 스트림의 Half-close 결과로 상대 호스트는 어떠한 메시지를 수신하게 되는가?

도메인 이름과 인터넷 주소

인터넷 사용인구의 증가로 DNS(Domain Name System)가 무엇인지 모르는 사람이 없을 정도가 되었다. 이제는 사람들 사이에서도 DNS 와 관련 있는 전문적인 이야기를 흔히 주고 받는다. 그리고 DNS가 무엇인지 모르는 사람도 웹 검색을 통해서 DNS에 대한 지식을 갖추는데 채 5분이 걸리지 않는다. 그만큼 인터넷의 발달은 우리 모두를 네트워크 준 전문가로 만들었다.

08-1 : Domain Name System

IP주소와 도메인 이름 사이에서의 변환을 수행하는 시스템을 가리켜 'DNS(Domain Name System)'
라 하며, DNS의 중심에는 DNS 서버가 있다.

✚도메인 이름이란?

인터넷에서 서비스를 제공하는 서버들 역시 IP주소로 구분이 된다. 그러나 기억하기 쉽지 않은 IP주소의
형태로 서버의 주소정보를 기억하는 것은 사실상 불가능한 일이다. 때문에 기억하기도 좋고 표현하기도
좋은 형태의 도메인 이름이라는 것을 IP주소에 부여해서, 이것이 IP주소를 대신하도록 하고 있다.

✚DNS 서버

인터넷 브라우저 주소 창에 네이버의 IP주소인 222.122.195.5를 직접 입력하면 네이버의 메인 페이지
를 볼 수 있다. 그러나 일반적으로는 네이버의 도메인 이름인 www.naver.com의 입력을 통해서 네이
버에 접속한다. 그렇다면 이 두 접속방법에는 어떠한 차이점이 있는 것일까?
네이버의 메인 페이지에 접속한다는 점에서는 차이가 없지만, 접속의 과정에는 차이가 있다. 도메인 이
름은 해당 서버에 부여된 가상의 주소이지 실제주소가 아니다. 때문에 가상의 주소를 실제주소로 변환하
는 과정을 거쳐서 네이버에 접속해야 한다. 그렇다면 어떻게 도메인 이름을 IP주소로 변환해야 할까? 이
러한 변환을 담당하는 것이 DNS 서버이니, DNS 서버에게 변환을 요청하면 된다.

  "DNS 서버야 www.naver.com의 IP주소가 어떻게 되냐?"

모든 컴퓨터에는 디폴트 DNS 서버의 주소가 등록되어 있는데, 바로 이 디폴트 DNS 서버를 통해서 도
메인 이름에 대한 IP주소 정보를 얻게 된다. 즉, 여러분이 인터넷 브라우저 주소 창에 도메인 이름을 입
력하면 인터넷 브라우저는 해당 도메인 이름의 IP주소를 디폴트 DNS 서버를 통해 얻게 되고, 그 다음에
야 비로소 서버로의 실제 접속에 들어가게 되는 것이다.

ping & nslookup

서버의 도메인 이름은 사업적인 목적이 아니라면 변경하지 않는다. 그러나 서버의 IP주
소는 상대적으로 쉽게 바뀔 수 있다. 만약에 여러분이 도메인 이름에 해당하는 IP주소를
확인하고 싶다면, 콘솔상에서 다음과 같이 입력하면 된다.

```
ping www.naver.com
```

그러면 해당 도메인의 IP주소를 확인할 수 있다. 참고로 ping은 목적지에 IP 데이터그램이 수신되는지 확인할 때 사용하는 명령어(프로그램)이다. 그런데 ping은 IP주소로의 변환과정을 거치면서 해당 서버의 IP주소를 함께 보이기 때문에 ping을 통해서 IP주소를 확인할 수 있다. 그리고 여러분의 컴퓨터에 등록되어 있는 디폴트 DNS 서버의 주소를 알고 싶다면 콘솔상에서 다음과 같이 입력하면 된다.

```
nslookup
```

리눅스의 경우에는 위의 명령어가 입력되면 추가 입력을 요구하는데, 이때 server라고 입력을 해서 디폴트 DNS 서버의 IP주소를 확인할 수 있다.

물론 여러분의 컴퓨터에 설정되어 있는 디폴트 DNS 서버가 모든 도메인의 IP주소를 알고 있지는 않다. 그러나 디폴트 DNS 서버는 모르면 물어서라도 가르쳐준다. 다른 DNS 서버에게 물어서라도 가르쳐준다.

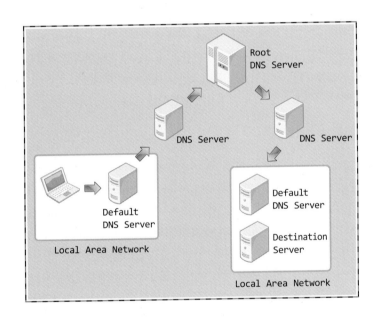

▶ 그림 08-1 : DNS와 IP주소의 요청

위 그림은 호스트가 문의한 도메인 이름의 IP주소를 디폴트 DNS 서버가 모르는 상황에 대한 응답과정을 보이고 있다. 이 그림에서 보이듯이 디폴트 DNS 서버는 자신이 모르는 정보에 대한 요청이 들어오면 한 단계 상위 계층에 있는 DNS 서버에게 물어본다. 이러한 식으로 계속 올라가다 보면 최상위 DNS 서버인 Root DNS 서버에게까지 질의가 전달되는데, Root DNS 서버는 해당 질문을 누구에게 재 전달해야 할지 알고 있다. 그래서 자신보다 하위에 있는 DNS 서버에게 다시 질의를 던져서 결국은 IP주소를 얻어내며, 그 결과는 질의가 진행된 반대 방향으로 전달이 되어 결국에는 질의를 시작한 호스트에게 IP주소가 전달된다. 이렇듯 DNS는 계층적으로 관리되는 일종의 분산 데이터베이스 시스템이다.

08-2 : IP주소와 도메인 이름 사이의 변환

앞서 도메인 이름과 IP주소 사이의 변환과정에 대해서 설명하였으니, 이제 프로그램상에서 DNS 서버에 실제 질의하는 방법에 대해 소개하겠다.

✦프로그램상에서 도메인 이름을 쓸 필요가 있는가?

"모든 공부는 필요를 인식한 다음부터 시작하자!" 필자가 늘 하는 말이다. 언어의 기본문법부터 시작해서 시스템 함수에 이르기까지 "이거 도대체 왜 필요한 거야?"라는 질문에 답을 내리지 못한다면, 공부를 해도 재미없을 뿐만 아니라 외우고 나도 쉽게 잊어버린다. 무엇보다 심각한 문제는 공부를 하고서도 적용이 어렵다는데 있다. 그렇다면 이제부터 소개할 변환함수는 무엇 때문에 필요한 것일까? 해당 도메인의 IP주소를 찍어보기 위해서? 물론 이는 아니다! 그럼 이에 대한 이해를 위해서 상황을 하나 연출해 보겠다. 여러분이 www.SuperOrange.com이라는 도메인을 운영하는 회사의 시스템 엔지니어라고 가정해 보자. 그리고 여러분은 회사의 서비스 사용을 위한 클라이언트 프로그램을 개발해야 한다. 이 클라이언트 프로그램은 다음 주소의 서버에 접속해서 서비스를 받도록 설계되어야 한다.

```
IP 211.102.204.12, PORT 2012
```

프로그램 사용자에게는 매우 편리한 실행방법을 제공해야 한다. 때문에 우리가 예제 실행하듯이 콘솔상에서 IP와 PORT정보를 입력하면서 프로그램을 실행하게끔 구현하면 안 된다. 그렇다면 위의 주소정보를 어떻게 프로그램 내에 전달해야겠는가? 이들 주소정보를 프로그램 코드에 직접 삽입할 텐가? 물론 이렇게 하면 편리한 프로그램의 실행은 가능하다. 하지만 이는 문제의 소지를 지니고 있다. 여러분이 시스템을 운영하는 동안에 IP주소를 계속 유지하는 것이 쉬운 일은 아니다. 특히 ISP 서비스를 제공하는 통신사업자의 도움으로 IP를 유지하고 있다면 시스템과 관련된 여러 가지 이유로 IP주소의 변경은 언제든지 발생할 수 있다. 물론 ISP 사업자는 IP의 유지를 약속하겠지만, 이를 근거로 프로그램을 작성할 수는 없는 일이다. 혹시라도 주소정보가 변경되면 서비스 가입자들에게 다음과 같이 이야기해야 할지도 모른다.

"지금 사용하는 프로그램은 다 지우시고요, 홈페이지에서 v1.2를 다운받아서 재설치 하세요."

아니, 언제 또 주소정보가 바뀔지 모르니 그냥 소스코드를 주고서 필요할 때마다 IP와 PORT번호를 바꿔서 컴파일해서 쓰라고 하는 것은 어떻겠는가?

IP주소는 도메인 이름에 비해 상대적으로 변경의 확률이 높다. 때문에 IP주소를 바탕으로 프로그램을 작성하는 것은 좋은 방법이 아니다. 그렇다면 어떤 방법을 생각할 수 있을까? 도메인 이름은 일단 등록하고 나면 평생 유지가 가능하니, 이를 이용해서 코드를 작성하는 편이 나을 수 있다. 이렇게 되면 프로그램이 실행될 때마다 도메인 이름을 근거로 IP주소를 얻어온 다음에 서버에 접속을 하게 되니, 서버의 IP주소

로부터 클라이언트 프로그램은 자유로울 수 있다. 그래서 IP주소와 도메인 이름 사이의 변환함수가 필요한 것이다.

+ 도메인 이름을 이용해서 IP주소 얻어오기

다음 함수를 이용하면 문자열 형태의 도메인 이름으로부터 IP의 주소정보를 얻을 수 있다.

```
#include <netdb.h>

struct hostent * gethostbyname(const char * hostname);
```
→ 성공 시 hostent 구조체 변수의 주소 값, 실패 시 NULL 포인터 반환

사용하기 아주 편리한 함수이다. 변환하고자 하는 도메인의 이름을 문자열 형태로 전달하면 해당 도메인의 IP 주소정보가 반환되니 말이다. 단, hostent라는 구조체의 변수에 담겨서 반환이 되는데, 이 구조체는 다음과 같이 정의되어 있다.

```
struct hostent
{
    char * h_name;       // official name
    char ** h_aliases;   // alias list
    int h_addrtype;      // host address type
    int h_length;        // address length
    char ** h_addr_list; // address list
}
```

위의 구조체 정의를 보니, IP정보만 반환되는 것이 아니라, 여러 가지 다른 정보들도 덤으로 반환되는 것을 알 수 있다. 복잡하게 생각하지 않아도 된다. 도메인 이름을 IP로 변환하는 경우에는 h_addr_list만 신경 써도 되니 말이다. 그럼 간단히 멤버 각각에 대해서 설명하겠다.

✔ h_name
이 멤버에는 '공식 도메인 이름(Official domain name)'이라는 것이 저장된다. 공식 도메인 이름은 해당 홈페이지를 대표하는 도메인 이름이라는 의미를 담고 있지만, 실제 우리에게 잘 알려진 유명 회사의 도메인 이름이 공식 도메인 이름으로 등록되지 않은 경우가 많다.

✔ h_aliases
같은 메인 페이지인데도 다른 도메인 이름으로 접속할 수 있는 경우를 본적이 있는가? 하나의IP에 둘

이상의 도메인 이름을 지정하는 것이 가능하기 때문에, 공식 도메인 이름 이외에 해당 메인 페이지에 접속할 수 있는 다른 도메인 이름의 지정이 가능하다. 그리고 이들 정보는 h_aliases를 통해서 얻을 수 있다.

✔ h_addrtype

gethostbyname 함수는 IPv4뿐만 아니라 IPv6까지 지원한다. 때문에 h_addr_list로 반환된 IP 주소의 주소체계에 대한 정보를 이 멤버를 통해 반환한다. IPv4의 경우 이 멤버에는 AF_INET이 저장된다.

✔ h_length

함수호출의 결과로 반환된 IP주소의 크기정보가 담긴다. IPv4의 경우에는 4바이트이므로 4가 저장되고, IPv6의 경우에는 16바이트이므로 16이 저장된다.

✔ h_addr_list

이것이 가장 중요한 멤버이다. 이 멤버를 통해서 도메인 이름에 대한 IP주소가 정수의 형태로 반환된다. 참고로 접속자수가 많은 서버는 하나의 도메인 이름에 대응하는 IP를 여러 개 둬서, 둘 이상의 서버로 부하를 분산시킬 수 있는데, 이러한 경우에도 이 멤버를 통해서 모든 IP의 주소정보를 얻을 수 있다.

그럼 이번에는 gethostbyname 함수호출 후에 반환되는 hostent 구조체 변수의 구성을 그림을 통해서 정리해 보이겠다. 실제 프로그램 구현에 있어서 이 그림은 많은 도움이 되니, 이를 앞서 보인 hostent 구조체 정의와 비교해서 이해하기 바란다.

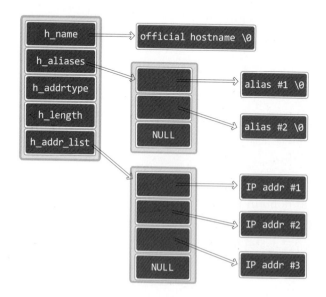

▶ 그림 08-2: hostent 구조체 변수

이제 예제를 하나 소개하겠다. 이 예제는 gethostbyname 함수의 활용을 보이기 위해서, 그리고 앞서 설명하지 못한 hostent 구조체 변수의 특성을 설명하기 위해서 간단히 작성하였다.

❖ gethostbyname.c

```c
1.  #include <stdio.h>
2.  #include <stdlib.h>
3.  #include <unistd.h>
4.  #include <arpa/inet.h>
5.  #include <netdb.h>
6.  void error_handling(char *message);
7.
8.  int main(int argc, char *argv[])
9.  {
10.     int i;
11.     struct hostent *host;
12.     if(argc!=2) {
13.         printf("Usage : %s <addr>\n", argv[0]);
14.         exit(1);
15.     }
16.
17.     host=gethostbyname(argv[1]);
18.     if(!host)
19.         error_handling("gethost... error");
20.
21.     printf("Official name: %s \n", host->h_name);
22.     for(i=0; host->h_aliases[i]; i++)
23.         printf("Aliases %d: %s \n", i+1, host->h_aliases[i]);
24.     printf("Address type: %s \n",
25.         (host->h_addrtype==AF_INET)?"AF_INET":"AF_INET6");
26.     for(i=0; host->h_addr_list[i]; i++)
27.         printf("IP addr %d: %s \n", i+1,
28.             inet_ntoa(*(struct in_addr*)host->h_addr_list[i]));
29.     return 0;
30. }
31.
32. void error_handling(char *message)
33. {
34.     fputs(message, stderr);
35.     fputc('\n', stderr);
36.     exit(1);
37. }
```

해 설

- 17행: main 함수를 통해서 전달된 문자열을 인자로 gethostbyname 함수를 호출하고 있다.
- 21행: 공식 도메인 이름을 출력하고 있다.

- 22, 23행: 공식 도메인 이름 이외의 도메인 이름을 출력하고 있다. 반복문을 이렇게 구성한 이유는 그림 08-2를 통해 이해할 수 있다.
- 26~28행: IP 주소정보를 출력하고 있다. 그런데 이해할 수 없는 형변환을 진행하고 있다. 이와 관련해서는 잠시 후에 별도로 설명하겠다.

❖ 실행결과: gethostbyname.c

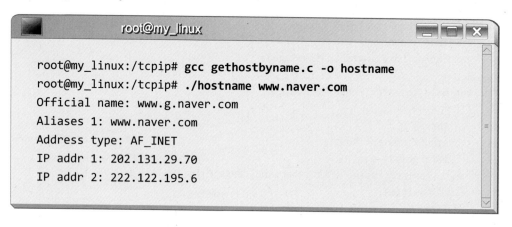

```
root@my_linux:/tcpip# gcc gethostbyname.c -o hostname
root@my_linux:/tcpip# ./hostname www.naver.com
Official name: www.g.naver.com
Aliases 1: www.naver.com
Address type: AF_INET
IP addr 1: 202.131.29.70
IP addr 2: 222.122.195.6
```

필자는 네이버의 도메인 이름을 가지고 예제를 실행했으나 여러분은 원하는 도메인 이름으로 예제를 실행해 볼 수 있다. 자! 그럼 앞서 보인 예제의 26~28행을 다시 보겠다. 구조체 hostent의 정의 부분만 놓고 보면, 구조체 멤버 h_addr_list가 가리키는 것은 문자열 포인터 배열(둘 이상의 문자열 주소 값으로 구성된 배열)이다. 그러나 문자열 포인터 배열이 실제 가리키는 것은(실제 저장하고 있는 것은) 문자열의 주소 값이 아닌 in_addr 구조체 변수의 주소 값이다.

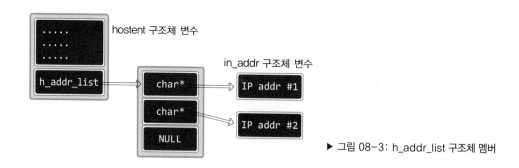

▶ 그림 08-3: h_addr_list 구조체 멤버

위 그림은 구조체 멤버 h_addr_list의 참조관계를 보이고 있다. 때문에 위 예제 28행에서는 형변환 및 inet_ntoa 함수의 호출을 동반하는 것이다. 참고로 구조체 in_addr에 대해서는 Chapter 03에서 확인할 수 있다.

왜 in_addr*이 아닌 char* 인가요?

구조체 hostent의 멤버 h_addr_list가 가리키는 배열이 구조체 in_addr의 포인터 배열이 아닌, char형 포인터 배열인 이유가 궁금할 것이다. 그런데 필자는 여러분이 이미 예상했을 것으로 생각한다. 구조체 hostent는 IPv4만을 위해 정의된 구조체가 아니다. h_addr_list가 가리키는 배열에는 IPv6 기반의 주소 정보가 저장될 수도 있다. 때문에 일반화를 위해서 char형 포인터 배열로 선언한 것이다.

"void형 포인터 배열로 선언했으면, 의미가 조금 더 잘 통했겠는데요?"

혹시라도 이렇게 생각하는 분이 있다면 C언어에 제법 능통한 분일 것이다. 물론 그렇다. 참조할 대상이 일정하지 않을 경우 void형 포인터 변수가 훨씬 잘 어울린다. 하지만 여러분이 지금 공부하는 소켓관련 함수들은 void형 포인터가 표준화되기 이전에 정의되었고, 당시에는 참조의 대상이 일정하지 않은 경우 char형 포인터 변수를 활용하였다.

IP주소를 이용해서 도메인 정보 얻어오기

앞서 소개한 gethostbyname 함수는 도메인 이름을 이용해서 IP주소를 포함한 도메인 정보를 얻을 때 호출하는 함수이다. 반면 이번에 소개하는 gethostbyaddr 함수는 IP주소를 이용해서 도메인 정보를 얻을 때 호출하는 함수이다.

```
#include <netdb.h>

struct hostent * gethostbyaddr(const char * addr, socklen_t len, int family);
```
➡ 성공 시 hostent 구조체 변수의 주소 값, 실패 시 NULL 포인터 반환

- **addr**   IP주소를 지니는 in_addr 구조체 변수의 포인터 전달, IPv4 이외의 다양한 정보를 전달받을 수 있도록 일반화하기 위해서 매개변수를 char형 포인터로 선언.
- **len**   첫 번째 인자로 전달된 주소정보의 길이, IPv4의 경우 4, IPv6의 경우 16 전달.
- **family**   주소체계 정보 전달. IPv4의 경우 AF_INET, IPv6의 경우 AF_INET6 전달.

gethostbyname 함수에 대한 이해가 있으면, 위 함수는 쉽게 이해가 가능하므로 간단한 예제를 통해서 함수의 사용방법을 보이겠다.

❖ gethostbyaddr.c

```c
1.  #include <stdio.h>
2.  #include <stdlib.h>
3.  #include <string.h>
4.  #include <unistd.h>
5.  #include <arpa/inet.h>
6.  #include <netdb.h>
7.  void error_handling(char *message);
8.
9.  int main(int argc, char *argv[])
10. {
11.     int i;
12.     struct hostent *host;
13.     struct sockaddr_in addr;
14.     if(argc!=2) {
15.         printf("Usage : %s <IP>\n", argv[0]);
16.         exit(1);
17.     }
18.
19.     memset(&addr, 0, sizeof(addr));
20.     addr.sin_addr.s_addr=inet_addr(argv[1]);
21.     host=gethostbyaddr((char*)&addr.sin_addr, 4, AF_INET);
22.     if(!host)
23.         error_handling("gethost... error");
24.
25.     printf("Official name: %s \n", host->h_name);
26.     for(i=0; host->h_aliases[i]; i++)
27.         printf("Aliases %d: %s \n", i+1, host->h_aliases[i]);
28.     printf("Address type: %s \n",
29.         (host->h_addrtype==AF_INET)?"AF_INET":"AF_INET6");
30.     for(i=0; host->h_addr_list[i]; i++)
31.         printf("IP addr %d: %s \n", i+1,
32.             inet_ntoa(*(struct in_addr*)host->h_addr_list[i]));
33.     return 0;
34. }
35.
36. void error_handling(char *message)
37. {
38.     fputs(message, stderr);
39.     fputc('\n', stderr);
40.     exit(1);
41. }
```

21행의 gethostbyaddr 함수호출 과정만 제외하면 예제 gethostbyname.c와 크게 다르지 않다. 함수호출의 결과가 hostent 구조체 변수의 주소 값을 통해서 전달되기 때문이다.

❖ 실행결과: gethostbyaddr.c

```
root@my_linux
root@my_linux:/tcpip# gcc gethostbyaddr.c -o hostaddr
root@my_linux:/tcpip# ./hostaddr 74.125.19.106
Official name: nuq04s01-in-f106.google.com
Address type: AF_INET
IP addr 1: 74.125.19.106
```

필자는 ping을 통해서 확인한 Google의 IP주소를 이용해서 예제를 실행해 보았다. 그런데 DNS에 등록된 공식 홈페이지 주소가 다소 독특하다는 사실을 확인할 수 있었다.

08-3 : 윈도우 기반으로 구현하기

윈도우 기반에서도 같은 기능을 하는 동일한 이름의 함수가 있으니, 크게 변경되는 사항은 없다. 먼저 gethostbyname 함수부터 보도록 하자.

```
#include <winsock2.h>

struct hostent * gethostbyname(const char * name);
```
  ➜ 성공 시 hostent 구조체 변수의 주소 값, 실패 시 NULL 포인터 반환

함수의 이름, 매개변수 및 반환형까지 리눅스와 차이가 없다. 따라서 추가적인 설명은 생략하고 이어서 다음 함수를 소개하겠다.

```
#include <winsock2.h>

struct hostent * gethostbyaddr(const char * addr, int len, int type);
```
➜ 성공 시 hostent 구조체 변수의 주소 값, 실패 시 NULL 포인터 반환

위 함수 역시 리눅스의 gethostbyaddr 함수와 사실상 완전히 동일한 함수이니 추가적인 설명은 생략하고, 이어서 위의 두 함수의 호출 예를 보이겠다.

❖ gethostbyname_win.c

```
1.  #include <stdio.h>
2.  #include <stdlib.h>
3.  #include <winsock2.h>
4.  void ErrorHandling(char *message);
5.
6.  int main(int argc, char *argv[])
7.  {
8.      WSADATA wsaData;
9.      int i;
10.     struct hostent *host;
11.     if(argc!=2) {
12.         printf("Usage : %s <addr>\n", argv[0]);
13.         exit(1);
14.     }
15.     if(WSAStartup(MAKEWORD(2, 2), &wsaData)!=0)
16.         ErrorHandling("WSAStartup() error!");
17.
18.     host=gethostbyname(argv[1]);
19.     if(!host)
20.         ErrorHandling("gethost... error");
21.
22.     printf("Official name: %s \n", host->h_name);
23.     for(i=0; host->h_aliases[i]; i++)
24.         printf("Aliases %d: %s \n", i+1, host->h_aliases[i]);
25.     printf("Address type: %s \n",
26.         (host->h_addrtype==AF_INET)?"AF_INET":"AF_INET6");
27.     for(i=0; host->h_addr_list[i]; i++)
28.         printf("IP addr %d: %s \n", i+1,
```

```
29.            inet_ntoa(*(struct in_addr*)host->h_addr_list[i]));
30.     WSACleanup();
31.     return 0;
32. }
33.
34. void ErrorHandling(char *message)
35. {
36.     fputs(message, stderr);
37.     fputc('\n', stderr);
38.     exit(1);
39. }
```

❖ gethostbyaddr_win.c

```
1.  #include <stdio.h>
2.  #include <stdlib.h>
3.  #include <string.h>
4.  #include <winsock2.h>
5.  void ErrorHandling(char *message);
6.
7.  int main(int argc, char *argv[])
8.  {
9.      WSADATA wsaData;
10.     int i;
11.     struct hostent *host;
12.     SOCKADDR_IN addr;
13.     if(argc!=2) {
14.         printf("Usage : %s <IP>\n", argv[0]);
15.         exit(1);
16.     }
17.     if(WSAStartup(MAKEWORD(2, 2), &wsaData)!=0)
18.         ErrorHandling("WSAStartup() error!");
19.
20.     memset(&addr, 0, sizeof(addr));
21.     addr.sin_addr.s_addr=inet_addr(argv[1]);
22.     host=gethostbyaddr((char*)&addr.sin_addr, 4, AF_INET);
23.     if(!host)
24.         ErrorHandling("gethost... error");
25.
26.     printf("Official name: %s \n", host->h_name);
27.     for(i=0; host->h_aliases[i]; i++)
28.         printf("Aliases %d: %s \n", i+1, host->h_aliases[i]);
29.     printf("Address type: %s \n",
30.         (host->h_addrtype==AF_INET)?"AF_INET":"AF_INET6");
```

```
31.     for(i=0; host->h_addr_list[i]; i++)
32.         printf("IP addr %d: %s \n", i+1,
33.             inet_ntoa(*(struct in_addr*)host->h_addr_list[i]));
34.     WSACleanup();
35.     return 0;
36. }
37.
38. void ErrorHandling(char *message)
39. {
40.     fputs(message, stderr);
41.     fputc('\n', stderr);
42.     exit(1);
43. }
```

여러분도 추가적인 설명 및 실행결과를 싣는 것은 의미가 없다고 생각할 것이다. 따라서 윈도우 관련 설명은 이 정도로 정리하고자 한다.

내용 확인문제

01. 다음 중 DNS(Domain Name System)에 대한 설명으로 잘못된 것을 모두 고르면?

a. DNS가 존재하기 때문에 IP를 대신해서 도메인 이름을 사용할 수 있다.

b. DNS 서버는 사실 라우터를 의미한다. 라우터가 도메인 이름정보를 참조하여 데이터의 진로를 결정하기 때문이다.

c. 하나의 DNS 서버에 모든 도메인 정보가 다 등록되어 있지는 않다. 그러나 등록되지 않은 도메인의 IP주소도 얻어올 수 있다.

d. DNS 서버는 운영체제에 따라서 구분이 된다. 즉, 윈도우 운영체제용 DNS 서버와 리눅스용 DNS 서버는 구분이 된다.

02. 아래의 대화를 읽고 동수가 제안한 해결책으로 문제가 해결될 수 있는지 말해보자. 참고로 이는 실제로 대학의 컴퓨터실에서 여러분이 직접 확인할 수 있는 내용이다.

- 정수 동수냐? 야! 우리학교 네트워크 망에 연결되어 있는 디폴트 DNS 서버가 다운되어서 이력서를 넣어야 할 회사들의 홈페이지에 접속이 안돼! 뭔가 방법이 없을까?
- 동수 인터넷과 연결은 되어있는데 DNS 서버만 다운된 거야?

- 정수 응! 해결책 뭐 없을까? 그냥 주변에 있는 PC방으로 달려가야 하나?
- 동수 그렇게까지 할 필요가 뭐 있냐? 내가 우리학교 DNS 서버 IP주소를 불러줄 테니까, 네가 사용하는 컴퓨터의 디폴트 DNS 서버 주소를 변경해!

- 정수 그런다고 되냐? 디폴트 DNS 서버는 반드시 로컬 네트워크상에 연결되어 있어야 한다고!
- 동수 아냐! 지난번에 우리학교도 디폴트 DNS 서버가 죽으니까, 네트워크 관리자가 다른 DNS 서버의 IP주소를 알려주던데?

- 정수 그건 너네 학교에 DNS 서버가 여러 대 있으니까 가능했던 거야!
- 동수 그런가? 네 말이 맞는 것 같기도 하다. 그럼 얼른 PC방으로 달려가봐라!

03. 웹 브라우저의 주소 창에 www.orentec.co.kr를 입력해서 메인 페이지가 보이기까지의 과정을 정리해 보자. 단, 웹 브라우저가 접속한 디폴트 DNS 서버에는 www.orentec.co.kr에 대한 IP주소가 등록되어 있지 않다고 가정하자.

Chapter 09

소켓의 다양한 옵션

소켓에는 다양한 특성이 존재하는데, 이러한 특성은 소켓의 옵션변경을 통해서 변경이 가능하다. 이번 Chapter에서는 소켓의 옵션변경 방법을 살펴보고, 이를 기반으로 소켓의 내부모습을 조금 더 들여다보려고 한다.

09-1 : 소켓의 옵션과 입출력 버퍼의 크기

소켓 프로그래밍을 할 때 데이터의 송수신에만 신경을 쓰고, 소켓이 지니는 그 이외의 특성에는 관심을 덜 갖는 경우가 있다. 그러나 소켓이 지니는 다양한 특성을 파악하고, 또 그 특성을 필요에 맞게 변경하는 것은 데이터 송수신만큼이나 중요한 일이다.

✚ 소켓의 다양한 옵션

지금까지는 소켓을 생성해서 별다른 조작 없이 바로 사용해 왔다. 이러한 경우에는 기본적으로 설정되어 있는 소켓의 특성을 바탕으로 데이터를 송수신하게 된다. 지금까지의 예제들은 매우 간단했기 때문에 특별히 소켓의 특성을 조작할 필요가 없었다. 그러나 소켓의 특성을 변경시켜야만 하는 경우도 흔히 발생한다. 그럼 먼저 다양한 소켓의 옵션 중 일부를 표를 통해 정리해 보이겠다.

Protocol Level	Option Name	Get	Set
SOL_SOCKET	SO_SNDBUF	O	O
	SO_RCVBUF	O	O
	SO_REUSEADDR	O	O
	SO_KEEPALIVE	O	O
	SO_BROADCAST	O	O
	SO_DONTROUTE	O	O
	SO_OOBINLINE	O	O
	SO_ERROR	O	X
	SO_TYPE	O	X
IPPROTO_IP	IP_TOS	O	O
	IP_TTL	O	O
	IP_MULTICAST_TTL	O	O
	IP_MULTICAST_LOOP	O	O
	IP_MULTICAST_IF	O	O
IPPROTO_TCP	TCP_KEEPALIVE	O	O
	TCP_NODELAY	O	O
	TCP_MAXSEG	O	O

[표 09-1 : 소켓에 설정 가능한 다양한 옵션들]

위의 표에서 보이듯이 소켓의 옵션은 계층별로 분류된다. IPPROTO_IP 레벨의 옵션들은 IP 프로토콜에 관련된 사항들이며, IPPROTO_TCP 레벨의 옵션들은 TCP 프로토콜에 관련된 사항들이다. 그리고 SOL_SOCKET 레벨의 옵션들은 소켓에 대한 가장 일반적인 옵션들로 생각하면 된다.

위의 표를 보면서 걱정부터 앞서는 분도 있을 것이다. 그러나 지금 당장 이걸 다 외우거나 이해해야 하는 것은 아니니 부담을 가질 필요는 없다. 설정할 수 있는 옵션의 종류는 위의 표에서 정리한 것의 몇 배가 되고, 또 한꺼번에 모든 옵션을 이해해야 하는 것도 아니기 때문이다. 관심이 가는 대로, 듣고 보는 대로 하나씩 알아가면 된다. 그러다 보면 언젠가는 일반적으로 중요하게 여겨지는 옵션의 대부분을 알게 될 것이다. 때문에 이 책에서도 중요한 옵션 중 몇 가지에 대해서만 그 의미와 변경 방법을 소개하고자 한다.

getsockopt & setsockopt

표 09-1에서 보이듯이 거의 모든 옵션은 설정상태의 참조(Get) 및 변경(Set)이 가능하다(물론 참조만, 그리고 설정만 가능한 옵션도 있다). 그리고 옵션의 참조 및 변경에는 다음 두 함수를 사용한다.

```
#include <sys/socket.h>

int getsockopt(int sock, int level, int optname, void *optval, socklen_t *optlen);
```
→ 성공 시 0, 실패 시 -1 반환

- sock   옵션확인을 위한 소켓의 파일 디스크립터 전달.
- level   확인할 옵션의 프로토콜 레벨 전달.
- optname   확인할 옵션의 이름 전달.
- optval   확인결과의 저장을 위한 버퍼의 주소 값 전달.
- optlen   네 번째 매개변수 optval로 전달된 주소 값의 버퍼크기를 담고 있는 변수의 주소 값 전달, 함수호출이 완료되면 이 변수에는 네 번째 인자를 통해 반환된 옵션정보의 크기가 바이트 단위로 계산되어 저장된다.

위의 함수는 소켓의 옵션을 확인할 때 호출하는 함수로써 사용하기 어려운 함수는 아니다. 이어서 소켓의 옵션을 변경할 때 호출하는 함수를 소개하겠다.

```
#include <sys/socket.h>

int setsockopt(int sock, int level, int optname, const void *optval, socklen_t optlen);
```
→ 성공 시 0, 실패 시 -1 반환

- sock 옵션변경을 위한 소켓의 파일 디스크립터 전달.
- level 변경할 옵션의 프로토콜 레벨 전달.
- optname 변경할 옵션의 이름 전달.
- optval 변경할 옵션정보를 저장한 버퍼의 주소 값 전달.
- optlen 네 번째 매개변수 optval로 전달된 옵션정보의 바이트 단위 크기 전달.

그럼 이번에는 함수의 호출방법을 살펴볼 텐데, setsockopt 함수의 호출방법은 다른 예제를 통해서 소개하고, 먼저 getsockopt 함수의 호출방법만 보이겠다. 다음은 프로토콜 레벨이 SOL_SOCKET이고 이름이 SO_TYPE인 옵션을 이용해서 소켓의 타입정보(TCP or UDP)를 확인하는 예제이다.

❖ sock_type.c

```
1.   #include <stdio.h>
2.   #include <stdlib.h>
3.   #include <unistd.h>
4.   #include <sys/socket.h>
5.   void error_handling(char *message);
6.
7.   int main(int argc, char *argv[])
8.   {
9.       int tcp_sock, udp_sock;
10.      int sock_type;
11.      socklen_t optlen;
12.      int state;
13.
14.      optlen=sizeof(sock_type);
15.      tcp_sock=socket(PF_INET, SOCK_STREAM, 0);
16.      udp_sock=socket(PF_INET, SOCK_DGRAM, 0);
17.      printf("SOCK_STREAM: %d \n", SOCK_STREAM);
18.      printf("SOCK_DGRAM: %d \n", SOCK_DGRAM);
19.
20.      state=getsockopt(tcp_sock, SOL_SOCKET, SO_TYPE, (void*)&sock_type, &optlen);
21.      if(state)
22.          error_handling("getsockopt() error!");
23.      printf("Socket type one: %d \n", sock_type);
24.
25.      state=getsockopt(udp_sock, SOL_SOCKET, SO_TYPE, (void*)&sock_type, &optlen);
26.      if(state)
27.          error_handling("getsockopt() error!");
28.      printf("Socket type two: %d \n", sock_type);
29.      return 0;
30.  }
31.
```

```
32. void error_handling(char *message)
33. {
34.     fputs(message, stderr);
35.     fputc('\n', stderr);
36.     exit(1);
37. }
```

 해설

- 15, 16행: TCP, UDP 소켓을 각각 생성하고 있다.
- 17, 18행: TCP, UDP 소켓 생성시 인자로 전달하는 SOCK_STREAM, SOCK_DGRAM의 상수 값을 출력하고 있다.
- 20, 25행: 소켓의 타입정보를 얻고 있다. TCP 소켓이라면 SOCK_STREAM의 상수 값인 1을 얻게 될 것이고, UDP 소켓이라면 SOCK_DGRAM의 상수 값인 2를 얻게 될 것이다.

❖ 실행결과: sock_type.c

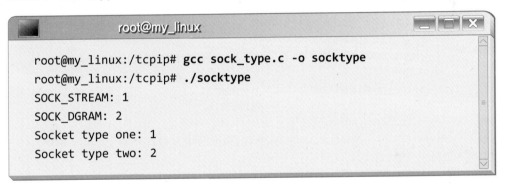

```
root@my_linux:/tcpip# gcc sock_type.c -o socktype
root@my_linux:/tcpip# ./socktype
SOCK_STREAM: 1
SOCK_DGRAM: 2
Socket type one: 1
Socket type two: 2
```

위 예제를 통해서 getsockopt 함수호출을 통한 소켓정보의 확인 방법을 간단히 보였다. 참고로 소켓의 타입정보 확인을 위한 옵션 SO_TYPE은 확인만 가능하고 변경이 불가능한 대표적인 옵션이다. 그리고 이는 다음의 의미로도 받아들일 수 있다.

"소켓의 타입은 소켓 생성시 한번 결정되면 변경이 불가능하다!"

⁺SO_SNDBUF & SO_RCVBUF

소켓이 생성되면 기본적으로 입력버퍼와 출력버퍼가 생성된다고 하였다. 혹시 이 내용이 기억나지 않는다면 Chapter 05의 내용을 복습하기 바라며, 이번에는 바로 이 입출력 버퍼와 관련 있는 소켓옵션에 대해 소개하겠다.

SO_RCVBUF는 입력버퍼의 크기와 관련된 옵션이고, SO_SNDBUF는 출력버퍼의 크기와 관련된 옵션이다. 즉, 이 두 옵션을 이용해서 입출력 버퍼의 크기를 참조할 수 있을 뿐만 아니라, 변경도 가능하다. 그럼 일단 다음 예제를 통해서 소켓생성시 기본적으로 만들어지는 입출력 버퍼의 크기를 확인해 보겠다.

❖ get_buf.c

```c
1.  #include <stdio.h>
2.  #include <stdlib.h>
3.  #include <unistd.h>
4.  #include <sys/socket.h>
5.  void error_handling(char *message);
6.
7.  int main(int argc, char *argv[])
8.  {
9.      int sock;
10.     int snd_buf, rcv_buf, state;
11.     socklen_t len;
12.
13.     sock=socket(PF_INET, SOCK_STREAM, 0);
14.     len=sizeof(snd_buf);
15.     state=getsockopt(sock, SOL_SOCKET, SO_SNDBUF, (void*)&snd_buf, &len);
16.     if(state)
17.         error_handling("getsockopt() error");
18.
19.     len=sizeof(rcv_buf);
20.     state=getsockopt(sock, SOL_SOCKET, SO_RCVBUF, (void*)&rcv_buf, &len);
21.     if(state)
22.         error_handling("getsockopt() error");
23.
24.     printf("Input buffer size: %d \n", rcv_buf);
25.     printf("Output buffer size: %d \n", snd_buf);
26.     return 0;
27. }
28.
29. void error_handling(char *message)
30. {
31.     fputs(message, stderr);
32.     fputc('\n', stderr);
33.     exit(1);
34. }
```

❖ 실행결과: get_buf.c

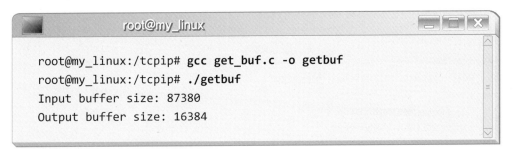

```
root@my_linux:/tcpip# gcc get_buf.c -o getbuf
root@my_linux:/tcpip# ./getbuf
Input buffer size: 87380
Output buffer size: 16384
```

위의 실행결과는 필자의 시스템에서 보이는 결과이니 여러분의 실행결과와 많은 차이를 보일 수 있다. 그렇다면 이번에는 입출력 버퍼의 크기를 임의로 변경해 보겠다.

❖ set_buf.c

```
1.   #include <"헤더선언이 get_buf.c와 동일하므로 생략">
2.   void error_handling(char *message);
3.
4.   int main(int argc, char *argv[])
5.   {
6.       int sock;
7.       int snd_buf=1024*3, rcv_buf=1024*3;
8.       int state;
9.       socklen_t len;
10.
11.      sock=socket(PF_INET, SOCK_STREAM, 0);
12.      state=setsockopt(sock, SOL_SOCKET, SO_RCVBUF, (void*)&rcv_buf, sizeof(rcv_buf));
13.      if(state)
14.          error_handling("setsockopt() error!");
15.
16.      state=setsockopt(sock, SOL_SOCKET, SO_SNDBUF, (void*)&snd_buf, sizeof(snd_buf));
17.      if(state)
18.          error_handling("setsockopt() error!");
19.
20.      len=sizeof(snd_buf);
21.      state=getsockopt(sock, SOL_SOCKET, SO_SNDBUF, (void*)&snd_buf, &len);
22.      if(state)
23.          error_handling("getsockopt() error!");
24.
25.      len=sizeof(rcv_buf);
26.      state=getsockopt(sock, SOL_SOCKET, SO_RCVBUF, (void*)&rcv_buf, &len);
27.      if(state)
28.          error_handling("getsockopt() error!");
29.
```

```
30.        printf("Input buffer size: %d \n", rcv_buf);
31.        printf("Output buffer size: %d \n", snd_buf);
32.        return 0;
33.  }
34.
35.  void error_handling(char *message)
36.  {
37.        fputs(message, stderr);
38.        fputc('\n', stderr);
39.        exit(1);
40.  }
```

- 12, 16행: 입력버퍼와 출력버퍼의 크기를 각각 3KByte로 변경하고 있다.
- 21, 26행: 입출력 버퍼의 변경요청에 따른 결과를 확인하기 위해서 입출력 버퍼의 크기를 참조하고 있다.

❖ 실행결과: set_buf.c

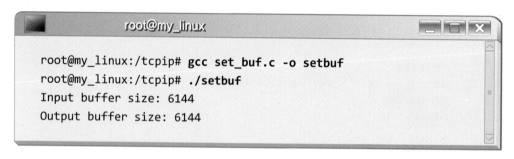

```
root@my_linux:/tcpip# gcc set_buf.c -o setbuf
root@my_linux:/tcpip# ./setbuf
Input buffer size: 6144
Output buffer size: 6144
```

출력결과에서는 우리의 기대와 전혀 다른 결과를 보이고 있다. 그런데 이런 결과를 보이는 데는 그만한 이유가 있다. 입출력 버퍼는 상당히 주의 깊게 다뤄져야 하는 영역이다. 때문에 우리의 요구대로 버퍼의 크기가 정확히 맞춰지지 않는다. 다만 우리는 setsockopt 함수호출을 통해서 버퍼의 크기에 대한 우리의 요구사항을 전달할 뿐이다. 생각해보자! 출력버퍼의 크기를 0으로 변경하려는 경우 이를 그대로 반영해준다면 TCP 프로토콜을 어떻게 진행하겠는가? 흐름제어와 오류 발생시의 데이터 재전송과 같은 일을 위해서라도 최소한의 버퍼는 존재해야 하지 않겠는가? 이번 예제에서도 100% 우리의 요구대로 버퍼의 크기가 만들어지지는 않았지만, setsockopt 함수호출을 통해서 전달한 버퍼의 크기가 나름대로 반영되었음을 알 수 있다.

09-2 : SO_REUSEADDR

이번에 설명하는 SO_REUSEADDR 옵션, 그리고 그와 관련 있는 Time-wait 상태는 상대적으로 중요하다. 따라서 반드시 이해하고 기억해 둘 필요가 있다.

주소할당 에러(Binding Error) 발생

SO_REUSEADDR 옵션에 대한 이해에 앞서 Time-wait 상태를 먼저 이해하는 것이 순서이다. 이를 위해서 다음 예제를 제시하겠으니, 이 예제를 보고 난 다음에 이야기를 계속해 나가겠다.

❖ reuseadr_eserver.c

```
1.   #include <stdio.h>
2.   #include <stdlib.h>
3.   #include <string.h>
4.   #include <unistd.h>
5.   #include <arpa/inet.h>
6.   #include <sys/socket.h>
7.
8.   #define TRUE 1
9.   #define FALSE 0
10.  void error_handling(char *message);
11.
12.  int main(int argc, char *argv[])
13.  {
14.      int serv_sock, clnt_sock;
15.      char message[30];
16.      int option, str_len;
17.      socklen_t optlen, clnt_adr_sz;
18.      struct sockaddr_in serv_adr, clnt_adr;
19.      if(argc!=2) {
20.          printf("Usage : %s <port>\n", argv[0]);
21.          exit(1);
22.      }
23.
24.      serv_sock=socket(PF_INET, SOCK_STREAM, 0);
25.      if(serv_sock==-1)
26.          error_handling("socket() error");
27.      /*
28.      optlen=sizeof(option);
```

```
29.        option=TRUE;
30.        setsockopt(serv_sock, SOL_SOCKET, SO_REUSEADDR, (void*)&option, optlen);
31.     */
32.
33.        memset(&serv_adr, 0, sizeof(serv_adr));
34.        serv_adr.sin_family=AF_INET;
35.        serv_adr.sin_addr.s_addr=htonl(INADDR_ANY);
36.        serv_adr.sin_port=htons(atoi(argv[1]));
37.
38.        if(bind(serv_sock, (struct sockaddr*)&serv_adr, sizeof(serv_adr)))
39.            error_handling("bind() error");
40.        if(listen(serv_sock, 5)==-1)
41.            error_handling("listen error");
42.        clnt_adr_sz=sizeof(clnt_adr);
43.        clnt_sock=accept(serv_sock, (struct sockaddr*)&clnt_adr,&clnt_adr_sz);
44.
45.        while((str_len=read(clnt_sock,message, sizeof(message)))!= 0)
46.        {
47.            write(clnt_sock, message, str_len);
48.            write(1, message, str_len);
49.        }
50.        close(clnt_sock);
51.        close(serv_sock);
51.        return 0;
52.    }
53.
54.    void error_handling(char *message)
55.    {
56.        fputs(message, stderr);
57.        fputc('\n', stderr);
58.        exit(1);
59.    }
```

위 예제는 지금까지 몇 차례 구현해 온 에코 서버 프로그램이다. 따라서 Chapter 04에서 소개한 에코 클라이언트와 함께 실행하면 된다. 그럼 예제를 실행해 보자. 단, 28~30행은 주석처리 된 상태 그대로 두고 실행해야 한다. 그리고는 다음의 방식으로 프로그램을 종료해 보자.

　"클라이언트 콘솔에서 Q 메시지를 입력하거나 CTRL+C를 입력해서 프로그램을 종료시킨다."

즉, 클라이언트 측에서 서버 측으로 종료를 먼저 알리게끔 하라는 뜻이다. 클라이언트 콘솔에 Q 메시지를 입력하면 close 함수를 호출하게 되어(Chapter 04의 echo_client.c 참조) 서버 측으로 FIN 메시지를 먼저 전송하면서 Four-way handshaking 과정을 거치게 된다. 물론 CTRL+C를 입력해도 동일하게 서버 측으로 FIN 메시지가 전달된다. 프로그램을 강제종료 할 경우에도 운영체제가 파일 및 소켓을 모두 닫아주는데, 이 과정에서 close 함수를 호출한 것과 마찬가지로 서버 측으로 FIN 메시지가 전달된다.

"뭐 별다른 현상은 관찰되지 않는데요?"

그렇다! 클라이언트가 먼저 연결종료를 요청하는 경우는 매우 일반적인 상황이기 때문에 별다른 일이 발생할 것이 없다. 서버의 재실행도 전혀 문제되지 않는다. 그러나 다음과 같이 프로그램을 종료하면 이야기는 달라진다.

"서버와 클라이언트가 연결된 상태에서 서버 측 콘솔에서 CTRL+C를 입력한다. 즉, 서버 프로그램을 강제 종료한다."

이는 서버가 클라이언트 측으로 먼저 FIN 메시지를 전달하는 상황의 연출을 위한 것이다. 그런데 이렇게 서버를 종료하고 나면 서버의 재실행에 문제가 생긴다. 동일한 PORT번호를 기준으로 서버를 재실행하면 "bind() error"라는 메시지가 출력될 뿐 서버는 실행되지 않는다. 그러나 이 상태에서 약 3분 정도 지난 다음 재실행을 하면 정상적인 실행을 확인할 수 있다.

앞서 보인 두 가지 실행방식에 있어서의 유일한 차이점은 FIN 메시지를 누가 먼저 전송했는지에 있다. 그럼에도 불구하고 이렇듯 차이를 보이는 이유가 어디에 있는지 함께 고민해보기로 하자.

✚Time-wait 상태

필자는 이전에 설명한 Four-way handshaking에 대해서 여러분이 잘 이해하고 있다고 생각하고 이야기를 이어가겠다. 먼저 다음의 Four-way handshaking 과정을 살펴보자.

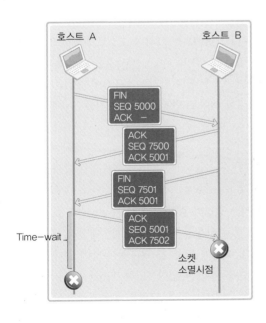

▶ 그림 09-1: Time-wait 상태의 소켓

위 그림에서 호스트 A를 서버라고 보면, 호스트 A가 호스트 B로 FIN 메시지를 먼저 보내고 있으니, 서버가 콘솔상에서 CTRL+C를 입력한 상황으로 볼 수 있다. 그런데 여기서 주목할 점은 연결의 해제 과정인 Four-way handshaking 이후에 소켓이 바로 소멸되지 않고 Time-wait 상태라는 것을 일정시간 거친다는 점이다. 물론 Time-wait 상태는 먼저 연결의 종료를 요청한(먼저 FIN 메시지를 전송한) 호스트만 거친다. 이 때문에 서버가 먼저 연결의 종료를 요청해서 종료하고 나면, 바로 이어서 실행을 할 수 없는 것이다. 소켓이 Time-wait 상태에 있는 동안에는 해당 소켓의 PORT번호가 사용중인 상태이기 때문이다. 따라서 앞서 확인한 것처럼 bind 함수의 호출과정에서 오류가 발생하는 것은 당연하다.

> **참고 ▶ 클라이언트 소켓은 Time-wait 상태를 거치지 않나요?**
>
> Time-wait 상태는 서버에만 존재하는 것으로 오해하는 경우가 있다. 그러나 소켓의 Time-wait 상태는 클라이언트냐 서버냐에 상관없이 존재한다. 먼저 연결의 종료를 요청하면 해당 소켓은 반드시 Time-wait 상태를 거친다. 그러나 클라이언트의 Time-wait 상태는 신경을 쓰지 않아도 된다. 왜냐하면 클라이언트 소켓의 PORT번호는 임의로 할당되기 때문이다. 즉, 서버와 달리 프로그램이 실행될 때마다 PORT번호가 유동적으로 할당되기 때문에 Time-wait 상태에 대해 신경을 쓰지 않아도 된다.

그렇다면 Time-wait 상태는 무엇 때문에 존재하는 것일까? 그림 09-1에서 호스트 A가 호스트 B로 마지막 ACK 메시지(SEQ 5001, ACK 7502)를 전송하고 나서 소켓을 바로 소멸시켰다고 가정해 보자. 그런데 이 마지막 ACK 메시지가 호스트 B로 전달되지 못하고 중간에 소멸되어 버렸다. 그렇다면 어떤 일이 일어나겠는가? 아마도 호스트 B는 자신이 좀 전에 보낸 FIN 메시지(SEQ 7501, ACK 5001)가 호스트 A에 전송되지 못했다고 생각하고 재 전송을 시도할 것이다. 그러나 호스트 A의 소켓은 완전히 종료된 상태이기 때문에, 호스트 B는 호스트 A로부터 영원히 마지막 ACK 메시지를 받지 못하게 된다. 반면 호스트 A의 소켓이 Time-wait 상태로 놓여있다면 호스트 B로 마지막 ACK 메시지를 재전송하게 되고, 호스트 B는 정상적으로 종료할 수 있게 된다. 이러한 이유로 먼저 FIN 메시지를 전송한 호스트의 소켓은 Time-wait 과정을 거치는 것이다.

✚ 주소의 재할당

듣고 보니 Time-wait은 매우 중요한 것으로 생각된다. 그러나 이러한 Time-wait이 늘 반가운 것은 아니다. 시스템에 문제가 생겨서 서버가 갑작스럽게 종료된 상황을 생각해보자. 재빨리 서버를 재 가동시켜서 서비스를 이어가야 하는데, Time-wait 상태 때문에 몇 분을 기다릴 수밖에 없다면 이는 문제가 될 수 있다. 따라서 Time-wait의 존재가 늘 반가울 수만은 없다. 또한 Time-wait 상태는 상황에 따라서 더 길어질 수 있어서 더 큰 문제로 이어질 수 있다. 다음 그림은 종료과정인 Four-way handshaking 과정에서 Time-wait의 상태가 길어질 수밖에 없는 문제의 상황을 보여준다.

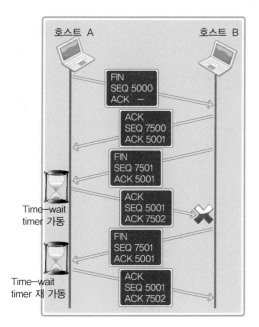

▶ 그림 09-2: Time-wait Timer의 재 가동

위 그림에서와 같이 호스트 A가 전송하는 Four-way handshaking 과정에서 마지막 데이터가 손실이 되면, 호스트 B는 자신이 보낸 FIN 메시지를 호스트 A가 수신하지 못한 것으로 생각하고 FIN 메시지를 재전송한다. 그러면 FIN 메시지를 수신한 호스트 A는 Time-wait 타이머를 재 가동한다. 때문에 네트워크의 상황이 원활하지 못하다면 Time-wait 상태가 언제까지 지속될지 모르는 일이다.

그럼 이제 해결책을 제시해 보겠다. 소켓의 옵션 중에서 SO_REUSEADDR의 상태를 변경하면 된다. 이의 적절한 변경을 통해서 Time-wait 상태에 있는 소켓에 할당되어 있는 PORT번호를 새로 시작하는 소켓에 할당되게끔 할 수 있다. SO_REUSEADDR의 디폴트 값은 0(FALSE)인데, 이는 Time-wait 상태에 있는 소켓의 PORT번호는 할당이 불가능함을 의미한다. 따라서 이 값을 1(TRUE)로 변경해 줘야 한다. 방법은 이미 예제 reuseadr_eserver.c에서 보였다. 주석처리 되어 있는 다음 코드의 주석을 해제하면 된다.

```
optlen=sizeof(option);
option=TRUE;
setsockopt(serv_sock, SOL_SOCKET, SO_REUSEADDR, (void*)&option, optlen);
```

주석을 해제하였는가? 이제 서버인 reuseadr_eserver.c은 언제건 실행이 가능한 상태가 되었으니 Time-wait 상태에서의 재실행이 가능한지 확인하기 바란다.

09-3 : TCP_NODELAY

필자가 자바 기반에서의 네트워크 프로그래밍을 강의한 적이 여러 차례 있는데, 이때 많이 받았던 질문 중 하나는 다음과 같다.

"Nagle 알고리즘이 무엇이고, 이의 적용여부에 따른 데이터 송수신의 특징은 어떻게 되나요?"

필자는 이 질문을 받으면 참으로 기뻤다. 왜냐하면 개발자들이 가볍게 생각하고 넘어가는 것 중 하나가 Nagle 알고리즘이기 때문이다. 그래서 필자는 Nagle 알고리즘에 대해 충분히 설명하고자 한다.

✚ Nagle 알고리즘

Nagle 알고리즘은 네트워크상에서 돌아다니는 패킷들의 흘러 넘침을 막기 위해서 1984년에 제안된 알고리즘이다. 이는 TCP상에서 적용되는 매우 단순한 알고리즘으로써, 이의 적용여부에 따른 데이터 송수신 방식의 차이는 다음과 같다.

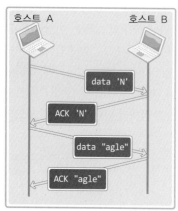
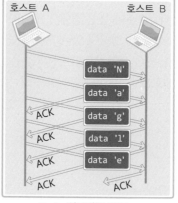

Nagle 알고리즘 ON   Nagle 알고리즘 OFF

▶ 그림 09-3: Nagle 알고리즘

위 그림은 문자열 "Nagle"을 Nagle 알고리즘을 적용해서 전송할 때와 적용하지 않고 전송할 때의 차이를 보여준다. 그리고 이를 통해서 다음의 결론을 내릴 수 있다.

"Nagle 알고리즘은 앞서 전송한 데이터에 대한 ACK 메시지를 받아야만, 다음 데이터를 전송하는 알고리즘이다"

기본적으로 TCP 소켓은 Nagle 알고리즘을 적용해서 데이터를 송수신한다. 때문에 ACK가 수신될 때까지 최대한 버퍼링을 해서 데이터를 전송한다. 위 그림의 왼편에서는 이러한 상황을 보여준다. 문자열 "Nagle"의 전송을 위해 이를 출력버퍼로 전달한다. 이 때 첫 문자 'N'이 들어온 시점에서는 이전에 전송한 패킷이 없으므로(수신할 ACK가 없으므로) 바로 전송이 이뤄진다. 그리고는 문자 'N'에 대한 ACK를 기다리게 되는데, 기다리는 동안에 출력버퍼에는 문자열의 나머지 "agle"이 채워진다. 이어서 문자 'N'에 대한 ACK를 수신하고 출력버퍼에 존재하는 데이터 "agle"을 하나의 패킷으로 구성해서 전송하게 된다. 즉, 하나의 문자열 전송에 총 4개의 패킷이 송수신되었다.

그럼 이번에는 Nagle 알고리즘을 적용하지 않은 상태에서의 문자열 "Nagle" 전송에 대해 이야기해 보자. 문자 'N'에서 문자 'e'까지 순서대로 출력버퍼로 전달된다고 가정해 보자. 이 상황에서 ACK의 수신에 상관없이 패킷의 전송이 이뤄지기 때문에 출력버퍼에 데이터가 전달되는 즉시 전송이 이뤄진다. 따라서 위 그림의 오른쪽에서 보이듯이 문자열 "Nagle"의 전송에는 총 10개의 패킷이 송수신될 수 있다. 이렇듯 Nagle 알고리즘을 적용하지 않으면 네트워크 트래픽(Traffic: 네트워크에 걸리는 부하나 혼잡의 정도를 의미함)에는 좋지 않은 영향을 미친다. 1바이트를 전송하더라도 패킷에 포함되어야 하는 헤더정보의 크기가 수십 바이트에 이르기 때문이다. 따라서 네트워크의 효율적인 사용을 위해서는 Nagle 알고리즘을 반드시 적용해야 한다.

참 고

그림 09-3은 극단적인 상황의 연출입니다.

프로그램상에서 문자열을 출력버퍼로 전달할 때, 한 문자씩 전달하지 않고 전체 문자열을 한번에 전달하기 때문에 문자열 "Nagle"의 전송이 그림 09-3에서 보이는 상황처럼 전개되지는 않는다. 하지만 문자열을 이루는 문자가 약간의 시간간격을 두고 출력버퍼로 전달된다면(이러한 유형으로 출력버퍼에 전달되는 데이터가 존재한다면) 그림 09-3과 유사한 상황이 연출될 수도 있다. 즉, 그림 09-3에서 보이는 상황은 시간간격을 두고 출력버퍼로 전달되는 데이터의 전송으로 이해해야 한다.

그러나 Nagle 알고리즘이 항상 좋은 것은 아니다. 전송하는 데이터의 특성에 따라서 Nagle 알고리즘의 적용 여부에 따른 트래픽의 차이가 크지 않으면서도 Nagle 알고리즘을 적용하는 것보다 데이터의 전송이 빠른 경우도 있다. '용량이 큰 파일 데이터의 전송'이 대표적인 예이다. 파일 데이터를 출력버퍼로 밀어 넣는 작업은 시간이 걸리지 않는다. 때문에 Nagle 알고리즘을 적용하지 않아도 출력버퍼를 거의 꽉 채운 상태에서 패킷을 전송하게 된다. 따라서 패킷의 수가 크게 증가하지도 않을뿐더러, ACK를 기다리지 않고 연속해서 데이터를 전송하니 전송속도도 놀랍게 향상된다.

이제 결론을 내려보자. 일반적으로 Nagle 알고리즘을 적용하지 않으면 속도의 향상을 기대할 수 있으나, 무조건 Nagle 알고리즘을 적용하지 않을 경우에는 트래픽에 상당한 부담을 주게 되어 더 좋지 않은 결과를 얻을 수 있다. 따라서 데이터의 특성을 정확히 판단하지 않은 상태에서 Nagle 알고리즘을 중지하는 일은 없어야 한다.

✚Nagle 알고리즘의 중단

바로 위에서 언급한 다음 상황에서까지 Nagle 알고리즘을 고집할 필요는 없다. 즉, 필요하다면 Nagle 알고리즘도 중단시켜야 한다.

> "Nagle 알고리즘의 적용 여부에 따른 트래픽의 차이가 크지 않으면서도 Nagle 알고리즘을 적용하는 것보다 데이터의 전송이 빠른 경우"

방법은 간단하다. 아래의 코드에서 보이듯이 소켓옵션 TCP_NODELAY를 1(TRUE)로 변경해주면 된다.

```
int opt_val=1;
setsockopt(sock, IPPROTO_TCP, TCP_NODELAY, (void*)&opt_val, sizeof(opt_val));
```

그리고 Nagle 알고리즘의 설정상태를 확인하려면 다음과 같이 TCP_NODELAY에 설정된 값을 확인하면 된다.

```
int opt_val;
socklen_t opt_len;
opt_len=sizeof(opt_val);
getsockopt(sock, IPPROTO_TCP, TCP_NODELAY, (void*)&opt_val, &opt_len);
```

Nagle 알고리즘이 설정된 상태라면 함수호출의 결과로 변수 opt_val에는 0이 저장되며, 반대로 설정되지 않은 상태라면 1이 저장된다.

09-4 : 윈도우 기반으로 구현하기

소켓의 옵션과 그에 따른 내용 역시 운영체제 별 차이가 크지 않다. 특히 이번 Chapter에서 설명했던 옵션들은 TCP 소켓에 해당하는 일반적인 내용이기 때문에 윈도우나 리눅스나 차이가 없다. 그럼 먼저 옵션의 변경 및 참조에 사용되는 함수 둘을 정리해 보이겠다.

```
#include <winsock2.h>

int getsockopt(SOCKET sock, int level, int optname, char * optval, int * optlen);
```
   ➡ 성공 시 O, 실패 시 SOCKET_ERROR 반환

- **sock**   옵션확인을 위한 소켓의 핸들 전달.
- **level**   확인할 옵션의 프로토콜 레벨 전달.
- **optname** 확인할 옵션의 이름 전달.
- **optval**   확인결과의 저장을 위한 버퍼의 주소 값 전달.
- **optlen**   네 번째 매개변수 optval로 전달된 주소 값의 버퍼 크기를 담고 있는 변수의 주소 값 전달, 함수호출이 완료되면 이 변수에는 네 번째 인자를 통해 반환된 옵션정보의 크기 가 바이트 단위로 계산되어 저장된다.

결국 리눅스의 getsockopt 함수와 크게 다르지 않다는 것을 알 수 있다. 단, 한가지 주의할 것은 매개변수 optval의 자료형이 char형 포인터라는 것이다. 리눅스 기반에서는 void형 포인터였다. 따라서 리눅스 예제를 윈도우 기반으로 변경할 때, 이 부분에서 적절히 형 변환을 해주는 것이 좋다. 그럼 이어서 setsockopt 함수를 정리해 보이겠다.

```
#include <winsock2.h>

int setsockopt(SOCKET sock, int level, int optname, const char* optval, int optlen);
```
   ➡ 성공 시 O, 실패 시 SOCKET_ERROR 반환

- **sock**   옵션변경을 위한 소켓의 핸들 전달.
- **level**   변경할 옵션의 프로토콜 레벨 전달.
- **optname** 변경할 옵션의 이름 전달.
- **optval**   변경할 옵션정보를 저장한 버퍼의 주소 값 전달.
- **optlen**   네 번째 매개변수 optval로 전달된 옵션정보의 바이트 단위 크기 전달.

setsockopt 함수 역시 리눅스와 크게 다르지 않다. 따라서 여러분은 옵션의 설정방법보다는 옵션의 의미에 더 관심을 두기 바란다. 그럼 마지막으로 위의 두 함수를 이용해서 예제를 하나 작성해 보겠다. 앞서 우리는 리눅스상에서 생성되는 소켓의 입출력 버퍼 크기를 확인해 보았는데, 이를 윈도우 기반으로 변경 및 확장해 보겠다.

❖ buf_win.c

```c
1.  #include <stdio.h>
2.  #include <stdlib.h>
3.  #include <string.h>
4.  #include <winsock2.h>
5.  void ErrorHandling(char *message);
6.  void ShowSocketBufSize(SOCKET sock);
7.
8.  int main(int argc, char *argv[])
9.  {
10.     WSADATA wsaData;
11.     SOCKET hSock;
12.     int sndBuf, rcvBuf, state;
13.     if(WSAStartup(MAKEWORD(2, 2), &wsaData) != 0)
14.         ErrorHandling("WSAStartup() error!");
15.
16.     hSock=socket(PF_INET, SOCK_STREAM, 0);
17.     ShowSocketBufSize(hSock);
18.
19.     sndBuf=1024*3, rcvBuf=1024*3;
20.     state=setsockopt(hSock, SOL_SOCKET, SO_SNDBUF, (char*)&sndBuf, sizeof(sndBuf));
21.     if(state==SOCKET_ERROR)
22.         ErrorHandling("setsockopt() error!");
23.
24.     state=setsockopt(hSock, SOL_SOCKET, SO_RCVBUF, (char*)&rcvBuf, sizeof(rcvBuf));
25.     if(state==SOCKET_ERROR)
26.         ErrorHandling("setsockopt() error!");
27.
28.     ShowSocketBufSize(hSock);
29.     closesocket(hSock);
30.     WSACleanup();
31.     return 0;
32. }
33.
34. void ShowSocketBufSize(SOCKET sock)
35. {
36.     int sndBuf, rcvBuf, state, len;
37.
38.     len=sizeof(sndBuf);
39.     state=getsockopt(sock, SOL_SOCKET, SO_SNDBUF, (char*)&sndBuf, &len);
40.     if(state==SOCKET_ERROR)
41.         ErrorHandling("getsockopt() error");
42.
43.     len=sizeof(rcvBuf);
44.     state=getsockopt(sock, SOL_SOCKET, SO_RCVBUF, (char*)&rcvBuf, &len);
45.     if(state==SOCKET_ERROR)
```

```
46.          ErrorHandling("getsockopt() error");
47.
48.     printf("Input buffer size: %d \n", rcvBuf);
49.     printf("Output buffer size: %d \n", sndBuf);
50. }
51.
52. void ErrorHandling(char *message)
53. {
54.     fputs(message, stderr);
55.     fputc('\n', stderr);
56.     exit(1);
57. }
```

❖ 실행결과: buf_win.c

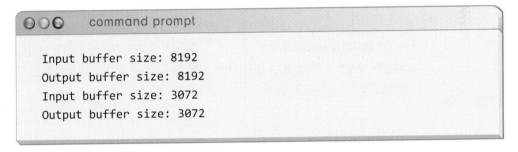

```
◯◯◯        command prompt

  Input buffer size: 8192
  Output buffer size: 8192
  Input buffer size: 3072
  Output buffer size: 3072
```

위의 실행결과는 시스템에 따라 달라질 수 있다. 어쨌든 위의 예제를 통해서 여러분이 사용하는 시스템의 디폴트 입출력 버퍼의 크기와 입출력 버퍼 크기의 변경요청에 따라서 실제 변경된 입출력 버퍼의 크기를 확인할 수 있다.

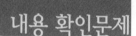

01. 다음 중 Time-wait 상태에 대해서 잘못 설명한 것을 모두 고르면?

   a. Time-wait 상태는 서버 프로그램에서 생성한 소켓에서만 발생한다.

   b. 연결종료의 Four-way handshaking 과정에서 먼저 FIN 메시지를 전달한 소켓이 Time-wait 상태가 된다.

   c. 연결요청 과정에서 전송하는 SYN 메시지의 전송순서에 따라서 Time-wait 상태는 연결 종료와 상관없이 일어날 수 있다.

   d. Time-wait 상태는 불필요하게 발생하는 것이 대부분이므로, 가급적이면 발생하지 않도록 소켓의 옵션을 변경해야 한다.

02. 옵션 TCP_NODELAY는 Nagle 알고리즘과 관련이 있다. 이 옵션을 이용해서 Nagle 알고리즘을 해제할 수도 있는데, 그렇다면 어떠한 경우에 한해서 Nagle 알고리즘의 해제를 고민해 볼 수 있겠는가? 이를 송수신하는 데이터의 특성과 관련해서 설명해보자.

멀티프로세스 기반의
서버구현

여기까지 왔다면 여러분은 어느 정도 소켓 프로그래밍을 이해했다고
생각해도 좋다. 그러나 지금까지 공부한 내용들만 가지고는 현실성
있는 서버의 구현에 무리가 있다. 따라서 이제부터는 실제 서비스가
가능한 서버의 구현에 필요한 내용을 공부해야 한다.

10-1 : 프로세스의 이해와 활용

지금까지 우리가 공부한 내용만 가지고, 연결요청의 순서를 따져서 첫 번째 클라이언트부터 백 번째 클라이언트까지 순차적으로 연결을 허용해서 서비스를 제공하는 '일렬종대(一列縱隊)' 서비스 서버는 만들 수 있다. 물론 첫 번째로 접속한 클라이언트는 이 서버에 불만이 없겠지만, 불과 0.5초 차이로 순서가 100번대로 밀린 클라이언트는 불만이 많을 것이다!

⁺두 가지 유형의 서버

진정으로 클라이언트를 생각한다면 모든 클라이언트의 만족도를 평균 이상으로 끌어올려야 한다. 다음 유형의 서버가 있다면 여러분은 만족을 하겠는가?

> "첫 번째 연결요청자의 접속대기시간은 0초, 50번째 연결요청자의 접속대기시간은 50초 그리고 100번째 연결요청자의 접속대기시간은 100초! 그러나 일단 연결만 되면 1초 안에 서비스를 완료해 드립니다."

물론 연결요청의 순서가 다섯 손가락 안에 든다면 서비스에 대한 만족도는 높을 것이다. 그러나 이를 넘어선다면 클라이언트의 불만은 매우 높을 수밖에 없다. 이럴 바에는 다음의 형태로 서비스를 제공하는 편이 낫다.

> "모든 연결요청자의 접속대기시간은 1초를 넘기지 않습니다. 그러나 서비스를 제공받는데 걸리는 시간은 평균적으로 2~3초 정도 걸립니다."

어떠한 유형의 서버가 좋은지 많이 고민할 필요 없다. 오렌지미디어의 동영상 강의를 듣는 여러분의 연결요청 순번이 100번 대에 있다고 생각해 보면 금세 답이 나올 것이다. 그래서 지금부터 모든 클라이언트의 만족도를 평균 이상으로 끌어올리는 방법에 대해 논의하고자 한다.

⁺다중접속 서버의 구현방법들

전체적인 서비스 제공시간이 조금 늦어지더라도 연결요청을 해오는 모든 클라이언트에게 동시에 서비스를 제공해서 평균적인 만족도를 높일 필요가 있다. 그리고 네트워크 프로그램은 CPU의 연산을 필요치 않는 데이터의 송수신 시간이 큰 비중을 차지하므로, 둘 이상의 클라이언트에게 동시에 서비스를 제공하는 것이 CPU를 보다 효율적으로 사용하는 방법이 된다. 때문에 우리는 둘 이상의 클라이언트에게 동시에 서비스를 제공하는 다중접속 서버에 대해 논의하고자 한다. 다음은 대표적인 다중접속 서버의 구현 모델 및 구현 방법이다.

- 멀티프로세스 기반 서버   다수의 프로세스를 생성하는 방식으로 서비스 제공
- 멀티플렉싱 기반 서버   입출력 대상을 묶어서 관리하는 방식으로 서비스 제공
- 멀티쓰레딩 기반 서버   클라이언트의 수만큼 쓰레드를 생성하는 방식으로 서비스 제공

필자는 이 중에서 첫 번째 방법인 멀티프로세스 기반의 서버 구현에 대해서 먼저 설명을 시작할 것이다. 그런데 이는 Windows에는 적절치 않는(Windows에서 지원하지 않는) 방식이기 때문에 이야기의 초점을 Linux에 맞출 수밖에 없다. 따라서 Linux에 관심이 없는 독자라면 바로 Chapter 12로 넘어가도 된다. 그러나 가급적이면 간단하게라도 살펴보고 넘어가기 바란다. 여기서 설명하는 내용이 서버 구현에 대한 이해에 많은 도움이 되니 말이다.

✚ 프로세스(Process)의 이해

멀티프로세스 기반 서버의 서비스 주체가 되는 프로세스를 먼저 이해해보자. 프로세스는 간단히 다음과 같이 정의할 수 있다.

"메모리 공간을 차지한 상태에서 실행중인 프로그램"

예를 들어서 여러분이 인터넷에서 벽돌깨기 게임 하나를 다운받아서 하드 디스크에 저장해 놓았다고 가정해 보자. 그렇다면 이는 프로세스가 아닌 프로그램이다. 왜냐하면 실행중인 상태가 아니기 때문이다. 자! 그럼 이번에는 게임을 실행해보자. 그럼 벽돌깨기 프로그램은 메인 메모리(Main Memory)라는 곳으로 이동해서 실행을 위한 준비를 마치게 되는데, 바로 이 시점부터 프로세스라 부를 수 있게 된다. 만약에 벽돌깨기 프로그램을 둘 이상 동시에 실행하게 되면, 실행하는 수만큼 프로세스는 생성된다. 실행되는 수만큼 메모리 공간을 차지하기 때문이다.

다른 예를 하나 더 들어보자. 여러분이 현재 문서작업을 해야 한다고 가정해 보자. 그렇다면 문서편집관련 프로그램을 하나 띄워야 한다. 뿐만 아니라, 음악을 들으면서 작업하기를 원한다면 MP3 플레이어도 하나 띄워야 한다. 그런데 여기에 더해서 친구들과 대화를 주고 받기 위해서 메신저도 하나 띄운다면, 여러분은 총 세 개의 프로세스를 동시에 생성하는 셈이 된다. 이렇듯 프로세스는 운영체제의 관점에서 프로그램 흐름의 기본 단위가 되며, 여러 개의 프로세스가 생성되면 이들은 동시에 실행이 된다. 그러나 하나의 프로그램이 실행되는 과정에서 여러 개의 프로세스가 생성되기도 한다. 지금부터 우리가 구현할 멀티프로세스 기반의 서버가 대표적인 예이다. 그럼 서버의 구현에 앞서 프로그램상에서의 프로세스 생성방법에 대해 살펴보자.

참 고 ┃ CPU의 코어 수와 프로세스 수

두 개의 연산장치가 존재하는 CPU를 가리켜 듀얼(Daul) 코어 CPU라 하고, 네 개의 연산장치가 존재하는 CPU를 가리켜 쿼드(Quad) 코어 CPU라 한다. 이렇듯 CPU에는 실제 연산장치에 해당하는 코어가 둘 이상 존재할 수 있으며, 코어의 수만큼 프로세스는 동시 실행이 가능하다. 반면 코어의 수를 넘어서는 개수의 프로세스가 생성되면, 프로세스 별로 코어에 할당되는 시간이 나뉘게 된다. 그러나 CPU가 고속으로 프로세스를 실행하기 때문에 우리는 모든 프로세스가 동시에 실행되는 것처럼 느끼게 된다. 물론 코어의 수가 많을수록 그 느낌은 더할 것이다.

+프로세스 ID

프로세스의 생성방법에 대해 살펴보기에 앞서 프로세스 ID에 대해 간단히 설명하겠다. 모든 프로세스는 생성되는 형태에 상관없이 운영체제로부터 ID를 부여 받는다. 그리고 이를 가리켜 '프로세스 ID'라 하는데, 이는 2 이상의 정수 형태를 띤다. 참고로 숫자 1은 운영체제가 시작되자마자 실행되는(운영체제의 실행을 돕는) 프로세스에게 할당되기 때문에 우리가 만들어 내는 프로세스는 1이라는 값의 ID를 받을 수 없다. 그럼 먼저 Linux상에서 현재 실행중인 프로세스를 확인해 보자.

❖ 실행결과: ps 명령문

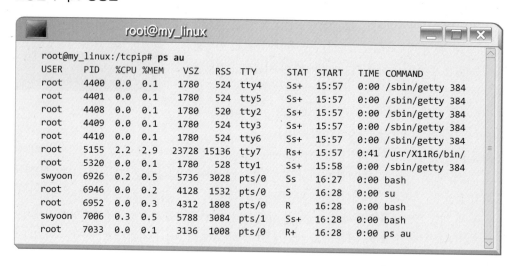

```
root@my_linux:/tcpip# ps au
USER      PID  %CPU %MEM    VSZ    RSS TTY      STAT  START   TIME COMMAND
root      4400  0.0  0.1   1780    524 tty4     Ss+   15:57   0:00 /sbin/getty 384
root      4401  0.0  0.1   1780    524 tty5     Ss+   15:57   0:00 /sbin/getty 384
root      4408  0.0  0.1   1780    520 tty2     Ss+   15:57   0:00 /sbin/getty 384
root      4409  0.0  0.1   1780    524 tty3     Ss+   15:57   0:00 /sbin/getty 384
root      4410  0.0  0.1   1780    524 tty6     Ss+   15:57   0:00 /sbin/getty 384
root      5155  2.2  2.9  23728  15136 tty7     Rs+   15:57   0:41 /usr/X11R6/bin/
root      5320  0.0  0.1   1780    528 tty1     Ss+   15:58   0:00 /sbin/getty 384
swyoon    6926  0.2  0.5   5736   3028 pts/0    Ss    16:27   0:00 bash
root      6946  0.0  0.2   4128   1532 pts/0    S     16:28   0:00 su
root      6952  0.0  0.3   4312   1808 pts/0    R     16:28   0:00 bash
swyoon    7006  0.3  0.5   5788   3084 pts/1    Ss+   16:28   0:00 bash
root      7033  0.0  0.1   3136   1008 pts/0    R+    16:28   0:00 ps au
```

위에서 보이는 바와 같이 ps 명령어를 통해서 실행중인 프로세스를 간단히 확인할 수 있다. 특히 PID(Process ID)도 함께 보이고 있음에 주목하자. 참고로 위에서는 ps 명령어에 옵션 a와 u를 지정해서 모든 프로세스에 대한 다양한 정보를 확인할 수 있게 하였다.

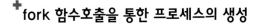

⁺fork 함수호출을 통한 프로세스의 생성

프로세스의 생성에는 몇 가지 방법이 있다. 그러나 여기서는 멀티프로세스 기반 서버의 구현에 사용되는 fork 함수에 대해 설명하고자 한다.

```
#include <unistd.h>

pid_t fork(void);
    ➡ 성공 시 프로세스 ID, 실패 시 −1 반환
```

fork 함수는 호출한 프로세스의 복사본을 생성한다(사실 이게 개념적으로 조금 어렵다). 즉, 전혀 새로운 다른 프로그램을 바탕으로 프로세스를 생성하는 것이 아니라 이미 실행중인, fork 함수를 호출한 프로세스를 복사하는 것이다. 그리고는 두 프로세스 모두 fork 함수의 호출 이후 문장을 실행하게 된다(정확히 표현하면 fork 함수의 반환 이후). 그런데 완전히 동일한 프로세스로, 메모리 영역까지 동일하게 복사하기 때문에 이후의 프로그램 흐름은 fork 함수의 반환 값을 기준으로 나뉘도록 프로그래밍을 해야 한다. 즉, fork 함수의 다음 특징을 이용해서 프로그램의 흐름을 구분해야 한다.

- 부모 프로세스   fork 함수의 반환 값은 자식 프로세스의 ID
- 자식 프로세스   fork 함수의 반환 값은 0

여기서 '부모 프로세스(Parent Process)'란 원본 프로세스, 즉, fork 함수를 호출한 주체가 된다. 반면 '자식 프로세스(Child Process)'는 부모 프로세스의 fork 함수 호출을 통해서 복사된 프로세스를 의미한다. 그럼 간단히 fork 함수의 호출 이후 실행의 흐름을 정리해 보겠다.

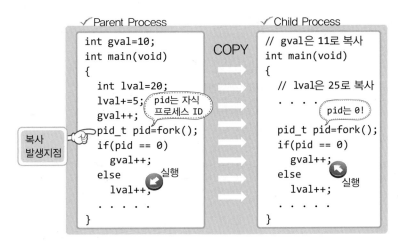

▶ 그림 10-1: fork 함수의 호출

위 그림에서 보이듯이 부모 프로세스가 fork 함수를 호출하는 순간 자식 프로세스가 복사되어 각각이 fork 함수호출의 반환 값을 받게 된다. 그런데 복사 이전에 부모 프로세스가 전역변수 gval의 값을 11로, 지역변수 lval의 값을 25로 증가시켰기 때문에 증가된 상태로 복사가 이뤄진다. 다만 fork 함수의 반환 값의 차로 인해서 부모 프로세스는 lval의 값을 1 증가시키지만, 이는 자식 프로세스의 lval에 영향을 미치지 않는다. 마찬가지로 자식 프로세스는 gval의 값을 1 증가시키지만, 이는 부모 프로세스의 gval에 영향을 미치지 않는다. fork 함수 호출 이후에는 두 프로세스가 동일한 코드를 실행하는 완전히 다른 프로세스가 되기 때문이다. 그럼 예제를 통해서 지금 언급한 내용을 실제로 확인해 보겠다.

❖ fork.c

```
1.    #include <stdio.h>
2.    #include <unistd.h>
3.
4.    int gval=10;
5.    int main(int argc, char *argv[])
6.    {
7.        pid_t pid;
8.        int lval=20;
9.        gval++, lval+=5;
10.
11.       pid=fork();
12.       if(pid==0)  // if Child Process
13.           gval+=2, lval+=2;
14.       else        // if Parent Process
15.           gval-=2, lval-=2;
16.
17.       if(pid==0)
18.           printf("Child Proc: [%d, %d] \n", gval, lval);
19.       else
20.           printf("Parent Proc: [%d, %d] \n", gval, lval);
21.       return 0;
22.   }
```

- 11행: 자식 프로세스를 생성하고 있다. 따라서 부모 프로세스의 pid에는 자식 프로세스의 ID가 저장되며, 자식 프로세스의 pid에는 0이 저장된다.

- 12, 18행: 자식 프로세스는 이 두 문장을 실행한다. pid에 0이 저장되기 때문이다.

- 15, 20행: 부모 프로세스는 이 두 문장을 실행한다. pid에 자식 프로세스의 ID가 저장되기 때문이다.

❖ 실행결과: fork.c

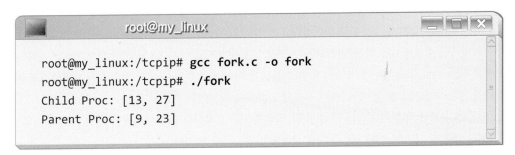

```
root@my_linux:/tcpip# gcc fork.c -o fork
root@my_linux:/tcpip# ./fork
Child Proc: [13, 27]
Parent Proc: [9, 23]
```

실행결과는 fork 함수호출 이후에 부모 프로세스와 자식 프로세스가 서로 완전히 분리된 메모리 구조를 지님을 보이고 있다. fork 함수와 관련해서는 더 많은 예제가 필요하지 않다. 이 예제 하나로 fork 함수의 프로세스 생성이 의미하는 바를 충분히 이해하기 바란다.

10-2 : 프로세스 & 좀비(Zombie) 프로세스

파일은 여는 것 못지않게 닫는 것이 중요하다. 마찬가지로 프로세스도 생성 못지않게 소멸이 중요하다. 만약에 프로세스를 대충(?)만 소멸해 놓는다면, 이들이 좀비가 되어서 여러분을 괴롭힐지 모른다. 농담처럼 들리지만 이는 농담이 아니다!

⁺좀비(Zombie) 프로세스

좀비에 대해서는 독자 여러분도 한번쯤 들어보았을 것이다. 공포영화에도 자주 등장하는 좀비는 죽은 줄 알고 있으면 다시 살아나서 우리의 주인공을 아주 많이 괴롭힌다. 특히 한 두 놈 정도는 괜찮은데, 보통 나타났다 하면 수십 마리가 한

번에 등장해서 긴장감을 고조시킨다. 그러나 우리의 용감한 주인공은 수십 마리가 아니라 수백 마리가 덤벼도 문제없다(얘네들이 좀 느리다는 특징이 있다). 좀비의 소멸방법을 정확히 알고 있기 때문이다. 결국 모든 좀비는 영원히 사라지는 운명을 맞이한다.

이는 프로세스의 세계에서도 마찬가지이다. 프로세스가 생성되고 나서 할 일을 다 하면(main 함수의 실행을 완료하면) 사라져야 하는데 사라지지 않고 좀비가 되어 시스템의 중요한 리소스를 차지하기도 한다. 이 상태에 있는 프로세스를 가리켜 '좀비 프로세스'라 하는데, 이는 시스템에 부담을 주는 원인이 되기도 한다. 때문에 우리는 영화의 주인공처럼 좀비 프로세스를 소멸시켜야 한다. 물론 이를 위해서는 좀비의 소멸방법을 정확히 알아야 한다. 안 그러면 계속해서 살아나니 말이다.

✚ 좀비 프로세스의 생성이유

좀비 프로세스의 생성을 막기에 앞서 좀비 프로세스의 생성 이유를 먼저 살펴보자. fork 함수의 호출로 생성된 자식 프로세스가 종료되는 상황 두 가지를 예로 들면 다음과 같다.

- 인자를 전달하면서 exit를 호출하는 경우
- main 함수에서 return문을 실행하면서 값을 반환하는 경우

exit 함수로 전달되는 인자 값과 main 함수의 return문에 의해 반환되는 값 모두 운영체제로 전달된다. 그리고 운영체제는 이 값이 자식 프로세스를 생성한 부모 프로세스에게 전달될 때까지 자식 프로세스를 소멸시키지 않는데, 바로 이 상황에 놓여있는 프로세스를 가리켜 좀비 프로세스라 한다. 즉, 자식 프로세스를 좀비 프로세스로 만드는 주체는 운영체제이다. 그렇다면 이 좀비 프로세스는 언제 소멸이 될까? 이미 힌트는 제공되었다.

> "해당 자식 프로세스를 생성한 부모 프로세스에게 exit 함수의 인자 값이나 return문의 반환 값이 전달되어야 한다."

그렇다면 어떻게 부모 프로세스에게 값을 전달해야 할까? 부모 프로세스가 가만히 있는데 운영체제가 알아서 값을 전달해주지는 않는다. 부모 프로세스의 적극적인 요청이 있어야(함수 호출이 있어야) 운영체제는 값을 전달해 준다. 반대로 말하면 부모 프로세스가 자식 프로세스의 전달 값을 요청하지 않으면, 운영체제는 그 값을 계속해서 유지하게 되고 결국 자식 프로세스는 좀비의 상태로 오랫동안 머물러 있어야 한다. 결국 부모가 책임지고 자신이 낳은 자식을 거둬들여야 하는 셈이다(어쩌다 보니 표현이 좀 끔찍해졌다). 그럼 예제를 통해서 좀비 한번 만들어보지 않겠는가?

❖ zombie.c

```
1.  #include <stdio.h>
2.  #include <unistd.h>
3.
4.  int main(int argc, char *argv[])
5.  {
```

```
6.      pid_t pid=fork();
7.
8.      if(pid==0)  // if Child Process
9.      {
10.         puts("Hi, I am a child process");
11.     }
12.     else
13.     {
14.         printf("Child Process ID: %d \n", pid);
15.         sleep(30);  // Sleep 30 sec.
16.     }
17.
18.     if(pid==0)
19.         puts("End child process");
20.     else
21.         puts("End parent process");
22.     return 0;
23. }
```

- 14행: 자식 프로세스의 ID를 출력하고 있다. 이 값을 통해서 자식 프로세스의 상태(좀비인지 아닌지)를 확인할 수 있다.
- 15행: 30초간 부모 프로세스를 멈추기 위한 코드가 삽입되어 있다. 부모 프로세스가 종료되면 좀비 상태에 있던 자식 프로세스도 함께 소멸되기 때문에 좀비의 확인을 위해서는 부모 프로세스의 종료를 지연시킬 필요가 있다.

❖ 실행결과: zombie.c

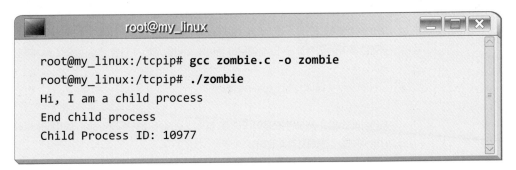

```
root@my_linux:/tcpip# gcc zombie.c -o zombie
root@my_linux:/tcpip# ./zombie
Hi, I am a child process
End child process
Child Process ID: 10977
```

프로그램을 실행하면 위의 상태로 잠시 멈추게 된다. 이 상태를 벗어나기 전에(30초 내에) 자식 프로세스의 좀비 여부를 확인해야 한다. 좀비의 확인은 다른 콘솔 창에서 다음과 같이 진행한다.

❖ 실행결과: 좀비의 확인

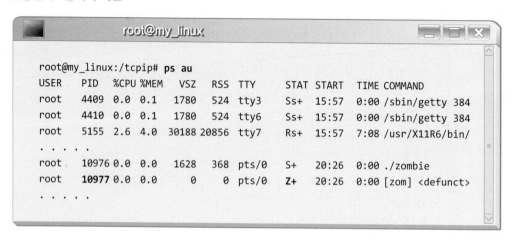

```
root@my_linux:/tcpip# ps au
USER    PID   %CPU %MEM  VSZ   RSS  TTY   STAT START  TIME COMMAND
root    4409  0.0  0.1   1780  524  tty3  Ss+  15:57  0:00 /sbin/getty 384
root    4410  0.0  0.1   1780  524  tty6  Ss+  15:57  0:00 /sbin/getty 384
root    5155  2.6  4.0   30188 20856 tty7 Rs+  15:57  7:08 /usr/X11R6/bin/
. . . . .
root    10976 0.0  0.0   1628  368  pts/0 S+   20:26  0:00 ./zombie
root    10977 0.0  0.0   0     0    pts/0 Z+   20:26  0:00 [zom] <defunct>
. . . . .
```

위의 출력결과를 통해서 PID가 10977인 프로세스의 상태가 좀비(Z+)임을 알 수 있다. 참고로 30초의 대기시간이 지나서 부모 프로세스가 종료되면 PID가 10976인 부모 프로세스와 좀비가 된 자식 프로세스가 함께 소멸되는 것을 확인할 수 있다.

후면처리(Background Processing)

후면처리란 콘솔 창에서 명령어의 실행을 후면(뒤)에서 진행하도록 하는 방식이다. 앞서 보인 예제를 다음과 같이 실행하면 프로그램의 실행이 후면에서 이뤄진다(&의 입력이 후면처리를 유도한다).

    root@my_linux:/tcpip# ./zombie &

그리고 이렇게 후면처리 방식으로 예제를 실행하면 프로그램의 실행과는 별도로 다음의 명령을 추가로 입력할 수 있기 때문에 좀비의 확인을 위해서 다른 콘솔 창으로 옮겨가지 않아도 된다.

    root@my_linux:/tcpip# ps au

후면처리도 알고 있으면 도움이 되므로 필자가 소개한 내용을 참조하여 후면처리 방식으로 예제를 실행해보기 바란다.

⁺좀비 프로세스의 소멸1: wait 함수의 사용

자식 프로세스의 소멸을 위해서는 부모 프로세스가 자식 프로세스의 전달 값을 요청해야 함을 알았으니, 이제 요청을 위한 구체적인 방법을 알아보도록 하자. 다행히도 요청방법은 매우 쉽다. 요청에는 두 가지 방법이 있는데, 그 중 하나는 다음 함수를 호출하는 것이다.

```
#include <sys/wait.h>

pid_t wait(int * statloc);
```
→ 성공 시 종료된 자식 프로세스의 ID, 실패 시 -1 반환

위 함수가 호출되었을 때, 이미 종료된 자식 프로세스가 있다면, 자식 프로세스가 종료되면서 전달한 값 (exit 함수의 인자 값, main 함수의 return에 의한 반환 값)이 매개변수로 전달된 주소의 변수에 저장된다. 그런데 이 변수에 저장되는 값에는 자식 프로세스가 종료되면서 전달한 값 이외에도 다른 정보가 함께 포함되어 있으니, 다음 매크로 함수를 통해서 값의 분리 과정을 거쳐야 한다.

- **WIFEXITED**   자식 프로세스가 정상 종료한 경우 '참(true)'을 반환한다.
- **WEXITSTATUS**   자식 프로세스의 전달 값을 반환한다.

즉, wait 함수의 인자로 변수 status의 주소 값이 전달되었다면, wait 함수의 호출 이후에는 다음과 같은 유형의 코드를 구성해야 한다.

```
if(WIFEXITED(status))  // 정상 종료하였는가?
{
    puts("Normal termination!");
    printf("Child pass num: %d", WEXITSTATUS(status)); // 그렇다면 반환 값은?
}
```

그럼 지금 설명한 내용을 바탕으로 예제를 하나 구성해 보이겠다. 이 예제에서는 자식 프로세스가 좀비가 되도록 내버려두지 않는다.

❖ wait.c

```
1.   #include <stdio.h>
2.   #include <stdlib.h>
3.   #include <unistd.h>
4.   #include <sys/wait.h>
5.
6.   int main(int argc, char *argv[])
7.   {
8.       int status;
9.       pid_t pid=fork();
10.
11.      if(pid==0)
```

```
12.     {
13.         return 3;
14.     }
15.     else
16.     {
17.         printf("Child PID: %d \n", pid);
18.         pid=fork();
19.         if(pid==0)
20.         {
21.             exit(7);
22.         }
23.         else
24.         {
25.             printf("Child PID: %d \n", pid);
26.             wait(&status);
27.             if(WIFEXITED(status))
28.                 printf("Child send one: %d \n", WEXITSTATUS(status));
29.
30.             wait(&status);
31.             if(WIFEXITED(status))
32.                 printf("Child send two: %d \n", WEXITSTATUS(status));
33.             sleep(30);  // Sleep 30 sec.
34.         }
35.     }
36.     return 0;
37. }
```

- 9, 13행: 9행에서 생성된 자식 프로세스는 13행에서 보이듯이 main 함수 내에서의 return문 실행을 통해서 종료하게 된다.

- 18, 21행: 18행에서 생성된 자식 프로세스는 21행에서 보이듯이 exit 함수호출을 통해서 종료하게 된다.

- 26행: wait 함수를 호출하고 있다. 이로 인해서 종료된 프로세스 관련 정보는 status에 담기게 되고, 해당 정보의 프로세스는 완전히 소멸된다.

- 27, 28행: 27행의 매크로 함수 WIFEXITED를 통해서 자식 프로세스의 정상종료 여부를 확인하고 있다. 그리고 정상종료인 경우에 한해서 WEXITSTATUS 함수를 호출하여 자식 프로세스가 전달한 값을 출력하고 있다.

- 30~32행: 앞서 생성한 자식 프로세스가 두 개이므로 또 한번의 wait 함수호출과 매크로 함수의 호출을 진행하고 있다.

- 33행: 부모 프로세스의 종료를 멈추기 위해서 삽입한 코드이다. 이 순간에 여러분은 자식 프로세스의 상태를 확인하면 된다.

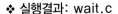

❖ 실행결과: wait.c

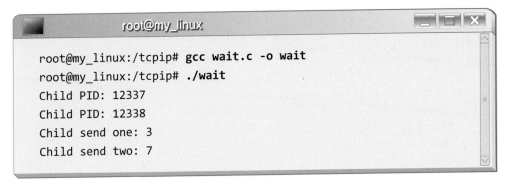

```
root@my_linux:/tcpip# gcc wait.c -o wait
root@my_linux:/tcpip# ./wait
Child PID: 12337
Child PID: 12338
Child send one: 3
Child send two: 7
```

위의 실행결과에서 보이는 PID에 해당하는 프로세스가 존재하지 않음을 확인하기 바란다. wait 함수의 호출로 인해서 완전히 사라졌음을 확인해야 한다. 그리고 두 자식 프로세스가 종료되면서 전달한 값 3과 7이 부모 프로세스에게 전달되었음도 확인하기 바란다.

이로써 wait 함수호출을 통한 좀비 프로세스의 소멸방법을 보였는데, 이 wait 함수는 호출된 시점에서 종료된 자식 프로세스가 없다면, 임의의 자식 프로세스가 종료될 때까지 블로킹(Blocking) 상태에 놓인다는 특징이 있다. 때문에 함수의 호출에 주의해야 한다.

좀비 프로세스의 소멸2: waitpid 함수의 사용

wait 함수의 블로킹이 문제가 된다면 waitpid 함수의 호출을 고려하면 된다. 이는 좀비 프로세스의 생성을 막는 두 번째 방법이자 블로킹 문제의 해결책이기도 하다.

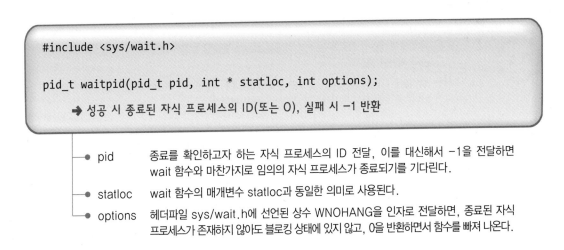

```
#include <sys/wait.h>

pid_t waitpid(pid_t pid, int * statloc, int options);
```
➡ 성공 시 종료된 자식 프로세스의 ID(또는 0), 실패 시 −1 반환

● pid   종료를 확인하고자 하는 자식 프로세스의 ID 전달, 이를 대신해서 −1을 전달하면 wait 함수와 마찬가지로 임의의 자식 프로세스가 종료되기를 기다린다.

● statloc   wait 함수의 매개변수 statloc과 동일한 의미로 사용된다.

● options   헤더파일 sys/wait.h에 선언된 상수 WNOHANG을 인자로 전달하면, 종료된 자식 프로세스가 존재하지 않아도 블로킹 상태에 있지 않고, 0을 반환하면서 함수를 빠져 나온다.

그럼 위의 함수를 이용한 예제 하나를 소개하겠다. 이 예제의 초점은 waitpid 함수호출 시 블로킹이 되지 않음을 보이는 것에 맞춰져 있다.

.

❖ waitpid.c

```c
1.  #include <stdio.h>
2.  #include <unistd.h>
3.  #include <sys/wait.h>
4.
5.  int main(int argc, char *argv[])
6.  {
7.      int status;
8.      pid_t pid=fork();
9.
10.     if(pid==0)
11.     {
12.         sleep(15);
13.         return 24;
14.     }
15.     else
16.     {
17.         while(!waitpid(-1, &status, WNOHANG))
18.         {
19.             sleep(3);
20.             puts("sleep 3sec.");
21.         }
22.
23.         if(WIFEXITED(status))
24.             printf("Child send %d \n", WEXITSTATUS(status));
25.     }
26.     return 0;
27. }
```

해 설

- 12행: 자식 프로세스의 종료를 늦추기 위해서 sleep 함수를 호출하고 있다. 이로 인해서 약 15초 간의 지연이 생긴다.
- 17행: while문 내에서 waitpid 함수를 호출하고 있다. 세 번째 인자로 WNOHANG을 전달하였으니, 종료된 자식 프로세스가 없으면 0을 반환한다.

❖ 실행결과: waitpid.c

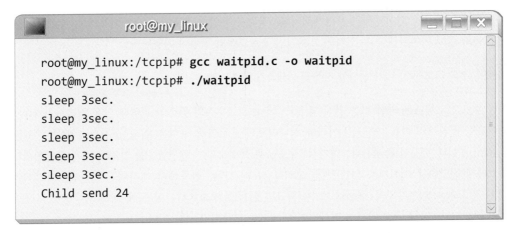

```
root@my_linux:/tcpip# gcc waitpid.c -o waitpid
root@my_linux:/tcpip# ./waitpid
sleep 3sec.
sleep 3sec.
sleep 3sec.
sleep 3sec.
sleep 3sec.
Child send 24
```

위의 실행결과에서는 20행이 총 5회 실행되었음을 보인다. 그리고 이는 waitpid 함수가 블로킹 되지 않았음을 증명하는 결과도 된다.

10-3 : 시그널 핸들링

지금까지 프로세스의 생성 및 소멸방법에 대해서 살펴보았는데, 아직 해결하지 못한 문제가 하나 남아있다.

"도대체 자식 프로세스가 언제 종료될 줄 알고 waitpid 함수를 계속 호출하고 앉아있으란 말인가?"

대부분의 상황에서 부모 프로세스도 자식 프로세스 못지 않게 바쁘다. 따라서 자식 프로세스의 종료를 기다리면서 waitpid 함수만 호출할 수는 없는 노릇이다. 따라서 이번에는 이 문제의 해결책을 살펴보고자 한다.

운영체제야! 네가 좀 알려줘

자식 프로세스 종료의 인식주체는 운영체제이다. 따라서 운영체제가 열심히 일하고 있는 부모 프로세스에게 다음과 같이 이야기해줄 수 있다면 효율적인 프로그램의 구현이 가능하다.

　"어이, 부모 프로세스! 네가 생성한 자식 프로세스가 종료되었어!"

그러면 부모 프로세스는 하던 일을 잠시 멈추고, 자식 프로세스의 종료와 관련된 일을 처리하면 된다. 이상적이고도 멋진 시나리오 아닌가? 이러한 시나리오의 프로그램 구현을 위해서 '시그널 핸들링(Signal Handling)'이라는 것이 존재한다. 여기서 '시그널'은 특정상황이 발생했음을 알리기 위해 운영체제가 프로세스에게 전달하는 메시지를 의미한다. 그리고 그 메시지에 반응해서 메시지와 연관된, 미리 정의된 작업이 진행되는 것을 가리켜 '핸들링' 또는 '시그널 핸들링'이라 한다. 이 둘에 대해서는 잠시 후에 재차 설명이 진행되니, 지금 당장 완전히 이해하기 위해서 노력하지 않아도 된다.

잠시 JAVA 얘기를: 열려있는 사고를 지니자!

앞으로도 나가야 할 진도가 많기에 이쯤에서 잠시 머리도 식힐 겸 JAVA에 대해서 이야기 좀 하고자 한다. 사실 이 이야기의 주제는 다음과 같다.

　"기술에 있어서 열려있는 사고를 지니자."

JAVA는 플랫폼 독립이라는 혁신적인 모토를 기반으로 많은 발전과 변화를 겪은 언어이다. 특히 그 위세는 엔터프라이즈 환경에서 더 두드러지고 있다. 어려운 말은 여기까지만 하고 JAVA에 대해 이야기하면서 기술적 시야를 조금 넓혀 보겠다.

JAVA를 보면 프로세스나 쓰레드(이후에 소개한다)의 생성방법을 프로그래밍 언어 차원에서 제공하고 있다. 그러나 C, C++ 언어는 언어차원에서 이를 지원하지 않는다. 즉, ANSI 표준에서 이의 지원을 위한 함수(자바의 메소드)를 정의하지 않고 있다. 그런데 생각해보면 이는 아주 당연한 것이다. 프로세스나 쓰레드는 지극히 운영체제 차원에서 지원되는 것들이다. 따라서 그 대상이 Windows면 Windows에서 제공하는 방법대로, Linux면 Linux에서 제공하는 방법대로 프로세스, 또는 쓰레드를 생성해야 한다. 그러나 JAVA는 플랫폼 독립이라는 특성의 유지를 위해서 운영체제에 상관없이 동일하게 적용되는 프로세스 및 쓰레드의 생성방법을 제공해야 한다. 때문에 언어차원에서 프로세스와 쓰레드의 생성방법을 제공하게 된 것이다.

그렇다면 JAVA 기반의 네트워크 프로그래밍은 한결 수월할까? 여러분이 지금까지 공부해오면서 느꼈듯이 네트워크 프로그래밍을 위해서는 운영체제와 관련된 이해가 조금 필요하다. 때문에 일부 사람들은 네트워크 프로그래밍을 시스템 프로그래밍의 일부로 구분하기도 한다. 하지만 JAVA 기반에서 네트워크 프로그래밍을 하면 운영체제로부터 자유로워지는 것은 사실이다. 때문에 JAVA 기반에서의 네트워크 프로그래밍은 상대적으로 쉬울 거라는 잘못된 판단을 하기도 한다.

언어차원에서 네트워크 프로그래밍에 필요한 모든 것이 제공되면, 그만큼 언어를 공부하는데 필요한 노력이 많이 든다. 아니 오히려 객체지향 기반의 성능 좋은 네트워크 프로그램을 만들기 위해서는 더 많은 노력과 지식이 필요하다. 기회가 된다면 Linux, Windows 뿐만 아니라 자바 기반의 네트워크 프로그래밍도 공부해보기 바란다. 자바는 분산환경에서 이상적인 네트워크 모델을 제공한다. 필자 역시 한때 그 기술에 매료되어서 한동안 자바에 묻혀 지낸 적도 있다.

기술에 대한 선입견은 곧 여러분 스스로 본인의 한계를 정하는 것과 같으니, 여러분은 기술에 대한 선입견을 버리기 바란다! 하나 하기도 바쁜데 다른걸 언제 공부하냐고 반문하는 분도 있을 것이다. 하지만 당장 이 모든 것을 병행하라는 뜻이 아니다. 열린 생각을 가지고 주변 기술에도 관심을 갖자는 뜻이다.

참 고

2003년도에 쓰여진 글

"열려있는 사고를 지니자!"라는 주제의 윗글은 필자가 2003년도 여름에 쓴 글이다. 당시에는 몇 년이 지나면 변경이 필요한 글이 되겠다고 생각했는데, 약 7년이 지난 지금도 필자의 후배들에게 여전히 하고픈 말로 남아있다. 그래서 개정판인 이 책에서도 글의 맵시만 조금 고쳐서 다시 싣게 되었다.

시그널과 signal 함수

다음은 시그널 핸들링의 이해를 돕기 위한 프로세스와 운영체제의 대화 내용이다. 이 대화 안에 시그널 핸들링과 관련된 내용 전부가 들어있다.

- 프로세스　야, 운영체제야! 내가 생성한 자식 프로세스가 종료되면 zombie_handler라는 이름의 함수 좀 호출해 주라!

- 운영체제　그래! 그럼 네가 생성한 자식 프로세스가 종료되면, 네가 말한 zombie_handler라는 이름의 함수를 내가 대신 호출해줄 테니, 그 상황에서 실행해야 할 문장들을 그 함수에 잘 묶어둬!

위의 대화 중에서 프로세스가 한 이야기가 '시그널 등록'에 해당한다. 즉, 프로세스는 자식 프로세스의 종료라는 상황 발생시, 특정 함수의 호출을 운영체제에게 요구하는 것이다. 이 요구는 다음 함수의 호출을 통해서 이뤄진다(때문에 이 함수를 시그널 등록 함수라 표현한다).

```
#include <signal.h>

void (*signal(int signo, void (*func)(int)))(int);
    ➡ 시그널 발생시 호출되도록 이전에 등록된 함수의 포인터 반환
```

위의 함수는 반환형이 함수 포인터이다 보니, 선언이 다소 복잡해 보인다. 만약에 위의 선언이 눈에 익숙지 않다면 반환형이 함수 포인터인 경우를 별도로 공부하기 바라며(참고로, 함수 포인터를 모르면 지금부터 설명하는 내용의 이해가 불가능하다), 지금은 학습의 편의를 위해 필자가 위의 함수 선언을 다음과 같이 정리해놓겠다.

- 함수 이름   signal
- 매개변수 선언   int signo, void(*func)(int)
- 반환형   매개변수형이 int이고 반환형이 void인 함수 포인터

위 함수를 호출하면서 첫 번째 인자로 특정 상황에 대한 정보를, 두 번째 인자로 특정 상황에서 호출될 함수의 주소 값(포인터)을 전달한다. 그러면 첫 번째 인자를 통해 명시된 상황 발생시, 두 번째 인자로 전달된 주소 값의 함수가 호출된다. 참고로 signal 함수를 통해서 등록 가능한 특정 상황과 그 상황에 할당된 상수 몇몇을 정리해보면 다음과 같다.

- SIGALRM   alarm 함수호출을 통해서 등록된 시간이 된 상황
- SIGINT   CTRL+C가 입력된 상황
- SIGCHLD   자식 프로세스가 종료된 상황

자! 그럼 다음 요청에 해당하는 signal 함수의 호출문장을 만들어 보겠다.

"자식 프로세스가 종료되면 mychild 함수를 호출해 달라"

이때 mychild 함수는 매개변수형이 int이고 반환형이 void이어야 한다. 그래야 signal 함수의 두 번째 전달인자가 될 수 있다. 그리고 자식 프로세스가 종료된 상황은 상수 SIGCHLD로 정의되어 있으니, 이것이 signal 함수의 첫 번째 인자가 되어야 한다. 즉, signal 함수의 호출문장은 다음과 같이 구성하면 된다.

```
signal(SIGCHLD, mychild);
```

그럼 이번에는 다음 두 가지 요청에 해당하는 signal 함수의 호출문장을 각각 만들어 보겠다.

"alarm 함수호출을 통해서 등록된 시간이 지나면 timeout 함수를 호출해 달라."
"CTRL+C가 입력되면 keycontrol 함수를 호출해 달라."

이들 각각의 상황에 할당된 상수의 이름이 SIGALRM, SIGINT이니 다음과 같이 signal 함수의 호출문장을 구성하면 된다.

```
signal(SIGALRM, timeout);
signal(SIGINT, keycontrol);
```

자! 이렇게 해서 시그널 등록 방법에 대해 알아보았다. 이렇게 시그널이 등록되면, 등록된 시그널 발생시

(등록된 상황 발생시), 운영체제는 해당 시그널에 등록된 함수를 호출해준다. 그럼 실제 예제를 통해서 이러한 사실을 확인해볼 텐데, 그에 앞서 alarm 함수를 소개하고자 한다.

```
#include <unistd.h>

unsigned int alarm(unsigned int seconds);
```
→ 0 또는 SIGALRM 시그널이 발생하기까지 남아있는 시간을 초 단위로 반환

위 함수를 호출하면서 양의 정수를 인자로 전달하면, 전달된 수에 해당하는 시간(초 단위)이 지나서 SIGALRM 시그널이 발생한다. 그리고 0을 인자로 전달하면 이전에 설정된 SIGALRM 시그널 발생의 예약이 취소된다. 그런데 위의 함수호출을 통해서 시그널의 발생을 예약만 해놓고, 이 시그널이 발생했을 때 호출되어야 할 함수를 지정하지 않으면(signal 함수호출을 통해서) 프로세스가 그냥 종료되어 버리니, 이를 주의해야 한다.

그럼 지금까지 설명한 시그널 핸들링과 관련된 예제를 여러분에게 소개하겠다. 이 예제를 통해서 지금까지 설명한 내용을 완벽히 이해하기 바란다.

❖ signal.c

```
1.   #include <stdio.h>
2.   #include <unistd.h>
3.   #include <signal.h>
4.
5.   void timeout(int sig)
6.   {
7.       if(sig==SIGALRM)
8.           puts("Time out!");
9.       alarm(2);
10.  }
11.  void keycontrol(int sig)
12.  {
13.      if(sig==SIGINT)
14.          puts("CTRL+C pressed");
15.  }
16.
17.  int main(int argc, char *argv[])
18.  {
19.      int i;
20.      signal(SIGALRM, timeout);
21.      signal(SIGINT, keycontrol);
22.      alarm(2);
```

```
23.
24.     for(i=0; i<3; i++)
25.     {
26.         puts("wait...");
27.         sleep(100);
28.     }
29.     return 0;
30. }
```

해 설

- 5, 11행: 시그널이 발생했을 때 호출되어야 할 함수가 각각 정의되어 있다. 이러한 유형의 함수를 가리켜 시그널 핸들러(Handler)라 한다.

- 9행: 2초 간격으로 SIGALRM 시그널을 반복 발생시키기 위해 시그널 핸들러 내에서 alarm 함수를 호출하고 있다.

- 20, 21행: 시그널 SIGALRM, SIGINT에 대한 시그널 핸들러를 등록하고 있다.

- 22행: 시그널 SIGALRM의 발생을 2초 뒤로 예약하였다.

- 27행: 시그널의 발생과 시그널 핸들러의 실행을 확인하기 위해서 100초간 총 3회의 대기시간을 갖도록 반복문 내에서 sleep 함수를 호출하고 있다. 그렇다면 총 300초, 대략 5분 정도가 지나야 프로그램이 종료된다는 계산이 나오는데, 이는 상당히 긴 시간이다. 하지만 실제 실행시간을 보면 채 10초가 걸리지 않는다. 이유는 잠시 후에 설명하겠다.

❖ 실행결과: signal.c

```
root@my_linux

root@my_linux:/tcpip# gcc signal.c -o signal
root@my_linux:/tcpip# ./signal
wait...
Time out!
wait...
Time out!
wait...
Time out!
```

위의 실행결과는 아무런 입력이 없을 때의 실행결과이다. 그럼 이번에는 실행 중간에 CTRL+C를 입력해보자. 그러면 "CTRL+C pressed"라는 문자열의 출력도 확인할 수 있다. 위 예제의 분석에 있어서 여러분이 반드시 알아야 할 사실 하나가 있다.

"시그널이 발생하면 sleep 함수의 호출로 블로킹 상태에 있던 프로세스가 깨어납니다!"

함수의 호출을 유도하는 것은 운영체제이지만, 그래도 프로세스가 잠들어 있는 상태에서 함수가 호출될 수는 없다. 따라서 시그널이 발생하면, 시그널에 해당하는 시그널 핸들러의 호출을 위해서 sleep 함수의 호출로 블로킹 상태에 있던 프로세스는 깨어나게 된다. 그리고 한번 깨어나면 다시 잠들지 않는다. 비록 sleep 함수의 호출문에서 요구하는 시간이 채 지나지 않아도 말이다. 그래서 위 예제의 실행에 걸리는 시간은 채 10초가 되지 않는 것이다. 만약에 CTRL+C를 연속해서 입력한다면, 1초도 채 걸리지 않을 수 있다.

✛sigaction 함수를 이용한 시그널 핸들링

지금까지 설명한 내용만 가지고도 좀비 프로세스의 생성을 막는 코드를 충분히 만들어 낼 수 있다. 그러나 함수를 하나 더 소개하고자 한다. 이번에 소개할 sigaction 함수는 signal 함수와 유사하다. 아니, signal 함수를 대체할 수 있고, 또 signal 함수보다 훨씬 안정적으로 동작한다. 안정적으로 동작하는 이유는 다음과 같다.

"signal 함수는 유닉스 계열의 운영체제 별로 동작방식에 있어서 약간의 차이를 보일 수 있지만, sigaction 함수는 차이를 보이지 않는다."

실제로 요즘은 signal 함수를 사용해서 프로그램을 작성하지 않는다. 이 함수는 과거 프로그램과의 호환성을 위해서 유지만 되고 있을 뿐이다. 그래서 sigaction 함수에 대해 소개하고자 하는데, 앞서 설명한 signal 함수의 기능을 대신할 수 있는 수준으로만 설명하고자 한다. 그 이상을 설명하는 것은 네트워크 프로그래밍을 공부하는 여러분에게 불필요하게 부담될 수 있기 때문이다.

```
#include <signal.h>

int sigaction(int signo, const struct sigaction * act, struct sigaction * oldact);
```
➜ 성공 시 0, 실패 시 −1 반환

- signo   signal 함수와 마찬가지로 시그널의 정보를 인자로 전달.
- act   첫 번째 인자로 전달된 상수에 해당하는 시그널 발생시 호출될 함수(시그널 핸들러)의 정보 전달.
- oldact   이전에 등록되었던 시그널 핸들러의 함수 포인터를 얻는데 사용되는 인자, 필요 없다면 0 전달.

위 함수의 호출을 위해서는 sigaction이라는 이름의 구조체 변수를 선언 및 초기화해야 하는데, 이 구조체는 다음과 같이 정의되어 있다.

```
struct sigaction
```

```
{
    void (*sa_handler)(int);
    sigset_t sa_mask;
    int sa_flags;
}
```

위의 구조체 멤버 중에서 sa_handler에 시그널 핸들러의 함수 포인터 값(주소 값)을 저장하면 된다. 그리고 sa_mask는 모든 비트를 0으로, sa_flags는 0으로 초기화한다. 이 두 멤버는 시그널 관련 옵션 및 특성의 지정에 사용되는데, 우리의 목적은 좀비 프로세스의 생성을 막는데 있으므로 이 두 멤버에 대한 설명은 생략하겠다. 단, 이 두 멤버의 이해를 위해 참고할만한 서적은 이 책의 뒷부분에서 알려주겠으니, 일단은 이 정도만 이해를 하자!

그럼 이제 예제를 제시하겠다. 사실 아직은 sigaction 함수의 사용에 필요한 모든 것을 언급하지 않았는데, 그런 부족한 부분을 다음 예제를 통해서 보충하고자 한다.

❖ sigaction.c

```
1.  #include <stdio.h>
2.  #include <unistd.h>
3.  #include <signal.h>
4.
5.  void timeout(int sig)
6.  {
7.      if(sig==SIGALRM)
8.          puts("Time out!");
9.      alarm(2);
10. }
11.
12. int main(int argc, char *argv[])
13. {
14.     int i;
15.     struct sigaction act;
16.     act.sa_handler=timeout;
17.     sigemptyset(&act.sa_mask);
18.     act.sa_flags=0;
19.     sigaction(SIGALRM, &act, 0);
20.
21.     alarm(2);
22.
23.     for(i=0; i<3; i++)
24.     {
25.         puts("wait...");
26.         sleep(100);
27.     }
28.     return 0;
29. }
```

해 설

- 15, 16행: 시그널 발생시 호출될 함수의 등록을 위해서는 이렇듯 sigaction 구조체 변수를 선언해서 멤버 sa_handler에 함수 포인터 값을 저장해야 한다.
- 17행: 앞서 sigaction 구조체를 설명하면서 멤버 sa_mask의 모든 비트를 0으로 초기화해야 한다고 하였다. sigemptyset 함수는 바로 이러한 목적으로 호출되는 함수이다.
- 18행: sa_flags 역시 signal 함수를 대신하기 위해서 필요한 멤버가 아니므로 0으로 초기화한다.
- 19, 21행: 시그널 SIGALRM에 대한 핸들러를 지정하고 있다. 그리고 이어서 alarm 함수호출을 통해서 2초 뒤에 시그널 SIGALRM의 발생을 예약해 놓았다.

❖ 실행결과: sigaction.c

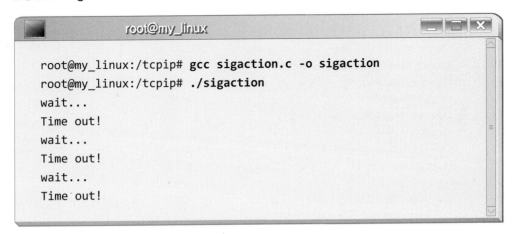

```
root@my_linux:/tcpip# gcc sigaction.c -o sigaction
root@my_linux:/tcpip# ./sigaction
wait...
Time out!
wait...
Time out!
wait...
Time out!
```

이로써 시그널 핸들링에 대한 이론적인 설명을 마치고, 이 내용을 바탕으로 좀비 프로세스의 소멸에 대해 논의하고자 한다.

+시그널 핸들링을 통한 좀비 프로세스의 소멸

필자는 여러분 스스로 좀비 프로세스의 생성을 막는 예제를 작성할 수 있다고 믿는다. 자식 프로세스가 종료된 상황에 대한 시그널 이름이 SIGCHLD라는 사실만 알면 쉽게 작성할 수 있기 때문이다. 그럼 sigaction 함수를 기반으로 예제를 작성해 보겠다.

❖ remove_zombie.c

```
1.  #include <stdio.h>
2.  #include <stdlib.h>
3.  #include <unistd.h>
4.  #include <signal.h>
5.  #include <sys/wait.h>
6.
```

```
7.  void read_childproc(int sig)
8.  {
9.      int status;
10.     pid_t id=waitpid(-1, &status, WNOHANG);
11.     if(WIFEXITED(status))
12.     {
13.         printf("Removed proc id: %d \n", id);
14.         printf("Child send: %d \n", WEXITSTATUS(status));
15.     }
16. }
17.
18. int main(int argc, char *argv[])
19. {
20.     pid_t pid;
21.     struct sigaction act;
22.     act.sa_handler=read_childproc;
23.     sigemptyset(&act.sa_mask);
24.     act.sa_flags=0;
25.     sigaction(SIGCHLD, &act, 0);
26.
27.     pid=fork();
28.     if(pid==0)  /* 자식 프로세스 실행영역 */
29.     {
30.         puts("Hi! I'm child process");
31.         sleep(10);
32.         return 12;
33.     }
34.     else     /* 부모 프로세스 실행영역 */
35.     {
36.         printf("Child proc id: %d \n", pid);
37.         pid=fork();
38.         if(pid==0)  /* 또 다른 자식 프로세스 실행영역 */
39.         {
40.             puts("Hi! I'm child process");
41.             sleep(10);
42.             exit(24);
43.         }
44.         else
45.         {
46.             int i;
47.             printf("Child proc id: %d \n", pid);
48.             for(i=0; i<5; i++)
49.             {
50.                 puts("wait...");
51.                 sleep(5);
52.             }
53.         }
```

```
54.     }
55.     return 0;
56. }
```

해 설

- 21~25행: 시그널 SIGCHLD에 대한 시그널 핸들러의 등록과정을 보이고 있다. 이로써 자식 프로세스가 종료되면 7행에 정의된 함수가 호출된다. 그리고 이 함수 내에서의 waitpid 함수호출로 인해 자식 프로세스는 좀비가 되지 않고 소멸된다.

- 27, 37행: 부모 프로세스를 통해서 총 두 개의 자식 프로세스를 생성하고 있다.

- 48, 51행: 시그널 SIGCHLD의 발생을 대기하기 위해서 부모 프로세스를 5초간 5회 멈춰 놓았다. 물론 시그널이 발생하면 부모 프로세스는 깨어나기 때문에 실제 멈춰있는 시간은 25초가 되지 않는다.

❖ 실행결과: remove_zombie.c

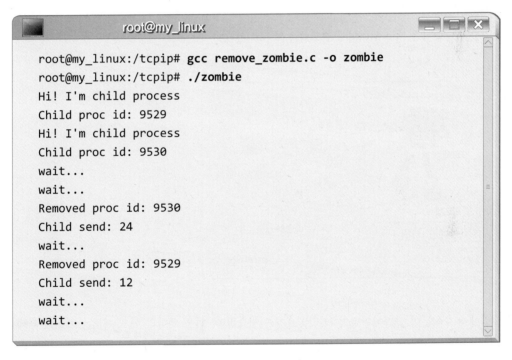

```
root@my_linux:/tcpip# gcc remove_zombie.c -o zombie
root@my_linux:/tcpip# ./zombie
Hi! I'm child process
Child proc id: 9529
Hi! I'm child process
Child proc id: 9530
wait...
wait...
Removed proc id: 9530
Child send: 24
wait...
Removed proc id: 9529
Child send: 12
wait...
wait...
```

위의 실행결과를 통해서 종료된 자식프로세스가 좀비가 되지 않고 소멸되었음을 확인할 수 있다. 그럼 이제 지금까지 공부한 프로세스 생성에 대한 지식을 서버 프로그래밍에 반영해 보겠다.

10-4 : 멀티태스킹 기반의 다중접속 서버

드디어 여러분은 fork 함수호출을 통한 다중 접속 서버의 구현준비를 끝냈다. 이제에 비로소 서버다운 서버를 구현해볼 차례가 된 것이다.

✚ 프로세스 기반의 다중접속 서버의 구현 모델

이전에 구현했던 에코 서버는 한번에 하나의 클라이언트에게만 서비스를 제공할 수 있었다. 즉, 동시에 둘 이상의 클라이언트에게 서비스를 제공하지 못하는 구조였다. 따라서 이번에는 동시에 둘 이상의 클라이언트에게 서비스를 제공하는 형태로 에코 서버를 확장해 보겠다. 다음 그림은 이어서 구현할 멀티프로세스 기반의 다중접속 에코 서버의 구현모델을 보이고 있다.

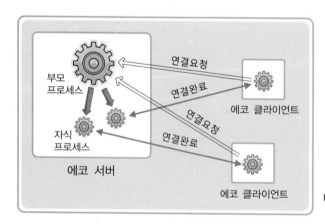

▶ 그림 10-2: 다중접속 서버모델

위 그림에서 보이듯이 클라이언트의 서비스 요청(연결요청)이 있을 때마다 에코 서버는 자식 프로세스를 생성해서 서비스를 제공한다. 즉, 서비스를 요청하는 클라이언트의 수가 다섯이라면 에코 서버는 추가로 다섯 개의 자식 프로세스를 생성해서 서비스를 제공한다. 이를 위해서 에코 서버는 다음의 과정을 거쳐야 한다. 이것이 기존 에코 서버와의 차이점이다.

- 1단계   에코 서버(부모 프로세스)는 accept 함수호출을 통해서 연결요청을 수락한다.
- 2단계   이때 얻게 되는 소켓의 파일 디스크립터를 자식 프로세스를 생성해서 넘겨준다.
- 3단계   자식 프로세스는 전달받은 파일 디스크립터를 바탕으로 서비스를 제공한다.

여기서 다소 혼란스러운 부분은 자식 프로세스에게 소켓의 파일 디스크립터를 넘기는 방법이다. 그러나 실제 코드상에서 이를 확인하면 이는 아무것도 아님을 알 수 있다. 왜냐하면 자식 프로세스는 부모 프로세스가 소유하고 있는 것을 전부 복사하기 때문이다. 즉, 사실상 파일 디스크립터를 넘기는 과정은 별도로 거칠 필요가 없다.

다중접속 에코 서버의 구현

필자가 이론적으로는 설명은 다 했지만, 아직 구체적인 구현방법이 머릿속에 그려지지 않을 것이다. 그래서 코드상에서의 이해과정이 필요하다. 자! 다음 코드는 여러분에게 처음으로 제공하는 다중접속 에코 서버이다. 물론 멀티프로세스 기반이며, 앞서 구현했던 Chapter 04의 에코 클라이언트와 함께 실행하면 된다.

❖ echo_mpserv.c

```
1.   #include <stdio.h>
2.   #include <stdlib.h>
3.   #include <string.h>
4.   #include <unistd.h>
5.   #include <signal.h>
6.   #include <sys/wait.h>
7.   #include <arpa/inet.h>
8.   #include <sys/socket.h>
9.
10.  #define BUF_SIZE 30
11.  void error_handling(char *message);
12.  void read_childproc(int sig);
13.
14.  int main(int argc, char *argv[])
15.  {
16.      int serv_sock, clnt_sock;
17.      struct sockaddr_in serv_adr, clnt_adr;
18.
19.      pid_t pid;
20.      struct sigaction act;
21.      socklen_t adr_sz;
22.      int str_len, state;
23.      char buf[BUF_SIZE];
24.      if(argc!=2) {
25.          printf("Usage : %s <port>\n", argv[0]);
26.          exit(1);
27.      }
28.
29.      act.sa_handler=read_childproc;
30.      sigemptyset(&act.sa_mask);
31.      act.sa_flags=0;
32.      state=sigaction(SIGCHLD, &act, 0);
```

```
33.    serv_sock=socket(PF_INET, SOCK_STREAM, 0);
34.    memset(&serv_adr, 0, sizeof(serv_adr));
35.    serv_adr.sin_family=AF_INET;
36.    serv_adr.sin_addr.s_addr=htonl(INADDR_ANY);
37.    serv_adr.sin_port=htons(atoi(argv[1]));
38.
39.    if(bind(serv_sock, (struct sockaddr*) &serv_adr, sizeof(serv_adr))==-1)
40.        error_handling("bind() error");
41.    if(listen(serv_sock, 5)==-1)
42.        error_handling("listen() error");
43.
44.    while(1)
45.    {
46.        adr_sz=sizeof(clnt_adr);
47.        clnt_sock=accept(serv_sock, (struct sockaddr*)&clnt_adr, &adr_sz);
48.        if(clnt_sock==-1)
49.            continue;
50.        else
51.            puts("new client connected...");
52.        pid=fork();
53.        if(pid==-1)
54.        {
55.            close(clnt_sock);
56.            continue;
57.        }
58.        if(pid==0)  /* 자식 프로세스 실행영역 */
59.        {
60.            close(serv_sock);
61.            while((str_len=read(clnt_sock, buf, BUF_SIZE))!=0)
62.                write(clnt_sock, buf, str_len);
63.
64.            close(clnt_sock);
65.            puts("client disconnected...");
66.            return 0;
67.        }
68.        else
69.            close(clnt_sock);
70.    }
71.    close(serv_sock);
72.    return 0;
73. }
74.
75. void read_childproc(int sig)
76. {
77.    pid_t pid;
78.    int status;
79.    pid=waitpid(-1, &status, WNOHANG);
```

```
80.    printf("removed proc id: %d \n", pid);
81. }
82. void error_handling(char * message)
83. {
84.    fputs(message, stderr);
85.    fputc('\n', stderr);
86.    exit(1);
87. }
```

해 설

- 29~32행: 좀비 프로세스의 생성을 막기 위한 코드 구성이다.

- 47, 52행: 47행에서 accept 함수를 호출한 이후에 52행에서 fork 함수를 호출하고 있다. 때문에 47행을 통해서 만들어진 소켓(클라이언트의 연결요청 수락과정에서 만들어진)의 파일 디스크립터를 부모 프로세스와 자식 프로세스가 동시에 하나씩 갖게 된다.

- 58~66행: 자식 프로세스에 의해 실행되는 영역이다. 이 부분에 의해서 클라이언트에게 에코 서비스가 제공된다. 그런데 60행에서는 33행에서 만든 서버 소켓을 닫고 있다. 이는 자식 프로세스로 서버 소켓의 파일 디스크립터까지 복사되기 때문인데, 이와 관련해서는 잠시 후에 별도로 설명을 하겠다.

- 69행: 47행의 accept 함수호출을 통해서 만들어진 소켓의 파일 디스크립터가 자식 프로세스에게 복사되었으니, 서버는 자신이 소유하고 있는 파일 디스크립터를 소멸시켜야 한다. 이와 관련해서도 잠시 후에 별도로 설명을 하겠다.

❖ 실행결과: echo_mpserv.c

```
                          root@my_linux

root@my_linux:/tcpip# gcc echo_mpserv.c -o mpserv
root@my_linux:/tcpip# ./mpserv 9190
new client connected...
new client connected...
client disconnected...
removed proc id: 7012
client disconnected...
removed proc id: 7018
```

❖ 실행결과: echo_client.c one

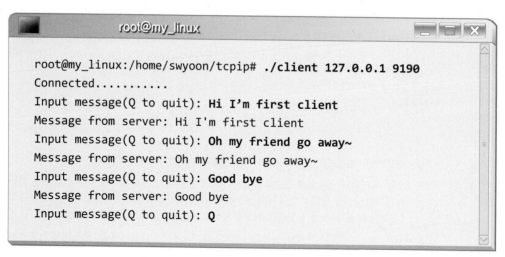

```
root@my_linux:/home/swyoon/tcpip# ./client 127.0.0.1 9190
Connected..........
Input message(Q to quit): Hi I'm first client
Message from server: Hi I'm first client
Input message(Q to quit): Oh my friend go away~
Message from server: Oh my friend go away~
Input message(Q to quit): Good bye
Message from server: Good bye
Input message(Q to quit): Q
```

❖ 실행결과: echo_client.c two

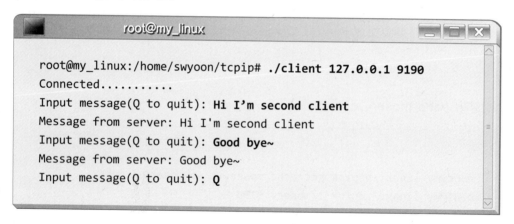

```
root@my_linux:/home/swyoon/tcpip# ./client 127.0.0.1 9190
Connected..........
Input message(Q to quit): Hi I'm second client
Message from server: Hi I'm second client
Input message(Q to quit): Good bye~
Message from server: Good bye~
Input message(Q to quit): Q
```

위에서 보이듯이 서버를 실행시킨 다음에 둘 이상의 클라이언트를 생성해서 접속해보자. 다수의 클라이언트에게 에코 서비스가 동시에 제공됨을 확인할 수 있을 것이다. 아니, 이를 꼭 확인해야 한다.

⁺fork 함수호출을 통한 파일 디스크립터의 복사

예제 echo_mpserv.c에서는 fork 함수호출을 통한 파일 디스크립터의 복사를 보여준다. 부모 프로세스가 지니고 있던 두 소켓(하나는 서버 소켓, 또 하나는 클라이언트와 연결된 소켓)의 파일 디스크립터가 자식 프로세스에게 복사되었다.

"파일 디스크립터만 복사된 건가요? 소켓도 복사가 되는 것은 아닌가요?"

사실 파일 디스크립터의 복사는 다소 이해하기 힘든 부분이 있다. fork 함수가 호출되면 부모 프로세스의 모든 것이 복사되니 소켓도 함께 복사되었을 거라고 생각할 수 있다. 그러나 소켓은 프로세스의 소유가 아니다. 엄밀히 말해서 소켓은 운영체제의 소유이다. 다만 해당 소켓을 의미하는 파일 디스크립터만이 프로세스의 소유인 것이다. 그런데 굳이 이렇게 이해하지 않아도 소켓이 복사된다는 것은 다음의 이유로도 이치에 맞지 않는다.

"소켓이 복사되면 동일한 PORT에 할당된 소켓이 둘 이상이 됩니다."

즉, 예제 echo_mpserv.c에서 fork 함수의 호출결과는 다음과 같다. fork 함수호출 이후에 하나의 소켓에 두 개의 파일 디스크립터가 할당된 모습을 보인다.

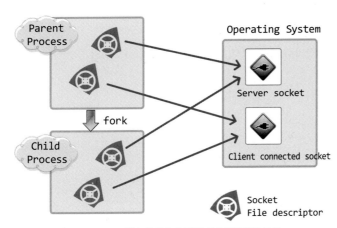

▶ 그림 10-3: fork 함수의 호출과 파일 디스크립터의 복사

위 그림과 같이 하나의 소켓에 두 개의 파일 디스크립터가 존재하는 경우, 두 개의 파일 디스크립터가 모두 종료(소멸)되어야 소켓은 소멸된다. 때문에 위의 그림과 같은 형태를 유지하면 이후에 자식 프로세스가 클라이언트와 연결되어 있는 소켓을 소멸하려 해도 소멸되지 않고 계속 남아있게 된다(이는 서버 소켓도 마찬가지이다). 그래서 fork 함수호출 후에는 다음 그림에서 보이듯이 서로에게 상관이 없는 소켓의 파일 디스크립터를 닫아줘야 한다.

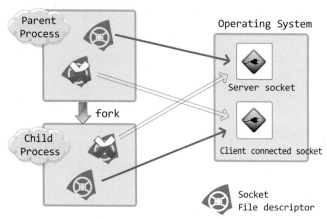

▶ 그림 10-4: 복사된 파일 디스크립터의 정리

위 그림의 형태로 파일 디스크립터를 정리하기 위해서 예제 echo_mpserv.c의 60행과 69행에서 close 함수를 호출한 것이다.

10-5 : TCP의 입출력 루틴(Routine) 분할

지금 막 여러분은 fork와 관련된 매우 의미 있는 내용 전부를 이해했다. 그래서 내친김에 이를 바탕으로 '입출력 루틴의 분할'이라는 것을 클라이언트 영역에서 시도해 보고자 한다. 아주 쉬운 내용이니 부담 가질 필요 없다.

✚ 입출력 루틴 분할의 의미와 이점

지금까지 구현한 에코 클라이언트의 데이터 에코방식은 다음과 같았다.

"서버로 데이터를 전송한다! 그리고는 데이터가 에코되어 돌아올 때까지 기다린다. 무조건 기다린다. 그리고 에코되어 돌아온 데이터를 수신하고 나서야 비로소 데이터를 추가로 전송할 수 있다!"

즉, 한번 데이터를 전송하면 에코 되어 돌아오는 데이터를 수신할 때까지 마냥 기다려야 했다. 이유가 무엇인가? 프로그램 코드의 흐름이 read와 write를 반복하는 구조였기 때문이다. 그런데 이렇게밖에 구현할 수 없었던 이유는 하나의 프로세스를 기반으로 프로그램이 동작했기 때문이다. 그러나 이제는 둘 이상의 프로세스를 생성할 수 있으니, 이를 바탕으로 데이터의 송신과 수신을 분리해 보자. 분리를 위한 기본 모델은 다음과 같다.

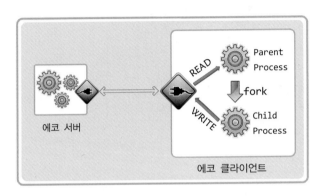

▶ 그림 10-5: 에코 클라이언트의 입출력 루틴 분리 모델

위 그림에서 보이듯이 클라이언트의 부모 프로세스는 데이터의 수신을 담당하고, 별도로 생성된 자식 프로세스는 데이터의 송신을 담당한다. 그리고 이렇게 구현해 놓으면 입력과 출력을 담당하는 프로세스가 각각 다르기 때문에 서버로부터의 데이터 수신여부에 상관없이 데이터를 전송할 수 있다.

이러한 구현방식을 택하는 이유에는 여러 가지가 있지만, 가장 중요한 이유는 프로그램의 구현이 한결 수월해진다는데 있다. 여러분 입장에서는 프로세스를 하나 더 생성하는 방식인데, 이것이 어떻게 보다 수월할 수 있겠느냐고 반문할 수 있다. 그러나 이러한 구현방식을 따르면 프로세스 생성 이후에 부모 프로세스가 실행하는 영역은 데이터의 수신과 관련해서만 코드를 작성하면 되고, 자식 프로세스가 실행하는 영역은 데이터의 송신과 관련해서만 코드를 작성하면 되기 때문에 코드의 구현이 보다 수월하다. 사실 하나의 프로세스 내에서 데이터의 송수신을 모두 진행하게끔 구현하려면 그만큼 신경 쓸 부분이 많아진다. 그리고 이러한 차이는 프로그램이 복잡할수록 더 극명하게 드러난다. 이것이 공식적으로 가장 많이 이야기하는 장점이다.

에코 클라이언트에서 입출력 루틴을 분리할 필요는 없습니다.

사실 에코 클라이언트는 입출력 루틴을 분리시킬만한 특별한 근거를 지니고 있지 않다. 오히려 입출력 루틴의 분리로 인해서 더 복잡하게만 느껴질 수 있다. 다만 입출력 루틴의 분리를 설명하기 위한 대상으로 에코 클라이언트를 삼았을 뿐이니, 이 부분에 대해 오해 없기 바란다.

입출력 루틴 분할의 또 다른 장점을 들라고 한다면, 데이터 송수신이 잦은 프로그램의 성능향상을 들 수 있다. 이에 대한 이해를 위해 다음 그림을 보자.

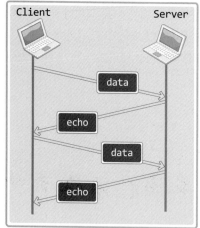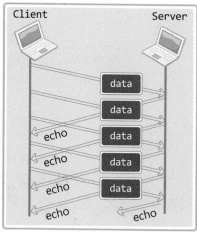

▶ 그림 10-6: 데이터 송수신 방법의 비교

위 그림의 왼쪽은 이전 에코 클라이언트의 데이터 송수신 방식을, 그리고 오른쪽은 입출력 루틴을 분리시킨 에코 클라이언트의 데이터 송수신 방식을 보여준다. 일단 서버에서의 차이는 없다. 차이가 나는 부분은 클라이언트 영역이다. 입출력 루틴이 분리된 클라이언트는 데이터의 수신여부에 상관없이 데이터 전송이 가능하기 때문에 연속해서 데이터의 전송이 가능하다. 따라서 동일한 시간 내에서의 데이터 송수신 분량이 상대적으로 많을 수밖에 없다. 그리고 이러한 성능적 차이는 데이터의 전송속도가 느린 환경에서 더 확실히 드러난다.

에코 클라이언트의 입출력 루틴 분할

입출력 루틴의 분할이 의미하는 바를 이해하였으니, 이제 실제로 코드상에서 입출력 루틴을 분할해 보겠다. 분할의 대상은 에코 클라이언트다. 다음 에코 클라이언트는 앞서 소개한 에코 서버인 예제 echo_mpserv.c와 함께 동작시키면 된다.

❖ echo_mpclient.c

```
1.    #include <stdio.h>
2.    #include <stdlib.h>
3.    #include <string.h>
4.    #include <unistd.h>
5.    #include <arpa/inet.h>
6.    #include <sys/socket.h>
7.
```

```
8.  #define BUF_SIZE 30
9.  void error_handling(char *message);
10. void read_routine(int sock, char *buf);
11. void write_routine(int sock, char *buf);
12.
13. int main(int argc, char *argv[])
14. {
15.     int sock;
16.     pid_t pid;
17.     char buf[BUF_SIZE];
18.     struct sockaddr_in serv_adr;
19.     if(argc!=3) {
20.         printf("Usage : %s <IP> <port>\n", argv[0]);
21.         exit(1);
22.     }
23.
24.     sock=socket(PF_INET, SOCK_STREAM, 0);
25.     memset(&serv_adr, 0, sizeof(serv_adr));
26.     serv_adr.sin_family=AF_INET;
27.     serv_adr.sin_addr.s_addr=inet_addr(argv[1]);
28.     serv_adr.sin_port=htons(atoi(argv[2]));
29.
30.     if(connect(sock, (struct sockaddr*)&serv_adr, sizeof(serv_adr))==-1)
31.         error_handling("connect() error!");
32.
33.     pid=fork();
34.     if(pid==0)
35.         write_routine(sock, buf);
36.     else
37.         read_routine(sock, buf);
38.
39.     close(sock);
40.     return 0;
41. }
42.
43. void read_routine(int sock, char *buf)
44. {
45.     while(1)
46.     {
47.         int str_len=read(sock, buf, BUF_SIZE);
48.         if(str_len==0)
49.             return;
50.
51.         buf[str_len]=0;
52.         printf("Message from server: %s", buf);
53.     }
54. }
```

```
55. void write_routine(int sock, char *buf)
56. {
57.     while(1)
58.     {
59.         fgets(buf, BUF_SIZE, stdin);
60.         if(!strcmp(buf,"q\n") || !strcmp(buf,"Q\n"))
61.         {
62.             shutdown(sock, SHUT_WR);
63.             return;
64.         }
65.         write(sock, buf, strlen(buf));
66.     }
67. }
68. void error_handling(char *message)
69. {
70.     fputs(message, stderr);
71.     fputc('\n', stderr);
72.     exit(1);
73. }
```

- 34~37행: 35행에서 호출하는 write_routine 함수에는 데이터 출력에 관련된 코드만 존재한다. 반면 37행에서 호출하는 read_routine 함수에는 데이터 입력에 관련된 코드만 존재한다. 이렇듯 입력출력 루틴을 구분해서 각각의 함수로 정의하는 것은 구현의 편의를 가져다 준다.

- 62행: 서버로의 EOF 전달을 위해서 shutdown 함수가 호출되었다. 물론 63행의 return문 실행 이후에 39행의 close 함수호출을 통해서 EOF의 전달을 기대할 수 있지만, 현재 33행의 fork 함수호출을 통해서 파일 디스크립터가 복사된 상황이다. 그리고 이러한 상황에서는 한번의 close 함수호출로 EOF의 전달을 기대할 수 없다. 따라서 반드시 shutdown 함수호출을 통해서 EOF의 전달을 별도로 명시해야 한다.

실행결과는 여러분이 잘 아는 일반적인 에코 서버, 에코 클라이언트의 실행결과와 동일하니 별도로 싣지 않겠다. 단, 위 예제의 경우 입출력 루틴이 분리되었기 때문에, 출력의 간결함을 위해서 이전 예제와 달리 다음 문자열이 출력되지 않도록 하였다.

```
"Input message(Q to quit): "
```

위의 문자열은 메시지의 수신여부에 상관없이 키보드로 문자열을 입력할 때마다 출력되기 때문에 출력의 형태가 이상할 수 있다. 그럼 이로써 다소 길었던 멀티태스킹 기반의 서버구현에 대한 설명을 매듭짓겠다.

01. 다음 중 프로세스에 대한 설명으로 옳지 않은 것을 모두 고르면?

    a. 프로세스는 운영체제의 관점에서 프로그램의 실행 단위가 된다.

    b. 프로세스도 생성방식에 따라서 부모와 자식의 관계를 갖는다.

    c. 프로세스는 다른 프로세스를 포함할 수 있다. 즉, 하나의 프로세스는 자신의 메모리 영역에 또 다른 프로세스를 포함할 수 있다.

    d. 자식 프로세스는 또 다른 자식 프로세스를 생성할 수 있고, 이렇게 생성된 자식 프로세스 역시 또 다른 자식 프로세스를 생성할 수 있지만, 이들은 모두 하나의 프로세스와만 부모 자식의 관계를 형성한다.

02. fork 함수가 호출되면 자식 프로세스가 생성되는데, 이 자식 프로세스의 특징으로 옳지 않은 것을 모두 고르면?

    a. 부모 프로세스가 소멸되면 자식 프로세스도 소멸된다.

    b. 자식 프로세스는 부모 프로세스의 모든 것을 복사해서 생성되는 프로세스이다.

    c. 부모 프로세스와 자식 프로세스는 전역으로 선언되는 변수를 공유한다.

    d. fork 함수 호출로 생성된 자식 프로세스는 부모 프로세스가 실행한 코드를 처음부터 fork 함수가 호출된 위치까지 실행해 온다.

03. 자식 프로세스가 생성되면 부모 프로세스의 모든 것을 복사하는데, 이때 복사의 대상으로는 소켓의 파일 디스크립터도 포함이 된다. 그렇다면 복사된 파일 디스크립터의 정수 값은 원본 파일 디스크립터의 정수 값과 동일한지 확인하기 위한 프로그램을 작성해 보자.

04. 프로세스가 좀비가 되는 경우에 대해서 설명하고, 이를 막기 위해서 어떠한 방법을 취해야 하는지 설명해 보자.

05. SIGINT에 대한 핸들러를 등록하지 않은 상태에서 Ctrl+C 키가 입력되면, 운영체제가 지정해 놓은 디폴트 이벤트 핸들러에 의해서 프로그램이 종료되어 버린다. 그러나 Ctrl+C 키에 대한 핸들러를 직접 등록하면 프로그램은 종료되지 않고 프로그래머가 지정한 이벤트 핸들러가 대신 호출된다. 그렇다면 일반적인 프로그램에서 다음과 같이 동작하도록 이벤트 핸들러 등록을 위한 코드를 구성해 보자.

    "Ctrl+C 키가 눌리면, 정말로 프로그램을 종료할 것인지 묻고, 이에 대한 대답으로 'Y'가 입력되면 프로그램을 종료한다."

그리고 간단히 문자열을 1초당 한번 정도 반복 출력하는 프로그램을 작성해서 위의 이벤트 핸들러 등록 코드를 적용시켜보자.

11

프로세스간 통신 (Inter Process Communication)

Chapter 10에서는 프로세스의 생성에 대해 공부하였는데, 이번 Chapter에서는 이렇게 생성된 두 개의 프로세스 상호간에 데이터를 주고받는 방법에 대해 살펴보고자 한다. 이는 서버의 구현에 직접적인 연관은 없는 내용이다. 그러나 다양한 서버의 구현과정에서 필요할 수 있고, 또 운영체제를 이해한다는 측면에서도 나름의 의미가 있는 내용이다.

11-1 : 프로세스간 통신의 기본 개념

프로세스간 통신이 가능하다는 것은 서로 다른 두 프로세스가 데이터를 주고 받을 수 있다는 의미가 되며, 이렇게 되기 위해서는 두 프로세스가 동시에 접근 가능한 메모리 공간이 있어야 한다.

✚ 프로세스간 통신의 기본 이해

프로세스간 통신은 생각보다 어렵지 않은 개념이다. 프로세스 A가 프로세스 B에게 다음과 같이 말한다면 이 역시 프로세스간 통신의 규칙이 된다.

> "내게 빵이 하나 생기면 변수 bread의 값을 1로 변경하겠다. 그리고 그 빵을 먹어버리면 변수 bread의 값을 0으로 다시 변경하겠다. 그러니 너는 변수 bread의 값을 통해서 내 상태를 파악해라."

즉, 프로세스 A는 변수 bread를 통해서 자신의 상태를 프로세스 B에게 말한 셈이고, 프로세스 B는 변수 bread를 통해서 프로세스 A가 한 말을 들은 셈이다. 때문에 두 프로세스가 동시에 접근 가능한 메모리 공간만 있다면, 이 공간을 통해서 얼마든지 데이터를 주고 받을 수 있다. 하지만 이미 Chapter 10에서 공부했다시피 프로세스는 서로 완전히 별개의 메모리 구조를 지닌다. 따라서 fork 함수호출을 통해서 생성된 자식 프로세스 조차 부모 프로세스와 메모리 공간을 조금도 공유하지 않는다. 그래서 프로세스간 통신은 별도로 마련된 방법을 통해서만 이뤄질 수 있다.

자! 이제 프로세스간 통신이 의미하는 바와 이것이 그리 간단히 해결되지 않는 이유를 이해하였을 것이다. 그럼 본격적으로 프로세스간 통신 기법에 대해 살펴보기로 하자.

✚ 파이프(PIPE) 기반의 프로세스간 통신

다음 그림은 프로세스간 통신의 방법으로 사용되는 파이프 기법의 구조적 모델을 보이고 있다.

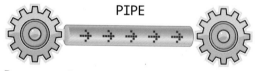

▶ 그림 11-1 : PIPE 기반 프로세스 통신 모델

위 그림에서 보이듯이 두 프로세스간 통신을 위해서는 파이프라는 것을 생성해야 한다. 이 파이프는 프로세스에 속하는 자원이 아니다. 이는 소켓과 마찬가지로 운영체제에 속하는 자원이다(때문에 fork 함수의 호출에 의한 복사 대상이 아니다). 즉, 운영체제가 마련해 주는 메모리 공간을 통해서 두 프로세스는 통

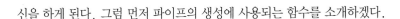

신을 하게 된다. 그럼 먼저 파이프의 생성에 사용되는 함수를 소개하겠다.

```
#include <unistd.h>

int pipe(int filedes[2]);
    ➡ 성공 시 0, 실패 시 −1 반환
```

- filedes[0]   파이프로부터 데이터를 수신하는데 사용되는 파일 디스크립터가 저장된다. 즉, filedes[0]는 파이프의 출구가 된다.
- filedes[1]   파이프로 데이터를 전송하는데 사용되는 파일 디스크립터가 저장된다. 즉, filedes[1]은 파이프의 입구가 된다.

길이가 2인 int형 배열의 주소 값을 인자로 전달하면서 위의 함수를 호출하면 배열에는 두 개의 파일 디스크립터가 담긴다. 그리고 이들 각각은 파이프의 출구와 입구로 사용이 된다. 결국 부모 프로세스가 위의 함수를 호출하면 파이프가 생성되고, 파이프의 입구 및 출구에 해당 하는 파일 디스크립터를 동시에 얻게 되는 것이다. 따라서 부모 프로세스 혼자서 파이프 안으로 데이터를 집어넣고 꺼내는 것도 가능하다 (이런 놀이 누구나 한번쯤 하지 않았는가?). 그런데 부모 프로세스의 목적은 자식 프로세스와의 데이터 송수신이니, 입구 또는 출구에 해당하는 파일 디스크립터 중 하나를 자식 프로세스에게 전달해야 한다. 어떻게 하면 이것이 가능하겠는가? 그렇다! 답은 fork 함수의 호출에 있다. 그럼 예제를 통해서 이를 보이겠다.

❖ pipe1.c

```
1.   #include <stdio.h>
2.   #include <unistd.h>
3.   #define BUF_SIZE 30
4.
5.   int main(int argc, char *argv[])
6.   {
7.       int fds[2];
8.       char str[]="Who are you?";
9.       char buf[BUF_SIZE];
10.      pid_t pid;
11.
12.      pipe(fds);
13.      pid=fork();
14.      if(pid==0)
15.      {
16.          write(fds[1], str, sizeof(str));
17.      }
18.      else
```

```
19.    {
20.        read(fds[0], buf, BUF_SIZE);
21.        puts(buf);
22.    }
23.    return 0;
24. }
```

 해 설

- 12행: pipe 함수호출을 통해서 파이프를 생성하고 있다. 이로 인해서 배열 fds에는 입출력을 위한 파일 디스크립터가 각각 저장된다.

- 13행: 이어서 fork 함수를 호출하고 있다. 따라서 자식 프로세스는 12행의 함수호출을 통해서 얻게 된 두 개의 파일 디스크립터를 함께 소유하게 된다. 주의하라! 파이프가 복사된 것이 아니라, 파이프의 입출력에 사용되는 파일 디스크립터가 복사된 것이다. 이로써 부모와 자식 프로세스가 동시에 입출력 파일 디스크립터를 모두 소유하게 되었다.

- 16, 20행: 자식 프로세스는 16행의 실행을 통해서 파이프로 문자열을 전달한다. 그리고 부모 프로세스는 20행의 실행을 통해서 파이프로부터 문자열을 수신한다.

❖ 실행결과: pipe1.c

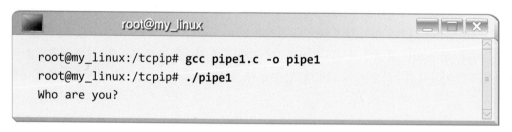

위 예제에서 보인 통신의 방법 및 경로를 그림으로 정리하면 다음과 같다. 여기서 중요한 사실은 부모, 자식 프로세스 모두 파이프의 입출력 경로에 접근이 가능하지만, 자식은 입력 경로에만, 부모는 출력 경로에만 접근해서 통신을 했다는 점이다.

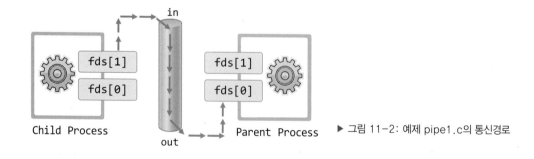

▶ 그림 11-2: 예제 pipe1.c의 통신경로

이로써 파이프의 기본원리 및 통신방법에 대한 설명이 모두 끝났다. 하지만 파이프의 활용에 있어서 주의해야 할 내용이 조금 더 있기에 이를 양방향 통신을 예로 들면서 설명을 조금 더 하고자 한다.

⁺파이프(PIPE) 기반의 프로세스간 양방향 통신

이번에는 하나의 파이프를 통해서 두 프로세스가 양방향으로 데이터를 주고 받는 예제를 작성해보고자 한다. 이 예제에서 보이고자 하는 통신방식은 다음과 같다.

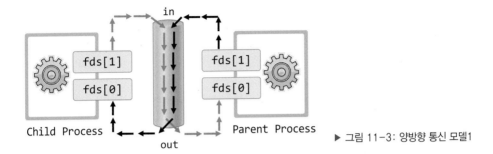

▶ 그림 11-3: 양방향 통신 모델1

위 그림과 같이 하나의 파이프를 대상으로 양방향으로 통신을 하는 것도 물론 가능하다. 하지만 이러한 모델로 구현할 경우 몇 배는 더 주의해야 한다. 그럼 예제를 보고 나서 나머지를 이야기하겠다.

❖ pipe2.c

```
1.    #include <stdio.h>
2.    #include <unistd.h>
3.    #define BUF_SIZE 30
4.
5.    int main(int argc, char *argv[])
6.    {
7.        int fds[2];
8.        char str1[]="Who are you?";
9.        char str2[]="Thank you for your message";
10.       char buf[BUF_SIZE];
11.       pid_t pid;
12.
13.       pipe(fds);
14.       pid=fork();
15.       if(pid==0)
16.       {
17.           write(fds[1], str1, sizeof(str1));
18.           sleep(2);
19.           read(fds[0], buf, BUF_SIZE);
20.           printf("Child proc output: %s \n", buf);
21.       }
22.       else
23.       {
24.           read(fds[0], buf, BUF_SIZE);
25.           printf("Parent proc output: %s \n", buf);
```

```
26.        write(fds[1], str2, sizeof(str2));
27.        sleep(3);
28.    }
29.    return 0;
30. }
```

 해 설

- 17~20행: 자식 프로세스의 실행영역이다. 17행을 통해서 데이터를 전송도 하고, 19행을 통해서 데이터를 수신도 한다. 특히 18행의 sleep 함수호출에 주목하기 바란다. 이와 관련해서는 잠시 후에 설명을 하겠지만, 여러분 나름대로 이 문장에 어떠한 의미가 있는지 생각해 보기 바란다.

- 24~26행: 부모 프로세스의 실행영역이다. 24행을 통해서 데이터를 수신하는데, 이는 17행을 통해서 자식 프로세스가 전송하는 데이터를 수신하고 위함이다. 그리고 26행을 통해서 데이터를 전송하는데, 이는 19행을 통해서 자식 프로세스에게 수신이 된다.

- 27행: 부모 프로세스가 먼저 종료되면 명령 프롬프트가 떠버린다. 그래도 자식 프로세스는 충실히 자신의 일을 진행하므로 크게 문제되지 않는다. 이 문장은 자식 프로세스가 끝나기 전에 명령 프롬프트가 뜨는 어색한 상황을 여러분에게 보이지 않기 위한 문장이다(때문에 그냥 삭제해도 된다). 이 문장을 주석처리하고 실행해 보면 필자가 하는 말이 무엇인지 알 수 있을 것이다.

❖ 실행결과: pipe2.c

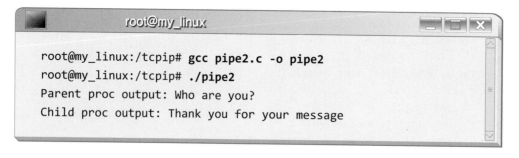

```
root@my_linux:/tcpip# gcc pipe2.c -o pipe2
root@my_linux:/tcpip# ./pipe2
Parent proc output: Who are you?
Child proc output: Thank you for your message
```

실행결과가 여러분의 예상과 일치함을 알 수 있다. 그렇다면 이번에는 18행을 주석처리하고 실행해보자(반드시 직접 실행해서 결과를 확인해야 한다). 단지 자식 프로세스의 실행시간을 2초 정도 늦추는 코드일 뿐인데 실행결과에서 문제가 발생했음을 확인할 수 있다. 그렇다면 무엇 때문에 문제가 발생한 것일까?

"파이프에 데이터가 전달되면, 먼저 가져가는 프로세스에게 이 데이터가 전달된다."

쉽게 말해서 파이프에 데이터가 들어가면, 이는 임자가 없는 데이터가 된다. 즉, read 함수호출을 통해서 먼저 데이터를 읽어 들이는 프로세스에게 데이터가 전달된다. 그것이 비록 파이프에 데이터를 가져다 놓은 프로세스라 하더라도 말이다. 그래서 위 예제의 18행을 주석 처리하면 문제가 되는 것이다. 17행에서 파이프에 전달한 데이터를 자식 프로세스 본인이 19행에서 다시 가져가버리기 때문이다. 결국 부모 프로세스는 read 함수를 호출하고 나서, 파이프에 데이터가 들어오기만을 기다리는 꼴이 된다.
위의 예제에서 보이듯이 오직 하나의 파이프만 가지고 양방향으로 데이터를 송수신하는 것은 쉬운 일이 아니다. 이를 위해서는 프로그램의 실행흐름을 예측하고 컨트롤해야 하는데, 이는 시스템에 따라서 달라져야 하는 부분이기 때문에 사실상 불가능한 일로 간주하는 것이 옳다. 그렇다면 어떻게 해야 양방향으로 데이터를 송수신할 수 있겠는가?

"파이프를 두 개 생성하면 됩니다."

어렵게 생각할 것 없다. 파이프를 반드시 하나만 생성해야 하는 것은 아니기 때문이다. 따라서 다음 그림에서 보이듯이 두 개의 파이프를 생성해서 각각이 서로 다른 데이터의 흐름을 담당하게 하면 된다.

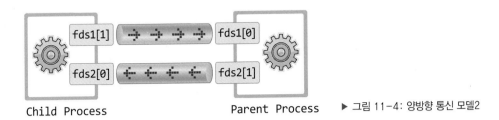

Child Process　　　　　　　　　　　Parent Process　　▶ 그림 11-4: 양방향 통신 모델2

위 그림에서 보이듯이 두 개의 파이프를 이용하면 프로그램의 흐름을 예측하거나 컨트롤할 필요가 없다. 그럼 위 그림의 모델로 예제 pipe2.c를 변경해 보겠다.

❖ pipe3.c

```
1.  #include <stdio.h>
2.  #include <unistd.h>
3.  #define BUF_SIZE 30
4.
5.  int main(int argc, char *argv[])
6.  {
7.      int fds1[2], fds2[2];
8.      char str1[]="Who are you?";
9.      char str2[]="Thank you for your message";
10.     char buf[BUF_SIZE];
11.     pid_t pid;
12.
13.     pipe(fds1), pipe(fds2);
14.     pid=fork();
15.     if(pid==0)
16.     {
17.         write(fds1[1], str1, sizeof(str1));
18.         read(fds2[0], buf, BUF_SIZE);
19.         printf("Child proc output: %s \n", buf);
20.     }
21.     else
22.     {
```

```
23.        read(fds1[0], buf, BUF_SIZE);
24.        printf("Parent proc output: %s \n", buf);
25.        write(fds2[1], str2, sizeof(str2));
26.        sleep(3);
27.    }
28.    return 0;
29. }
```

- 13행: 두 개의 파이프를 생성하고 있다.
- 17, 23행: 자식 프로세스에서 부모 프로세스로의 데이터 전송은 배열 fds1이 참조하는 파이프를 통해서 이뤄진다.
- 18, 25행: 부모 프로세스에서 자식 프로세스로의 데이터 전송은 배열 fds2가 참조하는 파이프를 통해서 이뤄진다.
- 26행: 큰 의미는 없다. 다만 부모 프로세스의 종료를 지연시키기 위해 삽입하였다.

❖ 실행결과: pipe3.c

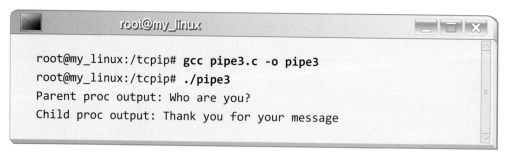

```
root@my_linux:/tcpip# gcc pipe3.c -o pipe3
root@my_linux:/tcpip# ./pipe3
Parent proc output: Who are you?
Child proc output: Thank you for your message
```

11-2 : 프로세스간 통신의 적용

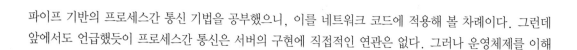

파이프 기반의 프로세스간 통신 기법을 공부했으니, 이를 네트워크 코드에 적용해 볼 차례이다. 그런데 앞에서도 언급했듯이 프로세스간 통신은 서버의 구현에 직접적인 연관은 없다. 그러나 운영체제를 이해한다는 측면에서 나름의 의미가 있다.

메시지를 저장하는 형태의 에코 서버

앞서 Chapter 10에서 제시한 예제 echo_mpserv.c를 확장해서 다음의 기능을 추가해보고자 한다.

"서버는 클라이언트가 전송하는 문자열을 전달되는 순서대로 파일에 저장한다."

필자는 이를 별도의 프로세스가 담당하게끔 구현하려고 한다. 즉, 별도의 프로세스를 생성해서, 클라이언트에게 서비스를 제공하는 프로세스로부터 문자열 정보를 수신하게끔 할 것이다. 물론 이 과정에서 데이터의 수신을 위한 파이프를 생성해야 한다.

그럼 예제를 보자. 참고로 이 예제는 어떠한 에코 클라이언트 코드와도 잘 동작하지만, Chapter 10에서 소개한 echo_mpclient.c와 함께 실행하기로 하자.

❖ echo_storeserv.c

```c
1.   #include <"헤더선언은 Chapter 10의 예제 echo_mpserv.c와 동일합니다.">
2.   #define BUF_SIZE 100
3.   void error_handling(char *message);
4.   void read_childproc(int sig);
5.
6.   int main(int argc, char *argv[])
7.   {
8.       int serv_sock, clnt_sock;
9.       struct sockaddr_in serv_adr, clnt_adr;
10.      int fds[2];
11.
12.      pid_t pid;
13.      struct sigaction act;
14.      socklen_t adr_sz;
15.      int str_len, state;
16.      char buf[BUF_SIZE];
17.      if(argc!=2) {
18.          printf("Usage : %s <port>\n", argv[0]);
19.          exit(1);
20.      }
21.
22.      act.sa_handler=read_childproc;
23.      sigemptyset(&act.sa_mask);
24.      act.sa_flags=0;
25.      state=sigaction(SIGCHLD, &act, 0);
26.
27.      serv_sock=socket(PF_INET, SOCK_STREAM, 0);
28.      memset(&serv_adr, 0, sizeof(serv_adr));
29.      serv_adr.sin_family=AF_INET;
```

```
30.     serv_adr.sin_addr.s_addr=htonl(INADDR_ANY);
31.     serv_adr.sin_port=htons(atoi(argv[1]));
32.
33.     if(bind(serv_sock, (struct sockaddr*) &serv_adr, sizeof(serv_adr))==-1)
34.         error_handling("bind() error");
35.     if(listen(serv_sock, 5)==-1)
36.         error_handling("listen() error");
37.
38.     pipe(fds);
39.     pid=fork();
40.     if(pid==0)
41.     {
42.         FILE * fp=fopen("echomsg.txt", "wt");
43.         char msgbuf[BUF_SIZE];
44.         int i, len;
45.
46.         for(i=0; i<10; i++)
47.         {
48.             len=read(fds[0], msgbuf, BUF_SIZE);
49.             fwrite((void*)msgbuf, 1, len, fp);
50.         }
51.         fclose(fp);
52.         return 0;
53.     }
54.
55.     while(1)
56.     {
57.         adr_sz=sizeof(clnt_adr);
58.         clnt_sock=accept(serv_sock, (struct sockaddr*)&clnt_adr, &adr_sz);
59.         if(clnt_sock==-1)
60.             continue;
61.         else
62.             puts("new client connected...");
63.
64.         pid=fork();
65.         if(pid==0)
66.         {
67.             close(serv_sock);
68.             while((str_len=read(clnt_sock, buf, BUF_SIZE))!=0)
69.             {
70.                 write(clnt_sock, buf, str_len);
71.                 write(fds[1], buf, str_len);
72.             }
73.
74.             close(clnt_sock);
75.             puts("client disconnected...");
76.             return 0;
```

```
77.            }
78.         else
79.             close(clnt_sock);
80.     }
81.     close(serv_sock);
82.     return 0;
83. }
84.
85. void read_childproc(int sig)
86. {
87.     // 예제 echo_mpserv.c와 동일하므로 생략합니다.
88. }
89. void error_handling(char *message)
90. {
91.     // 예제 echo_mpserv.c와 동일하므로 생략합니다.
92. }
```

해 설

- 38, 39행: 38행에서 파이프를 생성하고 39행에서는 파일의 데이터 저장을 담당할 프로세스를 생성하고 있다.

- 40~53행: 39행에서 생성한 자식 프로세스에 의해 실행되는 영역이다. 이 영역에서는 파이프의 출구인 fds[0]으로 전달되는 데이터를 읽어서 파일에 저장하고 있다. 참고로 위의 서버는 종료되지 않고 클라이언트에게 계속해서 서비스를 제공하는 형태이기 때문에, 파일에 데이터가 어느 정도 채워지면 파일을 닫도록 46행의 반복문을 구성하였다.

- 71행: 64행의 fork 함수호출로 생성되는 모든 자식 프로세스는 38행에서 생성한 파이프의 파일 디스크립터를 복사한다. 때문에 파이프의 입구인 fds[1]을 통해서 문자열 정보를 전달할 수 있는 것이다

❖ 실행결과: echo_storeserv.c

```
root@my_linux
root@my_linux:/tcpip# gcc echo_storeserv.c -o serv
root@my_linux:/tcpip# ./serv 9190
new client connected...
new client connected...
removed proc id: 7177
client disconnected...
removed proc id: 7185
client disconnected...
removed proc id: 7191
```

❖ 실행결과: echo_mpclient.c one

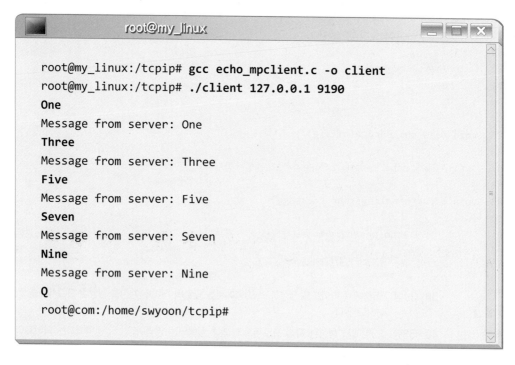

```
root@my_linux:/tcpip# gcc echo_mpclient.c -o client
root@my_linux:/tcpip# ./client 127.0.0.1 9190
One
Message from server: One
Three
Message from server: Three
Five
Message from server: Five
Seven
Message from server: Seven
Nine
Message from server: Nine
Q
root@com:/home/swyoon/tcpip#
```

❖ 실행결과: echo_mpclient.c two

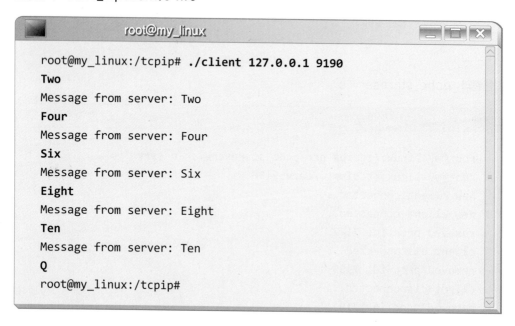

```
root@my_linux:/tcpip# ./client 127.0.0.1 9190
Two
Message from server: Two
Four
Message from server: Four
Six
Message from server: Six
Eight
Message from server: Eight
Ten
Message from server: Ten
Q
root@my_linux:/tcpip#
```

위의 실행결과에서 보이듯이 둘 이상의 클라이언트를 접속시켜서 서버로 문자열을 전송하기 바란다. 그렇게 해서 어느 정도 문자열이 파일에 저장되고 나면(총 10회의 fwrite 함수호출이 끝나고 나면), 파일 echomsg.txt를 열어서 문자열의 저장을 확인할 수 있다.

> **참 고**
>
> ──── **정리하고픈 생각이 들어야 정상입니다.**
>
> 예제 echo_storeserv.c를 보면서, 일부 기능을 함수 단위로 묶어가면서 코드를 정리하고픈 생각이 들어야 정상이다. 다만 필자는 에코 서버의 코드를 확장하는 과정에서 학습의 편의를 위해(이전 코드와의 비교를 위해) 코드의 틀에 변화를 주지 않다 보니, 소설처럼 아래로 길게 쭉 늘어지는 코드를 만들게 되었다.

✛무엇인가 더 큰 것을 만들어보고 싶다면

이로써 다중접속 서버의 첫 번째 모델에 대한 설명이 끝났다. 그런데 다음과 같은 생각이 들 수도 있다.

> "프로세스와 파이프의 개념으로 다수의 대화방을 개설해서 둘 이상의 클라이언트가 대화할 수 있는 서버와 클라이언트를 구현하고 싶은데, 어디서부터 시작을 해야 하지?"

프로세스와 파이프의 개념만으로 복잡한 기능의 서버를 구현하려면 프로그래밍에 대한 높은 숙련도와 경험이 요구된다. 그래서 초보 개발자들은 이 모델을 바탕으로 구현의 폭을 넓히기가 쉽지 않다. 하지만 벌써부터 이런 고민에 빠지지 말자. 이후에 설명하는 나머지 두 가지 서버 모델이 기능적으로도 더 강력하고, 여러분이 생각하는 바를 표현하기에도 훨씬 수월하니 말이다.

> "그럼 지금까지 설명한 내용은 뭐에요! 필요 없는 거에요?"

이렇게 반문하는 친구들이 있어서 필자가 걱정했던 기억이 있다. 여러분은 Chapter 10과 11을 통해서 운영체제의 기본이 되는, 그리고 앞으로 공부할 쓰레드의 이해에 앞서 반드시 알아야 할 프로세스를 이해하게 되었다. 뿐만 아니라, 멀티프로세스를 기반으로 구현된 코드를 분석할 수 있는 기본적인 능력도 갖추게 되었다. 이 정도면 여러분이 직접 멀티프로세스 기반의 서버를 구현하지 않더라도, 이를 공부할만한 가치는 충분히 있는 것이다. 끝으로 필자의 경험을 바탕으로, 이 책을 읽으시는 모든 분들께 다음과 같이 말씀 드리고 싶다.

> "꼭 사용할 것만 골라서 공부하려고 해도, 결국엔 모든 것을 알아야 하더라고요."

내용 확인문제

01. 프로세스간 통신이 의미하는 바는 무엇인가? 이를 개념적으로, 그리고 메모리의 관점에서 각각 설명해 보자.

02. 프로세스간 통신에는 IPC라는 별도의 메커니즘이 요구된다. 그리고 이는 운영체제에 의해서 지원되는 별도의 기능이다. 그렇다면 프로세스간 통신에 있어서 이렇듯 운영체제의 도움이 필요한 이유는 무엇인가?

03. 대표적인 IPC 기법으로 '파이프(pipe)'라는 것이 있다. 파이프의 IPC 기법과 관련해서 다음 질문에 답해보자.
  a. 파이프는 프로세스간에 데이터를 송수신하는 경로를 의미한다. 그렇다면 이 경로는 어떻게 해서 생성되며, 누구에 의해서 만들어지는가?
  b. 프로세스간 통신을 위해서는 통신의 주체가 되는 두 프로세스 모두 파이프에 접근이 가능해야 한다. 그렇다면 하나의 파이프에 두 프로세스는 어떻게 해서 모두 접근이 가능한가?
  c. 파이프는 두 프로세스간에 양방향 통신이 가능하게 한다. 그렇다면 양방향 통신을 진행하는데 있어서 특히 주의해야 할 사항은 무엇인가?

04. IPC 기법을 확인하는 차원에서, 두 프로세스 사이에서 총 3회에 걸쳐서 문자열을 한 번씩 주고받는 예제를 작성해 보자. 물론 두 프로세스는 부모, 자식의 관계로 형성이 되며, 주고 받을 문자열의 종류는 프로그램상에서 여러분이 임의로 결정하기 바란다.

IO 멀티플렉싱
(Multiplexing)

이번 Chapter에서는 다중접속 서버의 두 번째 구현방법인 멀티플렉싱 기반의 서버구현에 대해 살펴본다. 물론 이번 Chapter를 통해서 서버의 구현기술을 하나 더 늘리는 것도 중요하지만, 그보다 중요한 것은 기술마다 지니는 장단점을 이해하는 것이다. 기술 별 장단점을 잘 알면, 단순하게 기능에만 초점을 맞춰서 구현하는 개발자가 아니라 목적에 맞는 이상적인 모델을 적용하는 개발자가 될 수 있기 때문이다.

12-1 : IO 멀티플렉싱 기반의 서버

다중접속 서버 구현방법의 연장선에서 이야기를 시작하고자 한다. 그러나 혹 Chapter 10과 11을 건너뛴 분이 있다면 여기서 설명하는 내용을 다중접속 서버구현의 첫 번째 방법으로 인식하면 된다. 이어서 멀티프로세스 기반의 서버와 비교하는 내용이 조금 나오는데, Chapter 10과 11을 건너뛰었다면, 이 부분을 가볍게 읽고 넘어가기 바란다.

✛멀티프로세스 서버의 단점과 대안

이전 Chapter에서는 다중접속 서버의 구현을 위해서 클라이언트의 연결요청이 있을 때마다 새로운 프로세스를 생성하였다. 이는 실제 사용되는 방법이지만 문제가 전혀 없는 방법은 아니다. 프로세스의 생성에는 상당히 많은 대가를 지불해야 하기 때문이다. 많은 양의 연산이 요구되며, 필요한 메모리 공간도 비교적 큰 편이다. 또한 프로세스마다 별도의 메모리 공간을 유지하기 때문에 상호간에 데이터를 주고받으려면 다소 복잡한 방법을 택할 수밖에 없다(IPC는 다소 복잡한 통신방법이다). IPC가 필요한 상황에서는 프로그래밍하기가 상대적으로 까다로워진다는 것을 여러분도 느끼지 않았는가?

"그렇다면 대안이 뭐 있나요? 프로세스의 생성을 동반하지 않으면서 다수의 클라이언트에게 서비스를
    제공할 수 있는 방법이요."

물론 있다! 이번에 설명하는 IO 멀티플렉싱 서버가 바로 그것이다. 어떤가? 그런 방법이 있다고 하니 온몸에 전율이 느껴지지 않는가? 하지만 이 모델만 너무 사랑하지는 말자! 구현하고자 하는 서버의 특성에 따라서 구현방법은 달리 결정되어야 하니 말이다. 즉, 이 방법이 모든 경우에 있어서 최선은 아니다. 자! 그럼 우리의 이야기를 '멀티플렉싱(Multiplexing)'이라는 단어의 이해에서부터 시작해보자.

✛멀티플렉싱이라는 단어의 이해

멀티플렉싱이라는 단어는 전자 및 통신공학에서 매우 흔히 등장한다. 때문에 이들 분야를 전공한 친구들에게 멀티플렉싱이 무엇인지 물으면 아주 친절하게 다음과 같이 설명해줄 것이다.

"하나의 통신채널을 통해서 둘 이상의 데이터(시그널)를 전송하는데 사용되는 기술"

이해에 좀 도움이 되었는가? 아직 조금 부족한가? 그럼 두 번째 설명 들어가겠다.

"물리적 장치의 효율성을 높이기 위해서 최소한의 물리적인 요소만 사용해서 최대한의 데이터를 전달
    하기 위해 사용되는 기술"

사실 위의 두 설명은 그 내용이 동일하다. 다만 표현이 약간 달랐을 뿐이다. 그럼 이번에는 필자 스타일로 필자 수준에 맞춰서 멀티플렉싱을 설명하겠다. 다음 그림을 보자. 초등학교 때 한번쯤은 만들어봤을 종이컵 전화기이다(실을 연결해서 만드는).

▶ 그림 12-1: 3자 대화를 위한 컵 전화기 시스템

위 그림은 멀리 떨어져 있는 3인이 동시에 통화할 수 있는 3자 통화를 위한 컵 전화기 시스템이다. 3인이 동시에 통화하기 위해서 위 그림과 같은 시스템이 갖춰져야 하는 이유는 모두 알고 있으리라 믿는다. 참고로(그래도 혹시 모르니), 이 시스템을 이용해서 3인이 동시에 대화하기 위해서는 말할 때도 두 개의 컵을 입에 가까이 대야하고, 들을 때도 두 개의 컵을 동시에 가져다 대야 한다. 그러나 이 시스템에 다음과 같이 멀티플렉싱 기술을 도입하면 통화하기가 매우 편리해진다.

▶ 그림 12-2: 컵 전화기 시스템에 도입된 멀티플렉싱 기술

우리는 초등학교 때 위의 형태로도 컵 전화기를 구성해 본 경험이 있다(실을 중간에 엮어서 팽팽하게 만든다). 그리고 이렇게 시스템을 구성하면 불편하게 동시에 두 개의 컵을 가져다 댈 필요가 없다. 이렇듯 멀티플렉싱은 초등학교 때 배운 개념이다. 자! 그럼 멀티플렉싱의 도입 결과로 얻게 되는 장점을 정리해 보자.

- 필요한 실의 길이가 줄었다.
- 필요한 컵의 개수가 줄었다.

이렇듯 필요한 컵과 실의 양은 줄었지만, 여전히 3인이 통화할 수 있다. 물론 여러분은 다음과 같은 상황을 고민할 수 있다.

"동시에 말하면 안될 것 같은데요?"

사실 대화를 하는 것이기 때문에 동시에 말을 하는 상황이 자주 등장하지는 않는다. 즉, 위의 시스템에는 '시(time) 분할 멀티플렉싱 기술'이 적용되었다고 말할 수 있다. 그리고 대화하는 대상의 목소리 톤이(주파수가) 다르기 때문에 동시에 말을 하는 상황에서도 어느 정도 목소리를 구분할 수 있다. 물론 노이즈는 조금 잡히겠지만 말이다. 때문에 위의 시스템에는 '주파수(frequency) 분할 멀티플렉싱 기술'도 적용되었다고 말할 수 있다. 이제 앞서 내린 멀티플렉싱의 정의가 이해될 것이다.

✛멀티플렉싱의 개념을 서버에 적용하기

컵 전화기 시스템에 멀티플렉싱 기술을 도입해서 필요한 컵의 수와 실의 길이를 줄였듯이, 서버에 멀티플렉싱 기술을 도입해서 필요한 프로세스의 수를 줄일 수 있다. 그럼 비교를 위해서 Chapter 10에서 소개한 멀티프로세스 기반의 서버모델을 먼저 확인하자.

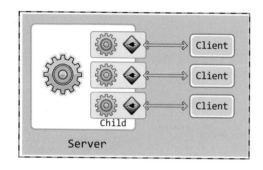

▶ 그림 12-3: 멀티프로세스 서버 모델

위 모델에 멀티플렉싱 기술을 적용하면 다음과 같이 프로세스의 수가 줄어든다. 여기서 중요한 것은 접속해있는 클라이언트의 수에 상관없이, 서비스를 제공하는 프로세스의 수는 딱 하나라는 사실이다.

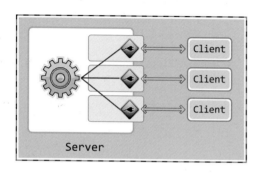

▶ 그림 12-4: 멀티플렉싱 서버 모델

이제 멀티플렉싱 서버 모델에 대해서도 이해했으니, 하나의 프로세스를 이용해서 둘 이상의 클라이언트에게 서비스를 제공하는 방법에 대해 고민할 차례이다.

이해하고 넘어가세요! IO 멀티플렉싱 서버 모델의 또 다른 이해

어느 교실에 학생이 열 명 있다. 그런데 이 책에서 나오는 등장 인물들처럼 이 아이들 역시 상상을 초월하는 인물들이다. 선생님은 한 분인데, 수업시간 내내 선생님에게 질문을 한다. 그래서 이 학교에서는 어쩔 수 없이, 이 반에 학생 한 명당 교사 한 명을 두었다. 따라서 이 교실에만 현재 교사의 수가 열 명이다. 이후로도 한 학생이 전학을 오면 교사도 한 명 늘리고, 두 명의 학생이 전학 오면 교사도 두 명을 늘렸다. 전학 온 녀석들도 모두 질문에 살고 질문에 죽는 녀석들이기 때문이다. 지금 언급한 이야기에서 학생은 클라이언트에, 교사는 클라이언트와 데이터를 주고받는 서버 쪽 프로세스에 비유하면, 이 반의 운영방식은 멀티프로세스 기반이라 할 수 있다.

그런데 어느 날 이 반에 아주 무시무시한 능력을 소유하신 선생님께서 전근 오셨다. 이분은 아이들의 무차별한 질문에 혼자 답을 다한다. 그 답변의 속도가 너무 빨라서 학생들은 대기하지 않고도 답변을 들을 수 있다. 그래서 학교에서는 교사의 효율적 활용을 위해 이분을 제외한 나머지 분들을 다른 반으로 이동시켰다. 때문에 이제 학생들은 질문에 앞서 손을 들어야 하고, 교사는 손을 든 학생의 질문을 확인하고선 답변을 하기 시작했다. 즉, 이 교실은 멀티플렉싱 기반으로 운영되기 시작한 것이다.

다소 엉뚱한 예이지만, 이 이야기에서 IO 멀티플렉싱 기법을 이해할 수 있다. 선생님이 손을 든 아이가 있는지 확인하는 것처럼, IO 멀티플렉싱 서버에서는 프로세스가, 손을 든(데이터가 수신된) 소켓이 있는지 확인을 한다. 그래서 손을 든 소켓을 통해서 전송된 데이터를 수신하게 된다.

12-2 : select 함수의 이해와
서버의 구현

select 함수를 이용하는 것이 멀티플렉싱 서버의 구현에 있어서 가장 대표적인 방법이다. 그리고 윈도우에도 이와 동일한 이름으로 동일한 기능을 제공하는 함수가 있기 때문에 이식성에 있어서도 좋은 점수를 줄 수 있다.

✚ select 함수의 기능과 호출순서

select 함수를 사용하면 한곳에 여러 개의 파일 디스크립터를 모아놓고 동시에 이들을 관찰할 수 있다. 이때 관찰할 수 있는 항목은 다음과 같다.

- 수신한 데이터를 지니고 있는 소켓이 존재하는가?
- 블로킹되지 않고 데이터의 전송이 가능한 소켓은 무엇인가?
- 예외상황이 발생한 소켓은 무엇인가?

> **참고**   **관찰항목 각각을 가리켜 '이벤트(event)'라 합니다.**
>
> 위에서 정리한 관찰항목 각각을 가리켜 이벤트라 하고, 관찰항목에 속하는 상황이 발생했을 때, '이벤트(event)가 발생했다'라고 표현한다. 이는 매우 일반적인 표현이기 때문에 여러분도 이 표현에 익숙해질 필요가 있다. 참고로 이 Chapter에서는 이벤트라는 표현을 사용하지 않지만, 이 Chapter와 연관이 깊은 Chapter 17에서는 이벤트라는 표현을 사용하니, 이벤트가 무엇을 의미하는지, 그리고 이벤트의 발생이 무엇을 의미하는지 이해하고 있기 바란다.

그런데 select 함수는 사용방법에 있어서 일반적인 함수들과 많은 차이를 보인다. 보다 정확히 표현하면 사용하기가 만만치 않다. 오죽했으면 소제목이 "select 함수의 기능과 호출순서"이겠는가? 그래도 멀티플렉싱 서버의 구현을 위해서는 select 함수를 잘 이해하고 이를 소켓에 적용해야 한다. 아니 select 함수가 멀티플렉싱 서버의 전부라고 해도 과언이 아니다. 자! 그럼 이제 select 함수의 호출방법과 순서를 알아볼 텐데, 먼저 이를 전체적으로 정리해 보겠다.

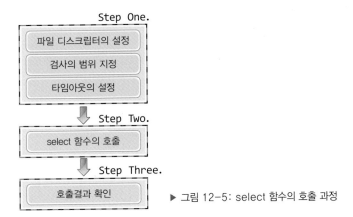

▶ 그림 12-5: select 함수의 호출 과정

위 그림은 select 함수를 호출해서 결과를 얻기까지의 과정을 간략히 정리한 것이다. 그림에서는 select 함수의 호출에 앞서 뭔가 준비가 필요하고, 또 호출 이후에도 결과의 확인을 위한 별도의 과정이 존재함을 보이고 있다. 그럼 이제 하나씩 그림에서 보이는 순서대로 살펴보기로 하자.

✛파일 디스크립터의 설정

select 함수를 사용하면 여러 개의 파일 디스크립터를 동시에 관찰할 수 있다고 하였다. 물론 파일 디스크립터의 관찰은 소켓의 관찰로 해석할 수 있다. 그렇다면 먼저 관찰하고자 하는 파일 디스크립터를 모아야 한다. 모을 때도 관찰항목(수신, 전송, 예외)에 따라서 구분해서 모아야 한다. 즉, 바로 위에서 언급한 세가지 관찰 항목별로 구분해서 세 묶음으로 모아야 한다.
파일 디스크립터를 세 묶음으로 모을 때 사용되는 것이 fd_set형 변수이다. 이는 다음 그림에서 보이듯이 0과 1로 표현되는, 비트단위로 이뤄진 배열이라고 생각하면 된다.

▶ 그림 12-6: 자료형 fd_set

위 그림의 배열에서 가장 왼쪽 비트는 파일 디스크립터 0을 나타낸다(나타내는 위치이다). 이 비트가 1로 설정되면 해당 파일 디스크립터가 관찰의 대상임을 의미한다. 그렇다면 위 그림에서는 어떤 파일 디스크립터가 관찰대상으로 지정되어 있는가? 파일 디스크립터 1과 3이 관찰대상으로 지정되어 있다.

"그럼 파일 디스크립터의 숫자를 확인해서 fd_set형 변수에 직접 값을 등록해야 하나요?"

물론 아니다! fd_set형 변수의 조작은 비트단위로 이뤄지기 때문에 직접 값을 등록하는 일은 여간 번거로운 일이 아닌데, 이를 여러분에게 요구하겠는가? fd_set형 변수에 값을 등록하거나 변경하는 등의 작업은 다음 매크로 함수들의 도움을 통해서 이뤄진다.

- FD_ZERO(fd_set * fdset)   인자로 전달된 주소의 fd_set형 변수의 모든 비트를 0으로 초기화한다.

- FD_SET(int fd, fd_set *fdset)   매개변수 fdset으로 전달된 주소의 변수에 매개변수 fd로 전달된 파일 디스크립터 정보를 등록한다.

- FD_CLR(int fd, fd_set *fdset)   매개변수 fdset으로 전달된 주소의 변수에서 매개변수 fd로 전달된 파일 디스크립터 정보를 삭제한다.

- FD_ISSET(int fd, fd_set *fdset)   매개변수 fdset으로 전달된 주소의 변수에 매개변수 fd로 전달된 파일 디스크립터 정보가 있으면 양수를 반환한다.

위의 함수들 중에서 FD_ISSET은 select 함수의 호출결과를 확인하는 용도로 사용된다. 그럼 간단히 위 함수들의 기능을 다음 그림을 통해서 정리하겠다. 이 정도의 설명이면 더 이상 자세한 설명이 필요치는 않을 것이다.

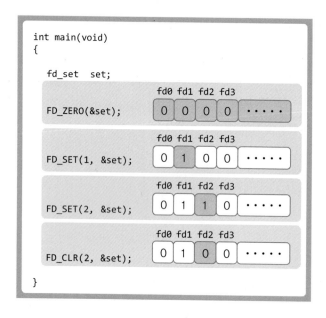

▶ 그림 12-7: fd_set 관련 함수의 기능

✚검사(관찰)의 범위지정과 타임아웃의 설정

그림 12-5에서 보인 Step One의 '파일 디스크립터 설정' 이외의 나머지 두 가지를 설명하겠다. 그런데 이에 앞서 select 함수를 먼저 보이고 간단히 설명하고자 한다.

```
#include <sys/select.h>
#include <sys/time.h>

int select(
int maxfd, fd_set *readset, fd_set *writeset, fd_set *exceptset, const struct timeval * timeout);
```

→ 성공 시 0 이상, 실패 시 −1 반환

- maxfd 　검사 대상이 되는 파일 디스크립터의 수.
- readset 　fd_set형 변수에 '수신된 데이터의 존재여부'에 관심 있는 파일 디스크립터 정보를 모두 등록해서 그 변수의 주소 값을 전달한다.
- writeset 　fd_set형 변수에 '블로킹 없는 데이터 전송의 가능여부'에 관심 있는 파일 디스크립터 정보를 모두 등록해서 그 변수의 주소 값을 전달한다.
- exceptset 　fd_set형 변수에 '예외상황의 발생여부'에 관심이 있는 파일 디스크립터 정보를 모두 등록해서 그 변수의 주소 값을 전달한다.
- timeout 　select 함수호출 이후에 무한정 블로킹 상태에 빠지지 않도록 타임아웃(time-out)을 설정하기 위한 인자를 전달한다.
- 반환 값 　오류발생시에는 −1이 반환되고, 타임 아웃에 의한 반환 시에는 0이 반환된다. 그리고 관심대상으로 등록된 파일 디스크립터에 해당 관심에 관련된 변화가 발생하면 0보다 큰 값이 반환되는데, 이 값은 변화가 발생한 파일 디스크립터의 수를 의미한다.

select 함수는 세가지 관찰항목의 변화를 확인하는데 사용된다고 하지 않았는가? 바로 이 세가지 관찰항목별로 fd_set형 변수를 선언해서 파일 디스크립터 정보를 등록하고, 이 변수의 주소 값을 위 함수의 두 번째, 세 번째 그리고 네 번째 인자로 전달하게 된다. 그런데 이에 앞서(select 함수의 호출에 앞서) 다음 두 가지를 먼저 결정해야 한다.

"파일 디스크립터의 관찰(검사) 범위는 어떻게 되지?"

"select 함수의 타임아웃 시간을 어떻게 할까?"

이중 첫 번째, 파일 디스크립터의 관찰(검사) 범위는 select 함수의 첫 번째 매개변수와 관련이 있다. 사실 select 함수는 관찰의 대상이 되는 파일 디스크립터의 수를 첫 번째 인자로 요구하고 있다. 따라서 fd_set형 변수에 등록된 파일 디스크립터의 수를 확인할 필요가 있는데, 파일 디스크립터의 값은 생성될 때마다 1씩 증가하기 때문에 가장 큰 파일 디스크립터의 값에 1을 더해서 인자로 전달하면 된다. 1을 더하는 이유는 파일 디스크립터의 값이 0에서부터 시작하기 때문이다.

그리고 두 번째, select 함수의 타임아웃 시간은 select 함수의 마지막 매개변수와 관련이 있는데, 매개변수 선언에서 보이는 자료형 timeval은 구조체 기반의 자료형으로, 다음과 같이 정의되어있다.

```
struct timeval
{
```

```
        long tv_sec;        // seconds
        long tv_usec;       // microseconds
    }
```

원래 select 함수는 관찰중인 파일 디스크립터에 변화가 생겨야 반환을 한다. 때문에 변화가 생기지 않으면 무한정 블로킹 상태에 머물게 된다. 바로 이러한 상황을 막기 위해서 타임아웃을 지정하는 것이다. 위 구조체 변수를 선언해서 멤버 tv_sec에 초 단위 정보를, 멤버 tv_usec에 마이크로 초 단위 정보를 지정하고, 이 변수의 주소 값을 select 함수의 마지막 인자로 전달을 하면, 파일 디스크립터에 변화가 발생하지 않아도 지정된 시간이 지나면 함수가 반환을 한다. 단! 이렇게 해서 반환이 되는 경우, select 함수는 0을 반환한다. 때문에 반환 값을 통해서 반환의 원인을 알 수 있다. 그리고 타임아웃을 설정하고 싶지 않을 경우에는 NULL을 인자로 전달하면 된다.

⁺select 함수호출 이후의 결과확인

예제를 통해서 보이지는 않았지만, 그림 12-5의 Step One에 해당하는 select 함수호출 이전의 작업에 대해 모두 설명하였다. 그리고 select 함수에 대해서도 설명하였다. 그러나 이에 못지않게 중요한 것이 함수호출의 결과를 확인하는 방법이다. select 함수의 반환 값에 대해서는 위에서 한번 정리하였다. 0이 아닌 양수가 반환이 되면, 그 수만큼 파일 디스크립터에 변화가 발생했음을 의미한다.

파일 디스크립터의 변화

여기서 말하는 파일 디스크립터의 변화는 관심대상으로 등록된 파일 디스크립터에 해당 관심에 관련된 변화가 발생했음을 뜻한다. 즉, select 함수의 두 번째 인자를 통해서 '데이터 수신여부'의 관찰 대상에 포함된 파일 디스크립터로 수신된 데이터가 존재하는 경우가 파일 디스크립터에 변화가 발생한 경우이다.

그렇다면 select 함수가 양의 정수를 반환한 경우, 변화가 발생한 파일 디스크립터는 어떻게 알아낼 수 있을까? select 함수의 두 번째, 세 번째 그리고 네 번째 인자로 전달된 fd_set형 변수에 다음 그림에서 보이는 변화가 발생하기 때문에 어렵지 않게 알아낼 수 있다.

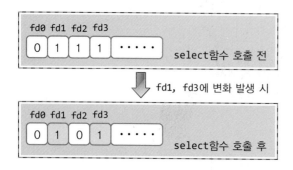

▶ 그림 12-8: fd_set형 변수의 변화

위 그림에서 보이듯이 select 함수호출이 완료되고 나면, select 함수의 인자로 전달된 fd_set형 변수에는 변화가 생긴다. 1로 설정된 모든 비트가 다 0으로 변경되지만, 변화가 발생한 파일 디스크립터에 해당하는 비트만 그대로 1로 남아있게 된다. 때문에 여전히 1로 남아있는 위치의 파일 디스크립터에서 변화가 발생했다고 판단할 수 있다.

✛ 최종! select 함수를 호출하는 예제의 확인

select 함수와 관련된 이론적인 설명이 끝났으니, 이제 예제를 통해서 이 모두를 통합할 차례이다. 다음의 간단한 예제를 통해서 지금까지 설명한 내용을 완벽히 정리하기 바란다.

❖ select.c

```
1.   #include <stdio.h>
2.   #include <unistd.h>
3.   #include <sys/time.h>
4.   #include <sys/select.h>
5.   #define BUF_SIZE 30
6.
7.   int main(int argc, char *argv[])
8.   {
9.       fd_set reads, temps;
10.      int result, str_len;
11.      char buf[BUF_SIZE];
12.      struct timeval timeout;
13.
14.      FD_ZERO(&reads);
15.      FD_SET(0, &reads); // 0 is standard input(console)
16.
17.      /*
18.      timeout.tv_sec=5;
19.      timeout.tv_usec=5000;
20.      */
21.
22.      while(1)
23.      {
24.          temps=reads;
25.          timeout.tv_sec=5;
26.          timeout.tv_usec=0;
27.          result=select(1, &temps, 0, 0, &timeout);
28.          if(result==-1)
29.          {
30.              puts("select() error!");
31.              break;
32.          }
33.          else if(result==0)
```

```
34.          {
35.              puts("Time-out!");
36.          }
37.          else
38.          {
39.              if(FD_ISSET(0, &temps))
40.              {
41.                  str_len=read(0, buf, BUF_SIZE);
42.                  buf[str_len]=0;
43.                  printf("message from console: %s", buf);
44.              }
45.          }
46.      }
47.      return 0;
48. }
```

- 14, 15행: 다소 복잡해 보이지만 아주 쉬운 예제다. 일단 14행에서 fd_set형 변수를 초기화하고 15행에서 파일 디스크립터 0의 위치를 1로 설정해 주고 있다. 즉, 표준입력에 변화가 있는지 관심을 두고 보겠다는 뜻이다.

- 24행: 미리 준비해 둔 fd_set형 변수 reads의 내용을 변수 temps에 복사하고 있는데, 여기에는 그럴만한 이유가 있다. 앞서 설명했듯이 select 함수호출이 끝나면 변화가 생긴 파일 디스크립터의 위치를 제외한 나머지 위치의 비트들은 0으로 초기화 된다. 따라서 원본의 유지를 위해서는 이렇게 복사의 과정을 거쳐야 한다. 이는 일반적인 select 함수의 사용방법 중 일부이니, 반드시 기억하기 바란다.

- 18, 19행: 이 부분에서 주석처리 된 코드를 보자. 이는 select 함수의 타임아웃 설정을 위한 코드이다. 그런데 이 위치에서 타임아웃을 설정하면 안 된다. 왜냐하면 select 함수호출 후에는 구조체 timeval의 멤버 tv_sec와 tv_usec에 저장된 값이 타임아웃이 발생하기까지 남았던 시간으로 바뀌기 때문이다. 따라서 select 함수를 호출하기 전에 매번 timeval 구조체 변수의 초기화를 반복해야 한다.

- 25, 26행: 이렇듯 timeval 구조체 변수의 초기화 코드를 반복문 안에 삽입해서 select 함수가 호출되기 전에 매번 새롭게 값이 초기화되도록 해야 한다.

- 27행: select 함수를 호출하고 있다. 콘솔로부터 입력된 데이터가 있다면 0보다 큰 수가 반환되며, 입력된 데이터가 없어서 타임아웃이 발생하는 경우에는 0이 반환된다.

- 39~44행: select 함수가 0보다 큰 수를 반환했을 때 실행되는 영역이다. 변화를 보인 파일 디스크립터가 표준입력이 맞는지 확인하고, 맞으면 표준입력으로부터 데이터를 읽어서 콘솔로 데이터를 출력하고 있다.

❖ 실행결과: select.c

```
root@my_linux                                    _ □ X

root@my_linux:/tcpip# gcc select.c -o select
root@my_linux:/tcpip# ./select
Hi~
message from console: Hi~
Hello~
message from console: Hello~
Time-out!
Time-out!
Good bye~
message from console: Good bye~
```

실행하고 나서 아무런 입력이 없으면 5초 정도 지나서 타임아웃이 발생함을 확인할 수 있다. 반면 키보드로 문자열을 입력하면 해당 문자열이 재 출력되는 것도 확인할 수 있다.

멀티플렉싱 서버의 구현

지금까지 익혀온 select 함수의 사용법을 바탕으로 멀티플렉싱 서버를 구현할 차례이다. 모든 설명이 완료되었으니, 여러분은 이어서 소개하는 예제를 통해서 select 함수가 서버 구현에 어떻게 반영되는지 확인만 하면 된다. 다음 예제는 멀티플렉싱 기반의 에코 서버이다.

❖ echo_selectserv.c

```
1.  #include <stdio.h>
2.  #include <stdlib.h>
3.  #include <string.h>
4.  #include <unistd.h>
5.  #include <arpa/inet.h>
6.  #include <sys/socket.h>
7.  #include <sys/time.h>
8.  #include <sys/select.h>
9.
10. #define BUF_SIZE 100
11. void error_handling(char *buf);
12.
13. int main(int argc, char *argv[])
14. {
15.     int serv_sock, clnt_sock;
16.     struct sockaddr_in serv_adr, clnt_adr;
```

```
17.        struct timeval timeout;
18.        fd_set reads, cpy_reads;
19.
20.        socklen_t adr_sz;
21.        int fd_max, str_len, fd_num, i;
22.        char buf[BUF_SIZE];
23.        if(argc!=2) {
24.            printf("Usage : %s <port>\n", argv[0]);
25.            exit(1);
26.        }
27.
28.        serv_sock=socket(PF_INET, SOCK_STREAM, 0);
29.        memset(&serv_adr, 0, sizeof(serv_adr));
30.        serv_adr.sin_family=AF_INET;
31.        serv_adr.sin_addr.s_addr=htonl(INADDR_ANY);
32.        serv_adr.sin_port=htons(atoi(argv[1]));
33.
34.        if(bind(serv_sock, (struct sockaddr*) &serv_adr, sizeof(serv_adr))==-1)
35.            error_handling("bind() error");
36.        if(listen(serv_sock, 5)==-1)
37.            error_handling("listen() error");
38.
39.        FD_ZERO(&reads);
40.        FD_SET(serv_sock, &reads);
41.        fd_max=serv_sock;
42.
43.        while(1)
44.        {
45.            cpy_reads=reads;
46.            timeout.tv_sec=5;
47.            timeout.tv_usec=5000;
48.
49.            if((fd_num=select(fd_max+1, &cpy_reads, 0, 0, &timeout))==-1)
50.                break;
51.            if(fd_num==0)
52.                continue;
53.
54.            for(i=0; i<fd_max+1; i++)
55.            {
56.                if(FD_ISSET(i, &cpy_reads))
57.                {
58.                    if(i==serv_sock)    // connection request!
59.                    {
60.                        adr_sz=sizeof(clnt_adr);
61.                        clnt_sock=
62.                            accept(serv_sock, (struct sockaddr*)&clnt_adr, &adr_sz);
63.                        FD_SET(clnt_sock, &reads);
```

```
64.                    if(fd_max<clnt_sock)
65.                        fd_max=clnt_sock;
66.                    printf("connected client: %d \n", clnt_sock);
67.                }
68.                else    // read message!
69.                {
70.                    str_len=read(i, buf, BUF_SIZE);
71.                    if(str_len==0)    // close request!
72.                    {
73.                        FD_CLR(i, &reads);
74.                        close(i);
75.                        printf("closed client: %d \n", i);
76.                    }
77.                    else
78.                    {
79.                        write(i, buf, str_len);    // echo!
80.                    }
81.                }
82.            }
83.        }
84.    }
85.    close(serv_sock);
86.    return 0;
87. }
88.
89. void error_handling(char *buf)
90. {
91.    fputs(buf, stderr);
92.    fputc('\n', stderr);
93.    exit(1);
94. }
```

- 40행: select 함수의 두 번째 인자로 전달될 fd_set형 변수 reads에 서버 소켓을 등록하고 있다. 이로써 데이터의 수신여부를 관찰하는 관찰대상에 서버 소켓이 포함되었다. 참고로 클라이언트의 연결요청도 데이터의 전송을 통해서 이뤄진다. 따라서 이후에 서버 소켓으로 수신된 데이터가 존재한다는 것은 연결요청이 있었다는 뜻으로 해석해야 한다.

- 49행: while문으로 구성된 무한루프 내에서 select 함수가 호출되고 있다. select 함수의 세 번째, 그리고 네 번째 매개변수가 비어있다. 이렇듯 관찰의 목적에 맞게 필요한 인자만 전달하면 된다.

- 54, 56행: select 함수가 1이상 반환했을 때 실행되는 반복문이다. 1이상 반환되었으므로, 56행에서는 FD_ISSET 함수를 호출하면서 상태변화가 있었던(수신된 데이터가 있는 소켓의) 파일 디스크립터를 찾고 있다.

- 58, 63행: 상태변화가 확인이 되면 제일먼저 서버 소켓에서 변화가 있었는지 확인한다. 그리고 서버 소켓의 상태변화가 맞으면 이어서 연결요청에 대한 수락의 과정을 진행한다. 특히 63행을 통해서 fd_set형 변수 reads에 클라이언트와 연결된 소켓의 파일 디스크립터 정보를 등록함에 주목하자.

- 68행: 이어서 등장하는 else문은 상태변화가 발생한 소켓이 서버 소켓이 아닌 경우에 실행된다. 즉, 수신할 데이터가 있는 경우에 실행된다. 단, 이 경우에도 수신한 데이터가 문자열 데이터인지, 아니면 연결종료를 의미하는 EOF인지 확인해야 한다.
- 73, 74행: 수신한 데이터가 EOF인 경우에는 소켓을 종료하고 변수 reads에서 해당정보를 삭제하는 과정을 거쳐야 한다.
- 79행: 수신한 데이터가 문자열인 경우, 서버의 서비스 품목인 에코에 충실하기 위한 문장이다.

❖ 실행결과: echo_selectserv.c

❖ 실행결과: echo_client.c one

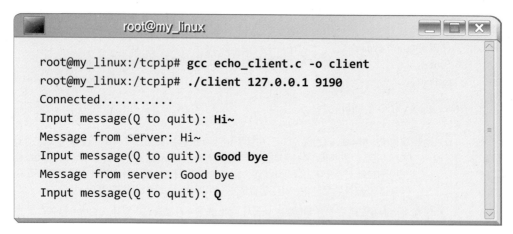

❖ 실행결과: echo_client.c two

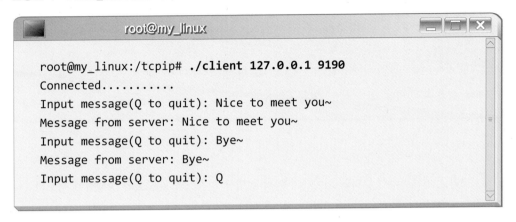

```
root@my_linux:/tcpip# ./client 127.0.0.1 9190
Connected..........
Input message(Q to quit): Nice to meet you~
Message from server: Nice to meet you~
Input message(Q to quit): Bye~
Message from server: Bye~
Input message(Q to quit): Q
```

필자는 실행결과의 확인을 위해서 클라이언트 코드로 Chapter 04에서 소개한 echo_client.c를 활용했지만 위의 서버코드는 다른 에코 클라이언트와도 잘 동작한다.

12-3 : 윈도우 기반으로 구현하기

윈도우 기반에서 select 함수를 사용할 때에는 몇 가지 알아야 할 것이 있다. 따라서 그 내용위주로 설명을 조금 보태고자 한다.

✚ 윈도우 기반 select 함수의 호출

윈도우에서도 select 함수를 제공한다. 그리고 모든 인자는 리눅스 기반의 select 함수와 동일하다. 단, 윈도우가 제공하는 select 함수의 첫 번째 인자는 리눅스를 포함하는 유닉스 계열의 운영체제와의 상호 호환성을 위해 존재하는 것 일뿐, 사실 별다른 의미를 갖고 있지는 않다.

```
#include <winsock2.h>

int select(
    int nfds, fd_set *readfds, fd_set *writefds, fd_set *excepfds, const struct timeval * timeout);

    ➔ 성공 시 0 이상, 실패 시 -1 반환
```

반환 값, 그리고 매개변수의 순서와 의미까지 앞서 설명한 리눅스의 select와 동일하니 별도의 언급은 생략하겠다. 그럼 이어서 timeval 구조체의 정의형태를 확인하자.

```
typedef struct timeval
{
    long tv_sec;        // seconds
    long tv_usec;       // microseconds
} TIMEVAL;
```

위에서 보이듯이 기본적인 정의형태는 앞서 보인 리눅스와 동일하나 윈도우에서는 typedef 선언을 포함한 형태로 정의되어 있다. 그럼 이번에는 자료형 fd_set을 살펴보자. 윈도우 기반으로 예제를 변경(혹은 구현)하는데 있어서 주의해야 할 부분이 바로 이 부분이다. 다음에서 보이듯이 윈도우의 fd_set은 리눅스와 같이 비트의 배열로 구성되어 있지 않다.

```
typedef struct fd_set
{
    u_int   fd_count;
    SOCKET  fd_array[FD_SETSIZE];
} fd_set;
```

윈도우의 fd_set은 저장된 소켓의 핸들 수를 기록하기 위한 멤버 fd_count와 소켓의 핸들 저장을 위한 멤버 fd_array로 이뤄져 있다. 그런데 조금만 생각해보면 이렇게 정의된 이유를 쉽게 알 수 있다. 리눅스의 파일 디스크립터는 0에서부터 시작해서 값이 하나씩 증가하는 구조를 지닌다. 따라서 현재 생성된 파일 디스크립터의 수와 마지막으로 생성된 파일 디스크립터의 수 사이에 어떠한 관계성을 찾아 낼 수 있다. 그러나 윈도우 기반의 소켓 핸들은 0에서부터 시작하지 않을 뿐 아니라 생성되는 핸들의 정수 값 사이에서도 규칙을 찾아낼 수 없다. 때문에 소켓의 핸들을 그대로 저장할 수 있는 배열과 저장된 배열의 수를 기록하기 위한 변수 하나가 필요한 것이다. 그러나 다행히도 fd_set형 변수의 조작을 위한, FD_XXX의 이름 구조를 갖는 네 개의 매크로 함수는 이름, 기능 및 사용방법이 리눅스와 동일하다. 좋게 표현하면 호환성의 유지를 위한 마이크로소프트의 배려라고 할 수 있지 않을까! 어쨌든 네 개의 FD_XXX

함수에 대해서도 별도로 언급하지 않겠다.

✚윈도우 기반 멀티플렉싱 서버의 구현

그럼 이제 echo_selectserv.c를 윈도우 기반으로 변경해 보자. 지금까지 설명한 내용을 잘 이해했다면 그리 어렵지 않은 예제이다. 따라서 소스코드에 대한 설명도 생략하겠다.

❖ echo_selectserv_win.c

```
1.   #include <stdio.h>
2.   #include <stdlib.h>
3.   #include <string.h>
4.   #include <winsock2.h>
5.
6.   #define BUF_SIZE 1024
7.   void ErrorHandling(char *message);
8.
9.   int main(int argc, char *argv[])
10.  {
11.      WSADATA wsaData;
12.      SOCKET hServSock, hClntSock;
13.      SOCKADDR_IN servAdr, clntAdr;
14.      TIMEVAL timeout;
15.      fd_set reads, cpyReads;
16.
17.      int adrSz;
18.      int strLen, fdNum, i;
19.      char buf[BUF_SIZE];
20.
21.      if(argc!=2) {
22.          printf("Usage : %s <port>\n", argv[0]);
23.          exit(1);
24.      }
25.      if(WSAStartup(MAKEWORD(2, 2), &wsaData)!=0)
26.          ErrorHandling("WSAStartup() error!");
27.
28.      hServSock=socket(PF_INET, SOCK_STREAM, 0);
29.      memset(&servAdr, 0, sizeof(servAdr));
30.      servAdr.sin_family=AF_INET;
31.      servAdr.sin_addr.s_addr=htonl(INADDR_ANY);
32.      servAdr.sin_port=htons(atoi(argv[1]));
33.
34.      if(bind(hServSock, (SOCKADDR*) &servAdr, sizeof(servAdr))==SOCKET_ERROR)
35.          ErrorHandling("bind() error");
36.      if(listen(hServSock, 5)==SOCKET_ERROR)
37.          ErrorHandling("listen() error");
```

```
38.
39.      FD_ZERO(&reads);
40.      FD_SET(hServSock, &reads);
41.
42.      while(1)
43.      {
44.          cpyReads=reads;
45.          timeout.tv_sec=5;
46.          timeout.tv_usec=5000;
47.
48.          if((fdNum=select(0, &cpyReads, 0, 0, &timeout))==SOCKET_ERROR)
49.              break;
50.
51.          if(fdNum==0)
52.              continue;
53.
54.          for(i=0; i<reads.fd_count; i++)
55.          {
56.              if(FD_ISSET(reads.fd_array[i], &cpyReads))
57.              {
58.                  if(reads.fd_array[i]==hServSock)   // connection request!
59.                  {
60.                      adrSz=sizeof(clntAdr);
61.                      hClntSock=
62.                          accept(hServSock, (SOCKADDR*)&clntAdr, &adrSz);
63.                      FD_SET(hClntSock, &reads);
64.                      printf("connected client: %d \n", hClntSock);
65.                  }
66.                  else   // read message!
67.                  {
68.                      strLen=recv(reads.fd_array[i], buf, BUF_SIZE-1, 0);
69.                      if(strLen==0)  // close request!
70.                      {
71.                          FD_CLR(reads.fd_array[i], &reads);
72.                          closesocket(cpyReads.fd_array[i]);
73.                          printf("closed client: %d \n", cpyReads.fd_array[i]);
74.                      }
75.                      else
76.                      {
77.                          send(reads.fd_array[i], buf, strLen, 0);   // echo!
78.                      }
79.                  }
80.              }
81.          }
82.      }
83.      closesocket(hServSock);
84.      WSACleanup();
```

```
85.    return 0;
86. }
87.
88. void ErrorHandling(char *message)
89. {
90.    fputs(message, stderr);
91.    fputc('\n', stderr);
92.    exit(1);
93. }
```

위의 서버 코드는 Chapter 04에서 소개한 클라이언트 코드인 echo_client_win.c와 함께 실행해보기 바라며(물론 다른 클라이언트 코드와도 잘 동작한다), 끝으로 이번 Chapter에서 설명한 멀티플렉싱은 실무적으로나 이론적으로나 매우 중요한 개념이기에 완벽히 이해하고 있어야 함을 강조하고자 한다. 그럼 이로써 멀티플렉싱에 대한 설명을 마친다.

01. 멀티플렉싱 기술에 대한 일반적인 의미를 말하고, IO를 멀티플렉싱 한다는 것이 무엇을 의미하는지 설명해보자.

02. 멀티프로세스 기반의 동시접속 서버의 단점은 무엇이며, 이를 멀티플렉싱 서버에서 어떻게 보완하는지 설명해 보자.

03. 멀티플렉싱 기반의 서버 구현에서는 select 함수를 사용한다. 다음 중 select 함수의 사용방법에 대해서 잘못 설명한 것을 모두 고르면?

    a. select 함수의 호출에 앞서 입출력의 관찰 대상이 되는 파일 디스크립터를 모으는 과정이 필요하다.

    b. select 함수의 호출을 통해서 한번 관찰의 대상으로 등록이 되면, 추가로 select 함수를 호출하면서 재 등록의 과정을 거칠 필요가 없다.

    c. 멀티플렉싱 서버는 한 순간에 하나의 클라이언트에게만 서비스가 가능하다. 때문에 서비스를 필요로 하는 클라이언트는 서버에 접속한 후 자신의 순서가 오기를 기다려야 한다.

    d. select 기반의 멀티플렉싱 서버는 멀티프로세스 기반의 서버와 달리 하나의 프로세스만 필요로 한다. 때문에 프로세스의 생성으로 인한 서버의 부담이 없다.

04. select 함수의 관찰대상에 서버 소켓(리스닝 소켓)도 포함을 시켜야 한다. 그렇다면 어떠한 부류에 포함을 시켜야 하며, 그 부류에 포함시키는 이유도 설명해보자.

05. select 함수의 호출에 사용되는 자료형 fd_set의 정의형태는 윈도우와 리눅스에서 차이를 보인다. 그렇다면 어떻게 차이가 나는지 설명하고, 차이가 날수밖에 없는 이유에 대해서도 설명해보자.

다양한 입출력 함수들

지금까지 리눅스 기반 예제에서는 데이터의 입출력을 위해서 read & write 함수를 사용해온 반면, 윈도우 기반 예제에서는 send & recv 함수를 사용해왔다. 이유는 Chapter 01에서 충분히 설명하였다. 이제는 리눅스에서도 send & recv 함수를 사용해 볼 차례이다. 뿐만 아니라, read & write 함수에 비해 send & recv 함수가 지니는 특징도 함께 살펴볼 것이다. 또한 다른 입출력 함수도 몇몇 소개하고자 한다.

13-1 : send & recv 입출력 함수

지금까지 윈도우 기반 예제 작성시에는 send & recv 함수를 사용해 왔지만, 정작 마지막 매개변수에 0 이외의 인자를 전달해 본 경험이 없다. 즉, 우리는 윈도우 기반에서 조차 send & recv 함수를 완전히 이해하고 사용한 것이 아니다.

╋리눅스에서의 send & recv

Chapter 01에서 이미 send & recv 함수를 소개했지만 윈도우 기반에서 소개한 것이니, 이번에는 리눅스 기반에서 send & recv 함수를 소개하겠다. 그런데 사실상 이 둘은 차이가 나지 않는다.

```
#include <sys/socket.h>

ssize_t send(int sockfd, const void * buf, size_t nbytes, int flags);
    ➜ 성공 시 전송된 바이트 수, 실패 시 −1 반환
```

- ● sockfd   데이터 전송 대상과의 연결을 의미하는 소켓의 파일 디스크립터 전달.
- ● buf   전송할 데이터를 저장하고 있는 버퍼의 주소 값 전달.
- ● nbytes   전송할 바이트 수 전달.
- ● flags   데이터 전송 시 적용할 다양한 옵션 정보 전달.

위의 send 함수와 Chapter 01에서 소개한 윈도우의 send 함수를 비교해보면 선언된 자료형의 이름에서는 차이가 조금 난다. 그러나 매개변수의 순서, 의미 그리고 사용방법까지 완전히 동일하기 때문에 사실상 차이가 없다. 그럼 이어서 recv 함수를 소개하겠다. 이 역시 윈도우의 recv 함수와 사실상 차이가 없다.

```
#include <sys/socket.h>

ssize_t recv(int sockfd, void * buf, size_t nbytes, int flags);
    ➜ 성공 시 수신한 바이트 수(단 EOF 전송 시 O), 실패 시 −1 반환
```

- ● sockfd   데이터 수신 대상과의 연결을 의미하는 소켓의 파일 디스크립터 전달.

- buf 　　　　수신된 데이터를 저장할 버퍼의 주소 값 전달.
- nbytes 　　수신할 수 있는 최대 바이트 수 전달.
- flags 　　　데이터 수신 시 적용할 다양한 옵션 정보 전달.

send 함수와 recv 함수의 마지막 매개변수에는 데이터 송수신시 적용할 옵션정보가 전달된다. 그런데 옵션정보는 비트 OR 연산자(ㅣ연산자)를 이용해서 둘 이상을 함께 전달할 수 있다. 그럼 간단히 마지막 매개변수에 전달할 수 있는 옵션의 종류와 그 의미를 정리해 보겠다.

옵션(Option)	의 미	send	recv
MSG_OOB	긴급 데이터(Out-of-band data)의 전송을 위한 옵션.	●	●
MSG_PEEK	입력버퍼에 수신된 데이터의 존재유무 확인을 위한 옵션.		●
MSG_DONTROUTE	데이터 전송과정에서 라우팅(Routing) 테이블을 참조하지 않을 것을 요구하는 옵션, 따라서 로컬(Local) 네트워크상에서 목적지를 찾을 때 사용되는 옵션.	●	
MSG_DONTWAIT	입출력 함수 호출과정에서 블로킹 되지 않을 것을 요구하기 위한 옵션, 즉, 넌-블로킹(Non-blocking) IO의 요구에 사용되는 옵션.	●	●
MSG_WAITALL	요청한 바이트 수에 해당하는 데이터가 전부 수신될 때까지, 호출된 함수가 반환되는 것을 막기 위한 옵션		●

[표 13-1: send & recv 함수의 옵션과 그 의미]

참고로 위에서 정리한 옵션의 지원여부는 운영체제마다 조금씩 차이가 날 수 있다. 때문에 다양한 옵션의 적용을 위해서는 여러분이 실제 개발에 사용할 운영체제에 대한 정보가 조금은 필요하다. 그럼 이제 위의 표에서 언급한 옵션 중 일부에 대해서(운영체제에 따라서 차이를 보이지 않는 옵션들 위주로) 보다 자세히 살펴보기로 하겠다.

✛MSG_OOB: 긴급 메시지의 전송

옵션 MSG_OOB는 'Out-of-band data'라 불리는 긴급 메시지의 전송에 사용된다. 예를 들어서 병원에서 진료를 받기 위해 사람들이 대기 중에 있다고 가정해보자. 그런데 이 병원에 갑자기 응급 환자가 들어온다. 어떻게 해야 하겠는가?

　"당연히 먼저 처리해 줘야죠"

그렇다면 응급환자의 수가 적지 않을 때에는 대기 중에 있는 사람들의 양해가 필요할 것이다. 바로 이러한 문제점 때문에 병원에서는 응급실을 별도로 운영하는 것 아니겠는가? 즉, 긴급으로 무엇인가를 처리하려면, 처리방법 및 경로가 달라야 한다. 이렇듯 옵션 MSG_OOB는 긴급으로 전송해야 할 메시지가 있어서 메시지의 전송방법 및 경로를 달리하고자 할 때 사용된다. 그럼 간단히 예제를 통해서 MSG_OOB 옵션을 추가해서 데이터를 송수신해 보겠다. 단, MSG_OOB 옵션을 추가해서 데이터를 송수신하기 위해서는 추가로 알아야 할 내용이 조금 있는데, 이는 소스코드를 통해서 설명하겠다.

❖ oob_send.c

```
1.   #include <stdio.h>
2.   #include <unistd.h>
3.   #include <stdlib.h>
4.   #include <string.h>
5.   #include <sys/socket.h>
6.   #include <arpa/inet.h>
7.
8.   #define BUF_SIZE 30
9.   void error_handling(char *message);
10.
11.  int main(int argc, char *argv[])
12.  {
13.      int sock;
14.      struct sockaddr_in recv_adr;
15.      if(argc!=3) {
16.          printf("Usage : %s <IP> <port>\n", argv[0]);
17.          exit(1);
18.      }
19.
20.      sock=socket(PF_INET, SOCK_STREAM, 0);
21.      memset(&recv_adr, 0, sizeof(recv_adr));
22.      recv_adr.sin_family=AF_INET;
23.      recv_adr.sin_addr.s_addr=inet_addr(argv[1]);
24.      recv_adr.sin_port=htons(atoi(argv[2]));
25.
26.      if(connect(sock, (struct sockaddr*)&recv_adr, sizeof(recv_adr))==-1)
27.          error_handling("connect() error!");
28.
29.      write(sock, "123", strlen("123"));
30.      send(sock, "4", strlen("4"), MSG_OOB);
31.      write(sock, "567", strlen("567"));
32.      send(sock, "890", strlen("890"), MSG_OOB);
33.      close(sock);
34.      return 0;
35.  }
36.
37.  void error_handling(char *message)
38.  {
```

```
39.        fputs(message, stderr);
40.        fputc('\n', stderr);
41.        exit(1);
42. }
```

 해 설

- 29~32행: 데이터의 전송이 진행되고 있다. 단, 30행과 32행에서는 긴급으로 데이터를 전송하고 있다. 일반적인 도착순서대로라면 123, 4, 567, 890의 순으로 전달되어야 하는데, 이 중에서 4와 890이 긴급으로 전송되었으므로 도착순서에 변화가 생겼다고 예상해 볼 수 있다.

위 예제에서 보이듯이 긴급 메시지의 전송은 이어서 소개하는 긴급 메시지의 수신에 비해 간단하다. send 함수호출 시 옵션정보로 MSG_OOB를 전달하면 되기 때문이다. 그러나 긴급 메시지 수신에서는 조금 더 복잡한 과정을 거친다.

❖ oob_recv.c

```
1.  #include <stdio.h>
2.  #include <unistd.h>
3.  #include <stdlib.h>
4.  #include <string.h>
5.  #include <signal.h>
6.  #include <sys/socket.h>
7.  #include <netinet/in.h>
8.  #include <fcntl.h>
9.
10. #define BUF_SIZE 30
11. void error_handling(char *message);
12. void urg_handler(int signo);
13.
14. int acpt_sock;
15. int recv_sock;
16.
17. int main(int argc, char *argv[])
18. {
19.     struct sockaddr_in recv_adr, serv_adr;
20.     int str_len, state;
21.     socklen_t serv_adr_sz;
22.     struct sigaction act;
23.     char buf[BUF_SIZE];
24.     if(argc!=2) {
25.         printf("Usage : %s <port>\n", argv[0]);
26.         exit(1);
27.     }
28.
```

```
29.        act.sa_handler=urg_handler;
30.        sigemptyset(&act.sa_mask);
31.        act.sa_flags=0;
32.
33.        acpt_sock=socket(PF_INET, SOCK_STREAM, 0);
34.        memset(&recv_adr, 0, sizeof(recv_adr));
35.        recv_adr.sin_family=AF_INET;
36.        recv_adr.sin_addr.s_addr=htonl(INADDR_ANY);
37.        recv_adr.sin_port=htons(atoi(argv[1]));
38.
39.        if(bind(acpt_sock, (struct sockaddr*)&recv_adr, sizeof(recv_adr))==-1)
40.            error_handling("bind() error");
41.        listen(acpt_sock, 5);
42.
43.        serv_adr_sz=sizeof(serv_adr);
44.        recv_sock=accept(acpt_sock, (struct sockaddr*)&serv_adr, &serv_adr_sz);
45.
46.        fcntl(recv_sock, F_SETOWN, getpid());
47.        state=sigaction(SIGURG, &act, 0);
48.
49.        while((str_len=recv(recv_sock, buf, sizeof(buf), 0))!= 0)
50.        {
51.            if(str_len==-1)
52.                continue;
53.            buf[str_len]=0;
54.            puts(buf);
55.        }
56.        close(recv_sock);
57.        close(acpt_sock);
58.        return 0;
59. }
60.
61. void urg_handler(int signo)
62. {
63.        int str_len;
64.        char buf[BUF_SIZE];
65.        str_len=recv(recv_sock, buf, sizeof(buf)-1, MSG_OOB);
66.        buf[str_len]=0;
67.        printf("Urgent message: %s \n", buf);
68. }
69. void error_handling(char *message)
70. {
71.        fputs(message, stderr);
72.        fputc('\n', stderr);
73.        exit(1);
74. }
```

- 29, 47행: 이 예제에서는 시그널 SIGURG와 관련된 부분을 주의 깊게 봐야 한다. MSG_OOB의 긴급 메시지를 수신하게 되면, 운영체제는 SIGURG 시그널을 발생시켜서 프로세스가 등록한 시그널 핸들러가 호출되게 한다. 특히 61행에 정의되어 있는 핸들러 함수 내부에서는 긴급 메시지의 수신을 위한 recv 함수의 호출문장도 삽입되어 있음에 주목하자.

- 46행: fcntl 함수가 호출되고 있는데, 이에 대해서는 이어서 별도로 설명하겠다.

위 예제에는 지금까지 설명하지 않은 함수의 호출문장이 삽입되어 있다. 그런데 이 함수에 대해서는 필요한 만큼만 설명하겠다. 즉, 문장단위로 설명을 하겠다. 그 이상의 설명은 지금 설명하는 내용과 다소 거리가 있기 때문이다(Chapter 17에서 한번 더 설명한다).

```
fcntl(recv_sock, F_SETOWN, getpid());
```

fcntl 함수는 파일 디스크립터의 컨트롤에 사용이 된다. 그런데 여기서 보인 위 문장은 다음의 의미를 담고 있다.

"파일 디스크립터 recv_sock이 가리키는 소켓의 소유자(F_SETOWN)를 getpid 함수가 반환하는 ID의 프로세스로 변경시키겠다."

소켓의 소유자라는 개념이 다소 생소하게 느껴질 것이다. 사실 소켓은 운영체제가 생성 및 관리를 하기 때문에 엄밀히 따지면 소켓의 소유자는 운영체제이다. 다만 여기서 말하는 소유자는 이 소켓에서 발생하는 모든 일의 책임 주체를 의미하는 것이다. 위 예제의 상황을 쉽게 설명하면 다음과 같이 달리 표현할 수 있다.

"파일 디스크립터 recv_sock이 가리키는 소켓에 의해 발생하는 SIGURG 시그널을 처리하는 프로세스를 getpid 함수가 반환하는 ID의 프로세스로 변경시키겠다."

물론 위 문장에서의 SIGURG 시그널 처리는 'SIGURG 시그널의 핸들러 함수호출'을 의미한다. 그런데 하나의 소켓에 대한 파일 디스크립터를 여러 프로세스가 함께 소유할 수 있지 않은가? 예를 들어서 fork 함수호출을 통해서 자식 프로세스가 생성되고, 생성과 동시에 파일 디스크립터까지 복사되는 경우도 이에 해당한다. 이러한 상황에서 SIGURG 시그널 발생시 어느 프로세스의 핸들러 함수를 호출해야 하겠는가? 모든 프로세스의 핸들러 함수가 호출되지는 않는다(생각해 보라! 이러면 문제가 커진다). 따라서 SIGURG 시그널을 핸들링 할 때에는 반드시 시그널을 처리할 프로세스를 지정해 줘야 한다. 그리고 getpid는 이 함수를 호출한 프로세스의 ID를 반환하는 함수이다. 결국 위의 문장은 현재 실행중인 프로세스를 SIGURG 시그널의 처리 주체로 지정하는 것이다. 어차피 이 프로그램에서는 프로세스를 하나만 생성하기 때문에 당연히 이렇게 해야 한다. 그럼 이제 실행결과를 보면서 나머지를 이야기하자.

❖ 실행결과: oob_send.c

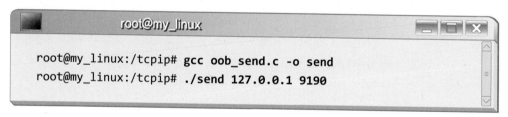

```
root@my_linux:/tcpip# gcc oob_send.c -o send
root@my_linux:/tcpip# ./send 127.0.0.1 9190
```

❖ 실행결과: oob_recv.c

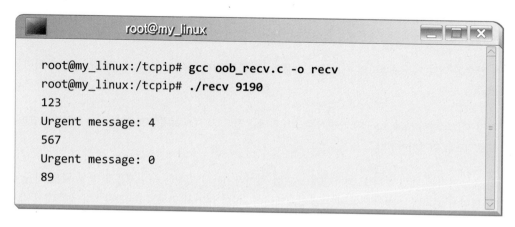

```
root@my_linux:/tcpip# gcc oob_recv.c -o recv
root@my_linux:/tcpip# ./recv 9190
123
Urgent message: 4
567
Urgent message: 0
89
```

아마도 출력결과가 여러분의 예상과는 많은 차이를 보일 것이다. 특히 다음 사실은 어쩌면 여러분에게 큰 실망감을 안겨줄 수도 있다.

　"뭐야! MSG_OOB 옵션을 추가해서 데이터를 전달할 경우, 딱 1바이트만 반환이 되잖아? 그리고 뭐 특 별히 빨리 전송된 것도 아니네!"

그렇다! 아쉽지만 MSG_OOB 옵션을 추가한다고 해서 더 빨리 데이터가 전송되는 것도 아니고, 시그 널 핸들러인 urg_handler 함수를 통해서 읽히는 데이터도 1바이트밖에 되지 않는다. 나머지는 MSG_ OOB 옵션이 추가되지 않은 일반적인 입력함수의 호출을 통해서 읽히고 만다. 왜냐하면 TCP에는 진정 한 의미의 'Out-of-band data'가 존재하지 않기 때문이다. 사실 MSG_OOB에서의 OOB는 Out-of-band를 의미한다. 그리고 'Out-of-band data'는 다음의 의미를 지닌다.

　"전혀 다른 통신 경로로 전송되는 데이터"

즉, 진정한 의미의 Out-of-band 형태로 데이터가 전송되려면 별도의 통신 경로가 확보되어서 고속으 로 데이터가 전달되어야 한다. 하지만 TCP는 별도의 통신 경로를 제공하지 않고 있다. 다만 TCP에 존 재하는 Urgent mode라는 것을 이용해서 데이터를 전송해줄 뿐이다.

⁺Urgent mode의 동작원리

그럼 결론부터 내리고 Urgent mode에 대해서 조금 더 보충 설명하겠다. MSG_OOB 옵션은 다음의 효과를 가져다 준다.

"하이~ 긴급으로 처리해야 할 데이터가 들어갔으니 꾸물거리지 마!"

즉, 데이터를 수신하는 대상에게 데이터의 처리를 독촉하는데 MSG_OOB의 진정한 의미가 있다. 이것이 전부이고 데이터의 전송에는 "전송순서가 그대로 유지된다"라는 TCP의 전송특성은 그대로 유지된다.

"그럼 그게 무슨 긴급 메시지에요!"

긴급 메시지 맞다! 메시지 전송자가 데이터의 처리를 재촉하는 상황에서 보내지기 때문이다. 응급환자가 발생하면 다음 두 가지 조건을 만족시켜야 한다.

- 병원으로의 빠른 이동
- 병원에서의 빠른 응급조치

그런데 병원으로의 빠른 이동이 이뤄지지 않았다고 해서 빠른 응급조치까지 필요치 않은 것은 아니다. 즉, TCP의 긴급 메시지는 병원으로의 빠른 이동은 보장하지 않는다. 대신에 빠른 응급조치를 요구한다. 물론 빠른 응급조치는 프로그램을 구현하는 여러분의 몫이지만 말이다. 앞서 보인 예제 oob_recv.c의 실행과정에서도 긴급 메시지가 전송되었음이 이벤트 핸들러를 통해 인지되지 않았는가? 이것이 바로 MSG_OOB 모드 데이터 전송의 실제 의미이다. 그럼 간단히 MSG_OOB 옵션이 설정된 상태에서의 데이터 전송과정을 간단히 설명해 보겠다. 이를 위해 먼저 다음 그림을 보자.

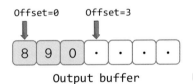

▶ 그림 13-1: 긴급 메시지 전송단계의 출력버퍼

위 그림은 예제 oob_send.c의 32행에서 다음 함수호출 후의 출력버퍼 상황을 보이고 있다. 물론 이전 데이터는 이미 전송되었다는 가정이 존재한다.

```
send(sock, "890", strlen("890"), MSG_OOB);
```

버퍼의 가장 왼쪽위치를 오프셋 0으로 보면, 문자 0은 오프셋 2의 위치에 저장되어 있는 상황이다. 그리고 문자 0의 오른편인 오프셋 3의 위치가 Urgent Pointer로 지정되었다고 말할 수 있다. Urgent Pointer는 긴급 메시지의 다음 번(오프셋이 1 증가한) 위치를 가리키면서 다음의 정보를 상대 호스트에게 전달하는 의미를 갖는다.

"Urgent Pointer가 가리키는 오프셋 3의 바로 앞에 존재하는 것이 긴급 메시지야!"

즉, 긴급 메시지 정보는 실제로 하나의 바이트에만 표시가 된다. 이는 그림 13-1의 상황에서 데이터 전송을 위해서 구성되는 TCP 패킷의(세그먼트의) 구조를 보면 보다 명확히 알 수 있다.

▶ 그림 13-2: URG 설정 패킷

실제로 TCP 패킷에는 보다 많은 정보가 들어가지만 현재 우리가 하는 이야기에 관련 있는 내용만 위 그림에다 표시해 놓았다. 먼저 TCP 헤더 부분을 보면 다음 두 가지 정보가 포함되어 있다.

- URG=1   긴급 메시지가 존재하는 패킷이다!
- URG Pointer   Urgent Pointer의 위치가 오프셋 3의 위치에 있다.

즉, MSG_OOB 옵션이 지정되면 패킷 자체가 긴급 패킷이 되며, Urgent Pointer를 통해서 긴급 메시지의 위치도 표시가 된다! 단, 위의 그림을 통해서는 다음 사실을 알 수 없다.

"긴급 메시지가 문자열 890이야, 아니면 90이야! 그것도 아니면 그냥 문자 0 하나인가?"

그런데 이는 별로 중요하지 않다. 앞서 예제에서 확인했듯이, 어차피 이 데이터를 수신하는 상대방은 Urgent Pointer의 앞 부분에 위치한 1바이트를 제외한 나머지는 일반적인 입력함수의 호출을 통해서 읽히기 때문이다. 즉, 긴급 메시지는 메시지 처리를 재촉하는데 의미가 있는 것이지 제한된 형태의 메시지를 긴급으로 전송하는데 의미가 있는 것은 아니다.

이해하고 넘어가세요! **컴퓨터 공학에서 말하는 오프셋(offset)**

앞으로 컴퓨터 관련분야를 공부하면서 오프셋이라는 단어를 쉽게 접하게 될 것이다. 따라서 간단히 오프셋의 의미를 설명하고자 한다. 일반적으로 많은 분들이, 순서를 표현하기 위해서 0에서부터 시작해서 1씩 증가시킨 값을 오프셋이라고 알고 있다. 맞는 말이다. 그러나 그 의미를 조금 더 정확히 정리하면 다음과 같다.

"기본이 되는 위치를 바탕으로 상대적 위치를 표현하는 것이 오프셋이다."

이에 대한 이해를 위해서 다음 그림을 보자. 이 그림에는 실제주소와 오프셋 주소가 함께 표시되어 있다.

실제 주소

1	2	3	4	5	6	7	8
·	·	기준	·	·	·	·	·
−2	−1	0	1	2	3	4	5

오프셋 주소

▶ 그림 13-3: Offset 주소

위 그림은 실제 주소인 3번지를 기준으로 새로운 주소인 오프셋이 부여된 상황을 보여준다. 이렇듯 offset은 기준점으로부터 어느 쪽으로 얼마나 떨어져 있는지를 나타내는 도구가 된다. 때문에 일반적인 주소와 달리 항상 0에서부터 시작하는 것이다.

+ 입력버퍼 검사하기

MSG_PEEK옵션은 MSG_DONTWAIT 옵션과 함께 설정되어 입력버퍼에 수신 된 데이터가 존재하는지 확인하는 용도로 사용된다. MSG_PEEK 옵션을 주고 recv함수를 호출하면 입력버퍼에 존재하는 데이터가 읽혀지더라도 입력버퍼에서 데이터가 지워지지 않는다. 때문에 MSG_DONTWAIT 옵션과 묶여서 블로킹 되지 않는, 데이터의 존재유무를 확인하기 위한 함수의 호출 구성에 사용된다. 그림 예제를 통해서 이 두 옵션이 갖는 의미를 확인해보자.

❖ peek_send.c

```
1.  #include <stdio.h>
2.  #include <unistd.h>
3.  #include <stdlib.h>
4.  #include <string.h>
5.  #include <sys/socket.h>
6.  #include <arpa/inet.h>
7.  void error_handling(char *message);
8.
9.  int main(int argc, char *argv[])
10. {
11.     int sock;
12.     struct sockaddr_in send_adr;
13.     if(argc!=3) {
14.         printf("Usage : %s <IP> <port>\n", argv[0]);
15.         exit(1);
16.     }
17.
18.     sock=socket(PF_INET, SOCK_STREAM, 0);
19.     memset(&send_adr, 0, sizeof(send_adr));
20.     send_adr.sin_family=AF_INET;
```

```
21.        send_adr.sin_addr.s_addr=inet_addr(argv[1]);
22.        send_adr.sin_port=htons(atoi(argv[2]));
23.
24.        if(connect(sock, (struct sockaddr*)&send_adr, sizeof(send_adr))==-1)
25.            error_handling("connect() error!");
26.
27.        write(sock, "123", strlen("123"));
28.        close(sock);
29.        return 0;
30.    }
31.
32.    void error_handling(char *message)
33.    {
34.        fputs(message, stderr);
35.        fputc('\n', stderr);
36.        exit(1);
37.    }
```

위 예제는 24행에서 연결요청을 진행하고, 27행에서 문자열 123을 전송하고 있다. 이 이상 특별히 설명할 내용이 없는 예제이다. 반면 다음 예제에서는 MSG_PEEK옵션과 MSG_DONTWAIT의 사용결과를 보여준다.

❖ peek_recv.c

```
1.   #include <stdio.h>
2.   #include <unistd.h>
3.   #include <stdlib.h>
4.   #include <string.h>
5.   #include <sys/socket.h>
6.   #include <arpa/inet.h>
7.
8.   #define BUF_SIZE 30
9.   void error_handling(char *message);
10.
11.  int main(int argc, char *argv[])
12.  {
13.      int acpt_sock, recv_sock;
14.      struct sockaddr_in acpt_adr, recv_adr;
15.      int str_len, state;
16.      socklen_t recv_adr_sz;
17.      char buf[BUF_SIZE];
18.      if(argc!=2) {
19.          printf("Usage : %s <port>\n", argv[0]);
20.          exit(1);
```

```
21.        }
22.
23.        acpt_sock=socket(PF_INET, SOCK_STREAM, 0);
24.        memset(&acpt_adr, 0, sizeof(acpt_adr));
25.        acpt_adr.sin_family=AF_INET;
26.        acpt_adr.sin_addr.s_addr=htonl(INADDR_ANY);
27.        acpt_adr.sin_port=htons(atoi(argv[1]));
28.
29.        if(bind(acpt_sock, (struct sockaddr*)&acpt_adr, sizeof(acpt_adr))==-1)
30.            error_handling("bind() error");
31.        listen(acpt_sock, 5);
32.
33.        recv_adr_sz=sizeof(recv_adr);
34.        recv_sock=accept(acpt_sock, (struct sockaddr*)&recv_adr, &recv_adr_sz);
35.
36.        while(1)
37.        {
38.            str_len=recv(recv_sock, buf, sizeof(buf)-1, MSG_PEEK|MSG_DONTWAIT);
39.            if(str_len>0)
40.                break;
41.        }
42.
43.        buf[str_len]=0;
44.        printf("Buffering %d bytes: %s \n", str_len, buf);
45.
46.        str_len=recv(recv_sock, buf, sizeof(buf)-1, 0);
47.        buf[str_len]=0;
48.        printf("Read again: %s \n", buf);
49.        close(acpt_sock);
50.        close(recv_sock);
51.        return 0;
52. }
53.
54. void error_handling(char *message)
55. {
56.        fputs(message, stderr);
57.        fputc('\n', stderr);
58.        exit(1);
59. }
```

- 38행: recv 함수를 호출하면서 MSG_PEEK을 옵션으로 전달하고 있다. MSG_DONTWAIT 옵션을 함께 전달한 이유는 데이터가 존재하지 않아도 블로킹 상태에 두지 않기 위해서이다.

- 46행: recv 함수를 한번 더 호출하고 있다. 이번엔 아무런 옵션도 설정하지 않았다. 때문에 이번에 읽어 들인 데이터는 입력버퍼에서 지워진다.

❖ 실행결과: peek_recv.c

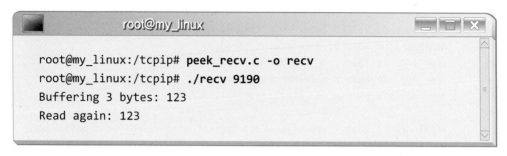

```
root@my_linux:/tcpip# peek_recv.c -o recv
root@my_linux:/tcpip# ./recv 9190
Buffering 3 bytes: 123
Read again: 123
```

❖ 실행결과: peek_send.c

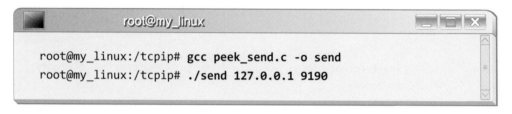

```
root@my_linux:/tcpip# gcc peek_send.c -o send
root@my_linux:/tcpip# ./send 127.0.0.1 9190
```

실행결과를 통해서 한번밖에 전송되지 않은 데이터가 두 번 읽혀진 것을 확인할 수 있다. 첫 번째 recv 함수호출 시 MSG_PEEK 옵션을 지정했기 때문이다. 이로써 MSG_PEEK 옵션의 기능을 정확히 확인하였다.

13-2 : readv & writev 입출력 함수

이번에 소개할 readv & writev 입출력 함수는 데이터 송수신의 효율성을 향상시키는데 도움이 되는 함수들이다. 일단 사용방법부터 살펴보고 나서, 유용하게 사용되는 경우에 대해 이야기하기로 하자.

⁺readv & writev 함수의 사용

readv & writev 함수의 기능을 한마디로 정리하면 다음과 같다.

　"데이터를 모아서 전송하고, 모아서 수신하는 기능의 함수"

즉, writev 함수를 사용하면 여러 버퍼에 나뉘어 저장되어 있는 데이터를 한번에 전송할 수 있고, 또 readv 함수를 사용하면 데이터를 여러 버퍼에 나눠서 수신할 수 있다. 때문에 적절한 상황에서 사용을 하면 입출력 함수호출의 수를 줄일 수 있다. 그럼 먼저 writev 함수를 소개하겠다.

```
#include <sys/uio.h>

ssize_t writev(int filedes, const struct iovec * iov, int iovcnt);
```
　➡ 성공 시 전송된 바이트 수, 실패 시 −1 반환

- ● filedes　데이터 전송의 목적지를 나타내는 소켓의 파일 디스크립터 전달, 단 소켓에만 제한된 함수가 아니기 때문에, read 함수처럼 파일이나 콘솔 대상의 파일 디스크립터도 전달 가능하다.
- ● iov　구조체 iovec 배열의 주소 값 전달, 구조체 iovec의 변수에는 전송할 데이터의 위치 및 크기 정보가 담긴다.
- ● iovcnt　두 번째 인자로 전달된 주소 값이 가리키는 배열의 길이정보 전달.

그리고 위 함수의 두 번째 인자로 전달되는 배열의 구조체 iovec은 다음과 같이 정의되어 있다.

```
struct iovec
{
    void * iov_base;  // 버퍼의 주소 정보
    size_t iov_len;   // 버퍼의 크기 정보
}
```

이렇듯 구조체 iovec은 전송할 데이터가 저장되어 있는 버퍼(char형 배열)의 주소 값과 실제 전송할 데이터의 크기 정보를 담기 위해 정의되었다. 그럼 예제를 보기에 앞서 위 함수의 사용방법을 그림으로 정리해 보겠다.

```
writev( 1 , ptr , 2 );
```

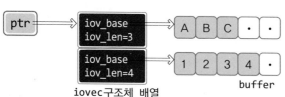

▶ 그림 13-4: writev & iovec

위 그림에서 writev의 첫 번째 인자 1은 파일 디스크립터를 의미하므로 콘솔에 출력이 이뤄지고, ptr 은 전송할 데이터 정보를 모아둔 iovec 배열을 가리키는 포인터이다. 또한 세 번째 인자가 2이기 때문 에 ptr이 가리키는 주소를 시작으로 총 두 개의 iovec 변수를 참조하여, 그 두 변수가 가리키는 버퍼 에 저장된 데이터의 전송이 진행된다. 그럼 이번에는 위 그림의 iovec 구조체 배열을 자세히 관찰하자. ptr[0]의(배열 첫 번째 요소의) iov_base는 A로 시작하는 문자열을 가리키면서, iov_len이 3이므로 ABC가 전송된다. 그리고 ptr[1]의(배열 두 번째 요소의) iov_base는 숫자 1을 가리키며 iov_len이 4 이므로 1234가 이어서 전송된다.

이로써 writev 함수의 사용방법과 특성을 충분히 파악했으리라 믿는다. 그럼 예제를 통해서 실제로 함 수를 사용해 보겠다.

❖ writev.c

```
1.   #include <stdio.h>
2.   #include <sys/uio.h>
3.
4.   int main(int argc, char *argv[])
5.   {
6.       struct iovec vec[2];
7.       char buf1[]="ABCDEFG";
8.       char buf2[]="1234567";
9.       int str_len;
10.
11.      vec[0].iov_base=buf1;
12.      vec[0].iov_len=3;
13.      vec[1].iov_base=buf2;
14.      vec[1].iov_len=4;
15.
16.      str_len=writev(1, vec, 2);
17.      puts("");
18.      printf("Write bytes: %d \n", str_len);
19.      return 0;
20.  }
```

- 11, 12행: 첫 번째로 전송할 데이터가 저장된 위치와 크기정보를 담고 있다.
- 13, 14행: 두 번째로 전송할 데이터가 저장된 위치와 크기정보를 담고 있다.
- 16행: writev 함수의 첫 번째 전달인자가 1이므로 콘솔로 출력이 이뤄진다.

❖ 실행결과: writev.c

```
root@my_linux:/tcpip# gcc writev.c -o wv
root@my_linux:/tcpip# ./wv
ABC1234
Write bytes: 7
```

이어서 이번에는 readv 함수에 대해 살펴보겠다. readv 함수는 writev 함수와 반대로 생각하면 된다.

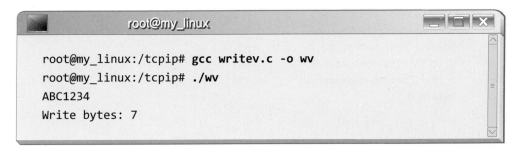

```
#include <sys/uio.h>

ssize_t readv(int filedes, const struct iovec * iov, int iovcnt);
```
➜ 성공 시 수신된 바이트 수, 실패 시 -1 반환

- filedes 데이터를 수신할 파일(혹은 소켓)의 파일 디스크립터를 인자로 전달.
- iov 데이터를 저장할 위치와 크기 정보를 담고 있는 iovec 구조체 배열의 주소 값 전달.
- iovcnt 두 번째 인자로 전달된 주소 값이 가리키는 배열의 길이정보 전달.

이미 writev 함수를 설명한 상태이니, 위 함수의 사용방법은 예제를 통해서 바로 보이도록 하겠다.

❖ readv.c

```
1.    #include <stdio.h>
2.    #include <sys/uio.h>
3.    #define BUF_SIZE 100
4.
5.    int main(int argc, char *argv[])
6.    {
7.        struct iovec vec[2];
```

```
8.      char buf1[BUF_SIZE]={0,};
9.      char buf2[BUF_SIZE]={0,};
10.     int str_len;
11.
12.     vec[0].iov_base=buf1;
13.     vec[0].iov_len=5;
14.     vec[1].iov_base=buf2;
15.     vec[1].iov_len=BUF_SIZE;
16.
17.     str_len=readv(0, vec, 2);
18.     printf("Read bytes: %d \n", str_len);
19.     printf("First message: %s \n", buf1);
20.     printf("Second message: %s \n", buf2);
21.     return 0;
22. }
```

- 12, 13행: 첫 번째 데이터 저장소의 위치와 저장할 데이터의 크기정보를 설정하고 있다. 특히 저장할 데이터의 크기를 5로 지정했기 때문에 buf1의 크기에 상관없이 최대 5바이트만이 영역에 저장된다.

- 14, 15행: vec[0]에 등록되어있는 버퍼에 5바이트가 저장되고, 나머지 데이터는 vec[1]에 등록되어있는 버퍼에 저장된다. 특히 구조체 iovec의 멤버 iov_len에는 버퍼에 저장할 최대 바이트 크기 정보를 저장해야 한다.

- 17행: readv 함수의 첫 번째 전달인자가 0이기 때문에 콘솔로부터 데이터를 수신한다.

❖ 실행결과: readv.c

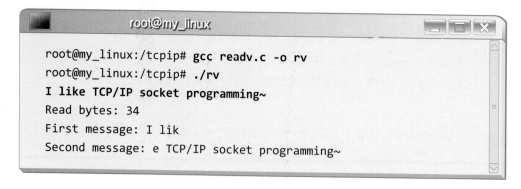

```
root@my_linux:/tcpip# gcc readv.c -o rv
root@my_linux:/tcpip# ./rv
I like TCP/IP socket programming~
Read bytes: 34
First message: I lik
Second message: e TCP/IP socket programming~
```

실행결과를 보면 7행에 선언된 배열 vec의 정보를 참조해서 데이터가 저장되었음을 알 수 있다.

✛readv & writev 함수의 적절한 사용

어떠한 경우가 readv와 writev함수를 사용하기에 적절한 상황이겠는가? 사용할 수 있는 모든 경우가 적절한 상황이다. 예를 들어서, 전송해야 할 데이터가 여러 개의 버퍼(배열)에 나뉘어 있는 경우, 모든 데이터의 전송을 위해서는 여러 번의 write 함수호출이 요구되는데, 이를 딱 한번의 writev 함수호출로 대신할 수 있으니 당연히 효율적이다. 마찬가지로 입력버퍼에 수신된 데이터를 여러 저장소에 나눠서 읽어 들이고 싶은 경우에도 여러 번 read 함수를 호출하는 것 보다 딱 한번 readv 함수를 호출하는 것이 보다 효율적이다.

일단 간단하게는 C언어 차원에서 생각해봐도 함수의 호출횟수가 적으면, 그만큼 성능이 향상되므로 이득이다. 그러나 전송되는 패킷의 수를 줄일 수 있다는데 더 큰 의미가 있다. 여러분이 구현한 서버에서 성능향상을 위해 Nagle 알고리즘을 명시적으로 중지시킨 상황을 예로 들어보자. 사실 writev 함수는 Nagle 알고리즘이 중지된 상황에서 더 활용의 가치가 높다. 다음 그림은 이와 관련해서 설명하고 있다.

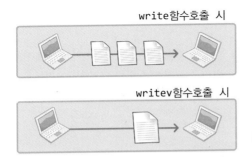

▶ 그림 13-5: Nagle 알고리즘 off 상태의 데이터 전송

위 그림은 전송해야 할 데이터가 세 곳의 영역에 나뉘어 저장된 상황에서의 데이터 전송을 예로 들고 있다. 이 상황에서 write 함수를 사용할 경우 총 세 번의 함수호출이 필요하다. 그런데 속도향상을 목적으로 이미 Nagle 알고리즘이 중지된 상황이라면, 총 세 개의 패킷이 생성되어 전송될 확률이 높다. 반면 writev 함수를 사용할 경우, 한번에 모든 데이터를 출력버퍼로 밀어 넣기 때문에 하나의 패킷만 생성되어서 전송될 확률이 높다. 때문에 writev 함수와 readv 함수의 호출이 유용한 것이다.

그렇다면 한가지만 더 생각해 보자. 여러 영역에 나뉘어 있는 데이터를 전송순서에 맞춰 하나의 큰 배열에 옮겨다 놓고(복사해 놓고), 한번의 write 함수호출을 통해서 전송을 하면 어떻겠는가? 이렇게 해도 writev 함수를 호출한 것과 같은 결과를 얻을 수 있지 않겠는가? 물론이다! 그러나 그것보다는 writev 함수를 사용하는 것이 여러모로 편리하다. 그러니 writev 함수와 readv 함수를 사용할만한 상황이 연출되면 적극 사용하기 바란다.

13-3 : 윈도우 기반으로 구현하기

이미 지금까지 보아온 윈도우 기반 예제에서는 send 함수와 recv 함수를 이용해서 데이터를 송수신해 왔다. 따라서 옵션 설정과 관련해서만 조금 더 예제를 작성해보면 충분하다. 그래서 앞서 보인 리눅스 기반 예제 oob_send.c와 oob_recv.c를 윈도우 기반으로 변경해 보고자 한다. 그런데 여기 한가지 고민거리가 있다.

"윈도우에는 리눅스에서 보인 형태의 시그널 핸들링이 존재하지 않습니다."

예제 oob_send.c와 oob_recv.c의 핵심은 MSG_OOB 옵션의 설정에 있다. 그런데 이 옵션에 대한 이벤트 핸들링이 윈도우 기반에서는 불가능하기 때문에 다른 방법을 고민해야 한다. 그래서 우리는 select 함수를 통해서 이 문제를 해결하고자 한다. 앞서 설명한 select 함수의 세 가지 관찰항목은 다음과 같다.

- 수신한 데이터를 지니고 있는 소켓이 존재하는가?
- 블로킹되지 않고 데이터의 전송이 가능한 소켓은 무엇인가?
- 예외상황이 발생한 소켓은 무엇인가?

이중 마지막 "예외상황이 발생한 소켓"과 관련해서는 Chapter 12에서도 별도의 언급이 없었다. 그런데 예외상황이라는 것은 일반적이지 않은 프로그램의 흐름을 의미하기 때문에 Out-of-band 데이터의 수신도 예외상황에 해당이 된다. 즉, select 함수의 이러한 특성을 활용하면 윈도우 기반 예제에서도 Out-of-band 데이터의 수신을 확인할 수 있다. 그럼 이러한 이해를 바탕으로 예제를 작성해 보겠다.

❖ oob_send_win.c

```
1.   #include <stdio.h>
2.   #include <stdlib.h>
3.   #include <winsock2.h>
4.
5.   #define BUF_SIZE 30
6.   void ErrorHandling(char *message);
7.
8.   int main(int argc, char *argv[])
9.   {
10.      WSADATA wsaData;
11.      SOCKET hSocket;
12.      SOCKADDR_IN sendAdr;
13.      if(argc!=3) {
14.          printf("Usage : %s <IP> <port>\n", argv[0]);
```

```
15.        exit(1);
16.    }
17.
18.    if(WSAStartup(MAKEWORD(2, 2), &wsaData) != 0)
19.        ErrorHandling("WSAStartup() error!");
20.
21.    hSocket=socket(PF_INET, SOCK_STREAM, 0);
22.    memset(&sendAdr, 0, sizeof(sendAdr));
23.    sendAdr.sin_family=AF_INET;
24.    sendAdr.sin_addr.s_addr=inet_addr(argv[1]);
25.    sendAdr.sin_port=htons(atoi(argv[2]));
26.
27.    if(connect(hSocket, (SOCKADDR*)&sendAdr, sizeof(sendAdr))==SOCKET_ERROR)
28.        ErrorHandling("connect() error!");
29.
30.    send(hSocket, "123", 3, 0);
31.    send(hSocket, "4", 1, MSG_OOB);
32.    send(hSocket, "567", 3, 0);
33.    send(hSocket, "890", 3, MSG_OOB);
34.
35.    closesocket(hSocket);
36.    WSACleanup();
37.    return 0;
38. }
39.
40. void ErrorHandling(char *message)
41. {
42.    fputs(message, stderr);
43.    fputc('\n', stderr);
44.    exit(1);
45. }
```

위 예제는 긴급 메시지를 전송하는 코드이다. 그런데 이 예제는 oob_send.c를 윈도우 버전으로 단순히 옮긴 것에 지나지 않으므로 별도의 설명은 생략하겠다. 그러나 이어서 보이는 긴급 메시지를 수신하는 코드는 상황이 조금 다르다. oob_recv.c와 달리 select 함수를 사용하는 형태로 예제가 작성되어 있어서 별도로 관찰할 필요가 있다.

❖ oob_recv_win.c

```
1.  #include <stdio.h>
2.  #include <stdlib.h>
3.  #include <winsock2.h>
4.
5.  #define BUF_SIZE 30
6.  void ErrorHandling(char *message);
```

```
7.
8.   int main(int argc, char *argv[])
9.   {
10.      WSADATA wsaData;
11.      SOCKET hAcptSock, hRecvSock;
12.
13.      SOCKADDR_IN recvAdr;
14.      SOCKADDR_IN sendAdr;
15.      int sendAdrSize, strLen;
16.      char buf[BUF_SIZE];
17.      int result;
18.
19.      fd_set read, except, readCopy, exceptCopy;
20.      struct timeval timeout;
21.
22.      if(argc!=2) {
23.          printf("Usage : %s <port>\n", argv[0]);
24.          exit(1);
25.      }
26.
27.      if(WSAStartup(MAKEWORD(2, 2), &wsaData)!=0)
28.          ErrorHandling("WSAStartup() error!");
29.
30.      hAcptSock=socket(PF_INET, SOCK_STREAM, 0);
31.      memset(&recvAdr, 0, sizeof(recvAdr));
32.      recvAdr.sin_family=AF_INET;
33.      recvAdr.sin_addr.s_addr=htonl(INADDR_ANY);
34.      recvAdr.sin_port=htons(atoi(argv[1]));
35.
36.      if(bind(hAcptSock, (SOCKADDR*)&recvAdr, sizeof(recvAdr))==SOCKET_ERROR)
37.          ErrorHandling("bind() error");
38.      if(listen(hAcptSock, 5)==SOCKET_ERROR)
39.          ErrorHandling("listen() error");
40.
41.      sendAdrSize=sizeof(sendAdr);
42.      hRecvSock=accept(hAcptSock, (SOCKADDR*)&sendAdr, &sendAdrSize);
43.      FD_ZERO(&read);
44.      FD_ZERO(&except);
45.      FD_SET(hRecvSock, &read);
46.      FD_SET(hRecvSock, &except);
47.
48.      while(1)
49.      {
50.          readCopy=read;
51.          exceptCopy=except;
52.          timeout.tv_sec=5;
53.          timeout.tv_usec=0;
54.
55.          result=select(0, &readCopy, 0, &exceptCopy, &timeout);
```

```
56.
57.          if(result>0)
58.          {
59.              if(FD_ISSET(hRecvSock, &exceptCopy))
60.              {
61.                  strLen=recv(hRecvSock, buf, BUF_SIZE-1, MSG_OOB);
62.                  buf[strLen]=0;
63.                  printf("Urgent message: %s \n", buf);
64.              }
65.
66.              if(FD_ISSET(hRecvSock, &readCopy))
67.              {
68.                  strLen=recv(hRecvSock, buf, BUF_SIZE-1, 0);
69.                  if(strLen==0)
70.                  {
71.                      break;
72.                      closesocket(hRecvSock);
73.                  }
74.                  else
75.                  {
76.                      buf[strLen]=0;
77.                      puts(buf);
78.                  }
79.              }
80.          }
81.      }
82.
83.      closesocket(hAcptSock);
84.      WSACleanup();
85.      return 0;
86. }
87.
88. void ErrorHandling(char *message)
89. {
90.      fputs(message, stderr);
91.      fputc('\n', stderr);
92.      exit(1);
93. }
```

코드가 다소 긴 편이지만 select 함수를 호출해서 Out-of-band 데이터를 수신하는 부분을 제외하면 별 다른 내용이 없다. 게다가 select 함수라면 이미 Chapter 12를 통해서 충분히 설명되었기 때문에 여러분 스스로 위의 코드를 분석할 수 있을 것이다.

끝으로 앞서 설명한 writev & readv 함수에 직접 대응하는 함수가 윈도우에는 정의되어 있지 않다. 그러나 윈도우에서 제공하는 '중첩 입출력(Overlapped IO)'를 이용하면 이와 동일한 효과를 얻을 수 있다. 중첩 입출력에 대해서는 다루어야 할 내용이 많은 관계로 자세한 설명은 뒤로 미루겠다. 다만 리눅스에서의 writev & readv 함수가 윈도우에서는 '중첩 입출력'이라는 것에 의해 구현 가능하다는 사실만 기억하기 바란다.

내용 확인문제

01. 다음 중, 데이터 전송옵션인 MSB_OOB에 대해서 잘못 설명한 것을 모두 고르면?

    a. MSG_OOB는 Out-of-band 데이터의 전송을 의미한다. 그리고 이는 다른 경로를 통한 고속의 데이터 전송이라는 의미를 갖는다.

    b. MSG_OOB는 다른 경로를 통한 고속의 데이터 전송이라는 의미를 갖기 때문에, TCP상에서도 이 옵션을 이용해서 전송된 데이터는 상대 호스트로 먼저 전송된다.

    c. MSG_OOB 옵션이 주어진 상태에서 상대 호스트로 데이터가 먼저 전송된 이후에는 일반 데이터와 동일한 형태와 순서로 읽혀진다. 즉, 전송이 빠를 뿐, 수신 측에서는 이를 인지하지 못한다.

    d. MSG_OOB는 TCP의 기본 데이터 전송방식을 벗어나지 못한다. 즉, MSG_OOB 옵션이 지정되더라도 전송순서는 그대로 유지된다. 다만 이는 수신 측에 데이터 처리의 긴급을 요청하는 용도로 사용될 뿐이다.

02. readv & writev 함수를 이용해서 데이터를 송수신 할 경우 어떠한 이점이 있는지 함수 호출의 횟수와 입출력 버퍼의 관점에서 각각 설명해 보자.

03. recv 함수호출을 통해서 입력버퍼의 데이터 존재유무를 확인하고자 할 때(확인 후 바로 반환하고자 할 때), recv 함수의 마지막 전달인자인 데이터 전송의 옵션을 어떻게 구성해야 하는가? 그리고 각각의 옵션이 의미하는 바는 무엇인지도 설명해 보자.

04. 리눅스에서는 MSB_OOB 데이터의 수신을 이벤트 핸들러의 등록을 통해서 확인이 가능하다. 그렇다면 윈도우에서는 어떻게 MSB_OOB 데이터의 수신을 확인할 수 있는지, 그 방법을 설명해보자.

멀티캐스트 &
브로드캐스트

여러분이 인터넷 방송국을 운영하고 있다고 가정해 보자. 그렇다면 여러분은 가입자들에게 멀티미디어 정보를 전송해야 한다. 만약에 가입자중 1,000명이 서비스를 요청한다면 1,000명에게, 10,000명이 서비스를 요청한다면 10,000명에게 데이터를 전송해줘야 한다. 이 상황에서 TCP를 기반으로 서비스를 제공한다면 1,000개 또는 10,000개에 해당하는 소켓연결을 유지해야 하고, UDP 소켓을 기반으로 서비스를 제공하더라도 1,000회 또는 10,000회의 데이터 전송이 필요하다. 이렇듯 다수의 클라이언트에게 동일한 데이터를 전송하는 일 조차 서버와 네트워크의 트래픽 측면에서는 매우 부정적이다. 그러나 이러한 상황에서의 해결책으로 멀티캐스트라는 기술이 존재한다.

14-1 : 멀티캐스트(Multicast)

멀티캐스트 방식의 데이터 전송은 UDP를 기반으로 한다. 따라서 UDP 서버/클라이언트의 구현방식이 매우 유사하다. 차이점이 있다면 UDP에서의 데이터 전송은 하나의 목적지를 두고 이뤄지지만 멀티캐스트에서의 데이터 전송은 특정 그룹에 가입(등록)되어 있는 다수의 호스트가 된다는 점이다. 즉, 멀티캐스트 방식을 이용하면 단 한번에 데이터 전송으로 다수의 호스트에게 데이터를 전송할 수 있다.

✚멀티캐스트의 데이터 전송방식과 멀티캐스트 트래픽 이점

멀티캐스트의 데이터 전송특성은 다음과 같이 간단히 정리할 수 있다.

- 멀티캐스트 서버는 특정 멀티캐스트 그룹을 대상으로 데이터를 딱 한번 전송한다.
- 딱! 한번 전송하더라도 그룹에 속하는 클라이언트는 모두 데이터를 수신한다.
- 멀티캐스트 그룹의 수는 IP주소 범위 내에서 얼마든지 추가가 가능하다.
- 특정 멀티캐스트 그룹으로 전송되는 데이터를 수신하려면 해당 그룹에 가입하면 된다.

여기서 말하는 멀티캐스트 그룹이란 클래스 D에 속하는 IP주소(224.0.0.0~239.255.255.255)를 조금 폼 나게 표현한 것에 지나지 않는다. 따라서 멀티캐스트 그룹에 가입을 한다는 것은 프로그램 코드상에서 다음과 같이 외치는 것 정도로 이해할 수 있다.

"나는 클래스 D에 속하는 IP주소 중에서 239.234.218.234를 목적지로 전송되는 멀티캐스트 데이터에 관심이 있으므로, 이 데이터를 수신하겠다."

멀티캐스트는 UDP를 기반으로 한다고 하였다. 즉, 멀티캐스트 패킷은 그 형태가 UDP 패킷과 동일하다. 다만 일반적인 UDP 패킷과 달리 하나의 패킷만 네트워크상에 띄워 놓으면 라우터들은 이 패킷을 복사해서 다수의 호스트에 이를 전달한다. 이렇듯 멀티캐스트는 다음 그림에서 보이듯이 라우터의 도움으로 완성된다.

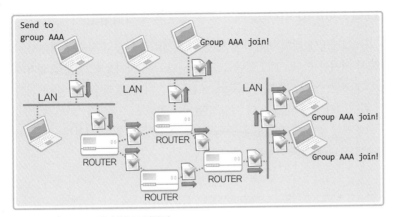

▶ 그림 14-1: 멀티캐스트 라우팅

위 그림은 그룹 AAA로 전송된 하나의 멀티캐스트 패킷이 라우터들의 도움으로 AAA 그룹에 가입한 모든 호스트에 전송되는 과정을 보이고 있다.

　"이거 뭐 트래픽 측면에서는 부정적으로밖에 볼 수가 없겠는데요!"

필자가 이번 Chapter를 시작하면서 다음과 같이 이야기하였다.

　"이렇듯 다수의 클라이언트에게 동일한 데이터를 전송하는 일 조차 서버와 네트워크의 트래픽 측면에서 매우 부정적이다. 그러나 이러한 상황에서의 해결책으로 멀티캐스트라는 기술이 존재한다. "

위 그림을 단순히 보면 트래픽에 부정적이라 생각할 수 있다. 왜냐하면 하나의 패킷이 여러 라우터를 통해서 빈번히 복사되기 때문이다. 하지만 다음 측면을 관찰하자!

　"하나의 영역에 동일한 패킷이 둘 이상 전송되지 않는다!"

만약에 TCP 또는 UDP 방식으로 1,000개의 호스트에 파일을 전송하려면, 총 1,000회 파일을 전송해야 한다. 열 개의 호스트가 하나의 네트워크로 묶여 있어서 경로의 99%가 일치하더라도 말이다. 하지만 이러한 경우에 멀티캐스트 방식으로 파일을 전송하면 딱 한번만 전송해주면 된다. 1,000개의 호스트를 묶고 있는 라우터가 1,000개의 호스트에게 파일을 복사해 줄 테니 말이다. 바로 이러한 성격 때문에 멀티캐스트 방식의 데이터 전송은 "멀티미디어 데이터의 실시간 전송"에 주로 사용된다.

참고로 위 그림에서 보이듯이 이론상으로는 쉽게 멀티캐스팅이 가능해야 하지만, 아직도 적지 않은 수의 라우터가 멀티캐스트를 지원하지 않거나 지원하더라도 네트워크의 불필요한 트래픽 문제를 고려해서 일부러 막아 놓은 경우가 많다. 때문에 멀티캐스트를 지원하지 않는 라우터를 거쳐서 멀티캐스트 패킷을 전송하기 위한 터널링(Tunneling) 기술이라는 것도 사용된다(이는 멀티캐스트 기반의 응용 프로그램 개발자가 고민할 문제는 아니다). 어찌되었든 우리는 멀티캐스트 서비스가 가능한 환경이 구축되어 있는 상황에서의 프로그래밍 방법에 대해서만 이야기하고자 한다.

라우팅(Routing)과 TTL(Time to Live), 그리고 그룹으로의 가입방법

그럼 이제 멀티캐스트 관련 프로그래밍에 대해 이야기해 보자. 멀티캐스트 패킷의 전송을 위해서는 TTL 이라는 것의 설정과정을 반드시 거쳐야 한다. TTL이란 Time to Live의 약자로써 '패킷을 얼마나 멀리 전달할 것인가'를 결정하는 주 요소가 된다. TTL은 정수로 표현되며, 이 값은 라우터를 하나 거칠 때마다 1씩 감소한다. 그리고 이 값이 0이 되면 패킷은 더 이상 전달되지 못하고 소멸된다. 따라서 TTL을 너무 크게 설정하면 네트워크 트래픽에 좋지 못한 영향을 줄 수 있다. 물론 너무 적게 설정해도 목적지에 도달하지 않는 문제가 발생할 수 있으니 주의해야 한다.

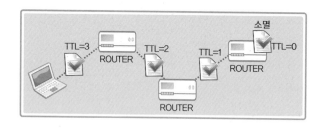

▶ 그림 14-2: TTL과 멀티캐스트 라우팅

그럼 TTL의 설정방법에 대해 설명하겠다. 프로그램상에서의 TTL 설정은 Chapter 09에서 설명한 소켓의 옵션설정을 통해 이뤄진다. TTL의 설정과 관련된 프로토콜의 레벨은 IPPROTO_IP이고 옵션의 이름은 IP_MULTICAST_TTL이다. 따라서 TTL을 64로 설정하고자 할 때에는 다음과 같이 코드를 구성하면 된다.

```
int send_sock;
int time_live=64;
. . . .
send_sock=socket(PF_INET, SOCK_DGRAM, 0);
setsockopt(send_sock, IPPROTO_IP, IP_MULTICAST_TTL, (void*)&time_live, sizeof(time_live));
. . . .
```

그리고 멀티캐스트 그룹으로의 가입 역시 소켓의 옵션설정을 통해 이뤄진다. 그룹 가입과 관련된 프로토콜의 레벨은 IPPROTO_IP이고, 옵션의 이름은 IP_ADD_MEMBERSHIP이다. 따라서 그룹의 가입은 다음과 같이 진행된다.

```
int recv_sock;
struct ip_mreq join_adr;
. . . .
recv_sock=socket(PF_INET, SOCK_DGRAM, 0);
. . . .
join_adr.imr_multiaddr.s_addr="멀티캐스트 그룹의 주소정보";
join_adr.imr_ interface.s_addr="그룹에 가입할 호스트의 주소정보";
```

```
setsockopt(recv_sock, IPPROTO_IP, IP_ADD_MEMBERSHIP, (void*)&join_adr, sizeof(join_adr));
. . . .
```

위의 코드는 setsockopt 함수의 호출과 관련 있는 부분만 보였을 뿐이니, 자세한 것은 잠시 후에 소개하는 예제를 통해서 확인하기로 하고, 여기서는 위에서 보인 구조체 ip_mreq에 대해서만 조금 더 보충하겠다. 이 구조체는 다음과 같이 정의되어 있다.

```
struct ip_mreq
{
    struct in_addr imr_multiaddr;
    struct in_addr imr_interface;
}
```

구조체 in_addr에 대해서는 Chapter 03에서 설명하였으니, 구조체 멤버에 대해서만 정리하겠다. 우선 첫 번째 멤버 imr_multiaddr에는 가입할 그룹의 IP주소를 채워 넣는다. 그리고 두 번째 멤버인 imr_interface에는 그룹에 가입하는 소켓이 속한 호스트의 IP주소를 명시하는데, INADDR_ANY를 이용하는 것도 가능하다.

✚멀티캐스트 Sender와 Receiver의 구현

멀티캐스트 기반에서는 서버, 클라이언트라는 표현을 대신해서 전송자(이하 Sender라 표시한다), 수신자(이하 Receiver라 표현한다)라는 표현을 사용한다. 여기서 Sender는 말 그대로 멀티캐스트 데이터의 전송주체이다. 반면 Receiver는 멀티캐스트 그룹의 가입과정이 필요한 데이터의 수신주체이다. 그럼 이어서 구현할 예제에 대해 이야기해 보겠다. 이번에 구현할 예제의 시나리오는 다음과 같다.

- Sender   파일에 저장된 뉴스 정보를 AAA 그룹으로 방송(Broadcasting)한다.
- Receiver AAA 그룹으로 전송된 뉴스정보를 수신한다.

이제 Sender의 코드를 볼 텐데, Sender는 Receiver보다 상대적으로 간단하다. Receiver는 그룹의 가입과정이 필요하지만, Sender는 UDP 소켓을 생성하고 멀티캐스트 주소로 데이터를 전송만 하면 되기 때문이다.

❖ news_sender.c

```
1.  #include <stdio.h>
2.  #include <stdlib.h>
3.  #include <string.h>
4.  #include <unistd.h>
5.  #include <arpa/inet.h>
6.  #include <sys/socket.h>
7.
```

```
8.   #define TTL 64
9.   #define BUF_SIZE 30
10.  void error_handling(char *message);
11.
12.  int main(int argc, char *argv[])
13.  {
14.      int send_sock;
15.      struct sockaddr_in mul_adr;
16.      int time_live=TTL;
17.      FILE *fp;
18.      char buf[BUF_SIZE];
19.      if(argc!=3) {
20.          printf("Usage : %s <GroupIP> <PORT>\n", argv[0]);
21.          exit(1);
22.      }
23.
24.      send_sock=socket(PF_INET, SOCK_DGRAM, 0);
25.      memset(&mul_adr, 0, sizeof(mul_adr));
26.      mul_adr.sin_family=AF_INET;
27.      mul_adr.sin_addr.s_addr=inet_addr(argv[1]);    // Multicast IP
28.      mul_adr.sin_port=htons(atoi(argv[2]));     // Multicast Port
29.
30.      setsockopt(send_sock, IPPROTO_IP,
31.          IP_MULTICAST_TTL, (void*)&time_live, sizeof(time_live));
32.      if((fp=fopen("news.txt", "r"))==NULL)
33.          error_handling("fopen() error");
34.
35.      while(!feof(fp))    /* Broadcasting */
36.      {
37.          fgets(buf, BUF_SIZE, fp);
38.          sendto(send_sock, buf, strlen(buf),
39.              0, (struct sockaddr*)&mul_adr, sizeof(mul_adr));
40.          sleep(2);
41.      }
42.      close(fp);
43.      close(send_sock);
44.      return 0;
45.  }
46.
47.  void error_handling(char *message)
48.  {
49.      fputs(message, stderr);
50.      fputc('\n', stderr);
51.      exit(1);
52.  }
```

• 24행: 멀티캐스트 데이터의 송수신은 UDP 소켓을 대상으로 하기 때문에, 이 문장에서는 UDP 소켓을 생성하고 있다.

- 26~28행: 데이터를 전송할 주소정보를 설정하고 있다. 중요한 것은 반드시 IP주소를 멀티캐스트 주소로 설정해야 한다는 사실이다.

- 30행: 소켓의 TTL 정보를 지정하고 있다. Sender에서 반드시 해야 할 일이다.

- 35~41행: 실제 데이터 전송이 이뤄지는 영역이다. UDP 소켓을 기반으로 데이터 전송이 이뤄지 므로 sendto 함수를 사용하는 것은 당연하다. 그리고 40행의 sleep 함수호출은 데 이터 전송에 약간의 시간간격을 두기 위함일 뿐, 별 다른 의미를 갖진 않는다.

위에서 보였듯이 멀티캐스트 Sender는 일반 UDP 소켓 프로그램과 차이가 크지 않다. 그러나 멀티캐스트 Receiver는 조금 다르다. 임의의 멀티캐스트 주소로 전송되는 데이터의 수신을 위해서 가입이라는 과정을 거치기 때문이다. 따라서 이 부분을 제외하면 Receiver 역시 UDP 소켓 프로그램과 큰 차이가 없다. 그럼 이어서 위 예제와 함께 동작하는 Receiver를 확인하자.

❖ news_receiver.c

```
1.   #include <"news_sender.c의 헤더선언과 동일하므로 생략합니다.">
2.   #define BUF_SIZE 30
3.   void error_handling(char *message);
4.
5.   int main(int argc, char *argv[])
6.   {
7.       int recv_sock;
8.       int str_len;
9.       char buf[BUF_SIZE];
10.      struct sockaddr_in adr;
11.      struct ip_mreq join_adr;
12.      if(argc!=3) {
13.          printf("Usage : %s <GroupIP> <PORT>\n", argv[0]);
14.          exit(1);
15.      }
16.
17.      recv_sock=socket(PF_INET, SOCK_DGRAM, 0);
18.      memset(&adr, 0, sizeof(adr));
19.      adr.sin_family=AF_INET;
20.      adr.sin_addr.s_addr=htonl(INADDR_ANY);
21.      adr.sin_port=htons(atoi(argv[2]));
22.
23.      if(bind(recv_sock, (struct sockaddr*) &adr, sizeof(adr))==-1)
24.          error_handling("bind() error");
25.
26.      join_adr.imr_multiaddr.s_addr=inet_addr(argv[1]);
27.      join_adr.imr_interface.s_addr=htonl(INADDR_ANY);
28.
29.      setsockopt(recv_sock, IPPROTO_IP,
30.          IP_ADD_MEMBERSHIP, (void*)&join_adr, sizeof(join_adr));
31.
```

```
32.     while(1)
33.     {
34.         str_len=recvfrom(recv_sock, buf, BUF_SIZE-1, 0, NULL, 0);
35.         if(str_len<0)
36.             break;
37.         buf[str_len]=0;
38.         fputs(buf, stdout);
39.     }
40.     close(recv_sock);
41.     return 0;
42. }
43.
44. void error_handling(char *message)
45. {
46.     // news_sender.c의 error_handling 함수와 동일
47. }
```

- 26, 27행: 구조체 ip_mreg형 변수를 초기화하고 있다. 멀티캐스트 그룹의 IP주소는 26행에서, 그룹에 가입할 호스트의 IP주소는 27행에서 초기화 된다.

- 29행: 소켓옵션 IP_ADD_MEMBERSHIP을 이용해서 멀티캐스트 그룹에 가입하고 있다. 이제 26행에서 지정한 멀티캐스트 그룹으로 전송되는 데이터를 수신할 준비는 모두 끝났다.

- 34행: recvfrom 함수호출을 통해서 멀티캐스트 데이터를 수신하고 있다. 참고로 데이터를 전송한 호스트의 주소정보를 알 필요가 없다면, 이렇듯 recvfrom 함수의 다섯 번째와 여섯 번째 인자로 각각 NULL과 0을 전달하면 된다.

❖ 실행결과: news_sender.c

```
root@my_linux:/tcpip# gcc news_sender.c -o sender
root@my_linux:/tcpip# ./sender
Usage : ./sender <GroupIP> <PORT>
root@my_linux:/tcpip# ./sender 224.1.1.2 9190
```

❖ 실행결과: news_receiver.c

```
root@my_linux
root@my_linux:/tcpip# gcc news_receiver.c -o receiver
root@my_linux:/tcpip# ./receiver
Usage : ./receiver <GroupIP> <PORT>
root@my_linux:/tcpip# ./receiver 224.1.1.2 9190
The government, however, apparently overlooked a law that requires a CPA to
receive at least two years of practical training at a public accounting firm.
After realizing that, the FSS then suggested that firms listed on the Korea Stock
Exchange accommodate the newly minted CPAs, but accountants rejected the idea.
"The main purpose of selecting more CPAs is to ensure transparent accounting,"
said Yoon Jong-wook, head of the CPAs' own committee for improving training
conditions.
```

실행해 보았는가? 너무 당연한 사실이기에 앞서 별도로 언급하지는 않았지만, Sender와 Receiver 사이에서의 PORT번호 역시 일치시켜야 한다. 그리고 실행의 순서는 중요하지 않다. TCP 소켓처럼 연결된 상태에서 데이터를 송수신하는 것이 아니기 때문이다. 다만 멀티캐스트는 어디까지나 방송의 개념이기 때문에 Receiver를 늦게 실행하면, 그 이전에 전송된 멀티캐스트 데이터는 수신이 불가능하다.

이해하고 넘어가세요! **MBone(Multicast Backbone)**

멀티캐스트는 MBone이라 불리는 가상 네트워크를 기반으로 동작한다. 일단 가상 네트워크라는 표현이 생소하게 들리는데, 이는 인터넷상에서 별도의 프로토콜을 기반으로 동작하는, 소프트웨어적인 개념의 네트워크로 이해할 수 있다. 즉, MBone은 손으로 만질 수 있는 물리적인 개념의 네트워크가 아니다. 멀티캐스트에 필요한 네트워크 구조를 인터넷 망을 바탕으로 소프트웨어적으로 구현해 놓은 가상의 네트워크이다. 멀티캐스트가 가능하도록 돕는 가상 네트워크의 연구는 지금도 계속되고 있으며, 이는 멀티캐스트 기반의 응용 소프트웨어를 개발하는 것과는 다른 분야의 연구이다.

14-2 : 브로드캐스트(Broadcast)

이번에 소개하는 브로드캐스트는 한번에 여러 호스트에게 데이터를 전송한다는 점에서 멀티캐스트와 유사하다. 그러나 전송이 이뤄지는 범위에서 차이가 난다. 멀티캐스트는 서로 다른 네트워크상에 존재하는 호스트라 할지라도, 멀티캐스트 그룹에 가입만 되어 있으면 데이터의 수신이 가능하다. 반면 브로드캐스트는 동일한 네트워크로 연결되어 있는 호스트로, 데이터의 전송 대상이 제한된다.

브로드캐스트의 이해와 구현방법

브로드캐스트는 동일한 네트워크에 연결되어 있는 모든 호스트에게 동시에 데이터를 전송하기 위한 방법이다. 이 역시 멀티캐스트와 마찬가지로 UDP를 기반으로 데이터를 송수신한다. 그리고 데이터 전송 시 사용되는 IP주소의 형태에 따라서 다음과 같이 두 가지 형태로 구분이 된다.

- Directed 브로드캐스트(Broadcast)
- Local 브로드캐스트(Broadcast)

코드상에서 확인되는 이 둘의 차이점은 IP주소에 있다. Directed 브로드캐스트의 IP주소는 네트워크 주소를 제외한 나머지 호스트 주소를 전부 1로 설정해서 얻을 수 있다. 예를 들어서 네트워크 주소가 192.12.34인 네트워크에 연결되어 있는 모든 호스트에게 데이터를 전송하려면 192.12.34.255로 데이터를 전송하면 된다. 이렇듯 특정 지역의 네트워크에 연결된 모든 호스트에게 데이터를 전송하려면 Directed 브로드캐스트 방식으로 데이터를 전송하면 된다.

반면 Local 브로드캐스트를 위해서는 255.255.255.255라는 IP주소가 특별히 예약되어 있다. 예를 들어서 네트워크 주소가 192.32.24인 네트워크에 연결되어 있는 호스트가 IP주소 255.255.255.255를 대상으로 데이터를 전송하면, 192.32.24로 시작하는 IP주소의 모든 호스트에게 데이터가 전달된다.

그렇다면 브로드캐스트 Sender와 Receiver는 어떻게 구현해야 할까? 사실 브로드캐스트 예제는 데이터 송수신에 사용되는 IP주소를 유심히 관찰하지 않으면, UDP 예제와 잘 구분이 안 된다. 즉, 데이터 송수신에 사용되는 IP주소가 UDP 예제와의 유일한 차이점이다. 다만 기본적으로 생성되는 소켓은 브로드캐스트 기반의 데이터 전송이 불가능하도록 설정되어 있기 때문에 다음 유형의 코드 구성을 통해서 이를 변경할 필요는 있다.

```
int send_sock;
int bcast=1;    // SO_BROADCAST의 옵션정보를 1로 변경하기 위한 변수 초기화
. . . .
```

```
send_sock=socket(PF_INET, SOCK_DGRAM, 0);
. . . .
setsockopt(send_sock, SOL_SOCKET, SO_BROADCAST, (void*)&bcast, sizeof(bcast));
. . . .
```

위의 setsockopt 함수호출을 통해서 SO_BROADCAST의 옵션정보를 변수 bcast에 저장된 값인 1로 변경하는데, 이는 브로드캐스트 기반의 데이터 전송이 가능함을 의미한다. 물론 위에서 보인 소켓옵션의 변경은 데이터를 전송하는 Sender에나 필요할 뿐, Receiver의 구현에서는 필요가 없다.

✚ 브로드캐스트 기반의 Sender와 Receiver의 구현

이제 브로드캐스트 기반의 Sender와 Receiver를 구현할 차례이다. 그런데 멀티캐스트 예제와의 비교 기회를 제공하기 위해서 앞서 구현한 news_sender.c와 news_receiver.c를 브로드캐스트 기반으로 변경해 보겠다.

❖ news_sender_brd.c

```
1.   #include <stdio.h>
2.   #include <stdlib.h>
3.   #include <string.h>
4.   #include <unistd.h>
5.   #include <arpa/inet.h>
6.   #include <sys/socket.h>
7.
8.   #define BUF_SIZE 30
9.   void error_handling(char *message);
10.
11.  int main(int argc, char *argv[])
12.  {
13.      int send_sock;
14.      struct sockaddr_in broad_adr;
15.      FILE *fp;
16.      char buf[BUF_SIZE];
17.      int so_brd=1;
18.      if(argc!=3) {
19.          printf("Usage : %s <Boradcast IP> <PORT>\n", argv[0]);
20.          exit(1);
21.      }
22.
23.      send_sock=socket(PF_INET, SOCK_DGRAM, 0);
24.      memset(&broad_adr, 0, sizeof(broad_adr));
25.      broad_adr.sin_family=AF_INET;
26.      broad_adr.sin_addr.s_addr=inet_addr(argv[1]);
27.      broad_adr.sin_port=htons(atoi(argv[2]));
```

```
28.
29.    setsockopt(send_sock, SOL_SOCKET,
30.        SO_BROADCAST, (void*)&so_brd, sizeof(so_brd));
31.    if((fp=fopen("news.txt", "r"))==NULL)
32.        error_handling("fopen() error");
33.
34.    while(!feof(fp))
35.    {
36.        fgets(buf, BUF_SIZE, fp);
37.        sendto(send_sock, buf, strlen(buf),
38.            0, (struct sockaddr*)&broad_adr, sizeof(broad_adr));
39.        sleep(2);
40.    }
41.    close(send_sock);
42.    return 0;
43. }
44.
45. void error_handling(char *message)
46. {
47.    fputs(message, stderr);
48.    fputc('\n', stderr);
49.    exit(1);
50. }
```

29행에서는, 23행에서 생성한 UDP 소켓을 브로드캐스트 기반 데이터 전송이 가능하도록 옵션정보를 변경하고 있다. 이를 제외하면 일반적인 UDP Sender와 차이를 나지 않는다. 그럼 이번에는 브로드캐스트 Receiver를 보도록 하자.

❖ news_receiver_brd.c

```
1.    #include <"news_sender_brd.c의 헤더선언과 동일하므로 생략합니다.">
2.    #define BUF_SIZE 30
3.    void error_handling(char *message);
4.
5.    int main(int argc, char *argv[])
6.    {
7.        int recv_sock;
8.        struct sockaddr_in adr;
9.        int str_len;
10.       char buf[BUF_SIZE];
11.       if(argc!=2) {
12.           printf("Usage : %s <PORT>\n", argv[0]);
13.           exit(1);
14.       }
15.
```

```
16.        recv_sock=socket(PF_INET, SOCK_DGRAM, 0);
17.        memset(&adr, 0, sizeof(adr));
18.        adr.sin_family=AF_INET;
19.        adr.sin_addr.s_addr=htonl(INADDR_ANY);
20.        adr.sin_port=htons(atoi(argv[1]));
21.
22.        if(bind(recv_sock, (struct sockaddr*)&adr, sizeof(adr))==-1)
23.            error_handling("bind() error");
24.        while(1)
25.        {
26.            str_len=recvfrom(recv_sock, buf, BUF_SIZE-1, 0, NULL, 0);
27.            if(str_len<0)
28.                break;
29.            buf[str_len]=0;
30.            fputs(buf, stdout);
31.        }
32.        close(recv_sock);
33.        return 0;
34. }
35.
36. void error_handling(char *message)
37. {
38.     // news_sender_brd.c의 error_handling 함수와 동일
39. }
```

소스코드상에서 추가로 설명할 내용은 없다. 따라서 바로 이어서 실행결과를 보이겠다. 참고로 필자는 Local 브로드캐스트의 실행결과를 실어놓았다. 그러나 여러분은 여건이 된다면, Direct 브로드캐스트의 실행결과도 확인하기 바란다.

❖ 실행결과: news_sender_brd.c

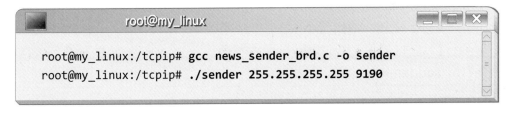

```
root@my_linux:/tcpip# gcc news_sender_brd.c -o sender
root@my_linux:/tcpip# ./sender 255.255.255.255 9190
```

❖ 실행결과: news_receiver_brd.c

```
root@my_linux                                    _ □ X

root@my_linux:/tcpip# gcc news_receiver_brd.c -o receiver
root@my_linux:/tcpip# ./receiver 9190
accountants say that the committee will in all likelihood tackle
issues that have been previously raised by them with the ministry.
Last year, the ministry mandated the Financial Supervisory
Service (FSS) to create over 1,000 new CPAs - a first in Korea's
accounting history - citing the need to promote sound accounting
practices industry wide.
```

14-3 : 윈도우 기반으로 구현하기

앞서 보인 예제들을 윈도우 기반으로 변경한다고 해서 특별히 달라질 것은 없다. 지금까지 언급한 내용이 윈도우 기반에서도 그대로 적용되기 때문이다. 다만 멀티캐스트 예제에서 헤더파일의 선언에 조금 변화가 있는데, 이에 대한 설명을 위해서, 앞서 보인 멀티캐스트 예제만 윈도우 기반으로 변경해 보겠다.

❖ news_sender_win.c

```
1.  #include <stdio.h>
2.  #include <stdlib.h>
3.  #include <string.h>
4.  #include <winsock2.h>
5.  #include <ws2tcpip.h>  // for IP_MULTICAST_TTL option
6.
7.  #define TTL 64
8.  #define BUF_SIZE 30
```

```
9.   void ErrorHandling(char *message);
10.
11.  int main(int argc, char *argv[])
12.  {
13.      WSADATA wsaData;
14.      SOCKET hSendSock;
15.      SOCKADDR_IN mulAdr;
16.      int timeLive=TTL;
17.      FILE *fp;
18.      char buf[BUF_SIZE];
19.
20.      if(argc!=3) {
21.          printf("Usage : %s <GroupIP> <PORT>\n", argv[0]);
22.          exit(1);
23.      }
24.      if(WSAStartup(MAKEWORD(2, 2), &wsaData)!=0)
25.          ErrorHandling("WSAStartup() error!");
26.
27.      hSendSock=socket(PF_INET, SOCK_DGRAM, 0);
28.      memset(&mulAdr, 0, sizeof(mulAdr));
29.      mulAdr.sin_family=AF_INET;
30.      mulAdr.sin_addr.s_addr=inet_addr(argv[1]);
31.      mulAdr.sin_port=htons(atoi(argv[2]));
32.
33.      setsockopt(hSendSock, IPPROTO_IP,
34.          IP_MULTICAST_TTL, (void*)&timeLive, sizeof(timeLive));
35.      if((fp=fopen("news.txt", "r"))==NULL)
36.          ErrorHandling("fopen() error");
37.      while(!feof(fp))
38.      {
39.          fgets(buf, BUF_SIZE, fp);
40.          sendto(hSendSock, buf, strlen(buf),
41.              0, (SOCKADDR*)&mulAdr, sizeof(mulAdr));
42.          Sleep(2000);
43.      }
44.      closesocket(hSendSock);
45.      WSACleanup();
46.      return 0;
47.  }
48.
49.  void ErrorHandling(char *message)
50.  {
51.      fputs(message, stderr);
52.      fputc('\n', stderr);
53.      exit(1);
54.  }
```

위 예제의 5행에 보면 헤더파일 ws2tcpip.h의 선언이 추가되어 있다. 이 헤더파일에는 34행에 삽입된 옵션 IP_MULTICAST_TTL이 선언되어 있기 때문이다. 참고로 이어서 소개하는 Receiver 예제에서도 이 헤더파일의 선언이 필요하다. 이 헤더파일에 구조체 ip_mreq가 선언되어 있기 때문이다.

❖ news_receiver_win.c

```c
1.   #include <stdio.h>
2.   #include <stdlib.h>
3.   #include <string.h>
4.   #include <winsock2.h>
5.   #include <ws2tcpip.h>  // for struct ip_mreq
6.
7.   #define BUF_SIZE 30
8.   void ErrorHandling(char *message);
9.
10.  int main(int argc, char *argv[])
11.  {
12.      WSADATA wsaData;
13.      SOCKET hRecvSock;
14.      SOCKADDR_IN adr;
15.      struct ip_mreq joinAdr;
16.      char buf[BUF_SIZE];
17.      int strLen;
18.
19.      if(argc!=3) {
20.          printf("Usage : %s <GroupIP> <PORT>\n", argv[0]);
21.          exit(1);
22.      }
23.      if(WSAStartup(MAKEWORD(2, 2), &wsaData)!=0)
24.          ErrorHandling("WSAStartup() error!");
25.
26.      hRecvSock=socket(PF_INET, SOCK_DGRAM, 0);
27.      memset(&adr, 0, sizeof(adr));
28.      adr.sin_family=AF_INET;
29.      adr.sin_addr.s_addr=htonl(INADDR_ANY);
30.      adr.sin_port=htons(atoi(argv[2]));
31.      if(bind(hRecvSock, (SOCKADDR*) &adr, sizeof(adr))==SOCKET_ERROR)
32.          ErrorHandling("bind() error");
33.
34.      joinAdr.imr_multiaddr.s_addr=inet_addr(argv[1]);
35.      joinAdr.imr_interface.s_addr=htonl(INADDR_ANY);
36.      if(setsockopt(hRecvSock, IPPROTO_IP, IP_ADD_MEMBERSHIP,
37.              (void*)&joinAdr, sizeof(joinAdr))==SOCKET_ERROR)
38.          ErrorHandling("setsock() error");
39.
40.      while(1)
```

```
41.     {
42.         strLen=recvfrom(hRecvSock, buf, BUF_SIZE-1, 0, NULL, 0);
43.         if(strLen<0)
44.             break;
45.         buf[strLen]=0;
46.         fputs(buf, stdout);
47.     }
48.     closesocket(hRecvSock);
49.     WSACleanup();
50.     return 0;
51. }
52.
53. void ErrorHandling(char *message)
54. {
55.     fputs(message, stderr);
56.     fputc('\n', stderr);
57.     exit(1);
58. }
```

실행결과는 앞서 보인 예제와 차이가 없으니 생략하겠다. 실행과정에서 멀티캐스트 IP주소만 제대로 부여한다면, 그리고 단일 컴퓨터상에서 테스트한다면, 큰 무리 없이 실행결과를 확인할 수 있을 것이다.

내용 확인문제

01. TTL이 의미하는 바는 무엇인가? 그리고 TTL의 값이 크게 설정되는 것과 작게 설정되는 것에 따른 차이와 문제점을 라우팅의 관점에서 설명해보자.

02. 멀티캐스트와 브로드캐스트의 공통점은 무엇이고 또 차이점은 무엇인가? 데이터의 송수신 관점에서 설명해보자.

03. 다음 중 멀티캐스트에 대한 설명으로 옳지 않은 것을 모두 고르면?

   a. 멀티캐스트는 멀티캐스트 그룹에 가입한 모든 호스트에게 데이터를 전송하는데 사용되는 프로토콜이다.

   b. 멀티캐스트 그룹에 가입하기 위해서는 동일 네트워크에 연결되어 있어야 한다. 즉, 둘 이상의 네트워크에 걸쳐서 하나의 멀티캐스트 그룹이 형성될 수 없다.

   c. 멀티캐스트 그룹에 가입할 수 있는 호스트의 수에는 제한이 없으나, 이 그룹으로 데이터를 전송하는 호스트(Sender)의 수는 하나로 제한이 된다.

   d. 멀티캐스트를 위한 소켓은 UDP 소켓이어야 한다. 멀티캐스트는 UDP를 기반으로 데이터를 송수신하기 때문이다.

04. 멀티캐스트는 트래픽 측면에서도 긍정적이다! 그렇다면 어떠한 이유로, 어떻게 긍정적인지 TCP의 데이터 송수신 방식과 비교해서 설명해보자.

05. 멀티캐스트 방식의 데이터 송수신을 위해서는 MBone이라는 가상의 네트워크가 구성되어 있어야 한다. 즉, MBone은 멀티캐스트를 위한 네트워크이다. 그런데 이러한 MBone을 가리켜 가상 네트워크라 한다. 그렇다면 여기서 말하는 가상 네트워크가 무엇을 뜻하는지 설명해보자.

Part 02

리눅스 기반 프로그래밍

소켓과 표준 입출력

지금까지 우리는 기본적인 데이터 송수신 수단으로 read & write 함수를 비롯한 시스템 입출력 함수를 사용해 왔다. 그런데 아마도 여러분들 중에는 C언어를 공부할 때 익혔던 표준 입출력함수를 사용하고픈 분들도 있을 것이다. 그것이 실제로 가능한 일이라면 말이다. 표준 입출력 함수를 네트워크상에서의 데이터 송수신에 사용한다는 것이 여러분이 생각하기에도 매력적으로 느껴지지 않는가?

15-1 : 표준 입출력 함수의 장점

이번 Chapter에서는 표준 입출력 함수를 이용한 데이터 송수신 방법에 대해 소개한다. 혹시 다양한 표준 함수들에 익숙지 않거나 기억이 가물가물 하다면, C언어 책 한 권 정도는 옆에 가져다 놓고 이 Chapter를 시작하기 바란다. 물론 파일을 다룰 때 사용했던 fopen, feof, fgetc, fputs와 같은 함수들이 낯설지 않다면 C언어 책은 불필요하다.

표준 입출력 함수의 두 가지 장점

표준 입출력 함수를 데이터 송수신에 사용하는 것은 그리 어려운 일이 아니다. 하지만 무조건 사용방법만 익히는 것은 의미가 없다. 최소한 어떠한 장점이 있는지는 이해해야 의미가 있다. 다음은 표준 입출력 함수가 지니는 장점 두 가지이다.

- 표준 입출력 함수는 이식성(Portability)이 좋다.
- 표준 입출력 함수는 버퍼링을 통한 성능의 향상에 도움이 된다.

이식성에 대해서는 많은 이야기가 필요 없을 것이다. 어찌되었든 입출력 함수뿐만 아니라, 모든 표준 함수들은 이식성이 좋다. 모든 운영체제(컴파일러)가 지원하도록 ANSI C에서 표준으로 정의했기 때문이다. 물론 이는 네트워크 프로그래밍에만 해당하는 이야기가 아니다. 프로그래밍의 모든 영역에 해당하는 이야기이다.

그럼 이어서 표준 입출력 함수의 두 번째 장점에 대해서 이야기해 보자. 표준 입출력 함수를 사용할 경우 추가적으로 입출력 버퍼를 제공받게 된다. 그런데 이렇게 이야기하면 다소 혼란스러울 수 있다. 왜냐하면 이전에 언급하길 소켓을 생성하면 기본적으로 운영체제에 의해서 입출력 버퍼가 생성된다고 했기 때문이다. 그럼 더 혼란스러워지기 전에 이들 버퍼의 관계를 정리해 보자. 소켓을 생성하면 운영체제는 입출력을 위한 버퍼를 마련한다. 그리고 이 버퍼는 TCP 프로토콜을 진행하는데 매우 중요한 역할을 한다. 그런데 이와는 별도로 표준 입출력 함수를 사용하게 되면, 이에 더불어 추가로 또 하나의 버퍼를 제공받는다.

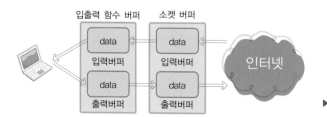

▶ 그림 15-1 : 버퍼의 관계

위 그림에서 보이듯이 표준 입출력 함수를 사용해서 데이터를 전송할 경우, 거쳐야 하는 버퍼의 수는 두 개가 된다. 예를 들어서 fputs 함수를 통해서 "Hello"라는 문자열을 전송할 경우, 일단 표준 입출력 함수의 버퍼에 데이터가 전달된다. 그리고 이어서 소켓의 출력버퍼로 이동하고, 마지막으로 상대방에게 문자열이 전송된다.

이제 제공되는 두 버퍼의 위치 관계를 파악했으니, 각각의 용도에 대해서 이야기해 보자. 버퍼는 기본적으로 성능의 향상을 목적으로 한다. 하지만 소켓과 관련해서 제공되는 버퍼는 TCP의 구현을 위한 목적이 더 강하다. 예를 들어서 TCP의 경우 데이터가 분실되면 재 전송을 진행한다. 그런데 재전송이 이뤄진다는 것은 데이터를 어딘가에 저장해 놓았다는 의미가 된다. 어디에 저장하겠는가? 소켓의 출력버퍼가 아니겠는가? 반면 표준 입출력 함수 사용시 제공되는 버퍼는 오로지 성능 향상만을 목적으로 제공이 된다.

> "버퍼링을 하면 성능이 많이 좋아지나요?"

사실 버퍼링이 모든 상황에서 우월한 성능을 보이는 것은 아니다. 그러나 전송해야 할 데이터의 양이 많으면 많을수록 버퍼링의 유무에 따른 성능의 차이는 너무나도 크다. 일단 다음 두 가지 관점에서 성능의 우월함을 말할 수 있다.

- 전송하는 데이터의 양
- 출력버퍼로의 데이터 이동 횟수

1바이트짜리 데이터를 총 열 번에 걸쳐서(열 개의 패킷에) 보내는 경우와 이를 버퍼링해서 10바이트로 묶어서 한번에 전송하는 상황을 예로 비교해보겠다. 데이터의 전송을 위해서 구성된 패킷에는 헤더정보라는 것이 추가된다. 이는 데이터의 크기에 상관없이 일정한 크기구조를 갖는데, 이를 패킷당 40바이트만 잡아도(실제로는 이보다 크다) 다음과 같이 전송해야 할 데이터의 양에는 큰 차이가 난다.

- 1바이트 10회 $40 \times 10 = 400$바이트
- 10바이트 1회 $40 \times 1 = 40$바이트

그리고 데이터의 전송을 위해, 소켓의 출력버퍼로 데이터를 이동시키는 데도 시간이 제법 많이 소모가 된다. 그런데 이 역시 이동 횟수와 관련이 있다. 1바이트를 10회 이동하는데 걸리는 시간이, 이를 묶어서 10바이트를 한 번에 이동하는 것보다 열 배 가까운 시간이 더 소모된다.

⁺표준 입출력 함수와 시스템 함수의 성능비교

버퍼링이 성능에 도움이 되는 이유에 대해서 정리해 보았는데, 실제 눈으로 확인하지 않으면 막연하게만 느껴진다. 그래서 표준 입출력 함수를 이용한 파일복사 프로그램과 시스템 함수를 이용한 파일복사 프로그램을 이용해서 실제 버퍼링이 갖는 위력이 어느 정도인지 확인해 보겠다. 다음 예제는 시스템 함수를 이용한 파일복사 프로그램이다.

❖ syscpy.c

```
1.   #include <stdio.h>
2.   #include <fcntl.h>
3.   #define BUF_SIZE 3      // 배열의 길이를 최소한으로 구성
4.
5.   int main(int argc, char *argv[])
6.   {
7.       int fd1, fd2;     // fd1, fd2에 저장되는 것은 파일 디스크립터!
8.       int len;
9.       char buf[BUF_SIZE];
10.
11.      fd1=open("news.txt", O_RDONLY);
12.      fd2=open("cpy.txt", O_WRONLY|O_CREAT|O_TRUNC);
13.
14.      while((len=read(fd1, buf, sizeof(buf)))>0)
15.          write(fd2, buf, len);
16.
17.      close(fd1);
18.      close(fd2);
19.      return 0;
20.  }
```

위 예제는 여러분이 쉽게 분석 가능한 read & write 함수 기반의 파일복사 프로그램이다. 복사 대상은 텍스트 파일로 제한하고, 복사 대상은 크기가 300Mbyte 이상인 파일로 하자! 그래야 성능의 차이를 확실히 느낄 수 있기 때문이다. 파일의 이름은 news.txt로 되어 있으니, 이는 여러분이 적절히 변경해서 테스트하기 바란다.

위 예제를 기반으로 파일 복사를 진행하고 있는가? 필자의 요구대로 300Mbyte 이상인 파일을 대상으로 복사를 진행하고 있다면, 잠시 화장실을 갔다 오기 바란다. 회장실 생각이 없다면 커피 한잔하고 와도 좋다. 이렇듯 비퍼를 제공하지 않는 read & write 함수를 이용해서 데이터를 전송하면, 목적지로 모든 데이터를 전송하는데 오랜 시간이 걸린다. 그럼 이어서 다음 예제를 보자. 이 예제에서는 표준 입출력 함수를 이용해서 파일을 복사한다.

❖ stdcpy.c

```
1.   #include <stdio.h>
2.   #define BUF_SIZE 3      // 배열의 길이를 최소한으로 구성
3.
4.   int main(int argc, char *argv[])
5.   {
6.       FILE * fp1;     // fp1에 저장되는 것은 FILE 구조체의 포인터
7.       FILE * fp2;     // fp2에 저장되는 것도 FILE 구조체의 포인터
```

```
8.        char buf[BUF_SIZE];
9.
10.       fp1=fopen("news.txt", "r");
11.       fp2=fopen("cpy.txt", "w");
12.
13.       while(fgets(buf, BUF_SIZE, fp1)!=NULL)
14.           fputs(buf, fp2);
15.
16.       fclose(fp1);
17.       fclose(fp2);
18.       return 0;
19. }
```

예제 syscpy.c를 이용해서 복사한 파일을 위 예제를 이용해서 다시 한번 복사해보자. 이 예제에서는 fputs & fgets 함수를 이용해서 파일을 복사한다. 때문에 기본적으로 버퍼링 기반의 복사가 이뤄진다. 복사해 보았는가? 어디 갔다 올 정도는 아니고, 크게 기지게 한번 피고 목도 한 서너 번 돌려주면 복사가 완료되어 있을 것이다. 사실 300Mbyte이면 요즘 세상에서 큰 데이터의 축에 들지도 않는다. 그럼에도 불구하고, 그리고 단순한 파일 복사임에도 불구하고 이렇게 성능의 차이가 많이 나는데, 실제 네트워크 상에서 데이터를 송수신한다면 얼마나 큰 성능의 차이를 보이겠는가?

⁺표준 입출력 함수 사용에 있어서 몇 가지 불편한 사항

여기서 이야기를 끝내면, 표준 입출력 함수가 마냥 좋게만 느껴진다. 하지만 이를 기반으로 하는 입출력에도 나름 단점이 있다. 이를 정리하면 다음과 같다.

- 양방향 통신이 쉽지 않다.
- 상황에 따라서 fflush 함수의 호출이 빈번히 등장할 수 있다.
- 파일 디스크립터를 FILE 구조체의 포인터로 변환해야 한다.

필자는 여러분이 C언어를 공부하면서 파일 입출력에 대한 이해도를 80% 이상 갖췄다고 생각하고 이야기를 이어가겠다. 파일을 열 때 읽고 쓰기가 동시에 가능 하려면 r+, w+, a+ 모드로 파일을 열어야 한다. 그런데 이것이 전부가 아니다. 버퍼링 문제로 인해서 읽기에서 쓰기로, 쓰기에서 읽기로 작업의 형태를 바꿀 때마다 fflush 함수를 호출해야 하는데, 이렇게 되면 표준 입출력 함수의 장점인 버퍼링 기반의 성능향상에도 영향을 미친다. 뿐만 아니라, 표준 입출력 함수의 사용을 위해서는 FILE 구조체의 포인터(이하 'FILE 포인터'로 줄여서 표현한다)가 필요한데, 기본적으로 소켓은 생성시에 파일 디스크립터를 반환한다. 따라서 파일 디스크립터를 FILE 포인터로 변환하는 과정을 거쳐야 한다. 혹시 FILE 포인터와 파일 디스크립터가 구분되지 않는다면, 앞서 제시한 두 예제 syscpy.c와 stdcpy.c를 통해서 확인하기 바란다.

참 고

r+, w+, a+ 모드의 파일 오픈

필자의 저서인 "난 정말 C PROGRAMMING을 공부한적이 없다구요!"의 파일 입출력 부분에서는 하나의 FILE 구조체 포인터를 대상으로 읽기와 쓰기를 동시에 진행하는 방법에 대해 설명하고 있으니, 관심이 있다면 참고하기 바란다.

15-2 : 표준 입출력 함수 사용하기

소켓 생성시에는 파일 디스크립터가 반환되는데, 표준 입출력 함수의 사용을 위해서는 이를 FILE 구조체의 포인터로 변환해야 함을 알았다. 따라서 그 방법부터 설명하고자 한다.

✛fdopen 함수를 이용한 FILE 구조체 포인터로의 변환

소켓의 생성과정에서 반환된 파일 디스크립터를 표준 입출력 함수의 인자로 전달 가능한 FILE 포인터로 변환하는 일은 fdopen 함수를 통해서 간단히 해결할 수 있다.

```
#include <stdio.h>

FILE * fdopen(int fildes, const char * mode);

    ➡ 성공 시 변환된 FILE 구조체 포인터, 실패 시 NULL 반환
```

• fildes   변환할 파일 디스크립터를 인자로 전달.
• mode   생성할 FILE 구조체 포인터의 모드(mode)정보 전달.

위 함수의 두 번째 전달인자는, fopen 함수호출 시 전달하는 파일 개방모드와 동일하다. 대표적인 예로 읽기모드인 "r"과 쓰기모드인 "w"가 있다. 그럼 간단한 예제를 통해서 위 함수의 사용방법을 보이겠다.

❖ desto.c

```
1.    #include <stdio.h>
2.    #include <fcntl.h>
3.
4.    int main(void)
5.    {
6.        FILE *fp;
7.        int fd=open("data.dat", O_WRONLY|O_CREAT|O_TRUNC);
8.        if(fd==-1)
9.        {
10.           fputs("file open error", stdout);
11.           return -1;
12.       }
13.
14.       fp=fdopen(fd, "w");
15.       fputs("Network C programming \n", fp);
16.       fclose(fp);
17.       return 0;
18.   }
```

- 7행: open 함수를 사용해서 파일을 생성했으므로 파일 디스크립터가 반환된다.
- 14행: fdopen 함수호출을 통해서 파일 디스크립터를 FILE 포인터로 변환하고 있다. 이 때 두 번째 인자로 "w"가 전달되었으니, 출력모드의 FILE 포인터가 반환된다.
- 15행: 14행을 통해서 얻은 포인터를 기반으로 표준출력 함수인 fputs 함수를 호출하고 있다.
- 16행: FILE 포인터를 이용해서 파일을 닫고 있다. 이 경우 파일자체가 완전히 종료되기 때문에 파일 디스크립터를 이용해서 또 다시 종료할 필요는 없다. 뿐만 아니라, fclose 함수호출 이후부터는 파일 디스크립터도 의미 없는 정수에 지나지 않는다.

❖ 실행결과: desto.c

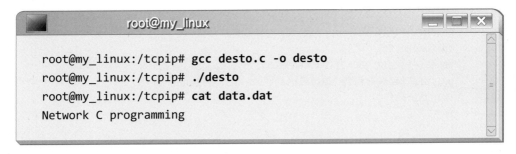

```
root@my_linux:/tcpip# gcc desto.c -o desto
root@my_linux:/tcpip# ./desto
root@my_linux:/tcpip# cat data.dat
Network C programming
```

이 예제에서 유심히 관찰할 사항은 파일 디스크립터를 기반으로 FILE 포인터를 얻어냈다는 점과 이로 인해서 표준 입출력 함수를 호출할 수 있었다는 점이다.

✛fileno 함수를 이용한 파일 디스크립터로의 변환

이번에는 fdopen 함수의 반대기능을 제공하는 함수를 소개하고자 한다. 경우에 따라서는 이 함수가 유용하게 사용되기도 한다.

```
#include <stdio.h>

int fileno(FILE * stream);

➡ 성공 시 변환된 파일 디스크립터, 실패 시 -1 반환
```

이 함수 역시 사용방법은 간단하다. 인자로 FILE 포인터를 전달하면, 해당 파일의 파일 디스크립터가 반환된다. 그럼 이어서 fileno 함수의 사용 예를 보이겠다.

❖ todes.c

```
1.   #include <stdio.h>
2.   #include <fcntl.h>
3.
4.   int main(void)
5.   {
6.       FILE *fp;
7.       int fd=open("data.dat", O_WRONLY|O_CREAT|O_TRUNC);
8.       if(fd==-1)
9.       {
10.          fputs("file open error", stdout);
11.          return -1;
12.      }
13.
14.      printf("First file descriptor: %d \n", fd);
15.      fp=fdopen(fd, "w");
16.      fputs("TCP/IP SOCKET PROGRAMMING \n", fp);
17.      printf("Second file descriptor: %d \n", fileno(fp));
18.      fclose(fp);
19.      return 0;
20.  }
```

해설
- 14행: 7행에서 반환된 파일 디스크립터의 정수 값을 출력하고 있다.
- 15, 17행: 15행에서는 fdopen 함수호출을 통해서 파일 디스크립터를 FILE 포인터로, 17행에서는 fileno 함수호출을 통해서 이를 다시 파일 디스크립터로 변환하였다. 그리고 이 정수 값을 출력하고 있다.

❖ 실행결과: todes.c

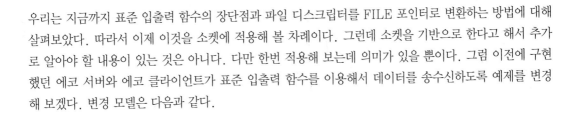

```
root@my_linux:/tcpip# gcc todes.c -o todes
root@my_linux:/tcpip# ./todes
First file descriptor: 3
Second file descriptor: 3
```

14행에서 출력한 파일 디스크립터의 값과 17행에서 출력한 파일 디스크립터의 값이 일치함은 fileno 함수호출을 통해서 파일 디스크립터로 적절히 변환되었음을 증명하는 결과로 볼 수 있다.

15-3 : 소켓 기반에서의 표준 입출력 함수 사용

우리는 지금까지 표준 입출력 함수의 장단점과 파일 디스크립터를 FILE 포인터로 변환하는 방법에 대해 살펴보았다. 따라서 이제 이것을 소켓에 적용해 볼 차례이다. 그런데 소켓을 기반으로 한다고 해서 추가로 알아야 할 내용이 있는 것은 아니다. 다만 한번 적용해 보는데 의미가 있을 뿐이다. 그럼 이전에 구현했던 에코 서버와 에코 클라이언트가 표준 입출력 함수를 이용해서 데이터를 송수신하도록 예제를 변경해 보겠다. 변경 모델은 다음과 같다.

- 에코 서버   Chapter 04의 echo_server.c
- 에코 클라이언트   Chapter 04의 echo_client.c

서버건 클라이언트건 변경 방식에는 차이가 없다. 그리고 fdopen 함수의 호출과 표준 입출력 함수의 사용이 변경의 전부이기 때문에 여러분도 쉽게 변경 가능하다. 그럼 먼저 에코 서버를 변경해 보이겠다.

❖ echo_stdserv.c

```
1.   #include <"헤더파일 선언은 Chapter 04의 echo_server.c와 동일합니다.">
2.   #define BUF_SIZE 1024
3.   void error_handling(char *message);
4.
5.   int main(int argc, char *argv[])
6.   {
7.       int serv_sock, clnt_sock;
8.       char message[BUF_SIZE];
9.       int str_len, i;
10.
11.      struct sockaddr_in serv_adr;
12.      struct sockaddr_in clnt_adr;
13.      socklen_t clnt_adr_sz;
14.      FILE * readfp;
15.      FILE * writefp;
16.      if(argc!=2) {
17.          printf("Usage : %s <port>\n", argv[0]);
18.          exit(1);
19.      }
20.
21.      serv_sock=socket(PF_INET, SOCK_STREAM, 0);
22.      if(serv_sock==-1)
23.          error_handling("socket() error");
24.
25.      memset(&serv_adr, 0, sizeof(serv_adr));
26.      serv_adr.sin_family=AF_INET;
27.      serv_adr.sin_addr.s_addr=htonl(INADDR_ANY);
28.      serv_adr.sin_port=htons(atoi(argv[1]));
29.
30.      if(bind(serv_sock, (struct sockaddr*)&serv_adr, sizeof(serv_adr))==-1)
31.          error_handling("bind() error");
32.      if(listen(serv_sock, 5)==-1)
33.          error_handling("listen() error");
34.      clnt_adr_sz=sizeof(clnt_adr);
35.
36.      for(i=0; i<5; i++)
37.      {
```

```
38.         clnt_sock=accept(serv_sock, (struct sockaddr*)&clnt_adr, &clnt_adr_sz);
39.         if(clnt_sock==-1)
40.             error_handling("accept() error");
41.         else
42.             printf("Connected client %d \n", i+1);
43.
44.         readfp=fdopen(clnt_sock, "r");
45.         writefp=fdopen(clnt_sock, "w");
46.         while(!feof(readfp))
47.         {
48.             fgets(message, BUF_SIZE, readfp);
49.             fputs(message, writefp);
50.             fflush(writefp);
51.         }
52.         fclose(readfp);
53.         fclose(writefp);
54.     }
55.     close(serv_sock);
56.     return 0;
57. }
58.
59. void error_handling(char *message)
60. {
61.     // Chapter 04의 echo_server.c와 동일
62. }
```

위 예제에서 주목해서 볼 부분은 46행의 반복문이다. 문자열 기반의 fgets, fputs 함수호출을 통해서 에코 서비스가 제공되고 있으며, 50행에서는 fflush 함수가 호출되고 있다. 표준 입출력 함수는 성능향상을 목적으로 버퍼링을 한다고 하지 않았는가? 때문에 fflush 함수를 호출하지 않으면, 당장에 클라이언트로 데이터가 전송된다고 보장할 수 없다. 그럼 이어서 에코 클라이언트를 변경해 보겠다.

❖ echo_stdclnt.c

```
1.  #include <"헤더파일 선언은 Chapter 04의 echo_client.c와 동일합니다.">
2.  #define BUF_SIZE 1024
3.  void error_handling(char *message);
4.
5.  int main(int argc, char *argv[])
6.  {
7.      int sock;
8.      char message[BUF_SIZE];
9.      int str_len;
10.     struct sockaddr_in serv_adr;
```

```
11.     FILE * readfp;
12.     FILE * writefp;
13.     if(argc!=3) {
14.         printf("Usage : %s <IP> <port>\n", argv[0]);
15.         exit(1);
16.     }
17.
18.     sock=socket(PF_INET, SOCK_STREAM, 0);
19.     if(sock==-1)
20.         error_handling("socket() error");
21.
22.     memset(&serv_adr, 0, sizeof(serv_adr));
23.     serv_adr.sin_family=AF_INET;
24.     serv_adr.sin_addr.s_addr=inet_addr(argv[1]);
25.     serv_adr.sin_port=htons(atoi(argv[2]));
26.
27.     if(connect(sock, (struct sockaddr*)&serv_adr, sizeof(serv_adr))==-1)
28.         error_handling("connect() error!");
29.     else
30.         puts("Connected..........");
31.
32.     readfp=fdopen(sock, "r");
33.     writefp=fdopen(sock, "w");
34.     while(1)
35.     {
36.         fputs("Input message(Q to quit): ", stdout);
37.         fgets(message, BUF_SIZE, stdin);
38.         if(!strcmp(message,"q\n") || !strcmp(message,"Q\n"))
39.             break;
40.
41.         fputs(message, writefp);
42.         fflush(writefp);
43.         fgets(message, BUF_SIZE, readfp);
44.         printf("Message from server: %s", message);
45.     }
46.     fclose(writefp);
47.     fclose(readfp);
48.     return 0;
49. }
50.
51. void error_handling(char *message)
52. {
53.     // Chapter 04의 echo_server.c와 동일
54. }
```

Chapter 04의 에코 클라이언트에서는 수신된 데이터를 문자열로 구성하는 과정이 필요했지만(데이터의 마지막에 0을 삽입하는 과정이 필요했지만), 위 예제에서는 이러한 과정이 생략되었음에 주목할 필요가 있다. 이는 표준 입출력 함수의 사용으로, 문자열 단위로 데이터를 송수신하기 때문에 가능한 일이다. 실행결과는 Chapter 04에서 보인 것과 차이가 없으니 생략하겠다. 끝으로 지금까지 소켓 기반에서의 표준 입출력 함수 사용방법에 대해 살펴보았는데, 적용에 따른 부가적인 코드의 발생 때문에 생각만큼 즐겨 사용되지는 않는다. 하지만 경우에 따라서는 유용하게 사용될 수 있는 방법임에 틀림이 없다. 그리고 표준 입출력 함수에 대해서 다시 한번 생각해볼 수 있는 기회를 갖은것만으로도 여러분에겐 매우 큰 의미가 있다.

내용 확인문제

01. 표준 입출력 함수를 사용했을 때 얻게 되는 장점 두 가지는 무엇인가? 그리고 그 두 가지 장점을 얻게 되는 이유는 또 무엇인가?

02. 표준 출력함수를 이용해서 데이터를 전송하는 경우에는 다음과 같이 생각하는 것은 옳지 않다.

"fputs 함수호출을 통해서 데이터를 전송하면, 함수가 호출되자마자 데이터의 전송이 시작될 거야!"

그렇다면 위와 같은 생각이 옳지 않은 이유는 무엇이고, 위와 같이 생각하기 위해서는 추가로 어떠한 과정이 필요한지 설명해보자.

입출력 스트림의 분리에
대한 나머지 이야기

fopen 함수호출을 통해서 파일을 열면, 파일과의 데이터 송수신이 가능해진다. 따라서 fopen 함수가 호출되면 '스트림(Stream)'이 생성되었다고 한다. 여기서 스트림이란 '데이터의 이동흐름'을 의미하지만, 일반적으로는 '데이터의 송신 또는 수신을 위한 일종의 다리'로 비유가 된다. 따라서 여러분도 스트림을 데이터의 송수신을 위한 경로로 이해하기 바란다.

16-1 : 입력 스트림과 출력 스트림의 분리

'입력 스트림과 출력 스트림의 분리'는 매우 넓게 사용되는 표현이다. 입력과 출력을 위한 도구가 별도로 마련되어서 이 둘을 별개의 것으로 구분 지을 수 있다면, 방법에 상관없이 입출력 스트림의 분리가 이뤄졌다고 표현할 수 있다.

+ 두 번의 입출력 스트림 분리

앞서 우리는 두 가지 방법으로 입력 스트림과 출력 스트림을 분리해 보았다. 첫 번째 분리는 Chapter 10의 'TCP의 입출력 루틴(Routine) 분할'에서 있었다. 여기서는 fork 함수호출을 통해서 파일 디스크립터를 하나 복사해서, 입력과 출력에 사용되는 파일 디스크립터를 구분하였다. 물론 입력용, 그리고 출력용 파일 디스크립터가 별도로 구분되는 것은 아니지만, 두 파일 디스크립터의 용도를 구분했으므로, 이 역시 스트림의 분리로 볼 수 있다.

두 번째 분리는 Chapter 15에서 있었다. 두 번의 fdopen 함수호출을 통해서 읽기모드의 FILE 포인터(FILE 구조체의 포인터)와 쓰기모드의 FILE 포인터를 생성하지 않았는가? 즉, 입력을 위한 도구와 출력을 위한 도구가 구분되었기 때문에 이 역시 스트림의 분리로 볼 수 있다. 그럼 이어서 스트림의 분리 이유와 그에 따른, 아직 언급하지 않은 문제점, 그리고 해결책까지 살펴보기로 하자.

+ 스트림 분리의 이점

Chapter 10에서의 스트림 분리목적과 Chapter 15에서의 스트림 분리목적에는 약간의 차이가 있다. 먼저 Chapter 10에서의 스트림 분리목적을 정리해 보겠다.

- 입력루틴(코드)과 출력루틴의 독립을 통한 구현의 편의성 증대
- 입력에 상관없이 출력이 가능하게 함으로 인해서 속도의 향상 기대

Chapter 10에서 언급한 내용이니, 이러한 장점을 기대할 수 있는 이유에 대해서는 별도로 언급하지 않겠다. 그럼 이어서 Chapter 15에서의 스트림 분리목적을 정리해 보겠다.

- FILE 포인터는 읽기모드와 쓰기모드를 구분해야 하므로,
- 읽기모드와 쓰기모드의 구분을 통한 구현의 편의성 증대
- 입력버퍼와 출력버퍼를 구분함으로 인한 버퍼링 기능의 향상

이렇듯 스트림의 분리방법이나 스트림을 분리하는 상황(목적)이 달라지면, 기대하게 되는 이점에서도 차

이가 난다.

✚스트림 분리 이후의 EOF에 대한 문제점

그럼 이번에는 스트림 분리의 문제점에 대해서 하나 이야기하겠다. Chapter 07에서는 EOF의 전달방법과 Half-close의 필요성에 대해서 언급하였다(기억나지 않으면 해당 부분을 반드시 복습해야 한다). 아마도 다음 함수호출 문장이 기억날 것이다.

```
shutdown(sock, SHUT_WR);
```

당시 shutdown 함수호출을 통한, Half-close 기반의 EOF 전달방법에 대해 설명하였으며, Chapter 10에서는 이를 기반으로 예제 echo_mpclient.c에 Half-close 관련코드를 삽입하였다. 즉. Chapter 10에서 보인 스트림의 분리에는 문제가 없다. 하지만 Chapter 15에서 소개한 fdopen 함수호출 기반의 스트림 분리의 경우에는 이야기가 다르다. 우리는 이 상황에서의 Half-close 방법을 알지 못한다. 따라서 다음 문장에서 보이는 실수를 범할 수 있다.

"Half-close요? 출력모드의 FILE 포인터를 대상으로 fclose 함수를 호출하면 되는 것 아닌가요? 그러면 EOF가 전달되면서 데이터의 수신은 가능하되 송신이 불가능한, Half-close 상황이 연출될 것 같은데요."

정말 그렇게 생각하는가? 훌륭한, 아니 매우 훌륭한 예측이다. 하지만 다음 예제를 보고 나서 다시 한번 예측하기 바란다. 참고로 이어서 소개하는 서버와 클라이언트에서는 코드를 간결히 하기 위해서 오류처리를 하지 않았으니, 이점에 오해 없기 바란다. 그럼 먼저 서버코드를 제시하겠다.

❖ sep_serv.c

```
1.   #include <stdio.h>
2.   #include <stdlib.h>
3.   #include <string.h>
4.   #include <unistd.h>
5.   #include <arpa/inet.h>
6.   #include <sys/socket.h>
7.   #define BUF_SIZE 1024
8.
9.   int main(int argc, char *argv[])
10.  {
11.      int serv_sock, clnt_sock;
12.      FILE * readfp;
13.      FILE * writefp;
14.
15.      struct sockaddr_in serv_adr, clnt_adr;
16.      socklen_t clnt_adr_sz;
17.      char buf[BUF_SIZE]={0,};
```

```
18.
19.     serv_sock=socket(PF_INET, SOCK_STREAM, 0);
20.     memset(&serv_adr, 0, sizeof(serv_adr));
21.     serv_adr.sin_family=AF_INET;
22.     serv_adr.sin_addr.s_addr=htonl(INADDR_ANY);
23.     serv_adr.sin_port=htons(atoi(argv[1]));
24.
25.     bind(serv_sock, (struct sockaddr*) &serv_adr, sizeof(serv_adr));
26.     listen(serv_sock, 5);
27.     clnt_adr_sz=sizeof(clnt_adr);
28.     clnt_sock=accept(serv_sock, (struct sockaddr*)&clnt_adr,&clnt_adr_sz);
29.
30.     readfp=fdopen(clnt_sock, "r");
31.     writefp=fdopen(clnt_sock, "w");
32.
33.     fputs("FROM SERVER: Hi~ client? \n", writefp);
34.     fputs("I love all of the world \n", writefp);
35.     fputs("You are awesome! \n", writefp);
36.     fflush(writefp);
37.
38.     fclose(writefp);
39.     fgets(buf, sizeof(buf), readfp);
40.     fputs(buf, stdout);
41.     fclose(readfp);
42.     return 0;
43. }
```

 해 설

- 30, 31행: clnt_sock에 저장된 파일 디스크립터를 기반으로 읽기모드 FILE 포인터와 쓰기모드 FILE 포인터를 생성하였다.

- 33~36행: 클라이언트로 문자열 데이터를 전송하고 fflush 함수호출을 통해서 전송을 마무리하고 있다.

- 38, 39행: 38행에서 쓰기모드 FILE 포인터를 대상으로 fclose 함수를 호출하고 있다. 이렇게 fclose 함수를 호출하면서 소켓을 종료시키면, 상대방 호스트에게는 EOF가 전달된다. 그런데 여전히 30행에서 생성한 읽기모드 FILE 포인터가 남아있으니, 39행의 함수호출을 통해서 클라이언트가 마지막으로 전송한 문자열을 수신할 수 있다고 생각할 수 있다. 물론 이 마지막 문자열은 클라이언트가 EOF를 수신한 다음에 전송하는 문자열이다.

위 예제에서 fclose 함수가 호출되면 EOF가 전달되는 것은 사실이다. 그리고 잠시 후에 보이는 클라이언트에서는 실제로 EOF를 수신하면서 마지막 문자열을 서버로 전달한다. 다만 39행의 함수호출을 통해서 클라이언트가 마지막으로 전송한 문자열을 수신할 수 있는지는 확인해 볼 일이다. 그럼 이어서 클라이언트 코드를 소개하겠다.

❖ sep_clnt.c

```
1.   #include <"헤더파일 선언은 sep_serv.c와 동일합니다.">
2.   #define BUF_SIZE 1024
3.
4.   int main(int argc, char *argv[])
5.   {
6.       int sock;
7.       char buf[BUF_SIZE];
8.       struct sockaddr_in serv_addr;
9.
10.      FILE * readfp;
11.      FILE * writefp;
12.
13.      sock=socket(PF_INET, SOCK_STREAM, 0);
14.      memset(&serv_addr, 0, sizeof(serv_addr));
15.      serv_addr.sin_family=AF_INET;
16.      serv_addr.sin_addr.s_addr=inet_addr(argv[1]);
17.      serv_addr.sin_port=htons(atoi(argv[2]));
18.
19.      connect(sock, (struct sockaddr*)&serv_addr, sizeof(serv_addr));
20.      readfp=fdopen(sock, "r");
21.      writefp=fdopen(sock, "w");
22.
23.      while(1)
24.      {
25.          if(fgets(buf, sizeof(buf), readfp)==NULL)
26.              break;
27.          fputs(buf, stdout);
28.          fflush(stdout);
29.      }
30.
31.      fputs("FROM CLIENT: Thank you! \n", writefp);
32.      fflush(writefp);
33.      fclose(writefp); fclose(readfp);
34.      return 0;
35.  }
```

- 20, 21행: 표준 입출력 함수의 호출을 위해서 읽기모드, 그리고 쓰기모드 FILE 포인터를 생성하고 있다.

- 25행: EOF가 전달되면 fgets 함수는 NULL 포인터를 반환한다. 따라서 NULL이 반환되는 경우에 반복문을 빠져나가도록 if문이 구성되어 있다.

- 31행: 이 문장에 의해서 서버로 마지막 문자열이 전송된다. 물론 이 문자열은 서버로부터 전달된 EOF 수신 후에 전송하는 문자열이다.

소스코드의 분석과정에서 여러분이 이 예제를 통해 확인해야 할 사항이 무엇인지 정리되었을 것이다. 자! 그럼 클라이언트가 마지막으로 전송한 문자열을 서버가 수신했는지 실행결과를 통해서 확인해 보자.

❖ 실행결과: sep_serv.c

❖ 실행결과: sep_clnt.c

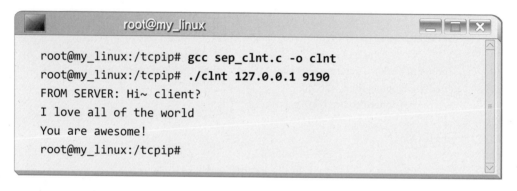

실행결과가 우리에게 말해주는 결론은 다음과 같다.

"서버가 마지막 문자열을 수신하지 못했어요!"

그리고 그 이유는 예제 sep_serv.c의 38행에서 호출한 fclose 함수호출의 결과가 Half-close가 아닌, 쓰기는 물론, 읽기도 불가능한 완전종료로 이어졌기 때문임을 금새 파악할 수 있을 것이다. 이제 이번 Chapter를 통해서 해결해야 할 문제가 완전히 주어졌다. Half-close는 여러 상황에서 매우 유용하다. 따라서 fdopen 함수호출로 만들어진 FILE 포인터를 대상으로 Half-close를 진행할 수 있어야 한다.

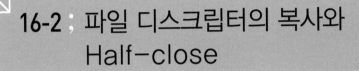

16-2 ; 파일 디스크립터의 복사와 Half-close

이번 Chapter의 주제가 FILE 포인터를 대상으로 하는 Half-close에 맞춰져 있지만, 잠시 후에 소개하는 dup, 그리고 dup2 함수에 대한 경험은 시스템 프로그래밍에 대한 경험적 측면에서도 많은 도움이 될 것이다.

✛ 스트림 종료 시 Half-close가 진행되지 않은 이유

다음 그림은 예제 sep_serv.c에서 보인 두 개의 FILE 포인터와 파일 디스크립터, 그리고 소켓의 관계를 보이고 있다.

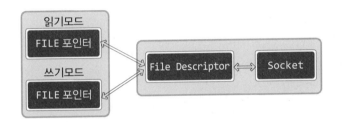

▶ 그림 16-1: FILE 포인터의 관계

위 그림에서 보이듯이 예제 sep_serv.c에서 생성했던 읽기모드 FILE 포인터와 쓰기모드 FILE 포인터는 하나의 파일 디스크립터를 기반으로 생성되었기 때문에, 어떠한 FILE 포인터를 대상으로 fclose 함수를 호출하더라도 파일 디스크립터가 종료되고, 이는 소켓의 완전종료로 이어진다.

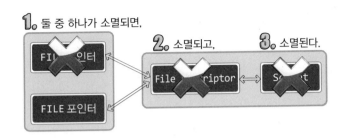

▶ 그림 16-2: fclose 함수호출의 결과

위 그림에서 보이듯이 소켓이 소멸되면 더 이상 데이터의 송수신은 불가능한 상태가 된다. 그렇다면 출력은 불가능하지만 입력은 가능한 Half-close 상태는 어떻게 만들어야 할까? 이는 의외로 간단하다. 다음 그림에서 보이듯이 FILE 포인터를 생성하기에 앞서 파일 디스크립터를 복사하면 된다.

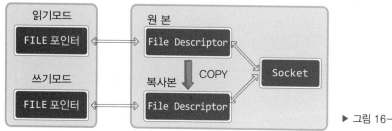

▶ 그림 16-3: Half-close를 위한 모델1

위 그림에서 보이듯이 복사를 통해서 파일 디스크립터를 하나 더 만든 다음에 각각의 파일 디스크립터를 통해서 읽기모드 FILE 포인터와 쓰기모드 FILE 포인터를 만들면, Half-close를 위한 환경은 마련된 셈이다. 왜냐하면 소켓과 파일 디스크립터 사이에는 다음의 관계가 있기 때문이다.

"모든 파일 디스크립터가 소멸되어야 소켓도 소멸된다."

즉, 쓰기모드 FILE 포인터를 대상으로 fclose 함수를 호출하면, 해당 FILE 포인터와 연관된 파일 디스크립터만 소멸될 뿐, 소켓은 소멸되지 않는다.

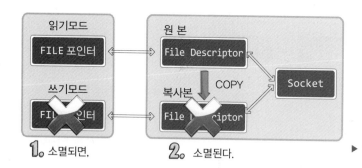

▶ 그림 16-4: Half-close를 위한 모델2

위 그림에서 보이듯이 fclose 함수호출 후에도 아직 파일 디스크립터가 하나 더 남아있기 때문에 소켓은 소멸되지 않는다. 그렇다면 이 상태를 Half-close의 상태로 볼 수 있을까? 그건 아니다! 앞서 그림 16-3을 보면서 Half-close를 위한 환경이 마련된 셈이라 하지 않았는가? Half-close는 별도의 과정을 거쳐야 한다.

"그림 16-4를 보면 Half-close가 진행된 것 같은데요?"

물론 그렇게 보일 수 있다. 하지만 자세히 보면 파일 디스크립터가 하나 남아있지 않은가? 그리고 파일 디스크립터는 입력 및 출력이 모두 가능하다. 때문에 상대 호스트로 EOF가 전송되지 않음은 물론이거니와 파일 디스크립터를 이용하면 출력도 여전히 가능한 상태이다. 따라서 잠시 후에 그림 16-3과 16-4의 모델을 바탕으로 EOF가 전송되는 Half-close를 진행하는 방법을 별도로 설명할 것이다. 그러니 이에 대한 내용은 잠시 뒤로하고 먼저 파일 디스크립터의 복사방법부터 고민해보자. 물론 여기서 고민하는 방법은 이전에 설명한 fork 함수호출을 기반으로 하지 않는다.

파일 디스크립터의 복사

위에서 말한 파일 디스크립터의 복사는 fork 함수호출 시 진행되는 복사와 차이가 있다. fork 함수호출 시 진행되는 복사는 프로세스를 통째로 복사하는 상황에서 이뤄지기 때문에, 하나의 프로세스에 원본과 복사본이 모두 존재하지 않는다. 그러나 여기서 말하는 복사는 프로세스의 생성을 동반하지 않는, 원본과 복사본이 하나의 프로세스 내에 존재하는 형태의 복사를 뜻한다.

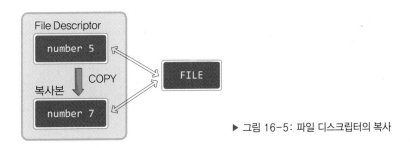

▶ 그림 16-5: 파일 디스크립터의 복사

위 그림은 하나의 프로세스 내에 동일한 파일에 접근할 수 있는 파일 디스크립터가 두 개 존재하는 상황을 설명한다. 물론 파일 디스크립터는 값이 중복될 수 없으므로 두 파일 디스크립터의 정수 값은 5와 7로 서로 다르다. 이러한 형태로 파일 디스크립터를 구성하려면 파일 디스크립터를 복사해야 한다. 즉, 여기서 말하는 복사는 다음과 같이 정의할 수 있다.

"동일한 파일 또는 소켓의 접근을 위한 또 다른 파일 디스크립터의 생성"

흔히 복사라고 하면 있는 그대로, 파일 디스크립터의 정수 값까지 복사한다고 생각하기 쉬운데, 여기서 말하는 복사는 그러한 의미의 복사가 아니다.

dup & dup2

그럼 이번에는 파일 디스크립터의 복사방법에 대해서 이야기해 보자. 파일 디스크립터의 복사는 다음 두 함수 중 하나를 이용해서 진행한다.

```
#include <unistd.h>

int dup(int fildes);
int dup2(int fildes, int fildes2);

    ➡ 성공 시 복사된 파일 디스크립터, 실패 시 −1 반환
```

- fildes 복사할 파일 디스크립터 전달.
- fildes2 명시적으로 지정할 파일 디스크립터의 정수 값 전달.

dup2 함수는 복사된 파일 디스크립터의 정수 값을 명시적으로 지정할 때 사용한다. 이 함수의 인자로, 0보다 크고 프로세스당 생성할 수 있는 파일 디스크립터의 수보다 작은 값을 전달하면, 해당 값을, 복사되는 파일 디스크립터의 정수 값으로 지정해 준다. 그럼 위 함수의 기능을 확인하기 위한 예제 하나를 제시하겠다. 다음 예제에서는 시스템에 의해서 자동으로 열리는, 표준출력을 의미하는 파일 디스크립터 1을 복사하여, 복사된 파일 디스크립터를 이용해서 출력을 진행한다. 참고로 자동으로 열리는 파일 디스크립터 0, 1, 2 역시 소켓 기반의 파일 디스크립터와 차이가 없으므로 dup 함수의 기능확인을 목적으로 사용하기에는 충분하다.

❖ dup.c

```
1.   #include <stdio.h>
2.   #include <unistd.h>
3.
4.   int main(int argc, char *argv[])
5.   {
6.       int cfd1, cfd2;
7.       char str1[]="Hi~ \n";
8.       char str2[]="It's nice day~ \n";
9.
10.      cfd1=dup(1);
11.      cfd2=dup2(cfd1, 7);
12.
13.      printf("fd1=%d, fd2=%d \n", cfd1, cfd2);
14.      write(cfd1, str1, sizeof(str1));
15.      write(cfd2, str2, sizeof(str2));
16.
17.      close(cfd1);
18.      close(cfd2);
19.      write(1, str1, sizeof(str1));
20.      close(1);
21.      write(1, str2, sizeof(str2));
22.      return 0;
23.  }
```

해설

- 10, 11행: 10행에서는 dup 함수호출을 통해서 파일 디스크립터 1을 복사하고, 11행에서는 dup2 함수호출을 통해서, 복사한 파일 디스크립터를 재 복사하고 있다. 그리고 정수 값도 7로 지정하였다.

- 14, 15행: 복사된 파일 디스크립터를 이용해서 출력을 진행하고 있다. 이 출력결과를 통해서 실제 복사가 이뤄진 것인지 확인할 수 있다.

- 17~19행: 복사된 파일 디스크립터를 모두 종료하고 있다. 그러나 아직 하나가 남아있는 상태이기 때문에 출력이 여전히 이뤄짐을 19행에서 보이고 있다.

- 20, 21행: 20행에서는 마지막 파일 디스크립터를 종료하였다. 때문에 21의 출력은 이뤄지지 않을 것이다.

❖ 실행결과: dup.c

```
root@my_linux                                    _ □ X

root@my_linux:/tcpip# gcc dup.c -o dup
root@my_linux:/tcpip# ./dup
fd1=3, fd2=7
Hi~
It's nice day~
Hi~
```

간단한 예제이지만, 앞서 설명한 파일 디스크립터의 복사와 관련된 내용의 이해에는 충분할 것으로 생각한다.

✚ 파일 디스크립터의 복사 후 스트림의 분리

이제 끝으로 예제 sep_serv.c와 sep_clnt.c가 정상동작 하도록 변경할 차례이다(예제 sep_serv.c만 변경하면 된다). 그런데 여기서 말하는 정상동작은 서버 측의 Half-close 진행으로 클라이언트가 전송하는 마지막 문자열이 수신되는 것을 의미한다. 물론 이를 위해서는 서버 측에서의 EOF 전송을 동반해야 한다. 그런데 EOF의 전송은 어렵지 않기 때문에 예제를 통해서 함께 보이도록 하겠다.

❖ sep_serv2.c

```
1.   #include <"헤더파일 선언은 sep_serv.c와 동일하므로 생략합니다.">
2.   #define BUF_SIZE 1024
3.
4.   int main(int argc, char *argv[])
5.   {
6.       int serv_sock, clnt_sock;
7.       FILE * readfp;
8.       FILE * writefp;
9.
10.      struct sockaddr_in serv_adr, clnt_adr;
11.      socklen_t clnt_adr_sz;
12.      char buf[BUF_SIZE]={0,};
13.
14.      serv_sock=socket(PF_INET, SOCK_STREAM, 0);
15.      memset(&serv_adr, 0, sizeof(serv_adr));
16.      serv_adr.sin_family=AF_INET;
17.      serv_adr.sin_addr.s_addr=htonl(INADDR_ANY);
18.      serv_adr.sin_port=htons(atoi(argv[1]));
19.
```

```
20.    bind(serv_sock, (struct sockaddr*) &serv_adr, sizeof(serv_adr));
21.    listen(serv_sock, 5);
22.    clnt_adr_sz=sizeof(clnt_adr);
23.    clnt_sock=accept(serv_sock, (struct sockaddr*)&clnt_adr,&clnt_adr_sz);
24.
25.    readfp=fdopen(clnt_sock, "r");
26.    writefp=fdopen(dup(clnt_sock), "w");
27.
28.    fputs("FROM SERVER: Hi~ client? \n", writefp);
29.    fputs("I love all of the world \n", writefp);
30.    fputs("You are awesome! \n", writefp);
31.    fflush(writefp);
32.
33.    shutdown(fileno(writefp), SHUT_WR);
34.    fclose(writefp);
35.
36.    fgets(buf, sizeof(buf), readfp); fputs(buf, stdout);
37.    fclose(readfp);
38.    return 0;
39. }
```

- 25, 26행: fdopen 함수호출을 통해서 FILE 포인터를 생성하고 있다. 특히 26행에서는 dup 함수호출의 반환 값을 대상으로 FILE 포인터를 생성하니, 함수호출 후에는 그림 16-3의 형태가 된다.

- 33행: 이 문장에서는 fileno 함수호출 시 반환되는 파일 디스크립터를 대상으로 shutdown 함수를 호출하고 있다. 이로 인해서 Half-close가 진행되어 클라이언트로 EOF가 전달된다. 즉, 앞서 말한 EOF의 전달방법은 바로 이 한 줄에 있다. 이렇듯 shutdown 함수가 호출되면 복사 된 파일 디스크립터의 수에 상관없이 Half-close가 진행되며, 이 과정에서 EOF도 전달된다.

위 예제는 앞서 보인 sep_clnt.c와 함께 실행하면 된다. 그리고 우리의 관심사는 클라이언트의 마지막 메시지에 대한 서버의 수신여부이니, 서버의 실행결과만 여러분께 보이겠다.

❖ 실행결과: sep_serv2.c

실행결과는 Half-close 상태에서 클라이언트로 EOF가 전송되었음을 증명하고 있다. 따라서 이 예제를 통해서 다음 사실을 정리하기 바란다.

"복사된 파일 디스크립터의 수에 상관없이 EOF의 전송을 동반하는 Half-close를 진행하기 위해서는 shutdown 함수를 호출해야 한다."

이러한 shutdown 함수의 기능은 Chapter 10의 예제 echo_mpclient.c에서도 활용한바 있다. 당시에도 fork 함수호출을 통해서 두 개의 파일 디스크립터가 존재하는 상황에서의 EOF 전송이 필요했고, 이를 위해서 shutdown 함수를 호출했었다.

내용 확인문제

01. 다음 중 FILE 구조체의 포인터와 파일 디스크립터에 대한 설명으로 옳지 않은 것을 모두 고르면?

　a. FILE 구조체의 포인터와 마찬가지로 파일 디스크립터도 입력용과 출력용이 나뉜다.

　b. 파일 디스크립터가 복사되면 동일한 정수 값의 파일 디스크립터가 하나 더 추가되어서 총 두 개의 파일 디스크립터로 데이터를 입출력 할 수 있게 된다.

　c. 소켓 생성시 반환된 파일 디스크립터를 이용해서 입출력을 진행하는데, 파일 디스크립터를 거치지 않고 바로 소켓의 FILE 구조체 포인터를 반환 받아서 입출력에 사용하는 것도 가능하다.

　d. 파일 디스크립터를 기반으로 FILE 구조체의 포인터를 생성하는 것은 가능하다. 그리고 이렇게 생성된 FILE 구조체의 포인터를 이용하면 소켓 기반의 데이터 입출력도 가능하다.

　e. 파일 디스크립터가 읽기모드이면, 이를 기반으로 생성되는 FILE 구조체의 포인터도 읽기모드가 되고, 파일 디스크립터가 쓰기모드이면, 이를 기반으로 생성되는 FILE 구조체의 포인터도 쓰기모드가 된다.

02. EOF의 전송과 관련해서 옳지 않은 것을 모두 고르면?

　a. 파일 디스크립터가 종료되면 EOF가 전달된다.

　b. 파일 디스크립터를 완전히 종료하지 않아도 출력 스트림에 대해서 종료를 진행하면 EOF가 전달된다.

　c. 파일 디스크립터가 복사되고 나면, 복사된 파일 디스크립터까지 모두 종료되어야 EOF가 전달된다.

　d. 파일 디스크립터가 복사된 상황이라 힐지라도 shutdown 함수호출을 통해서 Half-close를 진행하면 상대 호스트로 EOF가 전달된다.

select보다 나은 epoll

IO 멀티플렉싱을 구현하는 전통적인 방법으로는 select 함수를 사용하는 방법과 poll 함수를 사용하는 방법이 있다. 이 중에서 우리는 select 함수의 사용방법에 대해 살펴보았는데, 이들은 여러 가지 이유로 좋은 성능을 발휘하지 못한다는 문제점이 있다. 그래서 리눅스의 epoll, BSD의 kqueue, 솔라리스의 /dev/poll, 그리고 윈도우의 IOCP라 불리는 멀티플렉싱 기법이 대안으로 등장하였다. 이 Chapter에서는 이 중에서 리눅스의 epoll에 대해 설명하고자 한다.

17-1 : epoll의 이해와 활용

사실 select는 오래 전에 개발된 멀티플렉싱 기법이다. 때문에 이를 이용하면 아무리 프로그램의 성능을 최적화시킨다 해도, 허용할 수 있는 동시접속자의 수가 백을 넘기 힘들다(물론 하드웨어의 성능에 따라 차이가 크다). 이러한 select 방식은 웹 기반의 서버개발이 주를 이루는 오늘날의 개발환경에서는 적절치 않다. 따라서 이에 대한 대안으로 리눅스 영역에서 주로 활용되는 epoll에 대해 공부하고자 한다.

✛select기반의 IO 멀티플렉싱이 느린 이유

Chapter 12에서 select 기반의 멀티플렉싱 서버를 구현해 본 경험이 있기 때문에 코드상에서의 불합리한 점을 쉽게 알 수 있는데, 가장 큰 두 가지는 다음과 같다.

- select 함수호출 이후에 항상 등장하는, 모든 파일 디스크립터를 대상으로 하는 반복문
- select 함수를 호출할 때마다 인자로 매번 전달해야 하는 관찰대상에 대한 정보들

위의 두 가지는 Chapter 12에서 소개한 예제 echo_selectserv.c의 45, 49 그리고 54행에서 확인 가능하다. select 함수가 호출되고 나면, 상태변화가 발생한 파일 디스크립터만 따로 묶이는 것이 아니라, 관찰대상을 묶어서 인자로 전달한 fd_set형 변수의 변화를 통해서 상태변화가 발생한 파일 디스크립터를 구분하기 때문에(예제 echo_selectserv.c의 54, 56행), 모든 파일 디스크립터를 대상으로 하는 반복문의 삽입은 어쩔 수 없는 일이다. 뿐만 아니라, 관찰대상을 묶어놓은 fd_set형 변수에 변화가 생기기 때문에 select 함수의 호출이전에 원본을 복사해 두고(예제 echo_selectserv.c의 45행 참조), select 함수를 호출할 때마다 새롭게 관찰대상의 정보를 전달해야 한다.

그렇다면 여러분은 어떤 것이 성능향상에 더 큰 걸림돌이라고 생각하는가? 그러니까 select 함수호출 이후에 항상 등장하는, 모든 파일 디스크립터 대상의 반복문이 더 큰 걸림돌이라고 생각하는가? 아니면 매번 전달해야 하는 관찰대상에 대한 정보들이 더 큰 걸림돌이라고 생각하는가?

코드만 놓고 보면 반복문이라 생각하기 쉽다. 그러나 반복문보다는 매번 전달해야 하는 관찰대상에 대한 정보들이 더 큰 걸림돌이다. 이는 다음을 뜻하는 것이기 때문이다.

"select 함수를 호출할 때마다 관찰대상에 대한 정보를 매번 운영체제에게 전달해야 한다."

응용 프로그램상에서 운영체제에게 데이터를 전달하는 것은 프로그램에 많은 부담이 따르는 일이다. 그리고 이는 코드의 개선을 통해서 덜 수 있는 유형의 부담이 아니기 때문에 성능에 치명적인 약점이 될 수 있다.

"그런데 관찰대상에 대한 정보를 왜 운영체제에게 전달해야 하나요?"

함수 중에는 운영체제의 도움 없이 기능을 완성하는 함수가 있고, 운영체제의 도움이 절대적으로 필요한 함수가 있다. 예를 들어서 사칙연산과 관련된 함수를 여러분이 정의했다고 가정해 보자. 그렇다면 이는 운영체제의 도움을 필요치 않는다. 그러나 select 함수는 파일 디스크립터, 정확히 말하면 소켓의 변화를 관찰하는 함수이다. 그런데 소켓은 운영체제에 의해 관리되는 대상 아닌가? 때문에 select 함수는 절대적으로 운영체제에 의해 기능이 완성되는 함수이다. 따라서 이러한 select 함수의 단점은 다음과 같은 방식으로 해결해야 한다.

> "운영체제에게 관찰대상에 대한 정보를 딱 한번만 알려주고서, 관찰대상의 범위, 또는 내용에 변경이 있을 때 변경 사항만 알려주도록 하자."

이렇게 되면 select 함수를 호출할 때마다 관찰대상에 대한 정보를 매번 운영체제에게 전달할 필요가 없다. 단, 이는 운영체제가 이러한 방식에 동의할 경우에나 가능한 일이다(이러한 방식을 지원할 경우에나 가능한 일이다). 때문에 운영체제 별로 지원여부도 다르고 지원방식에도 차이가 있다. 참고로 리눅스에서 지원하는 방식을 가리켜 epoll이라 하고, 윈도우에서는 IOCP라 한다.

✚ select 이거 필요 없는 것인가? 아니다! 장점이 있다!

좀 알고 나니까 열심히 공부한 select 함수가 실망스러워 보인다. 하지만 여러분은 select 함수도 잘 알고 있어야 한다. 이번 Chapter에서 설명하는 epoll 방식은 리눅스에서만 지원되는 방식이다. 이렇듯 개선된 IO 멀티플렉싱 모델은 운영체제 별로 호환되지 않는다. 반면 select 함수는 대부분의 운영체제에서 지원을 한다. 따라서 다음 두 가지 유형의 조건이 만족 또는 요구되는 상황이라면, 리눅스에서 운영할 서버라 할지라도 굳이 epoll을 고집할 필요가 없다.

- 서버의 접속자 수가 많지 않다.
- 다양한 운영체제에서 운영이 가능해야 한다.

이렇듯 모든 상황에서 절대 우위를 점하는 구현모델은 존재하지 않는다. 그러니 여러분은 하나의 모델을 고집하기 보다는 모델 별 장단점을 정확히 이해하고 적절히 적용할 수 있어야 한다.

✚ epoll의 구현에 필요한 함수와 구조체

select 함수의 단점을 극복한 epoll에는 다음의 장점이 있다. 이는 앞서 말한 select 함수의 단점에 상반된 특징이기도 하다.

- 상태변화의 확인을 위한, 전체 파일 디스크립터를 대상으로 하는 반복문이 필요 없다.
- select 함수에 대응하는 epoll_wait 함수호출 시, 관찰대상의 정보를 매번 전달할 필요가 없다.

자! 그럼 지금부터 epoll 기반의 서버구현에 필요한 세 가지 함수를 소개할 텐데, 지금까지 설명한 epoll의 장점을 잘 생각해서, 다음 세 함수가 담당하는 역할을 간단이나마 파악하기 바란다.

- epoll_create   epoll 파일 디스크립터 저장소 생성
- epoll_ctl   저장소에 파일 디스크립터 등록 및 삭제
- epoll_wait   select 함수와 마찬가지로 파일 디스크립터의 변화를 대기한다.

select 방식에서는 관찰대상인 파일 디스크립터의 저장을 위해서 fd_set형 변수를 직접 선언했었다. 하지만 epoll 방식에서는 관찰대상인 파일 디스크립터의 저장을 운영체제가 담당한다. 때문에 파일 디스크립터의 저장을 위한 저장소의 생성을 운영체제에게 요청해야 하는데, 이 때 사용되는 함수가 epoll_create이다.

그리고 관찰대상인 파일 디스크립터의 추가, 삭제를 위해서 select 방식에서는 FD_SET, FD_CLR 함수를 사용하지만, epoll 방식에서는 epoll_ctl 함수를 통해서 운영체제에게 요청하는 방식으로 이뤄진다. 마지막으로 select 방식에서는 파일 디스크립터의 변화를 대기하기 위해서 select 함수를 호출하는 반면, epoll에서는 epoll_wait 함수를 호출한다. 그런데 이것이 끝이 아니다. select 방식에서는 select 함수호출 시 전달한 fd_set형 변수의 변화를 통해서 관찰대상의 상태변화를 확인하지만(이벤트의 발생여부를 확인하지만), epoll 방식에서는 다음 구조체 epoll_event를 기반으로 상태변화가 발생한(이벤트가 발생한) 파일 디스크립터가 별도로 묶인다.

```
struct epoll_event
{
    __uint32_t events;
    epoll_data_t data;
}

        typedef union epoll_data
        {
            void *ptr;
            int fd;
            __uint32_t u32;
            __uint64_t u64;
        } epoll_data_t;
```

위의 구조체 epoll_event 기반의 배열을 넉넉한 길이로 선언해서 epoll_wait 함수호출 시 인자로 전달하면, 상태변화가 발생한 파일 디스크립터의 정보가 이 배열에 별도로 묶이기 때문에 select 함수에서 보인, 전체 파일 디스크립터를 대상으로 하는 반복문은 불필요하다.

이렇게 해서 간단히 epoll 방식에서 사용되는 함수와 구조체에 대해서 살펴보았다. 사실 epoll은 select 방식에 대한 경험이 있으면 어렵지 않게 적용 가능하다. 그럼 이제 보다 자세히 함수들에 대해 설명하겠다.

✚ epoll_create

참고로 epoll은 리눅스 커널(운영체제의 핵심모듈을 의미함) 버전 2.5.44에서부터 소개되기 시작하였

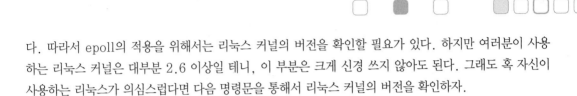

다. 따라서 epoll의 적용을 위해서는 리눅스 커널의 버전을 확인할 필요가 있다. 하지만 여러분이 사용하는 리눅스 커널은 대부분 2.6 이상일 테니, 이 부분은 크게 신경 쓰지 않아도 된다. 그래도 혹 자신이 사용하는 리눅스가 의심스럽다면 다음 명령문을 통해서 리눅스 커널의 버전을 확인하자.

    cat /proc/sys/kernel/osrelease

확인해 보았는가? 그럼 epoll의 지원여부에 대한 의심을 떨치고, 보다 자세히 epoll_create 함수를 살펴보자.

```
#include <sys/epoll.h>

int epoll_create(int size);

    ➜ 성공 시 epoll 파일 디스크립터, 실패 시 -1 반환
```

    size   epoll 인스턴스의 크기정보.

epoll_create 함수호출 시 생성되는 파일 디스크립터의 저장소를 가리켜 'epoll 인스턴스'라 한다. 그러나 변형되어서 다양하게 불리고 있으니, 약간의 주의가 필요하다. 그리고 매개변수 size를 통해서 전달되는 값은 epoll 인스턴스의 크기를 결정하는 정보로 사용된다. 하지만 이 값은 단지 운영체제에 전달하는 힌트에 지나지 않는다. 즉, 인자로 전달된 크기의 epoll 인스턴스가 생성되는 것이 아니라, epoll 인스턴스의 크기를 결정하는데 있어서 참고로만 사용된다.

> **참고**
>
> **epoll_create의 전달인자는 완전히 무시됩니다!**
>
> 리눅스 커널 2.6.8 이후부터 epoll_create 함수의 매개변수 size는 완전히 무시된다. 커널 내에서 epoll 인스턴스의 크기를 상황에 맞게 적절히 늘리기도 하고, 줄이기도 하기 때문이다. 하지만 이 책이 집필되는 현재, 서비스 중에 있는 리눅스의 버전이 전부 2.6.8 이상이 아니기 때문에 매개변수 size를 무시한 형태의 코드 구현은 다소 곤란하다.

그리고 epoll_create 함수호출에 의해서 생성되는 리소스는 소켓과 마찬가지로 운영체제에 의해서 관리가 된다. 따라서 이 함수는 소켓이 생성될 때와 마찬가지로 파일 디스크립터를 반환한다. 즉, 이 함수가 반환하는 파일 디스크립터는 epoll 인스턴스를 구분하는 목적으로 사용이 되며, 소멸 시에는 다른 파일 디스크립터들과 마찬가지로 close 함수호출을 통한 종료의 과정을 거칠 필요가 있다.

⁺epoll_ctl

epoll 인스턴스 생성 후에는 이곳에 관찰대상이 되는 파일 디스크립터를 등록해야 하는데, 이 때 사용하는 함수가 epoll_ctl이다.

```
#include <sys/epoll.h>

int epoll_ctl(int epfd, int op, int fd, struct epoll_event *event);
   → 성공 시 0, 실패 시 -1 반환
```

epfd	관찰대상을 등록할 epoll 인스턴스의 파일 디스크립터.
op	관찰대상의 추가, 삭제 또는 변경여부 지정.
fd	등록할 관찰대상의 파일 디스크립터.
event	관찰대상의 관찰 이벤트 유형.

epoll의 다른 함수들보다 다소 복잡해 보인다. 하지만 문장을 통해서 쉽게 이해가 가능하다. 예를 들어서 다음의 형태로 epoll_ctl 함수가 호출되었다고 가정해 보자.

```
epoll_ctl(A, EPOLL_CTL_ADD, B, C);
```

두 번째 인자인 EPOLL_CTL_ADD는 '추가'를 의미한다. 따라서 위 문장은 다음의 의미를 갖는다.

"epoll 인스턴스 A에, 파일 디스크립터 B를 등록하되, C를 통해 전달된 이벤트의 관찰을 목적으로 등록을 진행한다."

한 문장 더 소개하겠다.

```
epoll_ctl(A, EPOLL_CTL_DEL, B, NULL);
```

위 문장의 두 번째 인자인 EPOLL_CTL_DEL은 '삭제'를 의미한다. 따라서 의미하는 바는 다음과 같다.

"epoll 인스턴스 A에서 파일 디스크립터 B를 삭제한다."

위 문장에서 보이듯이, 관찰대상에서 삭제할 때에는 관찰유형, 즉, 이벤트 정보가 불필요하기 때문에 네 번째 인자로 NULL이 전달되었다. 그럼 먼저 epoll_ctl의 두 번째 인자로 전달 가능한 상수와 그 의미를 정리해 보겠다.

- **EPOLL_CTL_ADD**   파일 디스크립터를 epoll 인스턴스에 등록한다.
- **EPOLL_CTL_DEL**   파일 디스크립터를 epoll 인스턴스에서 삭제한다.

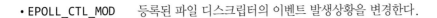

- **EPOLL_CTL_MOD**   등록된 파일 디스크립터의 이벤트 발생상황을 변경한다.

이 중에서 EPOLL_CTL_MOD가 필요한 상황은 잠시 후에 알게 될 것이다(필자가 설명하지 않아도 자연스럽게 알게 될 것이다). 그리고 앞서 보였듯이 epoll_ctl의 두 번째 인자로 EPOLL_CTL_DEL이 전달되면, 네 번째 인자로는 NULL이 전달되는 것이 타당하다. 그러나 리눅스 커널 2.6.9 이전에는 NULL의 전달을 허용하지 않았다. 비록 전달된 값은 그냥 무시되지만, 그래도 epoll_event 구조체 변수의 주소 값을 전달해야만 했다(본서의 예제에서는 NULL을 전달한다). 물론, 솔직히 말해서 이는 버그(Bug)다! 하지만 그렇다고 해서 epoll의 기능을 의심할 필요는 없다. 우리가 사용하는 표준 함수들에도 의외로 버그가 존재하니 말이다.

그럼 이제 여러분에게 익숙지 않은 epoll_ctl의 네 번째 전달인자에 대해서 설명하겠다. 네 번째 전달인자의 자료형은 앞서 설명한 구조체 epoll_event의 포인터이다.

> "어라? 구조체 epoll_event는 상태변화가 발생한(이벤트가 발생한) 파일 디스크립터를 묶는 용도로 사용된다고 하지 않았어요?"

물론 그렇다! 잠시 후에 소개하겠지만, 앞서 말했듯이 구조체 epoll_event는 이벤트가 발생한 파일 디스크립터를 묶는 용도로 사용된다. 하지만 파일 디스크립터를 epoll 인스턴스에 등록할 때, 이벤트의 유형을 등록하는 용도로도 사용된다. 그런데 구조체 epoll_event가 눈에 확 들어오게 정의되어 있는 것은 아니니, 문장을 통해서 이 구조체가 epoll_ctl 함수에 어떻게 활용되는지 설명하겠다.

```
struct epoll_event event;
. . . . .
event.events=EPOLLIN;     // 수신할 데이터가 존재하는 상황(이벤트) 발생시
event.data.fd=sockfd;
epoll_ctl(epfd, EPOLL_CTL_ADD, sockfd, &event);
. . . . .
```

위의 코드는 epoll 인스턴스인 epfd에 sockfd를 등록하되, 수신할 데이터가 존재하는 상황에서 이벤트가 발생하도록 등록하는 방법을 보이고 있다. 그럼 이번에는 epoll_event의 멤버인 events에 저장 가능한 상수와 이벤트의 유형에 대해 정리해 보겠다.

- **EPOLLIN**   수신할 데이터가 존재하는 상황

- **EPOLLOUT**   출력버퍼가 비워져서 당장 데이터를 전송할 수 있는 상황

- **EPOLLPRI**   OOB 데이터가 수신된 상황

- **EPOLLRDHUP**   연결이 종료되거나 Half-close가 진행된 상황, 이는 엣지 트리거 방식에서 유용하게 사용될 수 있다.

- **EPOLLERR**   에러가 발생한 상황

- **EPOLLET** 이벤트의 감지를 엣지 트리거 방식으로 동작시킨다.
- **EPOLLONESHOT** 이벤트가 한번 감지되면, 해당 파일 디스크립터에서는 더 이상 이벤트를 발생시키지 않는다. 따라서 epoll_ctl 함수의 두 번째 인자로 EPOLL_CTL_MOD을 전달해서 이벤트를 재설정해야 한다.

위의 상수들은 비트 OR 연산자를 이용해서 둘 이상을 함께 등록할 수 있다. 그리고 이 중에서 '엣지 트리거'라는 말이 나오는데, 이는 잠시 후에 별도로 설명을 하니, 일단은 EPOLLIN 하나만 기억하고 있기 바란다.

⁺epoll_wait

이제 마지막으로 select 함수에 해당하는 epoll_wait 함수를 소개할 차례이다. 기본적으로 이 함수가 epoll 관련 함수 중에서 가장 마지막에 호출된다.

```
#include <sys/epoll.h>

int epoll_wait(int epfd, struct epoll_event * events, int maxevents, int timeout);
```
→ 성공 시 이벤트가 발생한 파일 디스크립터의 수, 실패 시 −1 반환

- **epfd** 이벤트 발생의 관찰영역인 epoll 인스턴스의 파일 디스크립터.
- **events** 이벤트가 발생한 파일 디스크립터가 채워질 버퍼의 주소 값.
- **maxevents** 두 번째 인자로 전달된 주소 값의 버퍼에 등록 가능한 최대 이벤트 수.
- **timeout** 1/1000초 단위의 대기시간, −1 전달 시, 이벤트가 발생할 때까지 무한 대기.

이 함수의 호출방식은 다음과 같다. 여기서는 두 번째 인자로 전달되는 주소 값의 버퍼를 동적으로 할당해야 한다는 점만 주목하면 된다.

```
int event_cnt;
struct epoll_event *ep_events;
. . . . .
ep_events=malloc(sizeof(struct epoll_event)*EPOLL_SIZE); // EPOLL_SIZE는 매크로 상수 값
. . . . .
event_cnt=epoll_wait(epfd, ep_events, EPOLL_SIZE, -1);
. . . . .
```

함수호출 후에는 이벤트가 발생한 파일 디스크립터의 수가 반환되고, 두 번째 인자로 전달된 주소 값의

버퍼에는 이벤트가 발생한 파일 디스크립터의 정보가 별도로 묶이기 때문에 select 방식에서 보인 전체 파일디스크립터를 대상으로 하는 반복문의 삽입이 불필요하다.

✛epoll 기반의 에코 서버

이로써 epoll 기반의 서버구현에 필요한 이론적인 설명을 모두 마쳤다. 따라서 epoll 기반의 에코 서버를 제작해 보이겠다. 참고로 필자는 Chapter 12에서 보인 예제 echo_selectserv.c를 변경해서 다음 예제를 작성하였다. 물론 처음부터 새롭게 구현을 해도 다음 예제와 차이를 보이진 않는다. 하지만 공부하는 입장에서는 select 관련 예제를 변경하는 것이, 그리고 이 둘의 차이점을 코드상에서 확인하는 것이 많은 도움이 된다.

❖ echo_epollserv.c

```
1.  #include <stdio.h>
2.  #include <stdlib.h>
3.  #include <string.h>
4.  #include <unistd.h>
5.  #include <arpa/inet.h>
6.  #include <sys/socket.h>
7.  #include <sys/epoll.h>
8.
9.  #define BUF_SIZE 100
10. #define EPOLL_SIZE 50
11. void error_handling(char *buf);
12.
13. int main(int argc, char *argv[])
14. {
15.     int serv_sock, clnt_sock;
16.     struct sockaddr_in serv_adr, clnt_adr;
17.     socklen_t adr_sz;
18.     int str_len, i;
19.     char buf[BUF_SIZE];
20.
21.     struct epoll_event *ep_events;
22.     struct epoll_event event;
23.     int epfd, event_cnt;
24.
25.     if(argc!=2) {
26.         printf("Usage : %s <port>\n", argv[0]);
27.         exit(1);
28.     }
29.
30.     serv_sock=socket(PF_INET, SOCK_STREAM, 0);
31.     memset(&serv_adr, 0, sizeof(serv_adr));
```

```
32.        serv_adr.sin_family=AF_INET;
33.        serv_adr.sin_addr.s_addr=htonl(INADDR_ANY);
34.        serv_adr.sin_port=htons(atoi(argv[1]));
35.
36.        if(bind(serv_sock, (struct sockaddr*) &serv_adr, sizeof(serv_adr))==-1)
37.            error_handling("bind() error");
38.        if(listen(serv_sock, 5)==-1)
39.            error_handling("listen() error");
40.
41.        epfd=epoll_create(EPOLL_SIZE);
42.        ep_events=malloc(sizeof(struct epoll_event)*EPOLL_SIZE);
43.
44.        event.events=EPOLLIN;
45.        event.data.fd=serv_sock;
46.        epoll_ctl(epfd, EPOLL_CTL_ADD, serv_sock, &event);
47.
48.        while(1)
49.        {
50.            event_cnt=epoll_wait(epfd, ep_events, EPOLL_SIZE, -1);
51.            if(event_cnt==-1)
52.            {
53.                puts("epoll_wait() error");
54.                break;
55.            }
56.
57.            for(i=0; i<event_cnt; i++)
58.            {
59.                if(ep_events[i].data.fd==serv_sock)
60.                {
61.                    adr_sz=sizeof(clnt_adr);
62.                    clnt_sock=accept(serv_sock, (struct sockaddr*)&clnt_adr, &adr_sz);
63.                    event.events=EPOLLIN;
64.                    event.data.fd=clnt_sock;
65.                    epoll_ctl(epfd, EPOLL_CTL_ADD, clnt_sock, &event);
66.                    printf("connected client: %d \n", clnt_sock);
67.                }
68.                else
69.                {
70.                    str_len=read(ep_events[i].data.fd, buf, BUF_SIZE);
71.                    if(str_len==0)  // close request!
72.                    {
73.                        epoll_ctl(
74.                            epfd, EPOLL_CTL_DEL, ep_events[i].data.fd, NULL);
75.                        close(ep_events[i].data.fd);
76.                        printf("closed client: %d \n", ep_events[i].data.fd);
77.                    }
78.                    else
```

```
79.                    {
80.                        write(ep_events[i].data.fd, buf, str_len);  // echo!
81.                    }
82.
83.                }
84.            }
85.        }
86.        close(serv_sock);
87.        close(epfd);
88.        return 0;
89.    }
90.
91.    void error_handling(char *buf)
92.    {
93.        fputs(buf, stderr);
94.        fputc('\n', stderr);
95.        exit(1);
96.    }
```

이미 부분적으로 이해가 필요한 코드를 모두 설명했고, 전체 구조는 select 방식과 차이가 없기 때문에 별도의 코드설명은 생략하겠다. 혹시라도 이해되지 않는 부분이 있다면, 이는 앞서 설명한 내용과 select 모델에 대한 이해가 부족한 것이니, 부족한 부분을 보충하기 바란다. 참고로 필자가 설명한 내용, 그리고 select 방식의 예제와 비교해가면서 위 예제를 이해하는 것은 여러분에게 큰 공부가 될 것이다. 그리고 앞서 소개한 어느 에코 클라이언트와도 잘 동작하며, 실행결과는 여느 에코 서버, 에코 클라이언트와 차이가 없으므로 생략하겠다.

17-2 : 레벨 트리거(Level Trigger)와 엣지 트리거(Edge Trigger)

epoll을 알면서 레벨 트리거 방식과 엣지 트리거 방식의 차이를 모르는 경우가 많다. 하지만 이를 알아야 epoll을 완전히 이해하는 것이다.

✚ 레벨 트리거와 엣지 트리거의 차이는 이벤트가 발생하는 시점에 있다!

우선 간단히 레벨 트리거와 엣지 트리거의 이해를 위해서 예를 들겠다. 먼저 다음 대화내용을 관찰하자. 여러분은 이 대화를 통해서 레벨 트리거의 이벤트 특성을 이해할 수 있다.

- 아들   엄마 세뱃돈으로 5,000원 받았어요.
- 엄마   아주 훌륭하구나!

- 아들   엄마 옆집 숙희가 떡볶이 사달래서 사줬더니 2,000원 남았어요.
- 엄마   장하다 우리아들~

- 아들   엄마 변신가면 샀더니 500원 남았어요.
- 엄마   그래 용돈 다 쓰면 굶으면 된다!

- 아들   엄마 여전히 500원 갖고 있어요. 굶을 순 없잖아요.
- 엄마   그래 매우 현명하구나!

- 아들   엄마 어전히 500원 갖고 있어요. 끝까지 지켜야지요.
- 엄마   그래 힘내거라!

위 대화에서 보면 아들은 자신의 수중에 돈이 들어올 때부터, 돈이 남아있는 동안 계속해서 엄마에게 보고를 한다. 이것이 바로 레벨 트리거의 원리이다. 위 대화에서 아들을(또는 아들의 호주머니를) 입력버퍼, 세뱃돈을 입력 데이터, 그리고 아들의 보고를 이벤트로 바꿔서 이해하면 레벨 트리거의 특성이 발견된다. 이를 정리하면 다음과 같다.

"레벨 트리거 방식에서는 입력버퍼에 데이터가 남아있는 동안에 계속해서 이벤트가 등록된다."

예를 들어서 서버의 입력버퍼로 50바이트의 데이터가 수신되면, 일단 서버 측 운영체제는 이를 이벤트로 등록한다(변화가 발생한 파일 디스크립터로 등록한다). 그런데 서버 프로그램에서 20바이트를 수신해서 입력버퍼에 30바이트만 남는다면, 이 상황 역시 이벤트로 등록이 된다. 이렇듯 레벨 트리거 방식에서는 입력버퍼에 데이터가 남아있기만 해도 이 상황을 이벤트로 등록한다. 그럼 이번에는 다음 대화를 통해서 엣지 트리거의 이벤트 특성을 이해해보자.

- 아들　　　　엄마 세뱃돈으로 5,000원 받았어요.
- 엄마　　　　음 다음엔 더 노력하거라.

- 아들　　　　‥‥‥‥
- 엄마　　　　말 좀 해라! 그 돈 어쨌냐? 계속 말 안 할거냐?

위 대화에서 보이듯이 엣지 트리거는 입력버퍼로 데이터가 수신된 상황에서 딱! 한번만 이벤트가 등록된다. 때문에 입력버퍼에 데이터가 남아있다고 해서 이벤트를 추가로 등록하지 않는다.

✛ 레벨 트리거의 이벤트 특성 파악하기

그럼 먼저 레벨 트리거의 이벤트 등록방식을 코드상에서 확인해 보자. 다음은 앞서 소개한 예제 echo_epollserv.c를 조금 수정한 것이다. epoll은 기본적으로 레벨 트리거 방식으로 동작하기 때문에 이 예제를 통해서 레벨 트리거의 특성을 확인할 수 있다.

❖ echo_EPLTserv.c

```
1.   #include <"예제 echo_epollserv.c의 헤더파일 선언과 동일합니다.">
2.   #define BUF_SIZE 4
3.   #define EPOLL_SIZE 50
4.   void error_handling(char *buf);
5.
6.   int main(int argc, char *argv[])
7.   {
8.       int serv_sock, clnt_sock;
9.       struct sockaddr_in serv_adr, clnt_adr;
10.      socklen_t adr_sz;
11.      int str_len, i;
12.      char buf[BUF_SIZE];
13.
14.      struct epoll_event *ep_events;
15.      struct epoll_event event;
16.      int epfd, event_cnt;
17.
18.      if(argc!=2) {
19.          printf("Usage : %s <port>\n", argv[0]);
20.          exit(1);
21.      }
```

```
22.
23.        serv_sock=socket(PF_INET, SOCK_STREAM, 0);
24.        memset(&serv_adr, 0, sizeof(serv_adr));
25.        serv_adr.sin_family=AF_INET;
26.        serv_adr.sin_addr.s_addr=htonl(INADDR_ANY);
27.        serv_adr.sin_port=htons(atoi(argv[1]));
28.
29.        if(bind(serv_sock, (struct sockaddr*) &serv_adr, sizeof(serv_adr))==-1)
30.            error_handling("bind() error");
31.        if(listen(serv_sock, 5)==-1)
32.            error_handling("listen() error");
33.
34.        epfd=epoll_create(EPOLL_SIZE);
35.        ep_events=malloc(sizeof(struct epoll_event)*EPOLL_SIZE);
36.
37.        event.events=EPOLLIN;
38.        event.data.fd=serv_sock;
39.        epoll_ctl(epfd, EPOLL_CTL_ADD, serv_sock, &event);
40.
41.        while(1)
42.        {
43.            event_cnt=epoll_wait(epfd, ep_events, EPOLL_SIZE, -1);
44.            if(event_cnt==-1)
45.            {
46.                puts("epoll_wait() error");
47.                break;
48.            }
49.
50.            puts("return epoll_wait");
51.            for(i=0; i<event_cnt; i++)
52.            {
53.                if(ep_events[i].data.fd==serv_sock)
54.                {
55.                    adr_sz=sizeof(clnt_adr);
56.                    clnt_sock=accept(serv_sock, (struct sockaddr*)&clnt_adr, &adr_sz);
57.                    event.events=EPOLLIN;
58.                    event.data.fd=clnt_sock;
59.                    epoll_ctl(epfd, EPOLL_CTL_ADD, clnt_sock, &event);
60.                    printf("connected client: %d \n", clnt_sock);
61.                }
62.                else
63.                {
64.                    str_len=read(ep_events[i].data.fd, buf, BUF_SIZE);
65.                    if(str_len==0) // close request!
66.                    {
67.                        epoll_ctl(epfd, EPOLL_CTL_DEL, ep_events[i].data.fd, NULL);
68.                        close(ep_events[i].data.fd);
```

```
69.                         printf("closed client: %d \n", ep_events[i].data.fd);
70.                    }
71.                    else
72.                    {
73.                         write(ep_events[i].data.fd, buf, str_len);   // echo!
74.                    }
75.              }
76.          }
77.     }
78.     close(serv_sock);
79.     close(epfd);
80.     return 0;
81. }
82.
83. void error_handling(char *buf)
84. {
85.     // 예제 echo_epollserv.c의 error_handling 함수와 동일
86. }
```

위 예제와 앞서 보인 예제 echo_epollserv.c의 차이점은 다음 두 가지이다.

- read 함수호출 시 사용할 버퍼의 크기를 4바이트로 축소   2행
- epoll_wait 함수의 호출횟수를 확인하기 위한 문장 삽입   50행

버퍼의 크기를 줄인 이유는 입력버퍼에 수신된 데이터를 한번에 읽어 들이지 못하게 하기 위함이다. 즉,
read 함수호출 이후에도 입력버퍼에는 여전히 읽어 들일 데이터가 존재할 것이고, 이로 인해 새로운 이
벤트가 등록 되어서 epoll_wait 함수가 반환을 한다면, 문자열 "return epoll_wait"이 반복 출력될
것이다. 레벨 트리거의 동작방식이 필자가 설명한 것과 일치한다면 말이다. 그럼 실행결과를 보자. 이 역
시 Chapter 04의 echo_client.c와 함께 실행하면 된다.

❖ 실행결과: echo_EPLTserv.c

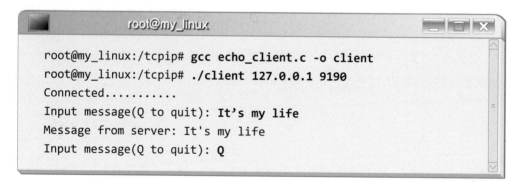

```
root@my_linux:/tcpip# gcc echo_EPLTserv.c -o serv
root@my_linux:/tcpip# ./serv 9190
return epoll_wait
connected client: 5
return epoll_wait
return epoll_wait
return epoll_wait
return epoll_wait
return epoll_wait
connected client: 6
return epoll_wait
return epoll_wait
return epoll_wait
return epoll_wait
return epoll_wait
closed client: 5
return epoll_wait
closed client: 6
```

❖ 실행결과: echo_client.c One

```
root@my_linux:/tcpip# gcc echo_client.c -o client
root@my_linux:/tcpip# ./client 127.0.0.1 9190
Connected...........
Input message(Q to quit): It's my life
Message from server: It's my life
Input message(Q to quit): Q
```

❖ 실행결과: echo_client.c Two

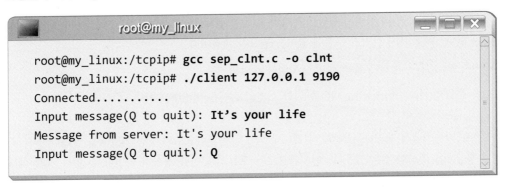

```
root@my_linux:/tcpip# gcc sep_clnt.c -o clnt
root@my_linux:/tcpip# ./client 127.0.0.1 9190
Connected..........
Input message(Q to quit): It's your life
Message from server: It's your life
Input message(Q to quit): Q
```

실행결과는 클라이언트로부터 메시지를 한번 수신할 때마다 이벤트 등록이 여러 번 이뤄지고, 이로 인해서 epoll_wait 함수가 다수 호출됨을 보이고 있다. 그럼 이번에는 간단히 위 예제를 엣지 트리거 방식으로 변경해 보겠다. 사실 엣지 트리거 모델로의 변경을 위해서는 추가로 손 볼 부분이 조금 있다. 그러나 최소한의 수정으로 엣지 트리거 모델의 이벤트 등록방식만 간단히 확인해 보고자 한다. 이를 위해서 위 예제의 57행을 다음과 같이 변경해서 서버와 클라이언트를 실행해 보자(이는 별도로 소스코드를 제공하지 않으니 여러분이 직접 변경해서 확인해야 한다).

```
event.events=EPOLLIN|EPOLLET;
```

그러면 다음 사실을 확인할 수 있다.

"클라이언트로부터 데이터가 수신될 때, 딱 한번 문자열 "return epoll_wait"가 출력된다. 그리고 이는 이벤트가 딱 한번 등록됨을 의미한다."

그런데 위의 사실은 확인 가능하지만, 클라이언트의 실행결과에는 문제가 발생한다. 문제를 확인하였는가? 그렇다면 문제의 원인도 여러분 스스로 설명할 수 있겠는가? 지금 당장 이 문제에 대해서 고민할 필요는 없지만, 필자가 앞서 설명한 엣지 트리거의 특성을 잘 이해했다면, 잘못된 실행결과의 원인을 설명할 수 있을 것이다.

select 모델은 레벨 트리거? 아님 엣지 트리거?

select 모델은 레벨 트리거 방식으로 동작한다. 즉, 입력버퍼에 데이터가 남아있으면 무조건 이벤트가 등록된다. 관심이 있다면 직접 select 모델의 동작방식을 확인하기 위한 예제를 작성해보기 바란다.

✛엣지 트리거 기반의 서버 구현을 위해서 알아야 할 것 두 가지!

이어서 엣지 트리거 기반의 서버 구현방법에 대해 설명할 텐데, 이에 앞서 여러분에게 다음 두 가지를 설명하고자 한다. 이는 엣지 트리거 구현에 있어서 필요한 내용이다.

- 변수 errno을 이용한 오류의 원인을 확인하는 방법
- 넌-블로킹(Non-blocking) IO를 위한 소켓의 특성을 변경하는 방법

일반적으로 리눅스에서 제공하는 소켓관련 함수는 −1을 반환함으로써 오류의 발생을 알린다. 따라서 오류가 발생했음을 인식할 수는 있으나, 이것만으로는 오류의 원인을 정확히 확인할 수 없다. 때문에 리눅스에서는 오류발생시 추가적인 정보의 제공을 위해서 다음의 변수를 전역으로 선언해 놓고 있다.

```
int errno;
```

그리고 이 변수의 접근을 위해서는 헤더파일 errno.h를 포함해야 한다. 이 헤더파일에 위 변수의 extern 선언이 존재하기 때문이다. 그리고 함수 별로, 오류발생시 변수 errno에 저장되는 값이 다르기 때문에, 이 변수에 저장되는 값을 지금 모두 알려고 달려들 필요는 없다. 함수를 공부하면서 필요할 때마다 조금씩 알아가면 되고, 필요할 때마다 참조할 수 있으면 된다. 그럼 필자는 다음 한가지만 여러분에게 말하고자 한다.

"read 함수는 입력버퍼가 비어서 더 이상 읽어 들일 데이터가 없을 때 −1을 반환하고, 이 때 errno에는 상수 EAGAIN가 저장된다."

이 변수의 사용 예는 잠시 후 예제를 통해서 확인하기로 하고, 이번에는 소켓을 넌-블로킹 모드로 변경하는 방법을 설명하겠다. 리눅스에는 파일의 특성을 변경 및 참조하는 다음 함수가 정의되어 있다 (Chapter 13에서 사용한바 있다).

```
#include <fcntl.h>

int fcntl(int filedes, int cmd, . . . );
    ➜ 성공 시 매개변수 cmd에 따른 값, 실패 시 −1 반환
```

- filedes 특성 변경의 대상이 되는 파일의 파일 디스크립터 전달.
- cmd 함수호출의 목적에 해당하는 정보 전달.

위에서 보이듯이 fcntl 함수는 가변인자의 형태로 정의되어 있다. 그리고 두 번째 인자로 F_GETFL을 전달하면, 첫 번째 인자로 전달된 파일 디스크립터에 설정되어 있는 특성정보를 int형으로 얻을 수 있으며, 반대로 F_SETFL을 인자로 전달해서 특성정보를 변경할 수도 있다. 따라서 파일을(소켓을) 넌-블

로킹 모드로 변경하기 위해서는 다음의 두 문장을 실행하면 된다.

```
int flag=fcntl(fd, F_GETFL, 0);
fcntl(fd, F_SETFL, flag|O_NONBLOCK);
```

첫 번째 문장을 통해서 기존에 설정되어 있던 특성정보를 얻어오고, 두 번째 문장에서는 여기에 넌-블로킹 입출력을 의미하는 O_NONBLOCK을 더해서 특성을 재설정해주고 있다. 이로써 read & write 함수호출 시에도 데이터의 유무에 상관없이 블로킹이 되지 않는 파일(소켓)이 만들어진다. 여기서 설명한 fcntl 함수 역시 광범위하게 사용되므로, 시스템 프로그래밍을 공부하면서 한 차례 정리를 해도 좋고, 이렇듯 필요할 때마다 조금씩 알아가도 나쁘지 않다.

✚엣지 트리거 기반의 에코 서버 구현

필자가 에러원인의 확인방법과 넌-블로킹 모드의 소켓생성에 대해 설명한 이유는 이 둘이 엣지 트리거 방식의 서버구현과 깊은 관계가 있기 때문이다. 먼저 errno을 이용한 오류의 확인과정이 필요한 이유를 설명하겠다.

> "엣지 트리거 방식에서는 데이터가 수신되면 딱 한번 이벤트가 등록된다."

이러한 특성 때문에, 일단 입력과 관련해서 이벤트가 발생하면, 입력버퍼에 저장된 데이터 전부를 읽어 들여야 한다(대개의 경우). 따라서 앞서 설명한 다음 내용을 기반으로 입력버퍼가 비어있는지 확인하는 과정을 거쳐야 한다.

> "read 함수가 −1을 반환하고, 변수 errno에 저장된 값이 EAGAIN이라면 더 이상 읽어 들일 데이터가 존재하지 않는 상황이다.

그럼 소켓을 넌-블로킹 모드로 만드는 이유는 어디에 있을까? 엣지 트리거 방식의 특성상 블로킹 방식으로 동작하는 read & write 함수의 호출은 서버를 오랜 시간 멈추는 상황으로까지 이어지게 할 수 있다. 때문에 엣지 트리거 방식에서는 반드시 넌-블로킹 소켓을 기반으로 read & write 함수를 호출해야 한다. 그럼 이제 엣지 트리거 방식으로 동작하는 에코 서버를 소개하겠다.

❖ echo_EPETserv.c

```
1.  #include <"fcntl.h, errno.h 추가 시, 예제 echo_epollserv.c의 헤더파일 선언과 동일">
2.  #include <fcntl.h>
3.  #include <errno.h>
4.  #define BUF_SIZE 4
5.  #define EPOLL_SIZE 50
6.  void setnonblockingmode(int fd);
7.  void error_handling(char *buf);
8.
```

```
9.   int main(int argc, char *argv[])
10.  {
11.      int serv_sock, clnt_sock;
12.      struct sockaddr_in serv_adr, clnt_adr;
13.      socklen_t adr_sz;
14.      int str_len, i;
15.      char buf[BUF_SIZE];
16.
17.      struct epoll_event *ep_events;
18.      struct epoll_event event;
19.      int epfd, event_cnt;
20.      if(argc!=2) {
21.          printf("Usage : %s <port>\n", argv[0]);
22.          exit(1);
23.      }
24.
25.      serv_sock=socket(PF_INET, SOCK_STREAM, 0);
26.      memset(&serv_adr, 0, sizeof(serv_adr));
27.      serv_adr.sin_family=AF_INET;
28.      serv_adr.sin_addr.s_addr=htonl(INADDR_ANY);
29.      serv_adr.sin_port=htons(atoi(argv[1]));
30.      if(bind(serv_sock, (struct sockaddr*) &serv_adr, sizeof(serv_adr))==-1)
31.          error_handling("bind() error");
32.      if(listen(serv_sock, 5)==-1)
33.          error_handling("listen() error");
34.
35.      epfd=epoll_create(EPOLL_SIZE);
36.      ep_events=malloc(sizeof(struct epoll_event)*EPOLL_SIZE);
37.
38.      setnonblockingmode(serv_sock);
39.      event.events=EPOLLIN;
40.      event.data.fd=serv_sock;
41.      epoll_ctl(epfd, EPOLL_CTL_ADD, serv_sock, &event);
42.
43.      while(1)
44.      {
45.          event_cnt=epoll_wait(epfd, ep_events, EPOLL_SIZE, -1);
46.          if(event_cnt==-1)
47.          {
48.              puts("epoll_wait() error");
49.              break;
50.          }
51.
52.          puts("return epoll_wait");
53.          for(i=0; i<event_cnt; i++)
54.          {
55.              if(ep_events[i].data.fd==serv_sock)
```

```
56.            {
57.                adr_sz=sizeof(clnt_adr);
58.                clnt_sock=accept(serv_sock, (struct sockaddr*)&clnt_adr, &adr_sz);
59.                setnonblockingmode(clnt_sock);
60.                event.events=EPOLLIN|EPOLLET;
61.                event.data.fd=clnt_sock;
62.                epoll_ctl(epfd, EPOLL_CTL_ADD, clnt_sock, &event);
63.                printf("connected client: %d \n", clnt_sock);
64.            }
65.            else
66.            {
67.                while(1)
68.                {
69.                    str_len=read(ep_events[i].data.fd, buf, BUF_SIZE);
70.                    if(str_len==0) {    // close request!
71.                        epoll_ctl(epfd, EPOLL_CTL_DEL, ep_events[i].data.fd, NULL);
72.                        close(ep_events[i].data.fd);
73.                        printf("closed client: %d \n", ep_events[i].data.fd);
74.                        break;
75.                    }
76.                    else if(str_len<0) {
77.                        if(errno==EAGAIN)
78.                            break;
79.                    }
80.                    else {
81.                        write(ep_events[i].data.fd, buf, str_len); // echo!
82.                    }
83.                }
84.            }
85.        }
86.    }
87.    close(serv_sock);  close(epfd);
88.    return 0;
89. }
90.
91. void setnonblockingmode(int fd)
92. {
93.    int flag=fcntl(fd, F_GETFL, 0);
94.    fcntl(fd, F_SETFL, flag|O_NONBLOCK);
95. }
96. void error_handling(char *buf)
97. {
98.    // 예제 echo_epollserv.c의 error_handling 함수와 동일
99. }
```

해 설

- 4행: 엣지 트리거의 동작방식을 확인하기 위해서 버퍼의 길이를 4로 정했다.
- 52행: 이벤트의 발생횟수를 확인하기 위한 문자열 출력 문장이다.
- 59, 60행: 59행에서는 accept 함수호출에 의해 생성된 소켓을 넌-블로킹 소켓으로 변경하고 있다. 그리고 60행에서 보이듯이 EPOLLIN에 EPOLLET을 추가해서 소켓의 이벤트 등록방식을 엣지 트리거 방식으로 설정하고 있다.
- 67, 69행: 이 while 반복문은 앞서 보인 레벨 트리거 방식의 에코 서버에는 존재하지 않았다. 엣지 트리거 방식에서는 이벤트 발생시 입력버퍼에 존재하는 데이터를 모두 수신해야 하기 때문에 이렇듯 69행에서 보이듯이 read를 반복해서 호출해야 한다.
- 76행: read 함수가 -1을 반환하고, errno에 저장된 값이 EAGAIN인 상황은 입력버퍼에 저장된 데이터를 모두 읽어 들인 경우에 발생하기 때문에 break문을 통해서 67행의 반복문을 빠져나가야 한다.

❖ 실행결과: echo_EPETserv.c

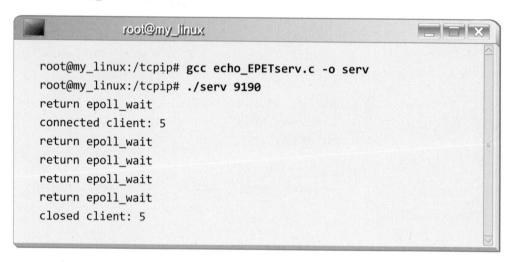

❖ 실행결과: echo_client.c

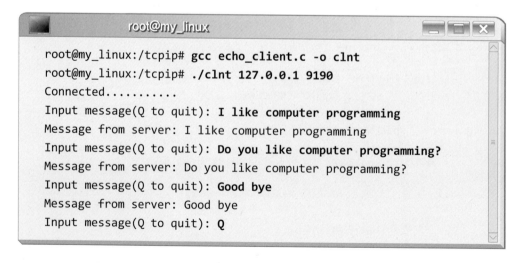

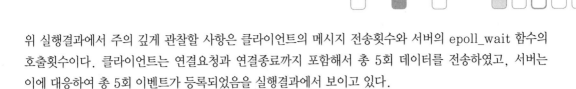

위 실행결과에서 주의 깊게 관찰할 사항은 클라이언트의 메시지 전송횟수와 서버의 epoll_wait 함수의 호출횟수이다. 클라이언트는 연결요청과 연결종료까지 포함해서 총 5회 데이터를 전송하였고, 서버는 이에 대응하여 총 5회 이벤트가 등록되었음을 실행결과에서 보이고 있다.

✚레벨 트리거와 엣지 트리거 중에 뭐가 더 좋은 건가요?

레벨 트리거와 엣지 트리거의 차이점은 이론적으로도, 그리고 코드상에서도 충분히 이해하였다. 그런데 이 정도만 가지고는 딱히 엣지 트리거가 레벨 트리거에 비해 지니는 장점을 이해하기 쉽지 않다. 그러나 엣지 트리거 방식을 사용하면 다음과 같은 형태의 구현이 가능하다.

"데이터의 수신과 데이터가 처리되는 시점을 분리할 수 있다!"

이는 단순하지만 엣지 트리거의 장점을 매우 정확하고 강력하게(?) 설명하고 있다. 그리고 이 문장이 의미하는 바는 이후에 여러분이 다양한 유형의 프로그램을 개발하면서 더욱 폭넓게 이해하게 될 것이다. 그러나 필자는 여러분의 이해를 돕기 위해서 한가지 시나리오를 연출해 보이겠다.

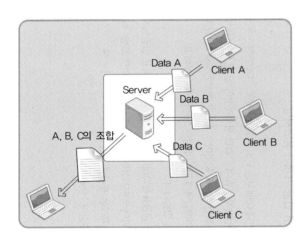

▶ 그림 17-1 : 엣지 트리거 방식의 이해

위 그림에서 연출한 시나리오는 다음과 같다.

- 서버는 클라이언트 A, B, C로부터 각각 데이터를 수신한다.
- 서버는 수신한 데이터를 A, B, C의 순으로 조합한다.
- 조합한 데이터는 임의의 호스트에게 전달한다.

위의 시나리오를 완성하기 위해서 다음과 같은 형태로만 흐름이 전개되면, 서버의 구현은 그리 어렵지 않다.

- 클라이언트 A, B, C가 순서대로 접속해서 데이터를 순서대로 서버에 전송한다.
- 데이터를 수신할 클라이언트는 클라이언트 A, B, C에 앞서 먼저 접속을 하고 대기한다.

그러나 현실적으로는 다음과 같은 상황이 빈번히 일어난다. 즉, 다음의 상황이 보다 현실적이다.

- 클라이언트 C와 B는 서버로 데이터를 전송하고 있는데, A는 아직 연결조차 하지 않은 경우
- 클라이언트 A, B, C가 순서에 상관없이 데이터를 서버로 전송하는 경우
- 서버로 데이터가 전송되고 있는데, 정작 이 데이터를 수신할 클라이언트가 아직 연결되지 않은 경우

따라서 입력버퍼에 데이터가 수신된 상황임에도 불구하고(이벤트가 등록된 상황임에도 불구하고), 이를 읽어 들이고 처리하는 시점을 서버가 결정할 수 있도록 하는 것은 서버 구현에 엄청난 유연성을 제공한다.

　"레벨 트리거는 데이터의 수신과 데이터의 처리를 구분할 수 없나요?"

뭐 억지로 하면 안될 것도 없다. 하지만 입력버퍼에 데이터가 수신된 상황에서 이를 읽어 들이지 않으면 (이의 처리를 뒤로 미루면) epoll_wait 함수를 호출할 때마다 이벤트가 발생할 테고, 이로 인해서 발생하는 이벤트의 수가 계속해서 누적될 텐데, 이를 감당할 수 있겠는가? 이는 현실적으로 불가능한 일이다 (말도 안되기 때문에 정말 하기 싫은 일이라고 표현해야 옳을 수도 있다).
이렇듯 레벨 트리거와 엣지 트리거의 차이점은 서버의 구현모델에서 먼저 이야기해야 한다. 그러니 다음과 같이 단순한 형태의 질문은 가급적 자제하자. 아니 필자의 설명을 잘 이해했다면, 이보다는 훨씬 세련되게 질문할 수 있어야 한다.

　"엣지 트리거가 더 빠른가요? 그리고 빠르면 얼마나 더 빠른가요?"

구현모델의 특성상 엣지 트리거가 좋은 성능을 발휘할 확률이 상대적으로 높은 것은 사실이다. 하지만 단순히 엣지 트리거를 적용했다고 해서 무조건 빨라진다고 할 수는 없다.

내용 확인문제

01. select 함수를 기반으로 서버를 구현할 때 코드상에서 확인할 수 있는 단점 두 가지는 무엇인가?

02. select 방식이나 epoll 방식이나, 관찰의 대상이 되는 파일 디스크립터의 정보를 함수호출을 통해서 운영체제에게 전달해야 한다. 그렇다면 이들 정보를 운영체제에게 전달하는 이유는 어디에 있는가?

03. select 방식과 epoll 방식의 가장 큰 차이점은 관찰의 대상이 되는 파일 디스크립터를 운영체제에게 전달하는 방식에 있다. 어떻게 차이가 나는지, 그리고 그러한 차이를 보이는 이유는 무엇인지 설명해보자.

04. select 방식을 개선시킨 것이 epoll 방식이긴 하지만 select 방식도 나름의 장점이 있다. 어떠한 상황에서 select 방식을 선택하는 것이 보다 현명한 선택이 될 수 있는가?

05. epoll은 레벨 트리거 방식, 또는 엣지 트리거 방식으로 동작한다. 그렇다면 이 둘이 어떻게 차이가 나는지 이벤트의 발생시점을 입력버퍼 기준으로 설명해보자.

06. 엣지 트리거 방식을 사용하면 데이터의 수신과 데이터의 처리시점을 분리할 수 있다고 하였다. 그 이유는 무엇이고, 이는 어떠한 장점이 있는가?

07. 서버에 접속한 모든 클라이언트들 사이에서 메시지를 주고받는 형태의 채팅 서버를 레벨 트리거 방식의 epoll 기반으로, 엣지 트리거 방식의 epoll 기반으로 각각 구현해 보자(참고로 채팅 서버는 레벨 트리거로 구현하건, 엣지 트리거로 구현하건 크게 차이를 보이지 않는다). 물론 서버의 실행을 위해서는 채팅 클라이언트가 필요한데, 이는 Chapter 18에서 소개하는 예제 chat_clnt.c를 그대로 활용하기로 하자(컴파일 방법은 Chapter 18에서 별도로 참조해야 한다). 비록 Chapter 18을 공부한 상태는 아니나, 단순히 예제를 활용하는 정도이니 어려움은 없을 것이다. 만약에 이것이 부담스럽다면 Chapter 18을 먼저 공부한 다음에 이 문제를 해결해도 된다.

멀티쓰레드 기반의
서버구현

원래 쓰레드는 리눅스보다 윈도우에서 더 친숙한 개념이었다. 그러나
웹의 발전은 유닉스 계열의 운영체제에도 쓰레드의 중요성을 부각시
켰다. 웹 기반의 서버에서는 프로토콜의 특성상 둘 이상의 클라이언
트에게 동시에 서비스를 제공해야 하는 경우가 많다. 따라서 상대적
으로 프로세스보다 효율적인 쓰레드를 서버구현에 적용하기에 이르
렀다.

18-1 : 쓰레드의 이론적 이해

Chapter 19에서는 윈도우 기반에서 쓰레드를 설명한다. 그러나 쓰레드에 대한 일반적인 내용은 이번 Chapter에서 다뤄지므로 윈도우 기반 쓰레드의 학습을 위해서라도 여기서 설명하는 내용은 반드시 공부해야 한다.

✛ 쓰레드의 등장배경

앞서 Chapter 10에서는 멀티프로세스 기반의 서버구현에 대해 살펴보았다. 이 때 보인 프로세스의 생성은 select나 epoll에 비해서 확실히 구분되는 장점이 있다. 그러나 나름의 문제점도 있다. 이전에 언급했던 것처럼, 일단 프로세스의 생성이라는(복사라는) 작업자체가 운영체제 차원에서 상당히 부담되는 작업이다. 뿐만 아니라, 프로세스마다 완전히 독립된 메모리 공간을 유지하기 때문에 프로세스 사이에서 메시지를 주고받아야 하는 경우에는 그만큼 구현의 어려움을 겪기도 한다(이는 Chapter 11에서 공부한 내용이다). 즉, 멀티프로세스 기반의 단점은 다음과 같다.

- 프로세스 생성이라는 부담스러운 작업과정을 거친다.
- 두 프로세스 사이에서의 데이터 교환을 위해서는 별도의 IPC 기법을 적용해야 한다.

하지만 이 둘은 다음의 단점에 비하면 그나마 눈감아 줄만 하다.

> "초당 적게는 수십 번에서 많게는 수천 번까지 일어나는 '컨텍스트 스위칭(Context Switching)'에 따른 부담은 프로세스 생성방식의 가장 큰 부담이다."

CPU가(정확히 말해서 CPU의 연산장치인 CORE가) 하나뿐인 시스템에서도 둘 이상의 프로세스가 동시에 실행되지 않은가? 이는 실행중인 둘 이상의 프로세스들이 CPU의 할당시간을 매우 작은 크기로 쪼개서 서로 나누기 때문에 가능한 일이다. 그런데 CPU의 할당시간을 나누기 위해서는 '컨텍스트 스위칭'이라는 과정을 거쳐야 한다. 그럼 컨텍스트 스위칭이 무엇인지 살펴보자. 프로그램의 실행을 위해서는 해당 프로세스의 정보가 메인 메모리에 올라와야 한다. 때문에 현재 실행중인 A 프로세스의 뒤를 이어서 B 프로세스를 실행시키려면 A 프로세스 관련 데이터를 메인 메모리에서 내리고 B 프로세스 관련 데이터를 메인 메모리로 이동시켜야 한다. 그리고 바로 이것이 컨텍스트 스위칭이다. 그런데 이 때 A 프로세스 관련 데이터는 하드디스크로 이동하기 때문에 컨텍스트 스위칭에는 오랜 시간이 걸리고, 빨리 진행한다 하더라도 한계가 있다.

참 고

컨텍스트 스위칭

컴퓨터 구조 및 운영체제와 관련된 내용을 학습하면 컨텍스트 스위칭의 영역에 포함되는 작업이 어떻게 구성되는지 정확히 알 수 있다. 그런데 필자는 네트워크 프로그래밍의 학습을 위해서 최소한으로 개념적인 이해만 유도하였다. 정확한 이해를 위해서는 CPU 내부에 존재하는 레지스터 중심으로 설명이 진행되어야 한다.

결국 멀티프로세스의 특징을 유지하면서 단점을 어느 정도 극복하기 위해서 '쓰레드(Thread)'라는 것이 등장하였는데, 이는 멀티프로세스의 여러 가지 단점을 최소화하기 위해서(아주 없애는 것이 아니라), 설계된 일종의 '경량화 된(가벼워진) 프로세스'이다. 쓰레드는 프로세스와 비교해서 다음의 장점을 지닌다.

- 쓰레드의 생성 및 컨텍스트 스위칭은 프로세스의 생성 및 컨텍스트 스위칭보다 빠르다.
- 쓰레드 사이에서의 데이터 교환에는 특별한 기법이 필요치 않다.

이 두 가지 장점에 대해서는 서서히 이해하면 된다. 이어서 설명하는 내용을 통해서, 그리고 이어서 소개하는 쓰레드 관련 코드를 통해서 정확히 이해할 수 있을 것이다.

✚쓰레드와 프로세스의 차이점

쓰레드는 다음과 같은 고민에 의해 등장하였다.

> "야! 둘 이상의 실행흐름을 갖기 위해서 프로세스가 유지하고 있는 메모리 영역을 통째로 복사한다는 것이 너무 부담스러워!"

프로세스의 메모리 구조는 전역변수가 할당되는 '데이터 영역', malloc 함수 등에 의해 동적 할당이 이뤄지는 '힙(Heap)' 그리고 함수의 실행에 사용되는 '스택(Stack)'으로 이뤄진다. 그런데 프로세스들은 이를 완전히 별도로 유지한다. 때문에 프로세스 사이에서는 다음의 메모리 구조를 보인다.

▶ 그림 18-1 : 프로세스간 메모리 독립

그런데 둘 이상의 실행흐름을 갖는 것이 목적이라면, 위 그림처럼 완전히 메모리 구조를 분리시킬 것이 아니라, 스택 영역만을 분리시킴으로써 다음의 장점을 얻을 수 있다.

- 컨텍스트 스위칭 시 데이터 영역과 힙은 올리고 내릴 필요가 없다.
- 데이터 영역과 힙을 이용해서 데이터를 교환할 수 있다.

그래서 등장한 것이 쓰레드이며, 지금 설명한 것처럼 모든 쓰레드는 별도의 실행흐름을 유지하기 위해서 스택 영역만 독립적으로 유지하기 때문에 다음의 메모리 구조를 보인다.

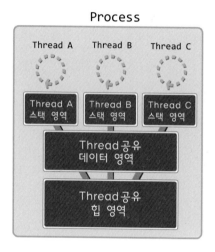

▶ 그림 18-2: 쓰레드의 메모리 구조

위 그림에서 보이듯이 데이터 영역과 힙 영역을 공유하는 구조로 쓰레드는 설계되어 있다. 그리고 이를 위해서 쓰레드는 프로세스 내에서 생성 및 실행되는 구조로 완성되었다. 즉, 프로세스와 쓰레드는 다음 과 같이 정의할 수 있다.

- 프로세스   운영체제 관점에서 별도의 실행흐름을 구성하는 단위
- 쓰레드   프로세스 관점에서 별도의 실행흐름을 구성하는 단위

즉, 프로세스가 하나의 운영체제 안에서 둘 이상의 실행흐름을 형성하기 위한 도구라면, 쓰레드는 하나 의 프로세스 내에서 둘 이상의 실행흐름을 형성하기 위한 도구로 이해할 수 있다. 때문에 운영체제와 프 로세스, 그리고 쓰레드의 관계는 다음과 같이 표현 가능하다.

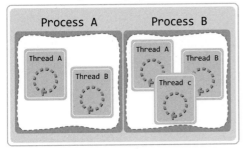

▶ 그림 18-3: 운영체제와 프로세스 그리고 쓰레드의 관계

이렇게 해서 쓰레드의 이론적인 설명을 어느 정도 진행하였는데, 쓰레드의 생성경험 없이 쓰레드를 이해하는 데는 한계가 있다. 따라서 아직 이해하지 못한 부분은 쓰레드 관련 코드를 공부하면서 이해하기 바란다.

18-2: 쓰레드의 생성 및 실행

POSIX란 Portable Operating System Interface for Computer Environment의 약자로써 UNIX 계열 운영체제간에 이식성을 높이기 위한 표준 API 규격을 뜻한다. 그리고 이어서 설명하는 쓰레드의 생성방법은 POSIX에 정의된 표준을 근거로 한다. 때문에 리눅스뿐만 아니라, 유닉스 계열의 운영체제에서도 대부분 적용 가능하다.

✛쓰레드의 생성과 실행흐름의 구성

쓰레드는 별도의 실행흐름을 갖기 때문에 쓰레드만의 main 함수를 별도로 정의해야 한다. 그리고 이 함수를 시작으로 별도의 실행흐름을 형성해 줄 것을 운영체제에게 요청해야 하는데, 이를 목적으로 호출하는 함수는 다음과 같다.

```
#include <pthread.h>

int pthread_create (
    pthread_t *restrict thread, const pthread_attr_t *restrict attr,
    void *(*start_routine)(void*), void *restrict arg
);

    ➡ 성공 시 0, 실패 시 0 이외의 값 반환
```

●	thread	생성할 쓰레드의 ID 저장을 위한 변수의 주소 값 전달, 참고로 쓰레드는 프로세스와 마찬가지로 쓰레드의 구분을 위한 ID가 부여된다.
●	attr	쓰레드에 부여할 특성 정보의 전달을 위한 매개변수, NULL 전달 시 기본적인 특성의 쓰레드가 생성된다.
●	start_routine	쓰레드의 main 함수 역할을 하는, 별도 실행흐름의 시작이 되는 함수의 주소 값(함수 포인터) 전달.
●	arg	세 번째 인자를 통해 등록된 함수가 호출될 때 전달할 인자의 정보를 담고 있는 변수의 주소 값 전달.

사실 위 함수의 매개변수를 정확히 이해하려면 키워드 restrict와 함수 포인터 관련 문법을 잘 이해하고 있어야 한다. 하지만 사용방법 위주로 공부하면(물론 나중에는 restrict와 함수 포인터를 잘 알아야 한다) 생각보다 쉽게 이 함수를 활용할 수 있다. 그럼 간단한 예제를 통해서 이 함수의 기능을 보이겠다.

❖ thread1.c

```
0.   #include <unistd.h>
1.   #include <stdio.h>
2.   #include <pthread.h>
3.   void* thread_main(void *arg);
4.
5.   int main(int argc, char *argv[])
6.   {
7.       pthread_t t_id;
8.       int thread_param=5;
9.
10.      if(pthread_create(&t_id, NULL, thread_main, (void*)&thread_param)!=0)
11.      {
12.          puts("pthread_create() error");
13.          return -1;
14.      };
15.      sleep(10); puts("end of main");
16.      return 0;
17.  }
18.
```

```
19. void* thread_main(void *arg)
20. {
21.     int i;
22.     int cnt=*((int*)arg);
23.     for(i=0; i<cnt; i++)
24.     {
25.         sleep(1); puts("running thread");
26.     }
27.     return NULL;
28. }
```

해 설

- 10행: thread_main 함수의 호출을 시작으로 별도의 실행흐름을 구성하는 쓰레드의 생성을 요청하고 있다. 더불어 thread_main 함수호출 시 인자로 변수 thread_param의 주소 값을 전달하고 있다.

- 15행: sleep 함수의 호출을 통해서 main 함수의 실행을 10초간 중지시키고 있다. 이는 프로세스의 종료시기를 늦추기 위함이다. 16행의 return문이 실행되면 프로세스는 종료된다. 그리고 프로세스의 종료는 그 안에서 생성된 쓰레드의 종료로 이어진다. 따라서 쓰레드의 실행을 보장하기 위해서 이 문장이 삽입되었다.

- 19, 22행: 매개변수 arg로 전달되는 것은 10행에서 호출한 pthread_create 함수의 네 번째 전달인자이다.

❖ 실행결과: thread1.c

```
root@my_linux

root@my_linux:/tcpip# gcc thread1.c -o tr1 -lpthread
root@my_linux:/tcpip# ./tr1
running thread
running thread
running thread
running thread
running thread
end of main
```

위의 실행결과에서 보이듯이 쓰레드 관련코드는 컴파일 시 −lpthread 옵션을 추가해서 쓰레드 라이브러리의 링크를 별도로 지시해야 한다. 그래야 헤더파일 pthread.h에 선언된 함수들을 호출할 수 있다. 참고로 위 예제의 실행형태를 그림으로 표현하면 다음과 같다.

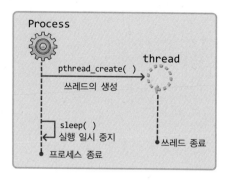

▶ 그림 18-4: 예제 thread1.c의 실행흐름

위 그림에서 점선은 실행흐름을 의미한다. 위에서 아래로 실행의 흐름을 표현하였고, 중간에 함수의 호출도 표현해 놓았다. 어려운 기호가 아니니 예제와 비교해서 쉽게 파악이 가능할 것이다. 그림 이번에는 위 예제의 15행에 있는 sleep 함수의 호출문을 다음과 같이 변경해서 실행해보자.

```
sleep(2);
```

실행해 보았는가? 그렇다면 문자열 "running thread"의 출력이 코드상에서 명시하고 있는 대로 5회 출력되지 않음을 확인할 수 있었을 텐데, 이는 다음 그림에서 보이듯이, main 함수의 종료로 인해서 프로세스 전체가 소멸되었기 때문이다.

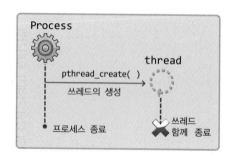

▶ 그림 18-5: 프로세스와 쓰레드의 종료

따라서 위 예제에서는 sleep 함수호출을 통해서 쓰레드가 실행되기에 넉넉한 시간을 확보하고 있다.

"그럼 쓰레드 기반 프로그래밍에서는 적절한 sleep 함수의 호출이 필수겠군요!"

그렇지 않다! sleep 함수의 호출을 통해서 쓰레드의 실행을 관리한다는 것은 프로그램의 흐름을 예측한다는 뜻인데, 이는 사실상 불가능한 일이다. 그리고 잘못된 구현은 프로그램의 흐름을 방해하는 결과로 이어질 수 있다. 예를 들어서 위 예제에서 정의하고 있는 thread_main 함수의 실행시간을 정확히 예측해서 main 함수가 딱 필요한 만큼만 대기하도록 할 수 있겠는가? 이러한 문제점 때문에 sleep 함수보다는 다음 함수를 이용해서 쓰레드의 실행흐름을 조절한다. 즉, 다음 함수를 사용하면 지금 이야기하고 있는 문제를 쉽고 효율적으로 해결할 수 있다. 참고로 이 함수를 통해서 쓰레드의 ID가 어떠한 경우에 사용되는지도 함께 확인할 수 있다.

```
#include <pthread.h>

int pthread_join(pthread_t thread, void **status);
```
→ 성공 시 0, 실패 시 0 이외의 값 반환

- thread   이 매개변수에 전달되는 ID의 쓰레드가 종료될 때까지 함수는 반환하지 않는다.
- status   쓰레드의 main 함수가 반환하는 값이 저장될 포인터 변수의 주소 값을 전달한다.

간단히 말해서, 위 함수는 첫 번째 인자로 전달되는 ID의 쓰레드가 종료될 때까지, 이 함수를 호출한 프로세스(또는 쓰레드)를 대기상태에 둔다. 뿐만 아니라, 쓰레드의 main 함수가 반환하는 값까지 얻을 수 있으니, 그만큼 유용한 함수이다. 그럼 다음 예제를 통해서 위 함수의 기능을 확인해 보자.

❖ thread2.c

```
1.  #include <stdio.h>
2.  #include <stdlib.h>
3.  #include <string.h>
4.  #include <pthread.h>
5.  void* thread_main(void *arg);
6.
7.  int main(int argc, char *argv[])
8.  {
9.      pthread_t t_id;
10.     int thread_param=5;
11.     void * thr_ret;
12.
13.     if(pthread_create(&t_id, NULL, thread_main, (void*)&thread_param)!=0)
14.     {
15.         puts("pthread_create() error");
16.         return -1;
17.     };
18.
19.     if(pthread_join(t_id, &thr_ret)!=0)
20.     {
21.         puts("pthread_join() error");
22.         return -1;
23.     };
24.
25.     printf("Thread return message: %s \n", (char*)thr_ret);
26.     free(thr_ret);
27.     return 0;
28. }
```

```
29.
30.  void* thread_main(void *arg)
31.  {
32.      int i;
33.      int cnt=*((int*)arg);
34.      char * msg=(char *)malloc(sizeof(char)*50);
35.      strcpy(msg, "Hello, I'am thread~ \n");
36.
37.      for(i=0; i<cnt; i++)
38.      {
39.          sleep(1); puts("running thread");
40.      }
41.      return (void*)msg;
42.  }
```

- 19행: main 함수에서, 13행에서 생성한 쓰레드를 대상으로 pthread_join 함수를 호출하고 있다. 때문에 main 함수는 변수 t_id에 저장된 ID의 쓰레드가 종료될 때까지 대기하게 된다.
- 11, 19, 41행: 이 세 문장을 통해서 쓰레드가 반환하는 값이 참조되는 방법을 이해하기 바란다. 간단히 설명하면 41행에 의해서 반환되는 값은 19행의 두 번째 인자로 전달된 변수 thr_ret에 저장된다. 그리고 이 반환 값은 thread_main 함수 내에서 동적으로 할당된 메모리 공간의 주소 값이라는 사실에도 관심을 두기 바란다.

❖ 실행결과: thread2.c

```
root@my_linux:/tcpip# gcc thread2.c -o tr2 -lpthread
root@my_linux:/tcpip# ./tr2
running thread
running thread
running thread
running thread
running thread
Thread return message: Hello, I'am thread~
```

끝으로 예제의 이해를 돕기 위해서 위 예제의 실행흐름을 그림으로 정리해 보겠다. 이 그림에서 주목할 부분은 실행이 일시적으로 정지되었다가 쓰레드가 종료되면서(쓰레드의 main 함수가 반환하면서) 다시 실행이 이어지고 있는 부분이다.

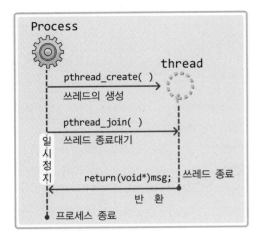

Process

thread

pthread_create( )
쓰레드의 생성

pthread_join( )
쓰레드 종료대기

일
시
정
지

return(void*)msg;   쓰레드 종료

반 환

프로세스 종료

▶ 그림 18-6: pthread_join 함수의 호출

임계영역 내에서 호출이 가능한 함수

앞서 보인 예제에서는 쓰레드를 하나만 생성했었다. 그러나 이제부터는 동시에 둘 이상의 쓰레드를 생성해 볼 것이다. 물론 쓰레드를 하나 생성하건, 둘을 생성하건 그 방법에 있어서 차이를 보이진 않는다. 그러나 쓰레드의 실행과 관련해서 주의해야 할 사실이 하나 있다. 함수 중에는 둘 이상의 쓰레드가 동시에 호출하면(실행하면) 문제를 일으키는 함수가 있다. 이는 함수 내에 '임계영역(Critical Section)'이라 불리는, 둘 이상의 쓰레드가 동시에 실행하면 문제를 일으키는 문장이 하나 이상 존재하는 함수이다.

어떠한 코드가 임계영역이 되는지, 그리고 둘 이상의 쓰레드가 동시에 임계영역을 실행하면 어떠한 문제가 발생하는지, 잠시 후에 이야기하기로 하고, 일단은 둘 이상의 쓰레드가 동시에 실행하면 문제를 일으키는 코드블록을 가리켜 임계영역이라 한다는 사실만 기억하자. 이러한 임계영역의 문제와 관련해서 함수는 다음 두 가지 종류로 구분이 된다.

- 쓰레드에 안전한 함수(Thread-safe function)
- 쓰레드에 불안전한 함수(Thread-unsafe function)

여기서 쓰레드에 안전한 함수는 둘 이상의 쓰레드에 의해서 동시에 호출 및 실행되어도 문제를 일으키지 않는 함수를 뜻한다. 반대로 쓰레드에 불안전한 함수는 동시호출 시 문제가 발생할 수 있는 함수를 뜻한다. 하지만 이것이 임계영역의 유무를 뜻하는 것이 아니다. 즉, 쓰레드에 안전한 함수도 임계영역이 존재할 수 있다. 다만 이 영역을 둘 이상의 쓰레드가 동시에 접근해도 문제를 일으키지 않도록 적절한 조치가 이뤄져 있어서 쓰레드에 안전한 함수로 구분될 수 있는 것이다.

다행히 기본적으로 제공되는 대부분의 표준함수들은 쓰레드에 안전하다. 그러나 그보다 더 다행인 것은 쓰레드에 안전한 함수와 불안전한 함수의 구분을 우리가 직접 할 필요가 없다는데 있다(이는 윈도우 기반 프로그래밍에서도 마찬가지이다). 왜냐하면 쓰레드에 불안전한 함수가 정의되어 있는 경우, 같은 기능을 갖는 쓰레드에 안전한 함수가 정의되어 있기 때문이다. 예를 들어서 Chapter 08에서 소개한 다음 함수는 쓰레드에 안전하지 못하다.

```
struct hostent * gethostbyname(const char * hostname);
```

때문에 동일한 기능을 제공하면서 쓰레드에 안전한 다음 함수가 이미 정의되어 있다.

```
struct hostent *gethostbyname_r(
    const char *name, struct hostent *result, char *buffer, intbuflen, int *h_errnop);
```

일반적으로 쓰레드에 안전한 형태로 재 구현된 함수의 이름에는 _r이 붙는다(이는 윈도우와 다르다). 그렇다면 둘 이상의 쓰레드가 동시에 접근 가능한 코드블록에서는 gethostbyname 함수를 대신해서 gethostbyname_r을 호출해야 할까? 물론이다! 하지만 이는 프로그래머에게 엄청난 수고를 요구하는 것이다. 그런데 다행히도 다음의 방법으로 이를 자동화할 수 있다. 즉, 다음과 같은 방법을 통해서 gethostbyname 함수의 호출문을 gethostbyname_r 함수의 호출문으로 변경할 수 있다. 그것도 자동으로 말이다!

"헤더파일 선언 이전에 매크로 _REENTRANT를 정의한다."

gethostbyname 함수와 gethostbyname_r 함수가 이름에서뿐만 아니라, 매개변수의 선언에서도 차이가 난다는 사실을 알았으니, 이것이 얼마나 매력적인지 알 수 있을 것이다. 그리고 위의 매크로 정의를 위해서 굳이 소스코드에 #define 문장을 추가할 필요는 없다. 다음과 같이 컴파일 시 -D_REENTRANT의 옵션을 추가하는 방식으로도 매크로를 정의할 수 있기 때문이다.

```
root@my_linux:/tcpip# gcc -D_REENTRANT mythread.c -o mthread -lpthread
```

따라서 앞으로 쓰레드 관련 코드가 삽입되어 있는 예제를 컴파일 할 때에는 -D_REENTRANT 옵션을 항상 추가하기로 하겠다.

✛워커(Worker) 쓰레드 모델

지금까지는 쓰레드의 개념 및 생성방법의 이해를 목적으로 아주 간단히 예제를 작성했기 때문에 하나의 예제 안에서 둘 이상의 쓰레드를 생성해 보지 못했다. 따라서 이번에는 둘 이상의 쓰레드가 생성되는 예제를 작성해 보고자 한다.

1부터 10까지의 덧셈결과를 출력하는 예제를 만들어 보겠다. 그런데 main 함수에서 덧셈을 진행하는 것이 아니라, 두 개의 쓰레드를 생성해서 하나는 1부터 5까지, 다른 하나는 6부터 10까지 덧셈하도록 하고, main 함수에서는 단지 연산결과를 출력하는 형태로 작성해 보고자 한다. 참고로 이러한 유형의 프로그래밍 모델을 가리켜 '워커 쓰레드(Worker thread) 모델'이라 한다. 1에서부터 5까지, 그리고 6에서부터 10까지 덧셈을 진행하는 쓰레드가 main 함수가 관리하는 일꾼(Worker)의 형태를 띠기 때문이다. 그럼 마지막으로 예제를 보이기에 앞서서 예제의 실행흐름을 그림으로 먼저 정리해 보겠다.

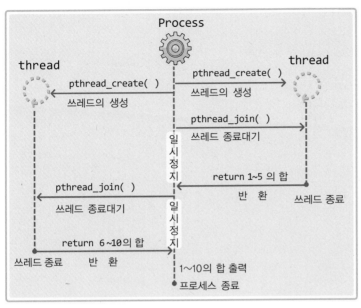

▶ 그림 18-7: 예제 thread3.c의 실행흐름

앞서 몇 차례 이러한 유형의 그림을 보였으니, 그림에서 보이고자 하는 내용을 쉽게 파악할 수 있을 것이다(그냥 단순한 그림이다. 대단한 표현기법이 적용된 것이 아니다). 그리고 쓰레드 관련 코드는 실행의 흐름을 파악하기가 상대적으로 복잡하기 때문에, 이렇게 그림을 통해서 정리하는 습관을 들이는 것도 필요하다.

❖ thread3.c

```
1.  #include <stdio.h>
2.  #include <pthread.h>
3.  void * thread_summation(void * arg);
4.  int sum=0;
5.
6.  int main(int argc, char *argv[])
7.  {
8.      pthread_t id_t1, id_t2;
9.      int range1[]={1, 5};
10.     int range2[]={6, 10};
11.
12.     pthread_create(&id_t1, NULL, thread_summation, (void *)range1);
13.     pthread_create(&id_t2, NULL, thread_summation, (void *)range2);
14.
15.     pthread_join(id_t1, NULL);
16.     pthread_join(id_t2, NULL);
17.     printf("result: %d \n", sum);
18.     return 0;
```

```
19.    }
20.
21.    void * thread_summation(void * arg)
22.    {
23.        int start=((int*)arg)[0];
24.        int end=((int*)arg)[1];
25.
26.        while(start<=end)
27.        {
28.            sum+=start;
29.            start++;
30.        }
31.        return NULL;
32.    }
```

쓰레드가 호출하는 함수로의 인자전달 및 반환에 대해서는 앞서 설명했으니, 위 예제에서 쓰레드의 생성 및 실행에 대한 부분은 어렵지 않게 이해할 수 있을 것이다. 그런데 다음 사실에는 별도의 주목이 필요하다.

"두 쓰레드가 하나의 전역변수 sum에 직접 접근한다!"

위 예제 28행을 통해서 이러한 결론을 내릴 수 있는데, 코드상에서 보면 이는 매우 당연한 것처럼 보인다. 그러나 이는 전역변수가 저장되는 데이터 영역을 두 쓰레드가 함께 공유하기 때문에 가능한 것이다.

❖ 실행결과: thread3.c

실행결과로 55가 출력되었다. 물론 실행결과는 정확하지만 예제 자체적으로는 문제가 있다. 앞서 간단히 소개한 임계영역과 관련해서 다소 문제가 있다. 때문에 예제를 하나 더 제시하겠다. 이는 위의 예제와 거의 비슷하다. 다만 앞서 설명한 임계영역과 관련해서 오류의 발생소지를 더 높였을 뿐이다. 이 정도 예제면 아무리 시스템의 성능이 좋아도 어렵지 않게 오류의 발생을 확인할 수 있을 것이다.

```c
1.   #include <stdio.h>
2.   #include <unistd.h>
3.   #include <stdlib.h>
4.   #include <pthread.h>
5.   #define NUM_THREAD 100
6.
7.   void * thread_inc(void * arg);
8.   void * thread_des(void * arg);
9.   long long num=0;    // long long형은 64비트 정수 자료형
10.
11.  int main(int argc, char *argv[])
12.  {
13.      pthread_t thread_id[NUM_THREAD];
14.      int i;
15.
16.      printf("sizeof long long: %d \n", sizeof(long long));    // long long의 크기확인
17.      for(i=0; i<NUM_THREAD; i++)
18.      {
19.          if(i%2)
20.              pthread_create(&(thread_id[i]), NULL, thread_inc, NULL);
21.          else
22.              pthread_create(&(thread_id[i]), NULL, thread_des, NULL);
23.      }
24.
25.      for(i=0; i<NUM_THREAD; i++)
26.          pthread_join(thread_id[i], NULL);
27.
28.      printf("result: %lld \n", num);
29.      return 0;
30.  }
31.
32.  void * thread_inc(void * arg)
33.  {
34.      int i;
35.      for(i=0; i<50000000; i++)
36.          num+=1;
37.      return NULL;
38.  }
39.  void * thread_des(void * arg)
40.  {
41.      int i;
42.      for(i=0; i<50000000; i++)
43.          num-=1;
44.      return NULL;
45.  }
```

위 예제에서는 총 100개의 쓰레드를 생성해서 그 중 반은 thread_inc를 쓰레드의 main 함수로, 나머지 반은 thread_des를 쓰레드의 main 함수로 호출하게 하고 있다. 이로써 전역변수 num에 저장된 값의 증가와 감소의 최종결과로 변수 num에는 0이 저장되어야 한다. 그럼 실제로 0이 저장되는지 수 차례 실행을 해보자.

❖ 실행결과: thread4.c

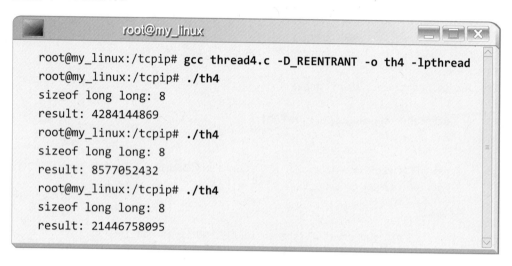

실행결과는 0이 아니다! 뿐만 아니라 실행할 때마다 매번 그 결과도 다르다. 우리는 그 이유를 아직 모르나, 어찌되었든 이는 쓰레드를 활용하는데 있어서 큰 문제임이 틀림없다.

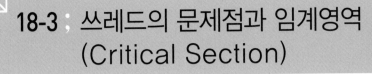

18-3 : 쓰레드의 문제점과 임계영역 (Critical Section)

우리는 아직 예제 thread4.c에서 보인 문제점의 원인을 모르고 있다. 따라서 이번에는 문제의 원인을 이해하고 그 해결책도 함께 고민해보겠다.

✚하나의 변수에 둘 이상의 쓰레드가 동시에 접근하는 것이 문제!

thread4.c의 문제점은 다음과 같다.

"전역변수 num에 둘 이상의 쓰레드가 함께(동시에) 접근하고 있다."

여기서 말하는 접근이란 주로 값의 변경을 뜻한다. 그런데 보다 다양한 상황에서 문제가 발생할 수 있기 때문에 문제의 원인이 무엇인지 정확히 이해해야 한다. 그리고 예제에서는 접근의 대상이 전역변수였지만, 이는 전역변수였기 때문에 발생한 문제가 아니다. 어떠한 메모리 공간이라도 동시에 접근을 하면 문제가 발생할 수 있다.

"쓰레드들은 CPU의 할당시간을 나눠서 실행하게 된다면서요. 그러면 실제로는 동시접근이 이뤄지지는 않을 것 같은데요."

물론 여기서 말하는 동시접근은 여러분이 생각하는 동시접근과 약간의 차이가 있다. 그래서 하나의 예를 통해서 동시접근이 무엇인지, 그리고 이것이 왜 문제가 되는지 설명하겠다. 먼저 변수에 저장된 값을 1씩 증가시키는 연산을 두 개의 쓰레드가 진행하려는 상황이라고 가정해보자.

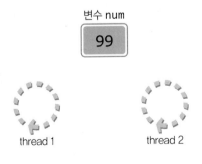

▶ 그림18-8: 대기중인 두 개의 쓰레드

위 그림은 변수 num에 저장되어 있는 값을 증가시키려는 두 개의 쓰레드가 존재하는 상황을 묘사한 것이다. 이 상황에서 thread1이 변수 num에 저장된 값을 100으로 증가시켜놓은 다음에, 이어서 thread2가 변수 num에 접근을 하면, 우리의 예상대로 변수 num에는 101이 저장된다. 다음 그림은 thread1이 변수 num에 저장된 값을 완전히 증가시킨 상황을 보여준다.

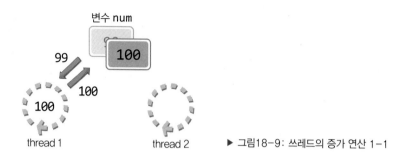

▶ 그림18-9: 쓰레드의 증가 연산 1-1

그런데 위 그림에서 한가지 주목할 사실이 있다. 그것은 값의 증가방식이다. 값의 증가는 CPU를 통한 연산이 필요한 작업이다. 따라서 그냥 변수 num에 저장된 값이, 변수 num에 저장된 상태로 증가하지는 않는다. 이 변수에 저장된 값은 thread1에 의해서 우선 참조가 된다. 그리고 thread1은 이 값을 CPU에 전달해서 1이 증가된 값 100을 얻는다. 마지막으로 연산이 완료된 값을 변수 num에 다시 저장한다. 이렇게 해서 변수 num에 100이 저장되는 것이다. 그럼 이어서 thread2도 값을 증가시키도록 해 보자.

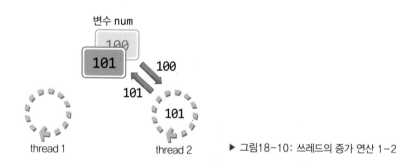

▶ 그림18-10: 쓰레드의 증가 연산 1-2

이렇게 해서 변수 num에는 101이 저장된다. 그런데 이는 매우 이상적인 상황을 묘사한 것이다. thread1이 변수 num에 저장된 값을 완전히 증가시키기 전이라도 얼마든지 thread2로 CPU의 실행이 넘어갈 수 있기 때문이다. 그럼 처음부터 다시 시작해 보자. 다음 그림은 thread1이 변수 num에 저장된 값을 참조해서 값을 1 증가시키는 것까지 완료한 상황을 보여준다. 단, 변수 num에는 아직 증가된 값을 저장하지 않았다.

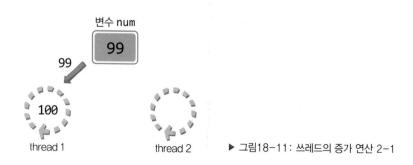

▶ 그림18-11: 쓰레드의 증가 연산 2-1

이제 100이라는 값을 변수 num에 저장해야 하는데, 이 작업이 진행되기 전에 thread2로 실행의 순서가 넘어가 버렸다. 그런데 다행히도(다행인지 아닌지 조금 더 두고 보자) thread2는 증가연산을 완전히 완료해서, 증가된 값을 변수 num에 저장했다고 가정하자.

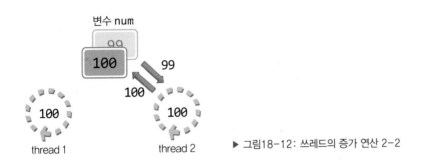

▶ 그림18-12: 쓰레드의 증가 연산 2-2

위 그림에서 보이듯이, 변수 num에 저장된 값이 thread1에 의해서 100으로 증가된 상태가 아니기 때문에, thread2가 참조한 변수 num의 값은 99이다. 결국 thread2에 의해서 변수 num의 값은 100이 되었다. 이제 남은 일은 무엇인가? thread1이 증가시킨 값을 변수 num에 저장하는 일만 남지 않았는가? 그럼 이 작업을 완료해 보자.

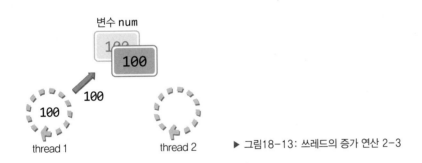

▶ 그림18-13: 쓰레드의 증가 연산 2-3

안타깝게도 이미 100으로 증가된 변수 num에 다시 100을 저장하는 일이 발생하였다. 결과적으로 변수 num은 100이 된다. 비록 thread1과 thread2가 각각 1씩 증가를 시켰지만, 이렇게 전혀 엉뚱한 값이 저장될 수 있는 것이다. 때문에 이러한 문제를 막기 위해서, 한 쓰레드가 변수 num에 접근해서 연산을 완료할 때까지, 다른 쓰레드가 변수 num에 접근하지 못하도록 막아야 한다. 바로 이것이 '동기화(Synchronization)'이다. 이제 멀티쓰레드 프로그래밍에서 동기화가 왜 필요한지 충분히 이해했으리라 믿는다. 그리고 예제 thread4.c의 실행결과도 이해할 수 있으리라 믿는다.

➕임계영역은 어디?

임계영역의 구분은 어렵지 않다. 앞에서는 임계영역을 다음과 같이 정의하였으니, 예제 thread4.c에서 임계영역을 찾아보자.

"함수 내에 둘 이상의 쓰레드가 동시에 실행하면 문제를 일으키는 하나 이상의 문장으로 묶여있는 코드블록"

전역변수 num을 임계영역으로 보아야 할까? 아니다! 이는 문제를 일으키는 문장이 아니지 않은가? 뿐만 아니라 동시에 실행이 되는 문장도 아닌, 메모리의 할당을 요구하는 변수의 선언일 뿐이다. 일반적으로 임계영역은 쓰레드에 의해서 실행되는 함수 내에 존재한다. 그럼 예제 thread4.c에서 보인 쓰레드의 두 main 함수를 살펴보자.

```
void * thread_inc(void * arg)
{
    int i;
    for(i=0; i<50000000; i++)
        num+=1;     // 임계영역
    return NULL;
}

void * thread_des(void * arg)
{
    int i;
    for(i=0; i<50000000; i++)
        num-=1;     // 임계영역
    return NULL;
}
```

위 코드의 주석에서 말하듯이 변수 num이 아닌, 변수 num에 접근하는 두 문장이 임계영역에 해당한다. 이 두 문장은 둘 이상의 쓰레드에 의해서 동시에 실행되도록 구현되어 있는, 문제를 일으키는 직접적인 원인이 되기 때문이다. 물론 문제가 발생하는 상황은 다음과 같이 세 가지 형태로 나눠서 정리할 수 있다.

- 두 쓰레드가 동시에 thread_inc 함수를 실행하는 경우
- 두 쓰레드가 동시에 thread_des 함수를 실행하는 경우
- 두 쓰레드가 각각 thread_inc 함수와 thread_des 함수를 동시에 실행하는 경우

여기서 마지막에 언급한 경우에 주목할 필요가 있다. 이는 다음의 경우에도 문제가 발생할 수 있음을 의미한다.

"쓰레드 1이 thread_inc 함수의 문장 num+=1을 실행할 때, 동시에 쓰레드 2가 thread_des 함수의 문장 num-=1을 실행하는 상황"

이렇듯 임계영역은 서로 다른 두 문장이 각각 다른 쓰레드에 의해서 동시에 실행되는 상황에서도 만들어질 수 있다. 바로 그 두 문장이 동일한 메모리 공간에 접근을 한다면 말이다.

18-4 : 쓰레드 동기화

쓰레드가 지니는 문제점을 살펴보았으니, 해결책을 고민할 차례이다. 참고로 이 해결책을 가리켜 '쓰레드 동기화(Synchronization)'라 한다.

✚동기화의 두 가지 측면

쓰레드의 동기화는 쓰레드의 접근순서 때문에 발생하는 문제점의 해결책을 뜻한다. 그런데 동기화가 필요한 상황은 다음 두 가지 측면에서 생각해볼 수 있다.

- 동일한 메모리 영역으로의 동시접근이 발생하는 상황
- 동일한 메모리 영역에 접근하는 쓰레드의 실행순서를 지정해야 하는 상황

첫 번째 언급한 상황은 이미 충분히 설명되었으니, 두 번째 언급한 상황에 대해서 이야기해 보겠다. 이는 쓰레드의 '실행순서 컨트롤(Control)'에 관련된 내용이다. 예를 들어서 쓰레드 A와 B가 있다고 가정해보자. 그런데 쓰레드 A는 메모리 공간에 값을 가져다 놓는(저장하는) 역할을 담당하고, 쓰레드 B는 이 값을 가져가는 역할을 담당한다고 가정해보자. 이러한 경우에는 쓰레드 A가 약속된 메모리 공간에 먼저 접근을 해서 값을 저장해야 한다. 혹시라도 쓰레드 B가 먼저 접근을 해서 값을 가져가면, 잘못된 결과로 이어질 수 있다. 이렇듯 실행순서의 컨트롤이 필요한 상황에서도 이어서 설명하는 동기화 기법이 활용된다. 잠시 후에 우리는 '뮤텍스(Mutex)'와 '세마포어(Semaphore)'라는 두 가지 동기화 기법에 대해서 공부할 것이다. 그런데 이 둘은 개념적으로 매우 유사하다. 따라서 뮤텍스를 이해하고 나면 세마포어는 쉽게 이해할 수 있다. 뿐만 아니라 대부분의 동기화 기법이 유사하기 때문에 여기서 설명하는 내용을 잘 이해하면 이후의 Chapter에서 설명하는 윈도우 기반의 동기화 기법도 쉽게 이해 및 활용이 가능하다.

✚뮤텍스(Mutex)

뮤텍스란 'Mutual Exclusion'의 줄임 말로써 쓰레드의 동시접근을 허용하지 않는다는 의미가 있다. 그리고 그 이름처럼 뮤텍스는 쓰레드의 동기접근에 대한 해결책으로 주로 사용된다. 그럼 뮤텍스의 이해를 위해서 다음 대화를 관찰하자.

- 동수   똑똑! 안에 누구 계세요?
- 응수   네 지금 열심히 볼일보고 있습니다.

- 동수   똑똑!
- 응수   네! 곧 나갑니다.

어떠한 상황을 묘사했는지 쉽게 파악이 되었을 것이다. 현실세계에서의 임계영역은 화장실이다. 화장실에 둘 이상의 사람(쓰레드의 비유)이 동시에 들어갈 순 없지 않은가? 때문에 여러분은 임계영역을 화장실에 비유해서 이해할 수 있다. 그리고 여기서 일어나는 모든 일들은 임계영역의 동기화에서 거의 그대로 표현된다. 다음은 화장실 사용의 일반적인 규칙이다.

- 화장실의 접근보호를 위해서 들어갈 때 문을 잠그고 나올 때 문을 연다.

- 화장실이 사용 중이라면, 밖에서 대기해야 한다.

- 대기중인 사람이 둘 이상 될 수 있고, 이들은 대기순서에 따라서 화장실에 입성(?)한다.

위의 규칙은 화장실의 접근규칙 아닌가? 마찬가지로 쓰레드도 임계영역의 보호를 위해서는 위의 규칙이 반영되어야 한다. 그럼 화장실에는 있고, 우리가 앞서 구현한 쓰레드 관련 예제에는 없는 것이 무엇인가? 그것은 바로 자물쇠 시스템이다. 즉, 화장실에 들어갈 때 문을 잠그고, 나갈 때 여는 그러한 자물쇠 시스템이 쓰레드의 동기화에 필요하다. 그리고 지금 설명하려는 뮤텍스는 매우 훌륭한 자물쇠 시스템이다. 그럼 이어서 뮤텍스라 불리는 자물쇠 시스템의 생성 및 소멸함수를 소개하겠다.

```
#include <pthread.h>

int pthread_mutex_init(pthread_mutex_t *mutex, const pthread_mutexattr_t *attr);
int pthread_mutex_destroy(pthread_mutex_t *mutex);
```

→ 성공 시 0, 실패 시 0 이외의 값 반환

- mutex　　뮤텍스 생성시에는 뮤텍스의 참조 값 저장을 위한 변수의 주소 값 전달, 그리고 뮤텍스 소멸 시에는 소멸하고자 하는 뮤텍스의 참조 값을 저장하고 있는 변수의 주소 값 전달.
- attr　　생성하는 뮤텍스의 특성정보를 담고 있는 변수의 주소 값 전달, 별도의 특성을 지정하지 않을 경우에는 NULL 전달.

위 함수들을 통해서도 확인할 수 있듯이, 자물쇠 시스템에 해당하는 뮤텍스의 생성을 위해서는 다음과 같이 pthread_mutex_t형 변수가 하나 선언되어야 한다.

```
pthread_mutex_t mutex;
```

그리고 이 변수의 주소 값은 pthread_mutex_init 함수호출 시 인자로 전달되어서, 운영체제가 생성한 뮤텍스(자물쇠 시스템)의 참조에 사용된다. 때문에 pthread_mutex_destroy 함수호출 시에도 인자로 사용되는 것이다. 참고로 뮤텍스 생성시 별도의 특성을 지정하지 않아서 두 번째 인자로 NULL을 전달하는 경우에는 매크로 PTHREAD_MUTEX_INITIALIZER을 이용해서 다음과 같이 초기화 하는 것도 가능하다.

```
pthread_mutex_t mutex=PTHREAD_MUTEX_INITIALIZER;
```

하지만 가급적이면 pthread_mutex_init 함수를 이용한 초기화를 추천한다. 왜냐하면 매크로를 이용한 초기화는 오류발생에 대한 확인이 어렵기 때문이다. 그럼 이어서 뮤텍스를 이용해서 화장실에 비유되는 임계영역에 설치된 자물쇠를 걸어 잠그거나 풀 때 사용하는 함수를 소개하겠다.

```
#include <pthread.h>

int pthread_mutex_lock(pthread_mutex_t *mutex);
int pthread_mutex_unlock(pthread_mutex_t *mutex);
```
➡ 성공 시 0, 실패 시 0 이외의 값 반환

함수의 이름에도 lock, unlock이 있으니 쉽게 의미하는 바를 이해할 수 있을 것이다. 임계영역에 들어가기에 앞서 호출하는 함수가 pthread_mutex_lock이다. 이 함수를 호출할 당시 다른 쓰레드가 이미 임계영역을 실행하고 있는 상황이라면, 이 쓰레드가 pthread_mutex_unlock 함수를 호출하면서 임계영역을 빠져나갈 때까지 pthread_mutex_lock 함수는 반환하지 않는다. 즉, 다른 쓰레드가 임계영역을 빠져나갈 때까지 블로킹 상태에 놓이게 된다. 자! 그럼 임계영역을 보호하기 위한 코드의 구성을 간단히 정리해 보겠다. 뮤텍스가 이미 생성된 상태에서는 다음의 형태로 임계영역을 보호하게 된다.

```
pthread_mutex_lock(&mutex);
// 임계영역의 시작
// . . . . .
// 임계영역의 끝
pthread_mutex_unlock(&mutex);
```

쉽게 말해서 lock, 그리고 unlock 함수를 이용해서 임계영역의 시작과 끝을 감싸는 것이다. 그러면 이것이 임계영역에 대한 자물쇠 역할을 하면서, 둘 이상의 쓰레드 접근을 허용하지 않게 된다. 한가지 더 기억해야 할 것은, 임계영역을 빠져나가는 쓰레드가 pthread_mutex_unlock 함수를 호출하지 않는다면, 임계영역으로의 진입을 위해 pthread_mutex_lock 함수는 블로킹 상태에서 빠져나가지 못하게 된다는 사실이다. 이를 두고 '데드락(Dead-lock)' 상태라 하는데, 이러한 상황이 발생하지 않도록 주의해야 한다. 그럼 이어서 뮤텍스를 이용해서 예제 thread4.c에서 보인 문제점을 해결해보겠다.

❖ mutex.c

```
1.   #include <"예제 thread4.c의 헤더선언과 동일합니다.">
2.   #define NUM_THREAD 100
3.   void * thread_inc(void * arg);
```

```
4.   void * thread_des(void * arg);
5.
6.   long long num=0;
7.   pthread_mutex_t mutex;
8.
9.   int main(int argc, char *argv[])
10.  {
11.      pthread_t thread_id[NUM_THREAD];
12.      int i;
13.
14.      pthread_mutex_init(&mutex, NULL);
15.
16.      for(i=0; i<NUM_THREAD; i++)
17.      {
18.          if(i%2)
19.              pthread_create(&(thread_id[i]), NULL, thread_inc, NULL);
20.          else
21.              pthread_create(&(thread_id[i]), NULL, thread_des, NULL);
22.      }
23.
24.      for(i=0; i<NUM_THREAD; i++)
25.          pthread_join(thread_id[i], NULL);
26.
27.      printf("result: %lld \n", num);
28.      pthread_mutex_destroy(&mutex);
29.      return 0;
30.  }
31.
32.  void * thread_inc(void * arg)
33.  {
34.      int i;
35.      pthread_mutex_lock(&mutex);
36.      for(i=0; i<50000000; i++)
37.          num+=1;
38.      pthread_mutex_unlock(&mutex);
39.      return NULL;
40.  }
41.  void * thread_des(void * arg)
42.  {
43.      int i;
44.      for(i=0; i<50000000; i++)
45.      {
46.          pthread_mutex_lock(&mutex);
47.          num-=1;
48.          pthread_mutex_unlock(&mutex);
49.      }
50.      return NULL;
51.  }
```

- 7행: 뮤텍스의 참조 값 저장을 위한 변수가 선언되었다. 이렇게 전역변수로 선언된 이유는 뮤텍스의 접근이 thread_inc, thread_des 이렇게 두 개의 함수 내에서 이뤄지기 때문이다.
- 28행: 뮤텍스의 소멸을 보이고 있다. 이렇듯 뮤텍스는 필요가 없어지면 소멸해야 한다.
- 35, 38행: 실제 임계영역은 37행 하나이다. 그런데 여기서는 36행의 반복문까지 임계영역으로 포함해서 lock, unlock 함수를 호출하고 있다. 이와 관련해서는 이어서 별도로 논의를 한다.
- 46, 48행: 임계영역에 해당하는 47행만 뮤텍스의 lock, unlock 함수로 감싸고 있다.

❖ 실행결과: mutex.c

```
root@my_linux

root@my_linux:/tcpip# gcc mutex.c -D_REENTRANT -o mutex -lpthread
root@my_linux:/tcpip# ./mutex
result: 0
```

실행결과를 보면, 예제 thread4.c에 있는 문제점이 해결되었음을 알 수 있다. 그런데 실행결과의 확인에는 오랜 시간이 걸린다. 왜냐하면 뮤텍스의 lock, unlock 함수의 호출에는 생각보다 오랜 시간이 걸리기 때문이다. 자! 그럼 먼저 thread_inc 함수의 동기화에 대해서 이야기해 보자.

```c
void * thread_inc(void * arg)
{
    int i;
    pthread_mutex_lock(&mutex);
    for(i=0; i<50000000; i++)
        num+=1;
    pthread_mutex_unlock(&mutex);
    return NULL;
}
```

이는 임계영역을 상대적으로 좀 넓게 잡은 경우이다. 그런데 이는 이유 없이 넓게 잡은 것이 아니고 다음의 장점을 생각한 결과이다.

    "뮤텍스의 lock, unlock 함수의 호출 수를 최대한으로 제한한다."

위 예제의 thread_des 함수는 thread_inc 함수보다 뮤텍스의 lock, unlock 함수를 49,999,999회 더 호출하는 구조이다. 때문에 인간이 느끼고도 남을 정도의 큰 속도 차를 보인다. 따라서 쓰레드의 대기시간이 문제가 되지 않는 상황이라면, 위의 경우에는 임계영역을 넓게 잡아주는 것이 좋다. 하지만 변수

num의 값 증가가 50,000,000회 진행될 때까지 다른 쓰레드의 접근을 허용하지 않기 때문에 이는 단점으로 작용할 수 있다. 자! 여기에 정답이란 없다. 임계영역을 넓게 잡느냐, 아니면 최대한 좁게 잡느냐는 프로그램의 성격에 따라 달리 결정할 요소이다. 따라서 여러분은 이를 공식화하지 말고, 상황에 맞게 판단할 수 있는 능력을 길러야 한다.

세마포어(Semaphore)

이번에는 세마포어를 소개하겠다. 세마포어는 뮤텍스와 매우 유사하다. 따라서 뮤텍스에서 이해한 내용을 바탕으로 쉽게 세마포어를 이해할 수 있다. 참고로 여기서는 0과 1만을 사용하는(무슨 뜻인지는 잠시 후에 알게 된다) '바이너리 세마포어'라는 것을 대상으로 쓰레드의 '실행순서 컨트롤 중심의 동기화를 설명하겠다. 다음은 세마포어의 생성 및 소멸에 관한 함수이다.

```
#include <semaphore.h>

int sem_init(sem_t *sem, int pshared, unsigned int value);
int sem_destroy(sem_t *sem);
```
➡ 성공 시 0, 실패 시 0 이외의 값 반환

- sem 세마포어 생성시에는 세마포어의 참조 값 저장을 위한 변수의 주소 값 전달, 그리고 세마포어 소멸 시에는 소멸하고자 하는 세마포어의 참조 값을 저장하고 있는 변수의 주소 값 전달.
- pshared 0 이외의 값 전달 시, 둘 이상의 프로세스에 의해 접근 가능한 세마포어 생성, 0 전달 시 하나의 프로세스 내에서만 접근 가능한 세마포어 생성, 우리는 하나의 프로세스 내에 존재하는 쓰레드의 동기화가 목적이므로 0을 전달한다.
- value 생성되는 세마포어의 초기 값 지정.

위의 함수에서 매개변수 pshared는 우리의 관심영역 밖이므로 0을 전달하기로 하자. 그리고 매개변수 value에 의해 초기화되는 세마포어의 값이 무엇인지는 잠시 후 이해하게 될 것이다. 그럼 이어서 뮤텍스의 lock, unlock 함수에 해당하는 세마포어 관련 함수를 소개하겠다.

```
#include <semaphore.h>

int sem_post(sem_t *sem);
int sem_wait(sem_t *sem);
```
➡ 성공 시 0, 실패 시 0 이외의 값 반환

└ • sem   세마포어의 참조 값을 저장하고 있는 변수의 주소 값 전달, sem_post에 전달되면 세마포어의 값은 하나 증가, sem_wait에 전달되면 세마포어의 값은 하나 감소.

sem_init 함수가 호출되면 운영체제에 의해서 세마포어 오브젝트라는 것이 만들어 지는데, 이곳에는 '세마포어 값(Semaphore Value)'이라 불리는 정수가 하나 기록된다. 그리고 이 값은 sem_post 함수가 호출되면 1 증가하고, sem_wait 함수가 호출되면 1 감소한다. 단! 세마포어 값은 0보다 작아질 수 없기 때문에 현재 0인 상태에서 sem_wait 함수를 호출하면, 호출한 쓰레드는 함수가 반환되지 않아서 블로킹 상태에 놓이게 된다. 물론 다른 쓰레드가 sem_post 함수를 호출하면 세마포어의 값이 1이 되므로, 이 1을 0으로 감소시키면서 블로킹 상태에서 빠져나가게 된다. 지금 설명한, 바로 이러한 특징을 이용해서 임계영역을 동기화시키게 된다. 즉, 다음의 형태로 임계영역을 동기화시킬 수 있다(세마포어의 초기 값이 1이라 가정한다).

```
sem_wait(&sem);    // 세마포어 값을 0으로...
// 임계영역의 시작
// . . . . .
// 임계영역의 끝
sem_post(&sem);    // 세마포어 값을 1로...
```

위와 같이 코드를 구성하면, sem_wait 함수를 호출하면서 임계영역에 진입한 쓰레드가 sem_post 함수를 호출하기 전까지는 다른 쓰레드에 의해서 임계영역의 진입이 허용되지 않는다. 그리고 세마포어 값은 0과 1을 오가게 되는데, 이러한 특징 때문에 위와 같은 구성을 가리켜 바이너리 세마포어라 하는 것이다. 그럼 이어서 세마포어 관련 예를 보이겠다. 그런데 이번에는 동시접근 동기화가 아닌, 접근순서의 동기화와 관련된 예제를 작성해 보이겠다. 예제의 시나리오는 다음과 같다.

"쓰레드 A가 프로그램 사용자로부터 값을 입력 받아서 전역변수 num에 저장을 하면, 쓰레드 B는 이 값을 가져다가 누적해 나간다. 이 과정은 총 5회 진행이 되고, 진행이 완료되면 총 누적금액을 출력하면서 프로그램은 종료된다."

위의 시나리오대로 프로그램을 구현하려면 변수 num의 접근은 쓰레드 A, 쓰레드 B의 순으로 이뤄져야 한다. 그리고 이를 위해서는 동기화가 필요하다. 그럼 이어서 예제를 제시하겠다. 참고로 이 예제는 여러분이 나름대로 분석하는데 시간이 다소 걸릴 수 있다.

❖ semaphore.c

```
1.  #include <stdio.h>
2.  #include <pthread.h>
3.  #include <semaphore.h>
4.
5.  void * read(void * arg);
```

```
6.   void * accu(void * arg);
7.   static sem_t sem_one;
8.   static sem_t sem_two;
9.   static int num;
10.
11.  int main(int argc, char *argv[])
12.  {
13.      pthread_t id_t1, id_t2;
14.      sem_init(&sem_one, 0, 0);
15.      sem_init(&sem_two, 0, 1);
16.
17.      pthread_create(&id_t1, NULL, read, NULL);
18.      pthread_create(&id_t2, NULL, accu, NULL);
19.
20.      pthread_join(id_t1, NULL);
21.      pthread_join(id_t2, NULL);
22.
23.      sem_destroy(&sem_one);
24.      sem_destroy(&sem_two);
25.      return 0;
26.  }
27.
28.  void * read(void * arg)
29.  {
30.      int i;
31.      for(i=0; i<5; i++)
32.      {
33.          fputs("Input num: ", stdout);
34.
35.          sem_wait(&sem_two);
36.          scanf("%d", &num);
37.          sem_post(&sem_one);
38.      }
39.      return NULL;
40.  }
41.  void * accu(void * arg)
42.  {
43.      int sum=0, i;
44.      for(i=0; i<5; i++)
45.      {
46.          sem_wait(&sem_one);
47.          sum+=num;
48.          sem_post(&sem_two);
49.      }
50.      printf("Result: %d \n", sum);
51.      return NULL;
52.  }
```

해설

- 14, 15행: 세마포어를 두 개 생성하고 있다. 하나는 세마포어 값이 0이고, 다른 하나는 1이다. 이 두 개의 세마포어가 필요한 이유를 잘 이해해야 한다.

- 35, 48행: 세마포어 변수 sem_two를 이용한 wait과 post 함수의 호출이다. 이는 accu 함수를 호출하는 쓰레드가 값을 가져가지도 않았는데, read 함수를 호출하는 쓰레드가 값을 다시 가져다 놓는(이전 값을 덮어써버리는) 상황을 막기 위한 것이다.

- 37, 46행: 세마포어 변수 sem_one을 이용한 wait과 post 함수의 호출이다. 이는 read 함수를 호출하는 쓰레드가 새로운 값을 가져다 놓기도 전에 accu 함수가 값을 가져가 버리는(이전 값을 다시 가져가는) 상황을 막기 위한 것이다.

❖ 실행결과: semaphore.c

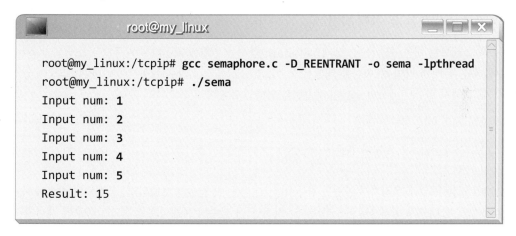

```
root@my_linux:/tcpip# gcc semaphore.c -D_REENTRANT -o sema -lpthread
root@my_linux:/tcpip# ./sema
Input num: 1
Input num: 2
Input num: 3
Input num: 4
Input num: 5
Result: 15
```

혹시 위 예제에서 두 개의 세마포어 오브젝트가 필요한 이유를 잘 모르겠다면, 세마포어 관련된 코드의 일부를 주석처리 했을 때의 실행결과를 확인하기 바란다. 그러면 이해에 많은 도움이 될 것이다. 이로써 쓰레드와 관련된 이론적인 이야기를 마무리 하고, 지금까지 공부한 쓰레드를 바탕으로 서버 프로그램을 작성해 보겠다.

18-5 : 쓰레드의 소멸과 멀티쓰레드 기반 의 다중접속 서버의 구현

지금까지는 쓰레드의 생성과 컨트롤에 대해서만 언급하였다. 하지만 이것 못지않게 중요한 것이 쓰레드 의 소멸이다. 그래서 먼저 쓰레드의 소멸에 대해 이야기하고 그 다음에 멀티쓰레드 기반으로 서버를 구현 해 보겠다.

✚쓰레드를 소멸하는 두 가지 방법

리눅스의 쓰레드는 처음 호출하는, 쓰레드의 main 함수를 반환했다고 해서 자동으로 소멸되지 않는다. 때문에 다음 두 가지 방법 중 하나를 택해서 쓰레드의 소멸을 직접적으로 명시해야 한다. 그렇지 않으면 쓰레드에 의해서 할당된 메모리 공간이 계속해서 남아있게 된다.

- pthread_join 함수의 호출
- pthread_detach 함수의 호출

pthread_join은 앞서 우리가 호출했던 함수이다. 이렇듯 이 함수가 호출되면, 쓰레드의 종료를 대기할 뿐만 아니라, 쓰레드의 소멸까지 유도가 된다. 하지만 이 함수의 문제점은 쓰레드가 종료될 때까지 블로 킹 상태에 놓이게 된다는 점이다. 따라서 일반적으로는 다음 함수의 호출을 통해서 쓰레드의 소멸을 유도 한다.

```
#include <pthread.h>

int pthread_detach(pthread_t thread);

    ➜ 성공 시 0, 실패 시 0 이외의 값 반환
```

● thread   종료와 동시에 소멸시킬 쓰레드의 ID정보 전달.

위 함수를 호출했다고 해서 종료되지 않은 쓰레드가 종료되거나, 블로킹 상태에 놓이지는 않는다. 따라 서 이 함수를 통해서 쓰레드에게 할당된 메모리의 소멸을 유도할 수 있다. 그리고 이 함수가 호출된 이후 에는 해당 쓰레드를 대상으로 pthread_join 함수의 호출이 불가능하니, 이점에 주의해야 한다. 참고로 쓰레드를 생성할 때 소멸의 시기를 결정하는 방법도 있으나, pthread_detach 함수를 호출하는 방법과 결과적으로 차이가 없어서 여기서는 소개하지 않았다. 그럼 이어서 소개하는 멀티쓰레드 기반의 다중접 속 서버에서는 쓰레드의 소멸과 관련된 부분도 신경쓰기 바란다.

✛멀티쓰레드 기반의 다중접속 서버의 구현

이번에는 에코 서버가 아닌, 서버에 접속한 클라이언트들 사이에서 메시지를 주고받을 수 있는 간단한 채팅 프로그램을 만들어 보겠다. 이 예제를 통해서 쓰레드가 어떻게 사용되는지, 그리고 동기화는 어떠한 방식으로 처리하는지 다시 한번 확인하기 바란다. 참고로 이 예제를 통해서 여러분은 임계영역에 대해 다시 한번 생각해 볼 기회를 얻게 될 것이다.

여기서 소개하는 서버도, 클라이언트도 소스의 분량이 적지 않은 편이다. 따라서 다른 예제를 통해서 확인이 가능하거나, 실제 소스파일을 다운로드 받아서 확인이 가능한 헤더파일의 선언은 아래의 코드에서 생략하겠다. 더불어 오류처리에 대한 코드도 최소화하겠다.

❖ chat_server.c

```
1.   #include <"헤더파일 선언은 소스파일 참고바랍니다.">
2.   #define BUF_SIZE 100
3.   #define MAX_CLNT 256
4.
5.   void * handle_clnt(void * arg);
6.   void send_msg(char * msg, int len);
7.   void error_handling(char * msg);
8.
9.   int clnt_cnt=0;
10.  int clnt_socks[MAX_CLNT];
11.  pthread_mutex_t mutx;
12.
13.  int main(int argc, char *argv[])
14.  {
15.      int serv_sock, clnt_sock;
16.      struct sockaddr_in serv_adr, clnt_adr;
17.      int clnt_adr_sz;
18.      pthread_t t_id;
19.      if(argc!=2) {
20.          printf("Usage : %s <port>\n", argv[0]);
21.          exit(1);
22.      }
23.
24.      pthread_mutex_init(&mutx, NULL);
25.      serv_sock=socket(PF_INET, SOCK_STREAM, 0);
26.
27.      memset(&serv_adr, 0, sizeof(serv_adr));
28.      serv_adr.sin_family=AF_INET;
29.      serv_adr.sin_addr.s_addr=htonl(INADDR_ANY);
30.      serv_adr.sin_port=htons(atoi(argv[1]));
31.
32.      if(bind(serv_sock, (struct sockaddr*) &serv_adr, sizeof(serv_adr))==-1)
33.          error_handling("bind() error");
34.      if(listen(serv_sock, 5)==-1)
```

```
35.        error_handling("listen() error");
36.
37.    while(1)
38.    {
39.        clnt_adr_sz=sizeof(clnt_adr);
40.        clnt_sock=accept(serv_sock, (struct sockaddr*)&clnt_adr,&clnt_adr_sz);
41.
42.        pthread_mutex_lock(&mutx);
43.        clnt_socks[clnt_cnt++]=clnt_sock;
44.        pthread_mutex_unlock(&mutx);
45.
46.        pthread_create(&t_id, NULL, handle_clnt, (void*)&clnt_sock);
47.        pthread_detach(t_id);
48.        printf("Connected client IP: %s \n", inet_ntoa(clnt_adr.sin_addr));
49.    }
50.    close(serv_sock);
51.    return 0;
52. }
53.
54. void * handle_clnt(void * arg)
55. {
56.    int clnt_sock=*((int*)arg);
57.    int str_len=0, i;
58.    char msg[BUF_SIZE];
59.
60.    while((str_len=read(clnt_sock, msg, sizeof(msg)))!=0)
61.        send_msg(msg, str_len);
62.
63.    pthread_mutex_lock(&mutx);
64.    for(i=0; i<clnt_cnt; i++) // remove disconnected client
65.    {
66.        if(clnt_sock==clnt_socks[i])
67.        {
68.            while(i++<clnt_cnt-1)
69.                clnt_socks[i]=clnt_socks[i+1];
70.            break;
71.        }
72.    }
73.    clnt_cnt--;
74.    pthread_mutex_unlock(&mutx);
75.    close(clnt_sock);
76.    return NULL;
77. }
78. void send_msg(char * msg, int len) // send to all
79. {
80.    int i;
81.    pthread_mutex_lock(&mutx);
82.    for(i=0; i<clnt_cnt; i++)
```

```
83.          write(clnt_socks[i], msg, len);
84.      pthread_mutex_unlock(&mutx);
85. }
86. void error_handling(char * msg)
87. {
88.      // 이전 예제들의 error_handling 함수와 동일합니다.
89. }
```

- 9, 10행: 서버에 접속한 클라이언트의 소켓 관리를 위한 변수와 배열이다. 이 둘의 접근과 관련 있는 코드가 임계영역을 구성하게 됨에 주목하자.
- 43행: 새로운 연결이 형성될 때마다 변수 clnt_cnt와 배열 clnt_socks에 해당 정보를 등록한다.
- 46행: 추가된 클라이언트에게 서비스를 제공하기 위한 쓰레드를 생성하고 있다. 그리고 이 쓰레드에 의해서 53행에 정의된 함수가 실행된다.
- 47행: pthread_detach 함수호출을 통해서 종료된 쓰레드가 메모리에서 완전히 소멸되도록 하고 있다.
- 78행: 이 함수는 연결된 모든 클라이언트에게 메시지를 전송하는 기능을 제공한다.

위의 예제를 통해서 여러분이 반드시 이해하고 넘어가야 할 것은 채팅 서버의 구현방식이 아닌, 임계영역의 구성형태이다. 위 예제는 임계영역과 관련해서 다음의 특징을 보인다.

"전역변수 clnt_cnt와 배열 clnt_socks에 접근하는 코드는 하나의 임계영역을 구성한다!"

클라이언트가 새로 추가 및 삭제되면 변수 clnt_cnt와 배열 clnt_socks에는 동시에 변화가 생긴다. 때문에 다음과 같은 상황은 모두 데이터의 불일치를 유도해서 심각한 오류상황으로 이어질 수 있다.

- A 쓰레드는 배열 clnt_socks에서 소켓 정보 삭제, 동시에 B 쓰레드는 변수 clnt_cnt 참조
- A 쓰레드는 변수 clnt_cnt 참조, 동시에 B 쓰레드는 배열 clnt_socks에 소켓 정보 추가

따라서 위 예제에서 보이듯이 변수 clnt_cnt, 그리고 배열 clnt_socks의 접근관련 코드는 묶어서 하나의 임계영역으로 구성해야 한다. 이제 앞서 필자가 말한 다음 내용에 완전히 공감이 가지 않는가?

"여기서 말하는 접근이란 주로 값의 변경을 뜻한다. 그런데 보다 다양한 상황에서 문제가 발생할 수 있기 때문에 문제의 원인이 무엇인지 정확히 이해해야 한다."

그럼 이어서 채팅 클라이언트를 소개하겠다. 이 예제에서는 입력과 출력의 처리를 분리시키기 위해서 쓰레드를 생성하였다. 코드분석에 어려움은 없는 예제이니, 소스코드와 관련된 별도의 설명은 생략하겠다.

❖ chat_clnt.c

```
1.  #include <"헤더파일 선언은 소스파일 참고바랍니다.">
2.  #define BUF_SIZE 100
```

```
3.   #define NAME_SIZE 20
4.
5.   void * send_msg(void * arg);
6.   void * recv_msg(void * arg);
7.   void error_handling(char * msg);
8.
9.   char name[NAME_SIZE]="[DEFAULT]";
10.  char msg[BUF_SIZE];
11.
12.  int main(int argc, char *argv[])
13.  {
14.      int sock;
15.      struct sockaddr_in serv_addr;
16.      pthread_t snd_thread, rcv_thread;
17.      void * thread_return;
18.      if(argc!=4) {
19.          printf("Usage : %s <IP> <port> <name>\n", argv[0]);
20.          exit(1);
21.      }
22.
23.      sprintf(name, "[%s]", argv[3]);
24.      sock=socket(PF_INET, SOCK_STREAM, 0);
25.
26.      memset(&serv_addr, 0, sizeof(serv_addr));
27.      serv_addr.sin_family=AF_INET;
28.      serv_addr.sin_addr.s_addr=inet_addr(argv[1]);
29.      serv_addr.sin_port=htons(atoi(argv[2]));
30.
31.      if(connect(sock, (struct sockaddr*)&serv_addr, sizeof(serv_addr))==-1)
32.          error_handling("connect() error");
33.
34.      pthread_create(&snd_thread, NULL, send_msg, (void*)&sock);
35.      pthread_create(&rcv_thread, NULL, recv_msg, (void*)&sock);
36.      pthread_join(snd_thread, &thread_return);
37.      pthread_join(rcv_thread, &thread_return);
38.      close(sock);
39.      return 0;
40.  }
41.
42.  void * send_msg(void * arg)     // send thread main
43.  {
44.      int sock=*((int*)arg);
45.      char name_msg[NAME_SIZE+BUF_SIZE];
46.      while(1)
47.      {
48.          fgets(msg, BUF_SIZE, stdin);
49.          if(!strcmp(msg,"q\n")||!strcmp(msg,"Q\n"))
```

```
50.        {
51.             close(sock);
52.             exit(0);
53.        }
54.        sprintf(name_msg,"%s %s", name, msg);
55.        write(sock, name_msg, strlen(name_msg));
56.    }
57.    return NULL;
58. }
59. void * recv_msg(void * arg)     // read thread main
60. {
61.    int sock=*((int*)arg);
62.    char name_msg[NAME_SIZE+BUF_SIZE];
63.    int str_len;
64.    while(1)
65.    {
66.        str_len=read(sock, name_msg, NAME_SIZE+BUF_SIZE-1);
67.        if(str_len==-1)
68.            return (void*)-1;
69.        name_msg[str_len]=0;
70.        fputs(name_msg, stdout);
71.    }
72.    return NULL;
73. }
74.
75. void error_handling(char *msg)
76. {
77.    // 이전 예제들의 error_handling 함수와 동일합니다.
78. }
```

이제 실행결과를 소개하겠다. 참고로 서버에 접속한 클라이언트의 IP가 모두 127.0.0.1로 동일한 이유는 서버와 클라이언트를 모두 하나의 컴퓨터상에서 실행했기 때문이다.

❖ 실행결과: chat_server.c

```
root@my_linux
root@my_linux:/tcpip# gcc chat_serv.c -D_REENTRANT -o cserv -lpthread
root@my_linux:/tcpip# ./cserv 9190
Connected client IP: 127.0.0.1
Connected client IP: 127.0.0.1
Connected client IP: 127.0.0.1
```

❖ 실행결과: chat_clnt.c One [From Yoon]

```
root@my_linux:/tcpip# gcc chat_clnt.c -D_REENTRANT -o cclnt -lpthread
root@my_linux:/tcpip# ./cclnt 127.0.0.1 9190 Yoon
Hi everyone~
[Yoon] Hi everyone~
[Choi] Hi Yoon
[Hong] Hi~ friends
```

❖ 실행결과: chat_clnt.c Two [From Choi]

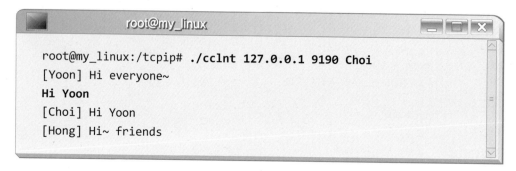

```
root@my_linux:/tcpip# ./cclnt 127.0.0.1 9190 Choi
[Yoon] Hi everyone~
Hi Yoon
[Choi] Hi Yoon
[Hong] Hi~ friends
```

❖ 실행결과: chat_clnt.c Three [From Hong]

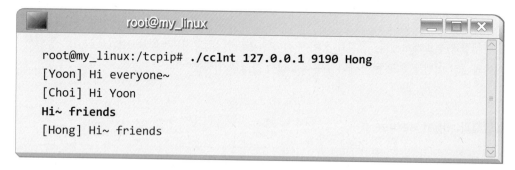

```
root@my_linux:/tcpip# ./cclnt 127.0.0.1 9190 Hong
[Yoon] Hi everyone~
[Choi] Hi Yoon
Hi~ friends
[Hong] Hi~ friends
```

내용 확인문제

01. 하나의 CPU를 기반으로 어떻게 둘 이상의 프로세스가 동시에 실행되는지 설명해보자. 그리고 그 과정에서 발생하는 컨텍스트 스위칭이 무엇인지도 함께 설명해보자.

02. 쓰레드의 컨텍스트 스위칭이 빠른 이유는 어디에 있는가? 그리고 쓰레드간의 데이터 교환에는 IPC와 같은 별도의 기법이 불필요한 이유는 무엇인가?

03. 실행흐름의 관점에서 프로세스와 쓰레드를 구분하여라.

04. 다음 중에서 임계영역과 관련해서 잘못 설명하고 있는 것을 모두 고르면?
  a. 임계영역은 둘 이상의 쓰레드가 동시에 접근(실행)하는 경우에 문제가 발생하는 영역을 의미한다.
  b. 쓰레드에 안전한 함수는 임계영역이 존재하지 않아서 둘 이상의 쓰레드가 동시에 호출해도 문제가 발생하지 않는 함수를 의미한다.
  c. 하나의 임계영역을 하나의 코드블록으로만 구성된다. 하나의 임계영역이 둘 이상의 코드블록으로 구성되는 경우는 없다. 즉, A 쓰레드가 실행하는 코드블록 A와 B 쓰레드가 실행하는 코드블록 B 사이에서는 절대 임계영역이 구성되지 않는다.
  d. 임계영역은 전역변수의 접근코드로 구성된다. 이외의 변수에서는 문제가 발생하지 않는다.

05. 다음 중에서 쓰레드의 동기화와 관련해서 잘못 설명하고 있는 것을 모두 고르면?
  a. 쓰레드의 동기화는 임계영역으로의 접근을 제한하는 것이다.
  b. 쓰레드의 동기화에는 쓰레드의 실행순서를 컨트롤한다는 의미도 있다.
  c. 뮤텍스와 세마포어는 대표적인 동기화 기법이다.
  d. 쓰레드의 동기화는 프로세스의 IPC를 대체하는 기법이다.

06. 리눅스의 쓰레드를 완전히 소멸하는 방법 두 가지를 설명하여라!

07. 에코 서버를 멀티쓰레드 기반으로 구현해보자. 단, 클라이언트가 전송하는 메시지의 저장을 목적으로 선언되는 메모리 공간(chat형 배열)을 모든 쓰레드가 공유하도록 하자. 참고로 이는 간단하게나마 본문에서 보인 동기화 기법의 적용을 유도하기 위한 것일 뿐, 이렇게 구현하면 다소 이치에 맞지 않는 에코 서버가 만들어진다.

08. 위의 문제 7에서는 에코 메시지의 송수신에 사용할 메모리 공간을 모든 쓰레드가 공유할 것을 요구하고 있다. 이렇게 구현을 하면 동기화를 해도, 안 해도 문제가 발생하는데, 각각의 경우에 따라서 어떠한 문제가 발생하는지 설명해 보자.

Part 03

윈도우즈 기반 프로그래밍

Chapter 19

Windows에서의 쓰레드 사용

이번 Chapter에서는 윈도우 기반에서의 쓰레드 생성방법 이외에 커널 오브젝트, 소유자, 그리고 카운터 등 윈도우 운영체제와 관련 있는 내용들도 함께 소개가 된다. 그런데 이러한 내용들은 윈도우 프로그래밍의 기초가 되므로, 특히 윈도우에 관심이 있다면 주목해서 공부할 필요가 있다.

19-1 : 커널 오브젝트 (Kernel Objects)

윈도우 기반에서 쓰레드를 이해하기 위해서는 '커널 오브젝트'를 먼저 이해해야 한다. 윈도우 기반에서의 쓰레드를 요령껏 설명한다면 커널 오브젝트니 하는 다소 생소한 내용은 생략도 가능하겠지만, 이는 필자가 원하는 바가 아니다. 뿐만 아니라, 그렇게 이해해서는 여러분에게 별로 도움도 되지 않는다.

✛ 커널 오브젝트란 무엇인가?

프로세스, 쓰레드, 파일, 그리고 앞으로 이야기할 세마포어, 뮤텍스 등, 운영체제가 만드는 리소스 (Resource)의 종류는 참으로 다양하다. 그리고 이들 대부분은 프로그래머의 요청에 의해서 생성되며, 요청의 방식(요청에 사용되는 함수)도 제 각각이다. 그런데 이러한 차이점에도 불구하고 이들은 다음의 공통점을 지닌다.

"윈도우 운영체제가 생성해서 관리하는 리소스들이다."

위 문장에서 말하는 '관리'의 방식 역시 리소스의 종류에 따라서 차이가 있다. 예를 들어서 파일이라면 파일과 관련된 데이터의 입출력 위치, 파일의 오픈 모드(read or write) 등이 등록 및 갱신되어야 하며, 쓰레드라면 쓰레드의 ID, 그리고 쓰레드가 속한 프로세스의 정보가 등록 및 유지되어야 한다. 이렇듯 운영체제에 의해서 생성되는 리소스들은 관리를 목적으로 정보를 기록하기 위해 내부적으로 데이터 블록을 생성한다(구조체 변수의 생성을 생각하면 된다). 물론 리소스마다 유지해야 하는 정보가 다르니, 이 데이터 블록의 형태는 리소스마다 차이가 있다. 그리고 이 데이터 블록을 가리켜 '커널 오브젝트'라 한다.

예를 들어서 윈도우상에서 mydata.txt라는 파일을 생성했다고 가정해 보자. 그렇다면 윈도우 운영체제는 파일의 관리를 위해서 하나의 데이터 블록을 생성한다. 물론 이것이 바로 커널 오브젝트이다. 이렇듯 윈도우에서는 운영체제의 리소스에 해당하는 프로세스, 쓰레드 그리고 쓰레드의 동기화에 사용되는 세마포어를 생성하더라도 각각의 관리를 위한 커널 오브젝트를 생성한다. 이 정도면 커널 오브젝트가 무엇인지 이해했으리라 믿는다.

✛ 커널 오브젝트의 소유자는 운영체제이다.

쓰레드, 파일 등의 생성요청이 프로세스 내에서 이뤄지기 때문에, 이 때 생성되는 커널 오브젝트의 소유자는 프로세스라고 생각하기 쉽다. 그러나 커널 오브젝트의 소유자는 커널(운영체제)이다. 그리고 소유자가 커널이라는 것은 다음의 의미를 갖는다.

"커널 오브젝트의 생성, 관리 그리고 소멸시점을 결정하는 것까지 모두 운영체제의 몫이다!"

커널 오브젝트는 쓰레드, 파일 등의 리소스 관리를 위해서 운영체제가 관리하는 데이터 블록이라고 하지 않았는가? 이렇듯 커널 오브젝트는 생성의 주체도 소유의 주체도 운영체제인 데이터 블록이다.

19-2 : 윈도우 기반의 쓰레드 생성

필자는 여러분이 Chapter 18을 통해서 쓰레드의 개념, 동기화의 필요성 등, 쓰레드와 관련 있는 이론적인 내용을 전부 이해했다고 가정한다. 따라서 Chapter 18을 건너뛰었다면, 이를 먼저 공부하기 바란다.

프로세스와 쓰레드의 관계

앞서 Chapter 18에서 이미 쓰레드를 공부했으니, 다음 질문에 답을 해보자.

"프로그램이 시작될 때 main 함수를 호출하는 주체는 프로세스인가? 쓰레드인가?"

main 함수의 호출주체는 쓰레드이다! 사실 과거에는 프로세스가 정답인 경우도 있었다(특히 유닉스 계열의 운영체제에서). 과거에는 운영체제 레벨에서 쓰레드를 지원하지 않아서, 쓰레드의 생성을 위해서는 별도의 라이브러리를 활용하는 경우가 많았기 때문이다. 즉, 운영체제는 쓰레드의 존재조차도 인식하지 못했고, 프로세스가 실행의 실질적인 최소단위였다. 그러나 이러한 상황에서도 쓰레드가 필요한 프로그래머들은 별도의 라이브러리를 이용해서 프로세스의 실행시간을 나누는 방식으로 쓰레드를 생성하였다. 그런데 이는 어디까지나 응용 프로그램 영역에서 만든 쓰레드이기 때문에 우리가 지금 경험하고 있는, 운영체제 레벨에서 지원되는 쓰레드와는 차이가 많았다. 하지만 지금은 리눅스도, 윈도우도, 그리고 크고 작은 각종 운영체제들도 운영체제 레벨에서 쓰레드를 지원한다. 따라서 쓰레드를 별도로 생성하지 않는 프로그램(예를 들어서 select 기반의 서버)을 가리켜 다음과 같이 표현한다.

"단일 쓰레드 모델의 프로그램"

그리고 쓰레드를 별도로 생성하는 방식의 프로그램은 다음과 같이 표현한다.

"멀티 쓰레드 모델의 프로그램"

이것이 시사하는 바는 main 함수의 실행 역시도 쓰레드를 기반으로 한다는 것이다. 즉, 이제 프로세스는 쓰레드를 담는 바구니에 비유된다. 그리고 실질적인 실행의 주체는 쓰레드라 이야기한다.

✛윈도우에서의 쓰레드 생성방법

쓰레드가 무엇인지, 어떻게 행동하는지 알고 있으니, 쓰레드의 생성에 사용되는 함수를 소개하겠다. 이어서 소개하는 이 함수가 호출되면, 쓰레드가 생성되고, 운영체제는 이의 관리를 위해서 커널 오브젝트도 함께 생성한다. 그리고 마지막으로 이 커널 오브젝트의 구분자 역할을 하는, 정수로 표현되는 '핸들(Handle)'을 반환한다. 참고로 핸들은 리눅스의 파일 디스크립터에 비유된다고, Chapter 01에서 이미 설명한바 있다.

```
#include <windows.h>

HANDLE CreateThread(
    LPSECURITY_ATTRIBUTES lpThreadAttributes,
    SIZE_T dwStackSize,
    LPTHREAD_START_ROUTINE lpStartAddress,
    LPVOID lpParameter,
    DWORD dwCreationFlags,
    LPDWORD lpThreadId
);
```
➔ 성공 시 쓰레드 핸들, 실패 시 NULL 반환

- lpThreadAttributes 쓰레드의 보안관련 정보전달, 디폴트 보안설정을 위해서 NULL 전달.
- dwStackSize 쓰레드에게 할당할 스택의 크기를 전달, 0전달하면 디폴트 크기의 스택 생성.
- lpStartAddress 쓰레드의 main 함수정보 전달.
- lpParameter 쓰레드의 main 함수호출 시 전달할 인자정보 전달.
- dwCreationFlags 쓰레드 생성 이후의 행동을 결정, 0을 전달하면 생성과 동시에 실행 가능한 상태가 된다.
- lpThreadId 쓰레드 ID의 저장을 위한 변수의 주소 값 전달.

복잡해 보이지만, 여러분이 실제로 신경 쓸 것은 lpStartAddress와 lpParameter 두 가지 정도이며, 나머지는 0 또는 NULL을 전달하면 된다.

참 고

윈도우 쓰레드의 소멸시점

윈도우 쓰레드의 소멸시점은 쓰레드에 의해서 처음 호출된, 쓰레드의 main 함수가 반환하는 시점이다(이렇듯 소멸시점 및 소멸방법이 리눅스와 다르다). 이 방법 이외에도 쓰레드의 종료를 유도하는 방법이 있지만, 가장 좋은 방법은 쓰레드의 main 함수를 종료(반환)하는 것이므로, 이 이외의 방법은 별도로 언급하지 않겠다.

⁺멀티 쓰레드 기반의 프로그램 작성을 위한 환경설정

VC++상에서는 'C/C++ Runtime Library(이하 CRT라 표현한다)'라는 것을 지정해줘야 한다. 이는 C/C++ 표준함수의 호출에 필요한 라이브러리이다. 과거 VC++ 6.0 버전에서는 단일 쓰레드 모델만 지원하는(단일 쓰레드 프로그램에서만 제대로 동작하는) 라이브러리가 포함되어 있었고, 또 이것이 기본적으로 선택되어 있었기 때문에 라이브러리의 변경과정을 거쳐야 했다. 그러나 지금 여러분이 사용하는 VC++ Express Edition 2005 이상의 버전에서는 멀티 쓰레드 모델을 지원하는 라이브러리만 존재하니, 별도의 환경설정 과정을 거칠 필요가 없다. 그래도 다음 그림을 통해서 CRT의 지정위치가 어떻게 되는지 간단히 보이겠다. 메뉴에서 '프로젝트'→'속성'을 선택하거나 단축키로 ALT+F7을 입력해서, 런타임 라이브러리 관련 페이지를 찾으면 다음화면을 볼 수 있다.

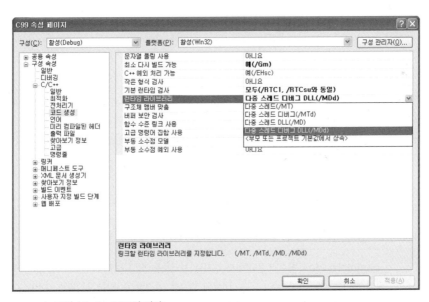

▶ 그림 19-1 : CRT의 지정

위 그림에서 '런타임 라이브러리' 부분을 보면, 선택 가능한 네 가지 라이브러리 모두 멀티 쓰레드와 관련 있음을 알 수 있다. 참고로 여전히 VC++ 6.0 버전을 사용하고 있다면 화면의 구성은 조금 다르지만, 위에서 보인 바와 동일하게 프로젝트의 속성을 지정하는 페이지를 띄워서(물론 ALT+F7을 입력해도 뜬다), C/C++ 관련 페이지로 이동하여 'Use run-time library'로 표시된 영역의 선택을 'Multithread DLL'로 변경하면 된다.

쓰레드에 안전한 C 표준함수의 호출을 위한 쓰레드 생성

앞서 쓰레드를 생성하기 위한 방법으로 CreateThread 함수를 소개했는데, 생성된 쓰레드를 통해서 C/C++ 표준함수를 호출하려면 다음함수를 이용해서 쓰레드를 생성해야 한다. 왜냐하면 CreateThread 함수호출을 통해서 생성되는 쓰레드는 C/C++ 표준함수에 대해서 안정적으로 동작하지 않기 때문이다.

```c
#include <process.h>

uintptr_t _beginthreadex(
    void *security,
    unsigned stack_size,
    unsigned ( *start_address )( void * ),
    void *arglist,
    unsigned initflag,
    unsigned *thrdaddr
);
```
➡ 성공 시 쓰레드 핸들, 실패 시 0 반환

위 함수를 앞서 소개한 CreateThread 함수와 비교해보면, 일단 매개변수의 수는 같다. 뿐만 아니라 각각의 매개변수가 지니는 의미와 순서까지도 동일하다. 다만 이름이 틀리고 선언된 매개변수의 자료형에서 조금 차이가 있을 뿐이다. 따라서 CreateThread 함수를 대신해서 위의 함수를 호출할 때에는 적절히 형변환만 조금 해 주면 된다. 그럼 위 함수를 기반으로 예제를 하나 작성해 보겠다.

 참 고　**_beginthreadex 함수 이전에 정의된 _beginthread 함수**

_beginthreadex 함수와 관련해서 추가로 자료들을 찾다 보면, 사용하기에 훨씬 편리해 보이는 _beginthread라는 이름의 함수를 발견할 수 있을 것이다. 그러나 이 함수는 쓰레드 생성시 반환되는 핸들을 무효화시켜서 커널 오브젝트에 접근할 수 있는 방법을 막아버리는 문제점이 있다. 그래서 이를 대신하기 위해 정의된 함수가 _beginthreadex이다.

참고로 위 함수의 반환형인 uintptr_t는 64비트로 표현되는 unsigned 정수 자료형이다. 그러나 다음 예제에서는 CreateThread 함수의 반환형인 HANDLE(이 역시 정수 자료형이다)형 변수를 선언해서, 반환되는 쓰레드의 핸들을 저장하겠다.

❖ thread1_win.c

```c
1.  #include <stdio.h>
2.  #include <windows.h>
3.  #include <process.h>    /* _beginthreadex, _endthreadex */
4.  unsigned WINAPI ThreadFunc(void *arg);
5.
6.  int main(int argc, char *argv[])
7.  {
8.      HANDLE hThread;
9.      unsigned threadID;
10.     int param=5;
11.
12.     hThread=(HANDLE)_beginthreadex(NULL, 0, ThreadFunc, (void*)&param, 0, &threadID);
13.     if(hThread==0)
14.     {
15.         puts("_beginthreadex() error");
16.         return -1;
17.     }
18.     Sleep(3000);
19.     puts("end of main");
20.     return 0;
21. }
22.
23. unsigned WINAPI ThreadFunc(void *arg)
24. {
25.     int i;
26.     int cnt=*((int*)arg);
27.     for(i=0; i<cnt; i++)
28.     {
29.         Sleep(1000); puts("running thread");
30.     }
31.     return 0;
32. }
```

해 설

- 12행: 쓰레드의 main 함수로 ThreadFunc를, 그리고 ThreadFunc에 변수 param의 주소 값을 전달하면서 쓰레드의 생성을 요구하고 있다.

- 18행: Sleep 함수는 1/1000초 단위로 블로킹 상태를 만든다. 때문에 인자로 3000이 전달되었으니, 3초간의 대기시간을 갖게 된다.

- 23행: WINAPI라는 윈도우 고유의 키워드가 눈에 보인다. 이는 매개변수의 전달방향, 할당된 스택의 반환방법 등을 포함하는 함수의 호출규약을 명시해 놓은 것이다. 여러분은 _beginthreadex 함수가 요구하는 호출규약을 지키기 위해 삽입한 것으로 이해하면 된다.

❖ 실행결과: thread1_win.c one

```
○○○         command prompt

   running thread
   running thread
   running thread
   end of main
```

❖ 실행결과: thread1_win.c two

```
○○○         command prompt

   running thread
   running thread
   end of main
   running thread
```

리눅스에서와 마찬가지로 윈도우에서도 main 함수의 반환으로 인해 프로세스가 종료되면, 그 안에 담겨있는 모든 쓰레드들도 함께 종료된다. 따라서 이에 대한 별도의 해결책이 필요하다. 그리고 위의 실행결과를 보면 마지막에 문자열 'end of main'이 아닌, 'running thread'가 출력된 사례를 볼 수 있다. 그런데 이는 main 함수의 반환 이후에 프로세스가 완전히 소멸되기까지의 시간 사이에 출력된 문자열이다.

이해하고 넘어가세요!　　**핸들, 커널 오브젝트, 그리고 ID의 관계**

쓰레드도 운영체제에 의해서 관리되는 리소스이기 때문에 커널 오브젝트의 생성을 동반한다. 그리고 이 커널 오브젝트를 참조할 수 있도록 핸들이 반환된다. 따라서 우리는 핸들을 이용해서 다음과 같은 요청을 할 수 있다.

　　"이 핸들이 가리키는 쓰레드가 종료될 때까지 대기하겠습니다."

핸들을 통해서 커널 오브젝트의 구분이 가능하고, 커널 오브젝트를 통해서 쓰레드의 구분이 가능하기 때문에, 결국 쓰레드의 핸들은 쓰레드를 구분하는 용도로 사용된다. 그렇다면 쓰레드의 ID는 또 무엇일까? 앞서 예제에서 보였듯이 _beginthreadex 함수의 마지막 인자를 통해서 쓰레드의 ID를 얻게 된다. 때문에 핸들과 ID 사이에서 다소 혼란스러울 수 있다. 그런데 다음과 같은 커다란 특징이 있다.

"핸들의 정수 값은 프로세스가 달라지면 중복될 수 있다. 그러나 쓰레드의 ID는 프로세스의 영역을 넘어서서 중복되지 않는다."

이렇듯 쓰레드의 ID는 운영체제가 생성하는 모든 쓰레드 각각을 구분하는 용도로 사용된다. 그러나 이러한 일이 흔히 필요하지는 않다. 따라서 여러분은 핸들과 커널 오브젝트의 이해에 더 관심을 둬야 한다.

19-3 ; 커널 오브젝트의 두 가지 상태

커널 오브젝트에는 해당 리소스의 성격에 따라서 많은 정보가 담긴다. 그런데 그 중에서도 프로그램의 구현에 있어서 특히 더 관심을 둬야 하는 정보에 대해 '상태(state)'라는 것을 부여한다. 예를 들어서 쓰레드의 커널 오브젝트에 있어서의 큰 관심사는 종료여부이다. 때문에 종료된 상태를 가리켜 'signaled 상태'라 하고, 종료되지 않은 상태를 가리켜 'non-signaled 상태'라 한다.

✚ 커널 오브젝트의 상태, 그리고 상태의 확인

일반적으로 다음과 같은 사실에 관심을 두기 마련이다.

"프로세스가 언제 종료되지?"

"쓰레드가 언제 종료되지?"

때문에 우리는 다음과 같이 물을 수 있다.

"이 프로세스 언제 종료되나요?"

"이 쓰레드 언제 종료되나요?"

그런데 운영체제는 이러한 관심사에 대한 정보를 커널 오브젝트에 기록해 둔다. 그리고 운영체제는 우리에게 다음과 같이 약속하고 있다.

"프로세스나 쓰레드가 종료되면 해당 커널 오브젝트를 signaled 상태로 변경해 놓겠다!"

이 얘기는 프로세스와 쓰레드의 커널 오브젝트 상태가 초기에는 non-signaled 상태라는 뜻도 된다. 그렇다면 구체적으로 커널 오브젝트의 signaled, non-signaled 상태는 어떻게 표현이 될까? 간단하다! boolean형 변수 하나로 표현이 된다. 즉, 커널 오브젝트는 boolean형 변수 하나를 지니고 있으면서, 이의 초기값을 FALSE로 두고, 이 상태를 가리켜 non-signaled 상태라 하는 것이다. 반면 약속된 상황이 발생했을 때(이를 두고, '이벤트가 발생했다.'라고 표현한다. 이하 이러한 표현을 적절히 사용하겠다), 이 값을 TRUE로 두고, 이 상태를 가리켜 signaled 상태라 하는 것이다. 커널 오브젝트의 성격에 따라서 signaled 상태가 되는 상황이 다르기 때문에, 이와 관련해서는 필요한 경우, 그때마다 조금씩 소개를 하겠다.

자! 그럼 이제 예제 thread1_win.c의 정상적인 실행을 위해서 다음과 같이 묻는 방법에 대해 생각해봐야 한다.

"이 커널 오브젝트는 현재 signaled 상태인가요?"

이러한 질문을 위해 정의된 두 함수가 WaitForSingleObject, 그리고 WaitForMultipleObjects이다.

+WaitForSingleObject & WaitForMultipleObjects

먼저 WaitForSingleObject 함수를 소개하겠다. 이는 하나의 커널 오브젝트에 대해서 signaled 상태인지를 확인하기 위해서 호출하는 함수이다.

```
#include <windows.h>

DWORD WaitForSingleObject(HANDLE hHandle, DWORD dwMilliseconds);

➡ 성공 시 이벤트 정보, 실패 시 WAIT_FAILED 반환
```

● hHandle	상태확인의 대상이 되는 커널 오브젝트의 핸들을 전달.
● dwMilliseconds	1/1000초 단위로 타임아웃을 지정, 인자로 INFINITE 전달 시, 커널 오브젝트가 signaled 상태가 되기 전에는 반환하지 않는다.
● 반환 값	signaled 상태로 인한 반환 시, WAIT_OBJECT_0 반환, 타임아웃으로 인한 반환 시 WAIT_TIMEOUT 반환.

위 함수는 이벤트 발생에 의해서(signaled 상태가 되어서) 반환되면, 해당 커널 오브젝트를 다시 non-signaled 상태로 되돌리기도 한다. 그리고 이렇게 다시 non-signaled 상태가 되는 커널 오브젝트를 가리켜 'auto-reset 모드' 커널 오브젝트라 하고, 자동으로 non-signaled 상태가 되지 않는 커널 오브젝트를 가리켜 'manual-reset 모드' 커널 오브젝트라 한다. 이어서 소개하는 다음 함수는 위의 함수와 달리 둘 이상의 커널 오브젝트를 대상으로 상태를 확인하는 경우에 호출하는 함수이다.

```
#include <windows.h>

DWORD WaitForMultipleObjects(
    DWORD nCount, const HANDLE* lpHandles, BOOL bWaitAll, DWORD dwMilliseconds);
```

➜ 성공 시 이벤트 정보, 실패 시 WAIT_FAILED 반환

● nCount	검사할 커널 오브젝트의 수 전달.
● lpHandles	핸들정보를 담고 있는 배열의 주소 값 전달.
● bWaitAll	TRUE 전달 시, 모든 검사대상이 signaled 상태가 되어야 반환, FALSE 전달 시, 검사대상 중 하나라도 signaled 상태가 되면 반환.
● dwMilliseconds	1/1000초 단위로 타임아웃 지정, 인자로 INFINITE 전달 시, 커널 오브젝트가 signaled 상태가 되기 전에는 반환하지 않는다.

그러면 위의 두 함수 중에서 첫 번째 소개한 WaitForSingleObject 함수를 이용해서 예제 thread1_win.c의 문제점을 해결해 보겠다.

❖ thread2_win.c

```
1.  #include <stdio.h>
2.  #include <windows.h>
3.  #include <process.h>    /* _beginthreadex, _endthreadex */
4.  unsigned WINAPI ThreadFunc(void *arg);
5.
6.  int main(int argc, char *argv[])
7.  {
8.      HANDLE hThread;
9.      DWORD wr;
10.     unsigned threadID;
11.     int param=5;
12.
13.     hThread=(HANDLE)_beginthreadex(NULL, 0, ThreadFunc, (void*)&param, 0, &threadID);
14.     if(hThread==0)
15.     {
```

```
16.          puts("_beginthreadex() error");
17.          return -1;
18.      }
19.
20.      if((wr=WaitForSingleObject(hThread, INFINITE))==WAIT_FAILED)
21.      {
22.          puts("thread wait error");
23.          return -1;
24.      }
25.
26.      printf("wait result: %s \n", (wr==WAIT_OBJECT_0) ? "signaled":"time-out");
27.      puts("end of main");
28.      return 0;
29. }
30.
31. unsigned WINAPI ThreadFunc(void *arg)
32. {
33.      int i;
34.      int cnt=*((int*)arg);
35.      for(i=0; i<cnt; i++)
36.      {
37.          Sleep(1000); puts("running thread");
38.      }
39.      return 0;
40. }
```

해 설

· 20행: WaitForSingleObject의 함수호출을 통해서 쓰레드의 종료를 대기하고 있다.

· 26행: WaitForSingleObject 함수의 반환 값을 통해서 반환의 원인을 확인하고 있다.

❖ 실행결과: thread2_win.c

```
○○○        command prompt

running thread
running thread
running thread
running thread
running thread
wait result: signaled
end of main
```

실행결과는 `thread1_win.c`에서 문제되었던 부분이 해결되었음을 보이고 있다. 그리고 WaitForMultipleObjects 함수호출의 예는 이어서 제시하는 예제에서 보일 것이다. 그러나 이 함수 역시, WaitForSingleObject 함수와 큰 차이가 없으니, 필요하다면 충분히 활용할 수 있을 것이다.

✛WaitForSingleObject & WaitForMultipleObjects

앞서 Chapter 18에서 임계영역의 문제점을 리눅스 기반에서 확인하였다. 따라서 이번에는 윈도우 기반에서 임계영역 관련 문제를 확인하면서, 이번 Chapter를 마무리하고자 한다. 이 예제는 Chapter 18에서 소개한 thread4.c를 윈도우 버전으로 단순히 바꿔놓은 예제이니(단, 생성되는 쓰레드의 수는 50개로 줄여 놓았다), 예제와 관련된 추가적인 설명은 생략하겠다.

❖ thread3_win.c

```
1.  #include <stdio.h>
2.  #include <windows.h>
3.  #include <process.h>
4.
5.  #define NUM_THREAD 50
6.  unsigned WINAPI threadInc(void * arg);
7.  unsigned WINAPI threadDes(void * arg);
8.  long long num=0;
9.
10. int main(int argc, char *argv[])
11. {
12.     HANDLE tHandles[NUM_THREAD];
13.     int i;
14.
15.     printf("sizeof long long: %d \n", sizeof(long long));
16.     for(i=0; i<NUM_THREAD; i++)
17.     {
18.         if(i%2)
19.             tHandles[i]=(HANDLE)_beginthreadex(NULL, 0, threadInc, NULL, 0, NULL);
20.         else
21.             tHandles[i]=(HANDLE)_beginthreadex(NULL, 0, threadDes, NULL, 0, NULL);
22.     }
23.
24.     WaitForMultipleObjects(NUM_THREAD, tHandles, TRUE, INFINITE);
25.     printf("result: %lld \n", num);
26.     return 0;
27. }
28.
29. unsigned WINAPI threadInc(void * arg)
30. {
31.     int i;
32.     for(i=0; i<50000000; i++)
```

```
33.          num+=1;
34.      return 0;
35. }
36. unsigned WINAPI threadDes(void * arg)
37. {
38.      int i;
39.      for(i=0; i<50000000; i++)
40.          num-=1;
41.      return 0;
42. }
```

❖ 실행결과: thread3_win.c

```
○○○     command prompt

  sizeof long long: 8
  result: 71007761
```

몇 번을 재실행해도 정상적인 실행결과는 확인할 수 없고, 실행결과도 매번 다르다. 하지만 다음 Chapter에서 소개하는 동기화 기법을 적용하면, 원하는 실행결과를 확인할 수 있다.

01. 다음 중 커널 오브젝트에 대한 설명으로 옳지 않은 것을 모두 고르면?

    a. 커널 오브젝트는 운영체제가 생성하는 리소스들의 정보를 저장해 놓은 데이터 블록이다.

    b. 커널 오브젝트의 소유자는 해당 커널 오브젝트를 생성한 프로세스이다.

    c. 커널 오브젝트의 생성 및 관리는 사용자 프로세스에 의해서 이뤄진다.

    d. 운영체제가 생성 및 관리하는 리소스의 종류에 상관없이 커널 오브젝트의 데이터 블록 구조는 완전히 동일하다.

02. 오늘날에는 대부분의 운영체제가 운영체제 레벨에서 쓰레드를 지원한다. 이러한 상황을 근거로 하여 다음 설명 중에서 옳지 않은 것을 모두 골라보자.

    a. main 함수를 호출하는 것도 쓰레드이다.

    b. 프로세스가 쓰레드를 생성하지 않으면, 프로세스 내에는 쓰레드가 하나도 존재하지 않게 된다.

    c. 멀티쓰레드 모델이란? 프로세스 내에서 추가로 쓰레드를 생성하는 프로그램의 유형을 의미한다.

    d. 단일쓰레드 모델이란? 프로세스 내에서 추가로 딱 하나의 쓰레드만 추가로 생성하는 프로그램의 유형을 의미한다.

03. 윈도우의 쓰레드를 메모리 공간에서 완전히 소멸시키는 방법과 리눅스의 쓰레드를 메모리 공간에서 완전히 소멸시키는 방법의 차이점을 비교 설명해보자.

04. 커널 오브젝트, 쓰레드, 그리고 핸들의 관계를 쓰레드가 생성되는 상황을 이용해서 설명해보자.

05. 커널 오브젝트와 관련된 다음 문장들 중에서 말하는 바가 옳으면 O, 틀리면 X를 표시하자.

    • 커널 오브젝트는 signaled 상태와 non-signaled 상태 중 하나의 상태가 된다. (   )

    • 커널 오브젝트가 signaled 상태가 되어야 하는 시점에 프로그래머는 직접 커널 오브젝트의 상태를 signaled 상태로 변경해야 한다. (   )

    • 쓰레드의 커널 오브젝트는 쓰레드가 실행 중일 때 signaled 상태에 있다가, 쓰레드가 종료되면 non-signaled 상태가 된다. (   )

06. 'auto-reset 모드' 커널 오브젝트와 'manual-reset 모드' 커널 오브젝트에 대해서 설명하여라. 커널 오브젝트는 어떠한 특징적 차이로 둘 중 하나로 나뉘게 되는가?

Windows에서의 쓰레드 동기화

이번 Chapter에서도 Chapter 18에서 언급한 '임계영역'과 '동기화'에
관련된 이론적인 이야기를 반복하지는 않는다. 다만 리눅스 기반에서
소개한 동기화 기법인 뮤텍스와 세마포어에 대응하는, 윈도우 환경에
서의 동기화 기법을 소개할 뿐이다

20-1 : 동기화 기법의 분류와 CRITICAL_SECTION 동기화

윈도우에서는 다양한 종류의 쓰레드 동기화 기법을 소개하고 있다. 그러나 이들의 기본개념은 거의 동일하고, 상호보완적인 관계로 존재하기 때문에 사용방법을 익히는데 큰 어려움은 없을 것이다.

유저모드(User mode)와 커널모드(Kernel mode)

윈도우 운영체제의 연산방식(프로그램 실행방식)을 가리켜 '이중모드 연산(Dual-mode Operation)' 방식이라 한다. 이는 연산을 하는데 있어서 윈도우에 두 가지 모드가 존재함을 뜻한다. 그리고 그 두 가지는 다음과 같다.

- 유저모드   응용 프로그램이 실행되는 기본모드로, 물리적인 영역으로의 접근이 허용되지 않으며, 접근할 수 있는 메모리의 영역에도 제한이 따른다.

- 커널모드   운영체제가 실행될 때의 모드로, 메모리뿐만 아니라, 하드웨어의 접근에도 제한이 따르지 않는다.

커널은 운영체제의 핵심모듈을 의미하므로, 이를 다음과 같이 단순히 정의할 수도 있다.

- 유저모드   응용 프로그램의 실행 모드
- 커널모드   운영체제의 실행 모드

하지만 응용 프로그램의 실행과정에서 윈도우 운영체제가 항상 유저모드에만 머무는 것이 아니라, 유저모드와 커널모드를 오가며 실행하게 된다. 예를 들어서 여러분은 윈도우상에서 쓰레드를 생성할 수 있다. 물론 쓰레드의 생성요청은 응용 프로그램상에서의 함수호출을 통해서 이뤄지지만, 쓰레드를 실제로 생성하는 것은 운영체제이다. 따라서 쓰레드의 생성을 위해서는 커널모드로의 전환이 불가피하다.

그렇다면 이렇게 두 가지 모드를 정의하고 있는 이유는 무엇일까? 이는 안전성을 높이기 위함이다. 응용 프로그램상에서의 잘못된 연산은 운영체제의 손상 및 다양한 리소스들의 손상으로 이어질 수 있다. 특히 C/C++은 포인터 연산이 가능하기 때문에 이러한 일이 흔히 일어날 수 있다. 예를 들어서 잘못된 포인터 연산을 통해서 운영체제의 중요 데이터가 저장되어 있는 메모리 영역을 덮어써버렸다고 가정해 보자. 그렇다면 운영체제 자체가 망가지는 불상사가 일어날 수도 있다. 하지만 여러분은 이런 불상사를 경험해본 적이 없다. 왜냐하면 유저모드로 실행되는 과정에서는 운영체제와 관련된 메모리 영역이 보호받기 때문이다. 따라서 잘못된 포인터 연산을 하는 경우에는 프로그램이 종료될지언정 운영체제가 망가지지는 않는다. 정리하면, 쓰레드와 같이 커널 오브젝트의 생성을 동반하는 리소스의 생성을 위해서는 다음 모드 변환의 과정을 기본적으로 거쳐야 한다.

유저모드 → 커널모드 → 유저모드

유저모드에서 커널모드로의 전환은 리소스의 생성을 위한 것이고, 커널모드에서 유저모드로의 재 전환은 응용 프로그램의 나머지 부분을 이어서 실행하기 위한 것이다. 이렇듯 리소스의 생성뿐만 아니라, 커널 오브젝트와 관련된 모든 일은 커널모드에서 진행이 되는데, 모드의 변환 역시 시스템에 부담이 되는 일이 기 때문에, 빈번한 모드의 변환은 성능에 영향을 줄 수 있다.

✚ 유저모드 동기화

유저모드 동기화는 유저모드상에서 진행되는 동기화를 말한다. 즉, 운영체제의 도움 없이 응용 프로그램 상에서 진행되는 동기화가 바로 유저모드 동기화이다. 유저모드 동기화의 가장 큰 장점은 다음과 같다.

"속도가 빠르다."

커널모드로의 전환이 불필요하기 때문에, 이것 하나만 보더라도, 커널모드로의 변환과정을 거치는 다른 동기화 기법에 비해서 빠를 수 밖에 없다. 게다가 사용방법도 간단한 편이니 유저모드 동기화가 적절한 상황에서는 이를 적극 활용하는 것도 나쁘지 않다. 하지만 운영체제의 힘(?)을 빌리지 않는 동기화 기법 이기 때문에 기능은 제한적이다. 그럼 잠시 후에 유저모드 동기화 기법인 'CRITICAL_SECTION 기반 의 동기화'에 대해서 살펴보기로 하자.

✚ 커널모드 동기화

유저모드 동기화를 설명하였으니, 커널모드 동기화에 대해서는 별도로 설명하지 않아도 대략적으로나마 특징 및 장단점을 말할 수 있을 것이다. 그럼 커널모드 동기화의 장점에 대해서 정리해 보겠다.

- 유저모드 동기화에 비해 제공되는 기능이 더 많다.
- Dead-lock에 걸리지 않도록 타임아웃의 지정이 가능하다.

아무래도 운영체제의 힘을 빌리다 보니, 제공하는 기능이 더 많다. 특히 커널모드에서 동기화를 진행하 면, 서로 다른 프로세스에 포함되어 있는 두 쓰레드간의 동기화도 가능하다. 반면 유저모드에서 커널모 드로, 그리고 커널모드에서 다시 유저모드로의 빈번한 변환이 불가피하기 때문에 성능에 있어서의 제약 이 따른다.

이 시점에서, 여러분에게 센스가 있다면 "커널 오브젝트를 기반으로 하기 때문에 서로 다른 프로세스 사 이에서의 동기화도 가능하구나!"라는 생각을 했을 것이다. 왜냐하면 커널 오브젝트는 하나의 프로세스에 의해서 소유되는 것이 아니라, 운영체제에 의해서 소유 및 관리되기 때문이다.

이해하고 넘어가세요! Dead-lock

Chapter 18에서는 임계영역을 화장실에 비유했다. 그렇다면 다음의 상황을 상상해보자. 어떤 사람이 화장실에 들어가서 문고리를 잠갔다. 그리고 잠시 후, 용무가 급한 다른 한 사람이, 화장실 밖에서 기다리기 시작했다. 따라서 화장실 안에 있는 사람은 화장실 문을 열고 밖으로 나가야 하는데, 어떻게 된 일인지 화장실에 달려있는 조그마한 창문을 통해서 나가버렸다. 물론 그 이유는 아무도 모른다. 그냥 창문을 통과하고 싶었다고 밖에 생각할 수 없다. 자! 그럼 이제 화장실 앞에서 기다리는 사람은 어떻게 해야 하겠는가? 노크라도 해서 문제가 있다면, 다른 화장실을 찾거나 해야 하는데, 이 사람은 마냥 기다린다. 화장실이 강제로 철거될 때까지(프로그램이 강제로 종료될 때까지) 마냥 기다린다.

다소 현실성 없는 이야기지만, 바로 이 상황이 Dead-lock이다. 즉, Dead-lock이란 임계영역으로의 진입을 대기중인, 블로킹 상태에 놓여있는 쓰레드가 이를 빠져 나오지 못하는 상황을 의미한다. 이러한 Dead-lock은 매우 다양한 상황에서 발생한다. Chapter 18에서 소개한 Mutex를 예로 든다면, pthread_mutex_lock 함수를 호출하면서 임계영역에 진입한 쓰레드가 pthread_mutex_unlock 함수를 호출하지 않아도 Dead-lock 상황은 발생한다. 하지만 이는 매우 단순한 경우이고 대부분의 경우, 원인의 파악조차 쉽지 않을 정도로 애매한 상황에서 Dead-lock은 발생한다.

CRITICAL_SECTION 기반의 동기화

CRITICAL_SECTION 기반의 동기화에서는 'CRITICAL_SECTION 오브젝트'라는 것을 생성해서 이를 동기화에 활용한다. 참고로 이는 커널 오브젝트가 아니며, 대부분의 다른 동기화 오브젝트와 마찬가지로 이는 임계영역의 진입에 필요한 일종의 'Key(열쇠)'로 이해할 수 있다. 때문에 임계영역의 진입을 위해서는 CRITICAL_SECTION 오브젝트라는 열쇠를 얻어야 하고, 반대로 임계영역을 빠져나갈 때에는 얻었던 CRITICAL_SECTION 오브젝트(이하 CS 오브젝트라 줄여서 표현하겠다)를 반납해야 한다. 그럼 이어서 CS 오브젝트의 초기화 및 소멸과 관련된 함수를 소개하겠다.

```
#include <windows.h>

void InitializeCriticalSection(LPCRITICAL_SECTION lpCriticalSection);
void DeleteCriticalSection(LPCRITICAL_SECTION lpCriticalSection);
```

● lpCriticalSection   Init... 함수에서는 초기화 할 CRITICAL_SECTION 오브젝트의 주소 값 전달, 반면 Del... 함수에서는 해제할 CRITICAL_SECTION 오브젝트의 주소 값 전달.

참고로 위 함수의 매개변수형인 LPCRITICAL_SECTION은 CRITICAL_SECTION의 포인터 형이다. 그리고 DeleteCriticalSection 함수는 CRITICAL_SECTION 오브젝트를 소멸하는 함수가 아니다. 이 함수는 CRITICAL_SECTION 오브젝트가 사용하던(CRITICAL_SECTION 오브젝트와 연관되어 있는) 리소스를 소멸시키는 함수이다. 그럼 이어서 CS 오브젝트의 획득(소유) 및 반납에 관련된 함수를 소개하겠다. 단순하게는 열쇠의 획득 및 반납에 대한 함수로 이해해도 좋다!

```c
#include <windows.h>

void EnterCriticalSection(LPCRITICAL_SECTION lpCriticalSection);
void LeaveCriticalSection(LPCRITICAL_SECTION lpCriticalSection);
```

└─● lpCriticalSection   획득(소유) 및 반납할 CRITICAL_SECTION 오브젝트의 주소 값 전달.

앞서 리눅스 PART에서 소개한 뮤텍스와 상당히 유사하기 때문에, 이 정도의 함수소개만 이뤄져도 대부분의 학생들이 예제의 작성에 불편함을 느끼지 않는다(필자의 경험상). 그럼 Chapter 19에서 소개한 예제 thread3_win.c를 CS 오브젝트를 이용해서 동기화해 보겠다.

❖ SyncCS_win.c

```c
1.   #include <stdio.h>
2.   #include <windows.h>
3.   #include <process.h>
4.
5.   #define NUM_THREAD 50
6.   unsigned WINAPI threadInc(void * arg);
7.   unsigned WINAPI threadDes(void * arg);
8.
9.   long long num=0;
10.  CRITICAL_SECTION cs;
11.
12.  int main(int argc, char *argv[])
13.  {
14.      HANDLE tHandles[NUM_THREAD];
15.      int i;
16.
17.      InitializeCriticalSection(&cs);
18.      for(i=0; i<NUM_THREAD; i++)
19.      {
20.          if(i%2)
21.              tHandles[i]=(HANDLE)_beginthreadex(NULL, 0, threadInc, NULL, 0, NULL);
```

```
22.        else
23.            tHandles[i]=(HANDLE)_beginthreadex(NULL, 0, threadDes, NULL, 0, NULL);
24.    }
25.
26.    WaitForMultipleObjects(NUM_THREAD, tHandles, TRUE, INFINITE);
27.    DeleteCriticalSection(&cs);
28.    printf("result: %lld \n", num);
29.    return 0;
30. }
31.
32. unsigned WINAPI threadInc(void * arg)
33. {
34.    int i;
35.    EnterCriticalSection(&cs);
36.    for(i=0; i<50000000; i++)
37.        num+=1;
38.    LeaveCriticalSection(&cs);
39.    return 0;
40. }
41. unsigned WINAPI threadDes(void * arg)
42. {
43.    int i;
44.    EnterCriticalSection(&cs);
45.    for(i=0; i<50000000; i++)
46.        num-=1;
47.    LeaveCriticalSection(&cs);
48.    return 0;
49. }
```

- 17, 27행: CS 오브젝트의 초기화 및 해제관련 코드가 삽입되었다.
- 35~38, 44~47행: 35~38행, 44~47행 사이를 하나의 임계영역으로 구성해서, 동시접근을 막고 있다. 실행결과를 빨리 확인할 수 있도록 반복문 전체를 임계영역으로 구성하였다.

❖ 실행결과: SyncCS_win.c

```
◉◉◉    command prompt

    result: 0
```

참고로 반복문 전체를 임계영역으로 잡은 이유는 단지 실행시간의 단축을 위한 것이다. 만약에 변수 num에 접근하는 하나의 문장만 임계영역으로 잡으면, 언제 실행결과를 확인할 수 있을지 모른다(시간이 많다면 한번 해보자! 그런데 Dead-lock이 걸린 건 아닌지, 의심할 정도로 시간이 오래 걸릴 수 있다). 매우 많은 수의 CS 오브젝트 획득 및 반납이 이뤄지기 때문이다. 그리고 사실 위 예제는 어디까지나 동기화의 확인을 위한 것일 뿐, 실무적인 관점에서 보면 현실성이 전혀 없는(이렇게 구현해야 하는 상황 자체가 비현실적인) 예제이다.

20-2 ∶ 커널모드 동기화 기법

대표적인 커널모드 동기화 기법에는 Event, Semaphore, Mutex라는 커널 오브젝트 기반의 동기화가 있다. 그럼 Mutex를 시작으로 하나씩 살펴보기로 하자.

✚Mutex(Mutual Exclusion) 오브젝트 기반 동기화

Mutex 오브젝트 기반의 동기화도 CS 오브젝트 기반의 동기화와 유사하다. 따라서 Mutex 오브젝트 역시 열쇠에 비유해서 이해할 수 있다. 그럼 먼저 Mutex 오브젝트의 생성에 관련된 함수를 소개하겠다.

```c
#include <windows.h>

HANDLE CreateMutex(
    LPSECURITY_ATTRIBUTES lpMutexAttributes, BOOL bInitialOwner, LPCTSTR lpName);
```
→ 성공 시 생성된 Mutex 오브젝트의 핸들, 실패 시 NULL 반환

- lpMutexAttributes 보안관련 특성 정보의 전달, 디폴트 보안설정을 위해서 NULL 전달.
- bInitialOwner   TRUE 전달 시, 생성되는 Mutex 오브젝트는 이 함수를 호출한 쓰레드의 소유가 되면서 non-signaled 상태가 된다. 반면 FALSE 전달 시, 생

성되는 Mutex 오브젝트는 소유자가 존재하지 않으며, signaled 상태로 생성된다.

lpName   Mutex 오브젝트에 이름을 부여할 때 사용된다. NULL을 전달하면 이름 없는 Mutex 오브젝트가 생성된다.

위의 매개변수 설명에서 언급하듯이, Mutex 오브젝트는 소유자가 없는 경우에 signaled 상태가 된다. 따라서 이러한 특성을 이용해서 동기화를 진행한다. 그리고 Mutex는 커널 오브젝트이기 때문에 다음 함수의 호출을 통해서 소멸이 이뤄진다.

```
#include <windows.h>

BOOL CloseHandle(HANDLE hObject);
    ➜ 성공 시 TRUE, 실패 시 FALSE 반환
```

    hObject   소멸하고자 하는 커널 오브젝트의 핸들 전달.

위 함수는 커널 오브젝트를 소멸하는 함수이기 때문에, 이어서 소개하는 Semaphore와 Event의 소멸에도 사용된다. 그럼 이어서 Mutex의 획득과 반납에 관한 함수를 소개하겠다. 그런데 여기서는 반납에 관련된 함수만 소개하면 될 것 같다. 획득은 여러분이 잘 아는 WaitForSingleObject의 함수호출을 통해서 이뤄지기 때문이다.

```
#include <windows.h>

BOOL ReleaseMutex(HANDLE hMutex);
    ➜ 성공 시 TRUE, 실패 시 FALSE 반환
```

    hMutex   반납할, 다시 말해서 소유를 해제할 Mutex 오브젝트의 핸들 전달.

그럼 Mutex의 소유와 반납의 과정이 어떻게 이뤄지는지 살펴보겠다. Mutex는 소유되었을 때 non-signaled 상태가 되고, 반납되었을 때(소유되지 않았을 때) signaled 상태가 되는 커널 오브젝트이다. 따라서 Mutex의 소유여부를 확인할 때에는 WaitForSingleObject 함수를 이용할 수 있다. 이 함수의 호출결과는 다음 두 가지 형태로 정리가 된다.

- 호출 후 블로킹 상태 Mutex 오브젝트가 다른 쓰레드에게 소유되어서 현재 non-signaled 상태에 놓여있는 상황.

- 호출 후 반환된 상태 Mutex 오브젝트의 소유가 해제되었거나 소유되지 않아서 signaled 상태에 놓여있는 상황.

그런데 Mutex는 WaitForSingleObject 함수가 반환될 때, 자동으로 non-signaled 상태가 되는, 앞서 Chapter 19에서 설명한 'auto-reset 모드' 커널 오브젝트이다. 따라서 WaitForSingleObject 함수가 결과적으로 Mutex를 소유할 때 호출하는 함수가 된다. 그러므로 Mutex 기반의 임계영역 보호를 위한 코드는 다음과 같이 구성된다.

```
WaitForSingleObject(hMutex, INFINITE);
// 임계영역의 시작
// . . . . .
// 임계영역의 끝
ReleaseMutex(hMutex);
```

WaitForSingleObject 함수는 Mutex를 non-signaled 상태로 만들어서, 임계영역으로의 접근을 막기 때문에 임계영역의 진입로 역할을 할 수 있다. 반면 ReleaseMutex 함수는 Mutex 오브젝트를 다시 signaled 상태로 만들기 때문에 임계영역의 출구역할을 할 수 있다. 그럼 앞서 소개한 예제 SyncCS_win.c를 Mutex 오브젝트 기반으로 변경해 보겠다. 참고로 예제 SyncCS_win.c와 큰 차이가 없으니 별도의 설명은 생략하겠다.

❖ SyncMutex_win.c

```
1.   #include <stdio.h>
2.   #include <windows.h>
3.   #include <process.h>
4.
5.   #define NUM_THREAD 50
6.   unsigned WINAPI threadInc(void * arg);
7.   unsigned WINAPI threadDes(void * arg);
8.
9.   long long num=0;
10.  HANDLE hMutex;
11.
12.  int main(int argc, char *argv[])
13.  {
14.      HANDLE tHandles[NUM_THREAD];
15.      int i;
16.
17.      hMutex=CreateMutex(NULL, FALSE, NULL);
18.      for(i=0; i<NUM_THREAD; i++)
```

```
19.    {
20.        if(i%2)
21.            tHandles[i]=(HANDLE)_beginthreadex(NULL, 0, threadInc, NULL, 0, NULL);
22.        else
23.            tHandles[i]=(HANDLE)_beginthreadex(NULL, 0, threadDes, NULL, 0, NULL);
24.    }
25.
26.    WaitForMultipleObjects(NUM_THREAD, tHandles, TRUE, INFINITE);
27.    CloseHandle(hMutex);
28.    printf("result: %lld \n", num);
29.    return 0;
30. }
31.
32. unsigned WINAPI threadInc(void * arg)
33. {
34.    int i;
35.    WaitForSingleObject(hMutex, INFINITE);
36.    for(i=0; i<50000000; i++)
37.        num+=1;
38.    ReleaseMutex(hMutex);
39.    return 0;
40. }
41. unsigned WINAPI threadDes(void * arg)
42. {
43.    int i;
44.    WaitForSingleObject(hMutex, INFINITE);
45.    for(i=0; i<50000000; i++)
46.        num-=1;
47.    ReleaseMutex(hMutex);
48.    return 0;
49. }
```

❖ 실행결과: SyncMutex_win.c

```
○○○    command prompt

   result: 0
```

┼Semaphore 오브젝트 기반 동기화

윈도우의 'Semaphore 오브젝트 기반 동기화' 역시, 리눅스의 세마포어와 유사하다. 둘 다 '세마포어 값
(Semaphore Value)'이라 불리는 정수를 기반으로 동기화가 이뤄지고, 이 값이 0보다 작아질 수 없다

는 특징도 모두 동일하다. 물론 윈도우의 '세마포어 값(Semaphore Value)'은 Semaphore 커널 오브젝트에 등록이 된다.

한글과 영어의 표현

필자는 이 책에서 '뮤텍스'라는 한글표현과 '세마포어'라는 한글표현을 사용하였다(리눅스 PART에서). 단, 뮤텍스 커널 오브젝트를 줄여서 표현한 '뮤텍스 오브젝트'는 'Mutex 오브젝트'로, 세마포어 커널 오브젝트를 줄여서 표현한 '세마포어 오브젝트'는 'Semaphore 오브젝트'로 표현하고 있으니, 이 부분에 혼동이 없기 바란다.

그럼 이어서 Semaphore 오브젝트의 생성에 사용되는 함수를 소개하겠다. 물론 Semaphore 오브젝트의 소멸 역시 앞서 설명한 CloseHandle 함수를 이용해서 진행한다.

```
#include <windows.h>

HANDLE CreateSemaphore(
    LPSECURITY_ATTRIBUTES lpSemaphoreAttributes, LONG lInitialCount, LONG lMaximumCount,
    LPCTSTR lpName);
```
→ 성공 시 생성된 Semaphore 오브젝트의 핸들, 실패 시 NULL 반환

- lpSemaphoreAttributes   보안관련 정보의 전달, 디폴트 보안설정을 위해서 NULL 전달.
- lInitialCount   세마포어의 초기 값 지정, 매개변수 lMaximumCount에 전달된 값보다 크면 안되고, 0 이상이어야 한다.
- lMaximumCount   최대 세마포어 값을 지정한다. 1을 전달하면 세마포어 값이 0, 또는 1이 되는 바이너리 세마포어가 구성된다.
- lpName   Semaphore 오브젝트에 이름을 부여할 때 사용한다. NULL을 전달하면 이름없는 Semaphore 오브젝트가 생성된다.

세마포어 값이 0인 경우 non-signaled 상태가 되고, 0보다 큰 경우에 signaled 상태가 되는 특성을 이용해서 동기화가 진행된다. 그리고 매개변수 lInitialCount에 0이 전달되면, non-signaled 상태의 Semaphore 오브젝트가 생성된다. 또한 매개변수 lMaximumCount에 3을 전달하면 세마포어의 최대 값은 3이기 때문에, 세 개의 쓰레드가 동시에 임계영역에 진입하는 유형의 동기화도 가능하다. 그럼 이어서 Semaphore 오브젝트의 반납에 사용되는 함수를 소개하겠다.

```
#include <windows.h>

BOOL ReleaseSemaphore(HANDLE hSemaphore, LONG lReleaseCount, LPLONG lpPreviousCount);
    ➡ 성공 시 TRUE, 실패 시 FALSE 반환
```

● hSemaphore 반납할 Semaphore 오브젝트의 핸들 전달.

● lReleaseCount 반납은 세마포어 값의 증가를 의미하는데, 이 매개변수를 통해서 증가되는 값의 크기를 지정할 수 있다. 그리고 이로 인해서 세마포어의 최대 값을 넘어서게 되면, 값은 증가하지 않고 FALSE가 반환된다.

● lpPreviousCount 변경 이전의 세마포어 값 저장을 위한 변수의 주소 값 전달, 불필요하다면 NULL 전달.

Semaphore 오브젝트는 세마포어 값이 0보다 큰 경우에 signaled 상태가 되고, 0인 경우에 non-signaled 상태가 되기 때문에 WaitForSingleObject 함수가 호출되면 세마포어 값이 0보다 큰 경우에 반환을 한다. 그리고 이렇게 반환이 되면 세마포어 값을 1 감소시키면서 non-signaled 상태가 되게 한다(물론 세마포어 값이 1 감소해서 0이 되는 경우에만). 따라서 다음의 형태로 임계영역의 보호가 가능하다.

```
WaitForSingleObject(hSemaphore, INFINITE);
// 임계영역의 시작
// . . . . .
// 임계영역의 끝
ReleaseSemaphore(hSemaphore, 1, NULL);
```

이제 Semaphore 오브젝트를 이용한 예제를 보겠다. 이 예제는 Chapter 18에서 보인 semaphore. c를 윈도우 버전으로 단순히 옮기기만 한 것이다. 따라서 예제의 전체적인 흐름구성(동기화의 구성)은 이전 내용을 참조하기 바라며 여기서는 동기화 함수 호출과 관련해서만 조금 더 언급을 하겠다.

❖ SyncSema_win.c

```
1.  #include <stdio.h>
2.  #include <windows.h>
3.  #include <process.h>
4.  unsigned WINAPI Read(void * arg);
5.  unsigned WINAPI Accu(void * arg);
6.
7.  static HANDLE semOne;
8.  static HANDLE semTwo;
9.  static int num;
```

```
10.
11. int main(int argc, char *argv[])
12. {
13.     HANDLE hThread1, hThread2;
14.     semOne=CreateSemaphore(NULL, 0, 1, NULL);
15.     semTwo=CreateSemaphore(NULL, 1, 1, NULL);
16.
17.     hThread1=(HANDLE)_beginthreadex(NULL, 0, Read, NULL, 0, NULL);
18.     hThread2=(HANDLE)_beginthreadex(NULL, 0, Accu, NULL, 0, NULL);
19.
20.     WaitForSingleObject(hThread1, INFINITE);
21.     WaitForSingleObject(hThread2, INFINITE);
22.
23.     CloseHandle(semOne);
24.     CloseHandle(semTwo);
25.     return 0;
26. }
27.
28. unsigned WINAPI Read(void * arg)
29. {
30.     int i;
31.     for(i=0; i<5; i++)
32.     {
33.         fputs("Input num: ", stdout);
34.         WaitForSingleObject(semTwo, INFINITE);
35.         scanf("%d", &num);
36.         ReleaseSemaphore(semOne, 1, NULL);
37.     }
38.     return 0;
39. }
40. unsigned WINAPI Accu(void * arg)
41. {
42.     int sum=0, i;
43.     for(i=0; i<5; i++)
44.     {
45.         WaitForSingleObject(semOne, INFINITE);
46.         sum+=num;
47.         ReleaseSemaphore(semTwo, 1, NULL);
48.     }
49.     printf("Result: %d \n", sum);
50.     return 0;
51. }
```

해 설

• 14, 15행: 두 개의 Semaphore 오브젝트를 생성하고 있다. 그런데 14행에서는 세마포어 값을
0으로 둬서 non-signaled 상태로 생성하고, 15행에서는 세마포어 값을 1로 둬서
signaled 상태로 생성하고 있다. 또한 세 번째 인자로 각각 1이 전달되었으니, 둘 다
세마포어 값이 0 또는 1인 바이너리 세마포어가 된다.

- 34~36, 45~47행: 이 예제는 성격상 반드시 반복문 내에서 임계영역을 구성해야 한다. 그런데 예제의 성격과 상관없이 일반적으로 말해서, 임계영역은 특별한 경우가 아니라면 최대한 작게 구성하는 것이 성능에 도움이 된다.

❖ 실행결과: SyncSema_win.c

```
○○○    command prompt

    Input num: 1
    Input num: 2
    Input num: 3
    Input num: 4
    Input num: 5
    Result: 15
```

✛Event 오브젝트 기반 동기화

이번에 소개하는 Event 동기화 오브젝트는 앞서 소개한 동기화 오브젝트와 두드러지는 차이점이 있다. 이는 오브젝트의 생성과정에서, 자동으로 non-signaled 상태로 돌아가는 auto-reset 모드와 그렇지 않은 manual-reset 모드 중 하나를 선택할 수 있다는 점이다. 그런데 Event 오브젝트의 특징은 manual-reset 모드의 오브젝트 생성이 가능하다는데 있으니, 이를 중심으로 설명을 진행하겠다. 먼저 Event 오브젝트의 생성에 사용되는 함수를 소개하겠다.

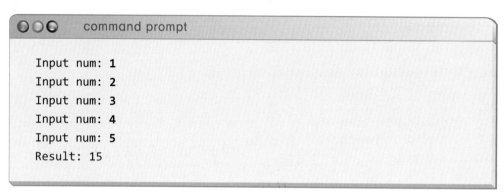

```
#include <windows.h>

HANDLE CreateEvent(
    LPSECURITY_ATTRIBUTES lpEventAttributes, BOOL bManualReset, BOOL bInitialState, LPCTSTR lpName);
```
→ 성공 시 생성된 Event 오브젝트의 핸들, 실패 시 NULL 반환

- lpEventAttributes   보안관련 정보의 전달, 디폴트 보안설정을 위해서 NULL 전달.
- bManualReset   TRUE 전달 시 manual-reset 모드 Event, FALSE 전달 시 auto-reset 모드 Event 오브젝트 생성.
- bInitialState   TRUE 전달 시 signaled 상태의 Event 오브젝트 생성, FALSE 전달 시 non-signaled 상태의 Event 오브젝트 생성.
- lpName   Event 오브젝트에 이름을 부여할 때 사용된다. NULL을 전달하면 이름없는 Event 오브젝트가 생성된다.

여러분도 확인했겠지만, 위 함수에서 주목해야 할 부분은 두 번째 매개변수이다. 이 곳에 TRUE가 전달되면, manual-reset 모드의 Event 오브젝트가 생성되고, 이렇게 되면 WaitForSingleObject 함수가 반환을 한다고 해서 non-signaled 상태로 되돌려지지 않는다. 따라서 이러한 경우에는 다음 두 함수를 이용해서 명시적으로 오브젝트의 상태를 변경해야 한다.

```
#include <windows.h>

BOOL ResetEvent(HANDLE hEvent);   // to the non-signaled
BOOL SetEvent(HANDLE hEvent);     // to the signaled

   ➡ 성공 시 TRUE, 실패 시 FALSE 반환
```

Event 오브젝트의 핸들을 인자로 전달하면서 non-signaled 상태로 변경하려면 ResetEvent 함수를, signaled 상태로 변경하려면 SetEvent 함수를 호출하면 된다. 그럼 다음 예제를 통해서 Event 오브젝트의 사용 예를 보이겠다. 이 예제에서는 문자열이 입력되기만을 기다리는 두 쓰레드의 상황을 연출하고 있다.

❖ SyncEvent_win.c

```
1.  #include <stdio.h>
2.  #include <windows.h>
3.  #include <process.h>
4.  #define STR_LEN    100
5.
6.  unsigned WINAPI NumberOfA(void *arg);
7.  unsigned WINAPI NumberOfOthers(void *arg);
8.
9.  static char str[STR_LEN];
10. static HANDLE hEvent;
11.
12. int main(int argc, char *argv[])
13. {
14.     HANDLE hThread1, hThread2;
15.     hEvent=CreateEvent(NULL, TRUE, FALSE, NULL);
16.     hThread1=(HANDLE)_beginthreadex(NULL, 0, NumberOfA, NULL, 0, NULL);
17.     hThread2=(HANDLE)_beginthreadex(NULL, 0, NumberOfOthers, NULL, 0, NULL);
18.
19.     fputs("Input string: ", stdout);
20.     fgets(str, STR_LEN, stdin);
21.     SetEvent(hEvent);
22.
```

```
23.      WaitForSingleObject(hThread1, INFINITE);
24.      WaitForSingleObject(hThread2, INFINITE);
25.      ResetEvent(hEvent);
26.      CloseHandle(hEvent);
27.      return 0;
28. }
29.
30. unsigned WINAPI NumberOfA(void *arg)
31. {
32.      int i, cnt=0;
33.      WaitForSingleObject(hEvent, INFINITE);
34.      for(i=0; str[i]!=0; i++)
35.      {
36.          if(str[i]=='A')
37.              cnt++;
38.      }
39.      printf("Num of A: %d \n", cnt);
40.      return 0;
41. }
42. unsigned WINAPI NumberOfOthers(void *arg)
43. {
44.      int i, cnt=0;
45.      WaitForSingleObject(hEvent, INFINITE);
46.      for(i=0; str[i]!=0; i++)
47.      {
48.          if(str[i]!='A')
49.              cnt++;
50.      }
51.      printf("Num of others: %d \n", cnt-1);
52.      return 0;
53. }
```

- 15행: manual-reset 모드의 Event 오브젝트를 non-signaled 상태로 생성하고 있다.

- 16, 17행: NumberOfA 함수와 NumberOfOthers 함수를 main으로 하는 쓰레드를 생성하고 있다. 이 두 쓰레드는 20행의 함수호출을 통해서 문자열이 입력되기만을 기다린다. 그리고 이를 위해서 33, 45행에서 WaitForSingleObject 함수를 호출하고 있다.

- 21행: 문자열이 입력된 후에 Event 오브젝트를 signaled 상태로 변경하고 있다. 따라서 33, 45행에서 대기 중이던 두 쓰레드 모두 대기상태에서 빠져 나와 실행을 이어간다. 이렇듯 동시에 두 쓰레드가 함께 대기상태에서 빠져나올 수 있는 이유는 Event 오브젝트가 여전히 signaled 상태에 놓여있기 때문이다.

- 25행: 이 예제에서 군이 필요는 없지만, 어쨌든 Event 오브젝트를 다시 non-signaled 상태로 되돌리고 있다. 이렇듯 직접적으로 상태를 되돌려놓지 않으면, 계속해서 signaled 상태에 놓여있게 된다.

❖ 실행결과: SyncEvent_win.c

```
○○○          command prompt

   Input string: ABCDABC
   Num of A: 2
   Num of others: 5
```

위 예제에서는 간단하게나마 둘 이상의 쓰레드가 동시에 대기상태를 빠져 나와야 하는 상황을 보이고 있다. 그리고 이러한 상황에서는 manual-reset 모드로 생성 가능한 Event 오브젝트가 좋은 선택이 될수 있다.

20-3 : 윈도우 기반의 멀티 쓰레드 서버 구현

Chapter 18에서는 쓰레드의 생성과 동기화 기법을 설명한 다음에 마지막에 가서 멀티 쓰레드 기반의 채팅 서버와 채팅 클라이언트를 구현하였다. 이 순서와 마찬가지로 이번에는 윈도우 기반에서 채팅 서버와 채팅 클라이언트를 구현해보고자 한다. 그럼 먼저 채팅 서버의 소스코드를 보이겠다. 참고로 이는 Chapter 18장의 chat_serv.c를 윈도우 버전으로 단순 변경한 것이다. 따라서 별도의 설명을 추가하진 않겠다.

❖ chat_serv_win.c

```
1.    #include <stdio.h>
2.    #include <stdlib.h>
3.    #include <string.h>
4.    #include <windows.h>
```

```
5.   #include <process.h>
6.
7.   #define BUF_SIZE 100
8.   #define MAX_CLNT 256
9.
10.  unsigned WINAPI HandleClnt(void * arg);
11.  void SendMsg(char * msg, int len);
12.  void ErrorHandling(char * msg);
13.
14.  int clntCnt=0;
15.  SOCKET clntSocks[MAX_CLNT];
16.  HANDLE hMutex;
17.
18.  int main(int argc, char *argv[])
19.  {
20.      WSADATA wsaData;
21.      SOCKET hServSock, hClntSock;
22.      SOCKADDR_IN servAdr, clntAdr;
23.      int clntAdrSz;
24.      HANDLE hThread;
25.      if(argc!=2) {
26.          printf("Usage : %s <port>\n", argv[0]);
27.          exit(1);
28.      }
29.      if(WSAStartup(MAKEWORD(2, 2), &wsaData)!=0)
30.          ErrorHandling("WSAStartup() error!");
31.
32.      hMutex=CreateMutex(NULL, FALSE, NULL);
33.      hServSock=socket(PF_INET, SOCK_STREAM, 0);
34.
35.      memset(&servAdr, 0, sizeof(servAdr));
36.      servAdr.sin_family=AF_INET;
37.      servAdr.sin_addr.s_addr=htonl(INADDR_ANY);
38.      servAdr.sin_port=htons(atoi(argv[1]));
39.
40.      if(bind(hServSock, (SOCKADDR*) &servAdr, sizeof(servAdr))==SOCKET_ERROR)
41.          ErrorHandling("bind() error");
42.      if(listen(hServSock, 5)==SOCKET_ERROR)
43.          ErrorHandling("listen() error");
44.
45.      while(1)
46.      {
47.          clntAdrSz=sizeof(clntAdr);
48.          hClntSock=accept(hServSock, (SOCKADDR*)&clntAdr,&clntAdrSz);
49.
50.          WaitForSingleObject(hMutex, INFINITE);
51.          clntSocks[clntCnt++]=hClntSock;
52.          ReleaseMutex(hMutex);
```

```
53.
54.          hThread=
55.               (HANDLE)_beginthreadex(NULL, 0, HandleClnt, (void*)&hClntSock, 0, NULL);
56.          printf("Connected client IP: %s \n", inet_ntoa(clntAdr.sin_addr));
57.     }
58.     closesocket(hServSock);
59.     WSACleanup();
60.     return 0;
61. }
62.
63. unsigned WINAPI HandleClnt(void * arg)
64. {
65.     SOCKET hClntSock=*((SOCKET*)arg);
66.     int strLen=0, i;
67.     char msg[BUF_SIZE];
68.
69.     while((strLen=recv(hClntSock, msg, sizeof(msg), 0))!=0)
70.         SendMsg(msg, strLen);
71.
72.     WaitForSingleObject(hMutex, INFINITE);
73.     for(i=0; i<clntCnt; i++)   // remove disconnected client
74.     {
75.         if(hClntSock==clntSocks[i])
76.         {
77.             while(i++<clntCnt-1)
78.                 clntSocks[i]=clntSocks[i+1];
79.             break;
80.         }
81.     }
82.     clntCnt--;
83.     ReleaseMutex(hMutex);
84.     closesocket(hClntSock);
85.     return 0;
86. }
87. void SendMsg(char * msg, int len)   // send to all
88. {
89.     int i;
90.     WaitForSingleObject(hMutex, INFINITE);
91.     for(i=0; i<clntCnt; i++)
92.         send(clntSocks[i], msg, len, 0);
93.     ReleaseMutex(hMutex);
94. }
95. void ErrorHandling(char * msg)
96. {
97.     fputs(msg, stderr);
98.     fputc('\n', stderr);
99.     exit(1);
100. }
```

이어서 채팅 클라이언트를 소개하겠다. 이는 Chapter 18의 chat_clnt.c를 단순히 윈도우 버전으로 변경한 것에 지나지 않으니, 마찬가지로 별도의 설명은 생략하겠다.

❖ chat_clnt_win.c

```
1.   #include <"헤더파일 선언이 chat_serv_win.c와 동일하므로 생략합니다.">
2.   #define BUF_SIZE 100
3.   #define NAME_SIZE 20
4.
5.   unsigned WINAPI SendMsg(void * arg);
6.   unsigned WINAPI RecvMsg(void * arg);
7.   void ErrorHandling(char * msg);
8.
9.   char name[NAME_SIZE]="[DEFAULT]";
10.  char msg[BUF_SIZE];
11.
12.  int main(int argc, char *argv[])
13.  {
14.      WSADATA wsaData;
15.      SOCKET hSock;
16.      SOCKADDR_IN servAdr;
17.      HANDLE hSndThread, hRcvThread;
18.      if(argc!=4) {
19.          printf("Usage : %s <IP> <port> <name>\n", argv[0]);
20.          exit(1);
21.      }
22.      if(WSAStartup(MAKEWORD(2, 2), &wsaData)!=0)
23.          ErrorHandling("WSAStartup() error!");
24.
25.      sprintf(name, "[%s]", argv[3]);
26.      hSock=socket(PF_INET, SOCK_STREAM, 0);
27.
28.      memset(&servAdr, 0, sizeof(servAdr));
29.      servAdr.sin_family=AF_INET;
30.      servAdr.sin_addr.s_addr=inet_addr(argv[1]);
31.      servAdr.sin_port=htons(atoi(argv[2]));
32.
33.      if(connect(hSock, (SOCKADDR*)&servAdr, sizeof(servAdr))==SOCKET_ERROR)
34.          ErrorHandling("connect() error");
35.
36.      hSndThread=
37.          (HANDLE)_beginthreadex(NULL, 0, SendMsg, (void*)&hSock, 0, NULL);
38.      hRcvThread=
39.          (HANDLE)_beginthreadex(NULL, 0, RecvMsg, (void*)&hSock, 0, NULL);
40.
41.      WaitForSingleObject(hSndThread, INFINITE);
42.      WaitForSingleObject(hRcvThread, INFINITE);
```

```
43.        closesocket(hSock);
44.        WSACleanup();
45.        return 0;
46. }
47.
48. unsigned WINAPI SendMsg(void * arg)    // send thread main
49. {
50.     SOCKET hSock=*((SOCKET*)arg);
51.     char nameMsg[NAME_SIZE+BUF_SIZE];
52.     while(1)
53.     {
54.         fgets(msg, BUF_SIZE, stdin);
55.         if(!strcmp(msg,"q\n")||!strcmp(msg,"Q\n"))
56.         {
57.             closesocket(hSock);
58.             exit(0);
59.         }
60.         sprintf(nameMsg,"%s %s", name, msg);
61.         send(hSock, nameMsg, strlen(nameMsg), 0);
62.     }
63.     return 0;
64. }
65.
66. unsigned WINAPI RecvMsg(void * arg)    // read thread main
67. {
68.     int hSock=*((SOCKET*)arg);
69.     char nameMsg[NAME_SIZE+BUF_SIZE];
70.     int strLen;
71.     while(1)
72.     {
73.         strLen=recv(hSock, nameMsg, NAME_SIZE+BUF_SIZE-1, 0);
74.         if(strLen==-1)
75.             return -1;
76.         nameMsg[strLen]=0;
77.         fputs(nameMsg, stdout);
78.     }
79.     return 0;
80. }
81.
82. void ErrorHandling(char *msg)
83. {
84.     // 예제 chat_serv_clnt.c의 ErrorHandling 함수와 동일
85. }
```

예제 chat_serv.c, chat_clnt.c와 실행결과 역시 동일하니 실행결과도 생략하겠다. 계속 생략만 한다
니 죄송한 마음이 들긴 하는데, 불필요하거나 중복되는 내용을 최소화 하고픈 필자의 마음을 이해해주기
바란다.

내용 확인문제

01. 윈도우 운영체제의 유저모드, 커널모드와 관련해서 옳은 것을 모두 고르면?

    a. 유저모드는 응용 프로그램이 실행되는 기본모드로, 접근할 수 있는 메모리의 영역에는 제한이 없지만 물리적인 영역으로의 접근은 허용되지 않는다.

    b. 응용 프로그램이 실행되는 과정에서는 절대 커널모드로 진입하지 않는다. 응용 프로그램이 실행중인 과정에서는 유저모드로만 동작한다.

    c. 윈도우는 메모리의 효율적인 사용을 위해서 유저모드와 커널모드를 각각 별도로 정의하고 있다.

    d. 응용 프로그램이 실행되는 과정에서도 커널모드로의 변환이 발생할 수 있다. 단, 일단 커널모드로 변환이 되면, 프로세스는 이 상태로 실행을 계속 이어가게 된다.

02. 유저모드 동기화, 커널모드 동기화와 관련된 다음 문장들 중에서 말하는 바가 옳으면 O, 틀리면 X를 표시하자.

    • 유저모드 동기화는 커널모드로의 전환을 수반하지 않는다. 즉, 운영체제 레벨에서 제공되는 기능의 동기화가 아니다. ( )

    • 커널모드 동기화는 운영체제를 통해서 제공되는 기능이므로, 유저모드 동기화에 비해서 많은 기능을 제공한다. ( )

    • 커널모드 동기화 과정에서는 유저모드에서 커널모드로, 다시 커널모드에서 유저모드로의 전환과정이 수반된다는 단점이 있다. ( )

    • 특별한 경우가 아니면 커널모드 동기화를 사용하는 것이 원칙이다. 유저모드 동기화는 커널모드 동기화가 제공되기 이전의 동기화 기법이다. ( )

03. 본문의 예제 SyncSema_win.c의 Read 함수는 임계영역을 빠져나가는데 오랜 시간이 걸리도록 정의가 되어있다. 이에 대한 해결책을 제시하고 실제 예제에 적용해 보자.

04. 본문의 예제 SyncEvent_win.one를 세마포어 기반의 동기화 기법을 적용해서 동일한 실행결과를 보이도록 재 구현해 보자.

21

Asynchronous Notification IO 모델

이번 Chapter를 시작으로 총 세 Chapter에 걸쳐서 윈도우에서 제공하는 확장된 입출력 모델을 소개한다. 그런데 21, 22 그리고 23 Chapter는 서로 관계가 깊기 때문에 이번 Chapter를 이해하지 못하면, 다른 Chapter의 내용을 이해할 수 없다. 따라서 매 Chapter를 잘 이해할 수 있도록 노력해야 한다.

21-1 : 비동기(Asynchronous) Notification IO 모델의 이해

이전에 소개한 select 함수를 기억할 것이다. 다중접속 서버의 구현방법 중 하나로 소개되었는데, 이 Chapter에서 소개하는 내용은 select 모델을 개선한 방식으로 이해할 수 있다.

✚ '동기(Synchronous)'와 '비동기(Asynchronous)'에 대한 이해

우선 '비동기'라는 단어의 의미부터 살펴보자. 비동기란 '일치하지 않음'을 뜻하는데, 이러한 비동기의 상황은 데이터의 입출력 과정에서도 매우 유용하게 활용된다. 지금까지 우리는 윈도우 기반 예제에서 send & recv 함수를 통해서 동기화된 입출력을 진행하였다. send 함수가 호출되면 데이터의 전송이 완료된 후에야 반환이 이뤄지고(정확히 말해서, 출력버퍼로 데이터가 완전히 전송되어야 반환이 이뤄지고), recv 함수가 호출되면 원하는 만큼 데이터를 읽어 들인 후에야 반환이 이뤄지기 때문에 동기화된 입출력을 진행한 셈이다.

"정확히 어느 부분이 동기화되었다는 말인가요?"

이는 여러분이 질문할 수 있는 내용이지만, 필자는 거꾸로 여러분에게 묻고 싶다. 어느 부분이 동기화되었다는 것인지 알겠는가? 동기화를 말하는 포인트는 함수의 호출 및 반환시점과 데이터의 송수신 시작 및 완료시점이다.

"send 함수가 호출되는 순간부터 데이터의 전송이 시작되고, send 함수의 호출이 완료(반환)되는 순간 데이터의 전송이 완료된다."

"recv 함수가 호출되는 순간부터 데이터의 수신이 시작되고, recv 함수의 호출이 완료(반환)되는 순간 데이터의 수신이 완료된다."

위의 두 문장이 의미하는 바를 그림으로 정리하면 다음과 같다(참고로 위 문장, 그리고 아래 그림에서 의미하는 전송완료는 출력버퍼로의 전송완료를 뜻한다).

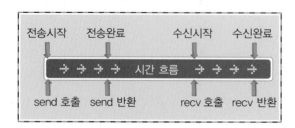

▶ 그림 21-1: 동기화된 입출력 함수의 호출

이 정도까지 정리하였으니, 우리가 말하는 동기화의 포인트를 충분히 이해했을 것이다. 그렇다면 비동기 입출력이 의미하는 바는 무엇이겠는가? 이 역시 그림을 통해서 정리해 보이겠으니, 앞서 보인 그림과 비교하기 바란다.

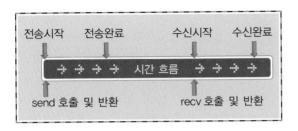

▶ 그림 21-2: 비동기 입출력 함수호출

위 그림에서 보이듯이, 비동기 입출력이란 입출력 함수의 반환시점과 데이터 송수신의 완료시점이 일치하지 않는 경우를 뜻한다. 그리고 보니 우리는 이미 비동기 입출력을 진행한 경험이 있다. 만약에 이에 대한 기억이 없다면, Chapter 17의 epoll 부분에서 비동기 입출력이 진행된 부분을 찾아보기 바란다.

동기화된 입출력의 단점과 비동기의 해결책

비동기 입출력은 동기 입출력의 단점을 극복하기 위해서 디자인 된 모델이다. 그렇다면 동기 입출력의 단점은 무엇이고, 비동기 방식에서는 이를 어떻게 극복하고 있는가? 사실 이와 관련해서는 Chapter 17의 마지막 부분에 있는 "레벨 트리거와 엣지 트리거 중에 뭐가 더 좋은 건가요?"에서 이미 설명하였다. 물론 기억도 잘 안 나는데, 계속 앞에서 언급했다고 말하면 화나는 거 필자도 잘 안다. 그래서 이에 대해서는 다른 방식으로, 비교적 간단히 정리해 보고자 한다. 그림 21-1을 보면, 동기화 된 입출력의 단점을 쉽게 발견할 수 있는데, 이는 다음과 같다.

"입출력이 진행되는 동안 호출된 함수가 반환을 하지 않으니, 다른 일을 할 수가 없다!"

그렇다면 그림 21-2의 경우는 어떠한가? 데이터의 송수신 완료에 상관없이, 호출된 함수가 반환을 하기 때문에 다른 일을 진행할 수 있지 않겠는가? 즉, 비동기 방식은 동기 방식에 비해 보다 효율적으로 CPU를 활용하는 모델이 된다. 때문에 이를 가리켜, 동기 방식의 단점을 극복한 모델이라 하는 것이다.

비동기 Notification 입출력 모델에 대한 이해

입출력을 대상으로 동기와 비동기에 대해서 살펴보았다. 조금 더 쉽게 말하면 호출된 입출력 함수가 반환하는 시점에 대한 동기와 비동기를 살펴보았다. 그런데 이번에는 논의의 대상을 조금 달리하고자 한다(동기와 비동기는 입출력에 한정해서만 논의되지 않는다).
이번 Chapter의 제목은 다음과 같다.

"Asynchronous(비동기) Notification IO 모델"

그렇다면 'Notification(알림) IO(입출력)'가 비동기적으로 이뤄진다는 뜻이니, 일단 Notification IO 에 대해서 이해를 해야겠다. 이것이 의미하는 바는 다음과 같다.

> "입력버퍼에 데이터가 수신되어서 데이터의 수신이 필요하거나, 출력버퍼가 비어서 데이터의 전송이 가능한 상황의 알림"

Notification이라는 단어의 의미처럼 Notification IO란, IO와 관련해서 특정 상황이 발생했음을 알리는 것을 뜻한다. 그리고 가장 대표적인 Notification IO 모델은 select 방식이다. select 함수가 관찰하는 세 가지 상황을 기억하는가? 이 중에서 가장 대표적인 것이 '수신된 데이터가 존재하는 상황' 아닌가! 이러한 select 함수는 호출된 함수의 '반환'이라는 과정을 통해서 IO가 필요한, 또는 가능한 상황을 알린다. 그런데 이 알림이 이뤄지는 방식은 동기화되어 있다. 그리고 이렇게 말하는 이유는 다음과 같다.

> "IO가 필요한, 또는 가능한 상황이 되는 시점이(간단히 말해서 IO관련 이벤트의 발생시점이) select 함수가 반환하는 시점과 일치한다."

그럼 이제 비동기 Notification IO 모델이 무엇을 의미하는지 이해할 수 있을 것이다. select 함수처럼 IO가 필요한, 또는 가능한 상황에서 반환이 이뤄지는 것이 아니라, IO의 상태에 상관없이 반환이 이뤄지는 방식이 '비동기 Notification IO' 모델이다. 그리고 이번 Chapter에서 소개하는 WSAEventSelect 함수가 select 함수의 비동기 버전에 해당한다.

> "IO의 상태에 상관없이 반환이 이뤄지면, IO의 상태변화를 별도로 관찰해야겠네요?"

물론이다! 비동기 Notification IO에서는 IO의 관찰을 명령하기 위한 함수호출과 실제로 상태의 변화가 있었는지 확인하기 위한 함수호출이 분리되어 있다. 때문에 IO의 관찰을 명령하고 나서 다른 일을 열심히 하다가 이후에 상태의 변화가 실제로 있었는지 확인하는 것이 가능하다. 자! 이로써 비동기 Notification IO의 이론적인 내용은 모두 설명하였으니, 이제 어떠한 함수호출의 과정을 통해서 이를 완성하게 되는지를 공부할 차례이다.

참고 ▶ **물론 select 함수도 타임아웃을 지정할 수 있습니다.**

select 함수도 타임아웃의 지정을 통해서 IO의 상태변화가 발생하지 않은 상황에서 블로킹 상태에 놓이지 않을 수 있다. 따라서 비동기와 유사한 형태의 코드를 작성할 수는 있다. 그러나 이후에 IO의 상태 변화를 확인하기 위해서는 핸들(파일 디스크립터)를 다시 모아서 재차 select 함수를 호출해야 한다. 다시 말해서 select 함수는 기본적으로 동기화 된 형태의 Notification IO 모델이다. 다만 이로 인한 단점의 해결을 위해서 타임아웃의 지정이 가능하도록 정의되었을 뿐이다.

21-2 : 비동기(Asynchronous) Notification IO 모델의 이해와 구현

비동기 Notification IO 모델의 구현방법에는 두 가지가 존재한다. 하나는 이 책에서 설명하는 WSAEventSelect 함수를 사용하는 방법이고, 다른 하나는 WSAAsyncSelect 함수를 사용하는 방법이다. 그런데 WSAAsyncSelect 함수를 사용하기 위해서는 발생한 이벤트를 수신할 윈도우의 핸들을 지정해야 하기 때문에(UI와 관련된 내용임) 이 책에서는 언급하지 않는다. 그러나 이러한 함수가 있다는 정도의 정보는 알아두는 것이 좋겠다.

WSAEventSelect 함수와 Notification

IO의 상태변화를 알리는 것이 'Notification'이라고 하였다. 그런데 IO의 상태변화는 다음과 같이 달리 표현할 수 있다.

- 소켓의 상태변화   소켓에 대한 IO의 상태변화
- 소켓의 이벤트 발생   소켓에 대한 IO관련 이벤트의 발생

둘 다 IO가 필요한, 또는 가능한 상황의 발생을 의미한다. 따라서 문맥에 맞게 이들 표현을 적절히 혼용하겠으니, 이에 대해서 혼동하지 않기 바란다. 그럼 먼저 WSAEventSelect 함수를 소개하겠다. 이는 임의의 소켓을 대상으로 이벤트 발생여부의 관찰을 명령할 때 사용하는 함수이다.

```
#include <winsock2.h>

int WSAEventSelect(SOCKET s, WSAEVENT hEventObject, long lNetworkEvents);

    ➡ 성공 시 0, 실패 시 SOCKET_ERROR 반환
```

- s   관찰대상인 소켓의 핸들 전달.
- hEventObject   이벤트 발생유무의 확인을 위한 Event 오브젝트의 핸들 전달.
- lNetworkEvents 감시하고자 하는 이벤트의 유형 정보전달.

즉, WSAEventSelect 함수는 매개변수 s에 전달된 핸들의 소켓에서 lNetworkEvents에 전달된 이벤트 중 하나가 발생하면, hEventObject에 전달된 핸들의 커널 오브젝트를 signaled 상태로 바꾸는 함수이다. 때문에 이 함수를 가리켜 다음과 같이 이야기하기도 한다.

"Event 오브젝트와 소켓을 연결하는 함수"

그리고 마지막으로 중요한 사실 하나는 WSAEventSelect 함수는 이벤트의 발생유무에 상관없이 바로 반환을 하는 함수이기 때문에 함수호출 이후에 다른 작업을 진행할 수 있다는 점이다. 즉, 이 함수는 비동기 Notification 방식을 취하고 있다. 그럼 이어서 위 함수에 세 번째 인자로 전달될 수 있는 이벤트의 종류에 대해서 살펴보겠다. 이들은 비트 OR 연산자를 통해서 둘 이상의 정보를 동시에 전달할 수 있다.

- **FD_READ**   수신할 데이터가 존재하는가?
- **FD_WRITE**   블로킹 없이 데이터 전송이 가능한가?
- **FD_OOB**   Out-of-band 데이터가 수신되었는가?
- **FD_ACCEPT**   연결요청이 있었는가?
- **FD_CLOSE**   연결의 종료가 요청되었는가?

이로써 WSAEventSelect 함수의 호출방법에 대해 설명하였다. 그런데 다음과 같이 질문하는 분들도 있을 것이다(이는 매우 좋은 질문이다).

"어? select 함수는 여러 소켓을 대상으로 호출이 가능한데, WSAEventSelect 함수는 단 하나의 소켓을 대상으로만 호출이 가능하네요!"

오! 그리고 보니 수의 개념으로만 보면 WSAEventSelect 함수가 조금 밀리는 듯 보인다. 하지만 WSAEventSelect 함수를 이용하면 다수의 소켓을 대상으로 WSAEventSelect 함수를 호출할 필요를 못 느낀다. select 함수는 반환되고 나면 이벤트의 발생확인을 위해서 또 다시 모든 핸들(파일 디스크립터)을 대상으로 재호출해야 되지만, WSAEventSelect 함수호출을 통해서 전달된 소켓의 정보는 운영체제에 등록이 되고, 이렇게 등록된 소켓에 대해서는 WSAEventSelect 함수의 재호출이 불필요하기 때문이다. 오히려 이는 select 함수에 비해서 WSAEventSelect 함수가 지니는 또 다른 장점이다.

참 고 ▶ **epoll과 WSAEventSelect**

바로 위에서, 한번 등록된 소켓에 대해서 WSAEventSelect 함수의 재호출이 불필요함을 설명하였는데, 이러한 특징은 리눅스 기반의 epoll에서 처음 설명하였다. 이 부분을 참조하면 이것이 어떠한 장점이 있는지 보다 상세히 알 수 있다.

간단히 WSAEventSelect 함수에 대해서 설명하였는데, 이 함수만 봐도 다음의 내용을 추가로 알아야 함을 알 수 있다.

- WSAEventSelect 함수의 두 번째 인자전달을 위한 Event 오브젝트의 생성방법

- WSAEventSelect 함수호출 이후의 이벤트 발생 확인방법

- 이벤트 발생이 확인된 경우, 발생된 이벤트의 유형을 확인하는 방법

위에 나열된 순서중간에 WSAEventSelect 함수호출의 과정만 삽입하면, 이는 서버의 구현순서와도 일치한다. 그럼 이어서 위의 세 가지에 대해서 이야기해 보겠다.

✚ 'manual-reset 모드 Event 오브젝트'의 또 다른 생성방법

이전에는 CreateEvent 함수를 이용해서 Event 오브젝트를 생성하였다. CreateEvent 함수는 Event 오브젝트를 생성하되, auto-reset 모드와 manual-reset 모드 중 하나를 선택해서 생성할 수 있는 함수였다. 그러나 여기서 필요한 것은 오로지 manual-reset 모드이면서 non-signaled 상태인 Event 오브젝트이다. 따라서 다음 함수를 이용해서 Event 오브젝트를 생성하는 것이 여러모로 편리하다.

```
#include <winsock2.h>

WSAEVENT WSACreateEvent(void);
    ➡ 성공 시 Event 오브젝트 핸들, 실패 시 WSA_INVALID_EVENT 반환
```

위의 선언에서 반환형 WSAEVENT는 다음과 같이 정의되어 있다.

```
#define WSAEVENT HANDLE
```

이렇듯 여러분이 잘 아는 커널 오브젝트의 핸들이 반환되는 것이니, 이를 다른 유형의 핸들로 구분 짓지 않기 바란다. 그리고 위의 함수를 통해서 생성된 Event 오브젝트의 종료를 위한 함수는 다음과 같이 별도로 마련되어 있으니, 이를 사용하기로 하자.

```
#include <winsock2.h>

BOOL WSACloseEvent(WSAEVENT hEvent);
    ➡ 성공 시 TRUE, 실패 시 FALSE 반환
```

+ 이벤트 발생유무의 확인

WSACreateEvent 함수에 대해서도 소개했으니, WSAEventSelect 함수의 호출에는 문제가 없다. 따라서 WSAEventSelect 함수호출 이후를 고민할 차례이다. 이벤트 발생유무의 확인을 위해서는 Event 오브젝트를 확인해야 한다. 이 때 사용하는 함수는 다음과 같다. 참고로 이는 매개변수가 하나 더 많다는 것을 제외하면, WaitForMultipleObjects 함수와 동일하다.

```
#include <winsock2.h>

DWORD WSAWaitForMultipleEvents(
    DWORD cEvents, const WSAEVENT* lphEvents, BOOL fWaitAll, DWORD dwTimeout, BOOL fAlertable);
```
→ 성공 시 이벤트 발생 오브젝트 관련정보, 실패 시 WSA_INVALID_EVENT 반환

● cEvents   signaled 상태로의 전이여부를 확인할 Event 오브젝트의 개수 정보 전달.

● lphEvents   Event 오브젝트의 핸들을 저장하고 있는 배열의 주소 값 전달.

● fWaitAll   TRUE 전달 시 모든 Event 오브젝트가 signaled 상태일 때 반환, FALSE 전달 시 하나만 signaled 상태가 되어도 반환.

● dwTimeout   1/1000초 단위로 타임아웃 지정, WSA_INFINITE 전달 시 signaled 상태가 될 때까지 반환하지 않는다.

● fAlertable   TRUE 전달 시, alertable wait 상태로의 진입(이는 다음 Chapter에서 설명한다).

● 반환 값   반환된 정수 값에서 상수 값 WSA_WAIT_EVENT_0를 빼면, 두 번째 매개변수로 전달된 배열을 기준으로, signaled 상태가 된 Event 오브젝트의 핸들이 저장된 인덱스가 계산된다. 만약에 둘 이상의 Event 오브젝트가 signaled 상태로 전이 되었다면, 그 중 작은 인덱스 값이 계산된다. 그리고 타임아웃이 발생하면 WAIT_TIMEOUT이 반환된다.

이는 소켓의 이벤트 발생에 의해서 Event 오브젝트가 signaled 상태가 되어야 반환하는 함수이므로 소켓의 이벤트 발생여부를 확인하기에 좋은 함수이다. 단, 전달할 수 있는 최대 Event 오브젝트의 핸들 수가 64개로 제한되어 있으니, 그 이상의 핸들을 관찰해야 한다면 쓰레드의 생성을 통한 확장을 시도하거나, 핸들을 저장하고 있는 배열을 구분해서 위 함수를 두 번 이상 호출하는 방법을 고민해야 한다.

> **참고** 　**최대 핸들의 수**
>
> WSAWaitForMultipleEvents 함수가 동시에 관찰할 수 있는 최대 Event 오브젝트의 수는 매크로의 형태로 정의되어 있는 상수 WSA_MAXIMUM_WAIT_EVENTS을 확인하면 알 수 있다. 그런데 이 값은 현재 64로 정의되어 있다. 때문에 최대 핸들의 수를 64개라고 한 것이다. 그러나 이 값은 변경될 가능성이 있다. 향후에 새로운 버전의 운영체제가 등장하면서 이 값은 바뀔 수 있으니, 단순하게 무조건 64개라고 생각하지 않았으면 좋겠다.

지금까지 설명한 WSAWaitForMultipleEvents 함수와 관련해서 한가지 의문이 생길 수 있다.

"WSAWaitForMultipleEvents 함수는 signaled 상태로 전이된 Event 오브젝트의 핸들정보 모두를 어떻게 알 수 있나요?"

결론부터 이야기하면 단 한번의 함수호출을 통해서 signaled 상태로 전이된 Event 오브젝트의 핸들정보 모두를 알 수는 없다. 이 함수가 반환하는 정보를 통해서 알 수 있는 것은 signaled 상태로 전이된 Event 오브젝트의 첫 번째(배열에 저장된 순서를 기준으로) 인덱스 값이 전부이기 때문이다. 하지만 여기서 생성하는 Event 오브젝트가 manual-reset 모드라는 사실을 참고하여 다음과 같은 방식으로 signaled 상태가 된 Event 오브젝트 모두를 확인할 수 있다.

```
int posInfo, startIdx, i;
. . . . .
posInfo=WSAWaitForMultipleEvents(numOfSock, hEventArray, FALSE, WSA_INFINITE, FALSE);
startIdx=posInfo-WSA_WAIT_EVENT_0;
. . . . .
for(i=startIdx; i<numOfSock; i++)
{
    int sigEventIdx=WSAWaitForMultipleEvents(1, &hEventArray[i], TRUE, 0, FALSE);
    . . . . .
}
```

위의 코드에서 반복문을 보자. 그러면 signaled 상태에 놓인 첫 번째 Event 오브젝트에서부터 마지막 Event 오브젝트까지 순서대로 하나씩, signaled 상태로의 전이여부를 확인하고 있음을 알 수 있다(타임아웃 정보로 0이 전달되었으니, 함수호출과 동시에 반환이 이뤄진다). 이는 Event 오브젝트가 manual-reset 모드이기 때문에 가능한 일이다. 즉, 비동기 Notification IO 모델에서 Event 오브젝트가 manual-reset 모드이어야 하는 이유를 위의 코드에서 보이고 있다.

⁺이벤트 종류의 구분

WSAWaitForMultipleEvents 함수를 통해서 signaled 상태로 전이된 Event 오브젝트까지 알아낼 수 있게 되었으니, 이제 마지막으로 해당 오브젝트가 signaled 상태가 된 원인을 확인해야 한다. 그리고 이를 위해서 다음 함수를 소개한다. 이 함수의 호출을 위해서는 signaled 상태의 Event 오브젝트 핸들뿐만 아니라, 이와 연결된(WSAEventSelect 함수호출에 의해), 이벤트 발생의 주체가 되는 소켓의 핸들도 필요하다.

```
#include <winsock2.h>

int WSAEnumNetworkEvents(
    SOCKET s, WSAEVENT hEventObject, LPWSANETWORKEVENTS lpNetworkEvents);

    → 성공 시 0, 실패 시 SOCKET_ERROR 반환
```

- s 이벤트가 발생한 소켓의 핸들 전달.
- hEventObject 소켓과 연결된(WSAEventSelect 함수호출에 의해), signaled 상태인 Event 오브젝트의 핸들 전달.
- lpNetworkEvents 발생한 이벤트의 유형정보와 오류정보로 채워질 WSANETWORKEVENTS 구조체 변수의 주소 값 전달.

위 함수는 manual-reset 모드의 Event 오브젝트를 non-signaled 상태로 되돌리기까지 하니, 발생한 이벤트의 유형을 확인한 다음에, 별도로 ResetEvent 함수를 호출할 필요가 없다. 자! 그럼 위 함수와 관련 있는 구조체 WSANETWORKEVENTS를 소개하겠다.

```
typedef struct _WSANETWORKEVENTS
{
    long lNetworkEvents;
    int iErrorCode[FD_MAX_EVENTS];
} WSANETWORKEVENTS, *LPWSANETWORKEVENTS;
```

위의 구조체 멤버 lNetworkEvents에는 발생한 이벤트의 정보가 담긴다. WSAEventSelect 함수의 세 번째 인자로 전달되는 상수와 마찬가지로 수신할 데이터가 존재하면 FD_READ가 저장되고, 연결요청이 있는 경우에는 FD_ACCEPT가 담긴다. 따라서 다음과 같은 방식으로 발생한 이벤트의 종류를 확인할 수 있다.

```
WSANETWORKEVENTS netEvents;
. . . . .
WSAEnumNetworkEvents(hSock, hEvent, &netEvents);
if(netEvents.lNetworkEvents & FD_ACCEPT)
{
    // FD_ACCEPT 이벤트 발생에 대한 처리
}
if(netEvents.lNetworkEvents & FD_READ)
{
    // FD_READ 이벤트 발생에 대한 처리
}
```

```
if(netEvents.lNetworkEvents & FD_CLOSE)
{
    // FD_CLOSE 이벤트 발생에 대한 처리
}
```

그리고 오류발생에 대한 정보는 구조체 멤버로 선언된 배열 iErrorCode에 담긴다(오류발생의 원인이 둘 이상 될 수 있기 때문에 배열로 선언되었다). 확인하는 방법을 정리하면 다음과 같다.

- 이벤트 FD_READ 관련 오류가 발생하면 iErrorCode[FD_READ_BIT]에 0 이외의 값 저장
- 이벤트 FD_WRITE 관련 오류가 발생하면 iErrorCode[FD_WRITE_BIT]에 0 이외의 값 저장

즉, 이를 다음과 같이 일반화해서 이해하면 된다.

"이벤트 FD_XXX 관련 오류가 발생하면 iErrorCode[FD_XXX_BIT]에 0 이외의 값 저장"

따라서 다음의 형태로 오류검사를 진행하면 된다.

```
WSANETWORKEVENTS netEvents;
. . . . .
WSAEnumNetworkEvents(hSock, hEvent, &netEvents);
. . . . .
if(netEvents.iErrorCode[FD_READ_BIT]!=0)
{
    // FD_READ 이벤트 관련 오류발생
}
```

그럼 이로써 비동기(Asynchronous) Notification IO 모델에 대한 설명을 마치고, 지금까지 이해한 내용을 모아서 하나의 예제를 작성해 보겠다.

참 고

원래 조금 고생스러운 부분입니다.

Asynchronous Notification IO 모델은 이해하는 것도, 적용하는 것도 부담스럽기 때문에 중간에 한숨이 나온 분들이 적지 않을 것이다. 함수의 호출관계도 복잡하고, 다른 모델과 비교해서 이해할 부분도 많기 때문이다. 하지만 누구나 겪는 과정이니, 즐겁게 받아들이면 좋겠다. 시간이 조금 더 필요할 뿐 누구나 이해할 수 있는 내용이다.

+비동기 Notification IO 모델의 에코 서버 구현

일단 이번에 소개할 에코 서버는 상대적으로 코드가 긴 편이다. 따라서 이를 여러 부분으로 나눠서 보이고자 한다.

❖ AsynNotiEchoServ_win.c One

```c
#include <stdio.h>
#include <string.h>
#include <winsock2.h>

#define BUF_SIZE 100

void CompressSockets(SOCKET hSockArr[], int idx, int total);
void CompressEvents(WSAEVENT hEventArr[], int idx, int total);
void ErrorHandling(char *msg);

int main(int argc, char *argv[])
{
    WSADATA wsaData;
    SOCKET hServSock, hClntSock;
    SOCKADDR_IN servAdr, clntAdr;

    SOCKET hSockArr[WSA_MAXIMUM_WAIT_EVENTS];
    WSAEVENT hEventArr[WSA_MAXIMUM_WAIT_EVENTS];
    WSAEVENT newEvent;
    WSANETWORKEVENTS netEvents;

    int numOfClntSock=0;
    int strLen, i;
    int posInfo, startIdx;
    int clntAdrLen;
    char msg[BUF_SIZE];

    if(argc!=2) {
        printf("Usage: %s <port>\n", argv[0]);
        exit(1);
    }
    if(WSAStartup(MAKEWORD(2, 2), &wsaData) != 0)
        ErrorHandling("WSAStartup() error!");
```

우선 일반적인 선언 및 초기화를 별도로 묶었다. 여기서는 특별히 이해할 내용이 없다. 다만 이후에 참조하는 변수들의 선언을 한데 묶어서 참조의 편의를 도왔다. 그럼 이어지는 코드를 제시하겠다.

```
    hServSock=socket(PF_INET, SOCK_STREAM, 0);
    memset(&servAdr, 0, sizeof(servAdr));
    servAdr.sin_family=AF_INET;
    servAdr.sin_addr.s_addr=htonl(INADDR_ANY);
    servAdr.sin_port=htons(atoi(argv[1]));

    if(bind(hServSock, (SOCKADDR*) &servAdr, sizeof(servAdr))==SOCKET_ERROR)
        ErrorHandling("bind() error");

    if(listen(hServSock, 5)==SOCKET_ERROR)
        ErrorHandling("listen() error");

    newEvent=WSACreateEvent();
    if(WSAEventSelect(hServSock, newEvent, FD_ACCEPT)==SOCKET_ERROR)
        ErrorHandling("WSAEventSelect() error");

    hSockArr[numOfClntSock]=hServSock;
    hEventArr[numOfClntSock]=newEvent;
    numOfClntSock++;
```

위의 코드에서는 클라이언트의 연결요청 수락을 위한 서버 소켓(리스닝 소켓)을 생성하고 있다. 그리고는 이를 대상으로 이벤트 FD_ACCEPT에 대해서 WSAEventSelect 함수를 호출하고 있다. 그런데 여기서 특히 관심을 둬야 할 부분은 아래의 두 문장이다.

```
    hSockArr[numOfClntSock]=hServSock;
    hEventArr[numOfClntSock]=newEvent;
```

이는 WSAEventSelect 함수호출을 통해서 연결되는 소켓과 Event 오브젝트의 핸들정보를 각각 배열 hSockArr과 hEventArr에 저장하는 코드이다. 그런데 이 둘의 관계는 유지가 되어야 한다. 다시 말해서 hSockArr[idx]에 저장된 소켓에 연결된 Event 오브젝트를 찾을 수 있어야 하고, 반대로 hEventArr[idx]에 저장된 Event 오브젝트에 연결된 소켓을 찾을 수 있어야 한다. 그래서 본 예제에서는 배열에 소켓과 Event 오브젝트의 핸들을 저장할 때 저장위치를 통일시키고 있다. 때문에 다음과 같은 공식은 항상 성립한다(항상 성립하게 코드를 작성해야 한다).

- hSockArr[n]에 저장된 소켓과 연결된 Event 오브젝트는 hEventArr[n]에 저장되어 있다.
- hEventArr[n]에 저장된 Event 오브젝트와 연결된 소켓은 hSockArr[n]에 저장되어 있다.

그럼 위 코드에 이어지는 다음 while문을 보자. 이 부분이 앞서 우리가 공부한 내용의 대부분을 차지한다. 특히 부분적으로 'signaled 상태로 전이된 Event 오브젝트의 핸들정보를 확인하는 방법', '발생한 이벤트의 종류를 확인하는 방법', '오류검사를 진행하는 방법'을 설명하였으니, 이 내용을 토대로 아래의 코드를 분석하기 바란다.

❖ AsynNotiEchoServ_win.c Three

```c
    while(1)
    {
        posInfo=WSAWaitForMultipleEvents(
            numOfClntSock, hEventArr, FALSE, WSA_INFINITE, FALSE);
        startIdx=posInfo-WSA_WAIT_EVENT_0;

        for(i=startIdx; i<numOfClntSock; i++)
        {
            int sigEventIdx=
                WSAWaitForMultipleEvents(1, &hEventArr[i], TRUE, 0, FALSE);
            if((sigEventIdx==WSA_WAIT_FAILED || sigEventIdx==WSA_WAIT_TIMEOUT))
            {
                continue;
            }
            else
            {
                sigEventIdx=i;
                WSAEnumNetworkEvents(
                    hSockArr[sigEventIdx], hEventArr[sigEventIdx], &netEvents);
                if(netEvents.lNetworkEvents & FD_ACCEPT) // 연결요청 시
                {
                    if(netEvents.iErrorCode[FD_ACCEPT_BIT]!=0)
                    {
                        puts("Accept Error");
                        break;
                    }
                    clntAdrLen=sizeof(clntAdr);
                    hClntSock=accept(
                        hSockArr[sigEventIdx], (SOCKADDR*)&clntAdr, &clntAdrLen);
                    newEvent=WSACreateEvent();
                    WSAEventSelect(hClntSock, newEvent, FD_READ|FD_CLOSE);

                    hEventArr[numOfClntSock]=newEvent;
                    hSockArr[numOfClntSock]=hClntSock;
                    numOfClntSock++;
                    puts("connected new client...");
                }

                if(netEvents.lNetworkEvents & FD_READ) // 데이터 수신 시
                {
                    if(netEvents.iErrorCode[FD_READ_BIT]!=0)
                    {
                        puts("Read Error");
                        break;
                    }
```

```
                            strLen=recv(hSockArr[sigEventIdx], msg, sizeof(msg), 0);
                            send(hSockArr[sigEventIdx], msg, strLen, 0);
                        }

                        if(netEvents.lNetworkEvents & FD_CLOSE) // 종료 요청 시
                        {
                            if(netEvents.iErrorCode[FD_CLOSE_BIT]!=0)
                            {
                                puts("Close Error");
                                break;
                            }
                            WSACloseEvent(hEventArr[sigEventIdx]);
                            closesocket(hSockArr[sigEventIdx]);

                            numOfClntSock--;
                            CompressSockets(hSockArr, sigEventIdx, numOfClntSock);
                            CompressEvents(hEventArr, sigEventIdx, numOfClntSock);
                        }
                    }
                }
            }
        WSACleanup();
        return 0;
} // end of main function
```

이제 마지막으로 위의 소스코드에서 호출하는 두 함수 CompressSockets와 CompressEvents를 보이겠다.

❖ AsynNotiEchoServ_win.c Four

```
void CompressSockets(SOCKET hSockArr[], int idx, int total)
{
    int i;
    for(i=idx; i<total; i++)
        hSockArr[i]=hSockArr[i+1];
}

void CompressEvents(WSAEVENT hEventArr[], int idx, int total)
{
    int i;
    for(i=idx; i<total; i++)
        hEventArr[i]=hEventArr[i+1];
}
```

```
void ErrorHandling(char *msg)
{
    fputs(msg, stderr);
    fputc('\n', stderr);
    exit(1);
}
```

위의 두 함수는(Compress...로 시작하는) 연결이 종료되어서 소켓, 그리고 이와 연결된 Event 오브젝트의 핸들정보를 배열에서 삭제할 때 호출하는 함수이다. 배열의 빈 공간을 채우기 위해서 호출이 되며, 둘 다 함께 호출이 되어야 소켓과 Event 오브젝트의 관계를 계속 유지할 수 있다.

자! 이렇게 해서 코드분석이 끝났으니, 이제 실행결과를 확인할 차례이다. 그런데 이전에 보인 에코 서버, 에코 클라이언트의 실행결과와 차이가 없으니, 이를 별도로 싣지는 않겠다. 그리고 위 예제는 어떠한 에코 클라이언트와도 잘 동작하니, 윈도우 기반으로 구현된 에코 클라이언트와 함께 실행하기 바란다.

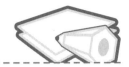
01. 동기 입출력과 비동기 입출력이 무엇인지, send & recv 함수를 기준으로 설명해보자. 그리고 동기 입출력의 단점은 무엇이고 이것이 비동기 입출력을 통해서 어떻게 해결이 되는지도 함께 설명하자.

02. 모든 경우에 있어서 비동기 입출력이 최선의 선택이 될 수는 없다. 그렇다면 비동기 입출력의 단점은 무엇인가? 그리고 어떠한 경우에 동기 입출력이 좋은 선택이 될 수 있겠는가? 이에 대한 답을 내리기 위해서 비동기 입출력 관련 소스코드를 참고하기 바라며, 쓰레드와 관련해서도 여러분의 의견을 제시하기 바란다.

03. select 방식과 관련된 다음 설명이 맞으면 O, 틀리면 X를 표시해보자.
- select 방식은 호출된 함수의 반환을 통해서 IO 관련 이벤트의 발생을 알리니, Notification IO 모델이라 할 수 있다.　(　　)
- select 방식은 IO 관련 이벤트의 발생시점과 호출된 함수의 반환시점이 일치하기 때문에 비동기 모델이 아니다.　(　　)
- WSAEventSelect 함수는 select 방식의 비동기 모델이라 할 수 있다. IO 관련 이벤트의 발생을 비동기의 형태로 알리기 때문이다.　(　　)

04. select 함수를 이용하는 방식과 WSAEventSelect 함수를 이용하는 방식의 차이점을 소스코드의 관점에서 설명해보자.

05. Chapter 17에서 소개한 epoll은 엣지 트리거 모드와 레벨 트리거 모드로 동작한다. 그렇다면 이 중에서 비동기 입출력이 잘 어울리는 모드는 무엇인가? 그리고 그 이유는 또 무엇인가? 이와 관련해서 포괄적인 답을 해보자.

06. 리눅스의 epoll 역시 비동기 입출력 모델이라 할 수 있다. 그렇다면 이를 비동기 입출력 모델이라 할 수 있는 이유에 대해서 설명해 보자.

07. WSAWaitForMultipleEvents 함수가 관찰할 수 있는 최대 핸들의 수는 어떻게 확인이 가능한가? 이의 확인을 위한 코드를 작성해서, 이 값을 실제로 확인해보자.

08. 비동기 Notification IO 모델에서 Event 오브젝트가 manual-reset 모드이어야 하는 이유를 설명해보자.

09. 이번 Chapter에서 설명한 비동기 Notification IO 모델을 바탕으로 채팅 서버를 구현해보자. 이 채팅 서버는 Chapter 20에서 소개한 채팅 클라이언트인 예제 chat_clnt_win.c와 함께 동작이 가능해야 한다.

Overlapped IO 모델

이번 Chapter에서 설명하는 Overlapped IO 역시 비동기 (Asynchronous)와 관계가 깊다. 따라서 이전 Chapter에서 설명한 비동기의 의미가 불분명하다면, 이를 확실히 이해하고, 다양한 상황과 환경에서 동기와 비동기를 구분할 수 있는 능력을 갖추는 것이 우선임을 기억하자!

22-1 : Overlapped IO 모델의 이해

Chapter 21에서 비동기로 처리되었던 것은 IO가 아닌 'Notification(알림)'이었다. 그러나 여기서는 IO를 비동기로 처리하는 방법에 대해서 설명한다. 이 둘의 차이점과 각각의 장점을 명확히 구분할 수 있어야 다음 Chapter에서 설명하는 IOCP라는 것을 쉽게 공부할 수 있다.

⁺IO(입출력)의 중첩이란?

사실 IO의 중첩이라는 것이 여러분에게 생소한 개념은 아니다. 여러분은 이미 비동기 IO가 무엇인지 알고 있지 않은가? Chapter 21의 그림 21-2를 통해서 필자가 비동기 IO 모델을 설명하였다. 그런데 바로 이 비동기 IO가 사실상 Overlapped(중첩된) IO나 다름이 없다. 그럼 필자가 Overlapped IO를 설명할 테니, 여러분이 직접 판단해보겠는가? 정말로 비동기 IO가 Overlapped IO와 다름이 없는지를 말이다. 다음 그림은 Overlapped IO가 무엇인지를 보이고 있다.

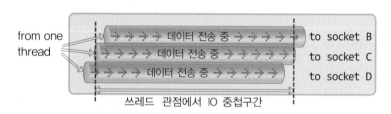

▶ 그림 22-1: Overlapped IO 모델

위 그림에서 보이듯이, 하나의 쓰레드 내에서 동시에 둘 이상의 영역으로 데이터를 전송(또는 수신)함으로 인해서, 입출력이 중첩되는 상황을 가리켜 'IO의 중첩'이라 한다. 그리고 이러한 일이 가능 하려면 호출된 입출력 함수가 바로 반환을 해야 한다. 그래야 두 번째, 세 번째 데이터 전송을 시도할 수 있기 때문이다. 결과적으로 위의 모델로 데이터를 송수신하는데 있어서 핵심이 되는 사항은 '비동기 IO'이다. 그리고 비동기 IO가 가능 하려면 호출되는 입출력 함수는 넌-블로킹 모드로 동작해야 한다.

자! 이제 여러분이 판단할 차례이다. '비동기 IO'와 'Overlapped IO'에 차이가 있는가? 차이가 있다고 말해도 좋고 차이가 없다고 말해도 좋다. 중요한 것은 이 둘의 관계를 이해하는 것이다. 비동기 방식으로 IO를 진행하는 경우, 이번 Chapter에서 소개하는 방식을 사용하지 않더라도 위 그림의 형태로 입출력을 구성할 수 있기 때문에, 필자는 이 둘을 군이 구분할 필요가 없다고 말하는 것이다.

⁺이번 Chapter에서 말하는 Overlapped IO의 포커스는 IO에 있지 않습니다!

비동기 IO와 Overlapped IO를 비교 이해하였으니, 이번 Chapter에서 설명하려는 것을 이론적으로나마 다 이해한 것처럼 생각할 수 있다. 하지만 우리는 아직 Overlapped IO를 시작조차 하지 않았다. 윈도우에서 말하는 Overlapped IO의 포커스는 IO가 아닌, IO가 완료된 상황의 확인방법에 있기 때문이다. 생각해보자! 입력을 하건 출력을 하건, 이들이 넌-블로킹 모드로 진행된다면, 이후에 완료결과를 별도로 확인해야 한다. 그런데 이의 확인방법에 대해 아는 바가 없지 않은가? 이의 확인을 위해서는 별도의 과정을 거쳐야 하는데, 이를 바로 이번 Chapter에서 이야기하려는 것이다. 즉, 윈도우에서 말하는 Overlapped IO는 그림 22-1에서 보이는 방식으로의 입출력만을 뜻하는 것이 아니고(이건 기본이고), 입출력의 완료를 확인하는 방법까지 포함한 것이다.

> **참고** 이후부터 말하는 Overlapped IO
>
> 필자가 지금 이후부터 'Overlapped IO'라는 표현을 사용하면, 이는 그림 22-1에서 보이는 IO의 모델만이 아닌(다시 한번 말하지만 이건 기본이다), 입출력의 완료를 확인하는 방법까지 포함한, 윈도우의 Overlapped IO 모델을 함께 뜻하는 것으로 이해하기 바란다.

⁺Overlapped IO 소켓의 생성

일단 제일먼저 할 일은 Overlapped IO에 적합한 소켓을 생성하는 일이다. 그리고 이를 위해서는 다음 함수를 이용해야 한다.

```
#include <winsock2.h>

SOCKET WSASocket(
  int af, int type, int protocol, LPWSAPROTOCOL_INFO lpProtocolInfo, GROUP g, DWORD dwFlags);
```
→ 성공 시 소켓의 핸들, 실패 시 INVALID_SOCKET 반환

● af	프로토콜 체계 정보 전달.
● type	소켓의 데이터 전송방식에 대한 정보 전달.
● protocol	두 소켓 사이에 사용되는 프로토콜 정보 전달.
● lpProtocolInfo	생성되는 소켓의 특성 정보를 담고 있는 WSAPROTOCOL_INFO 구조체 변수의 주소 값 전달, 필요 없는 경우 NULL 전달.
● g	함수의 확장을 위해서 예약되어 있는 매개변수, 따라서 0 전달.
● dwFlags	소켓의 속성정보 전달.

이 중에서 세 번째 매개변수까지는 여러분이 잘 아는 것이다. 그리고 네 번째 매개변수와 다섯 번째 매개변수는 지금 우리가 하려는 일과 관계가 없으니, 각각 NULL과 0을 전달하기로 하자. 끝으로, 마지막 매개변수에는 WSA_FLAG_OVERLAPPED를 전달해서, 생성되는 소켓에 Overlapped IO가 가능한 속성을 부여하자. 정리하면, 다음과 같이 소켓을 생성하면 이번 Chapter에서 소개하는 Overlapped IO가 가능한 넌-블로킹 모드의 소켓이 생성된다.

```
WSASocket(PF_INET, SOCK_STREAM, 0, NULL, 0, WSA_FLAG_OVERLAPPED);
```

⁺Overlapped IO를 진행하는 WSASend 함수

Overlapped IO 속성이 부여된 소켓의 생성 이후에 진행되는 두 소켓간의(서버, 클라이언트간의) 연결 과정은 일반소켓의 연결과정과 차이가 없다. 그러나 데이터의 입출력에 사용되는 함수는 달리해야 한다. 우선 Overlapped IO에 사용할 수 있는 데이터 출력함수를 먼저 보이겠다.

```
#include <winsock2.h>

int WSASend(
    SOCKET s, LPWSABUF lpBuffers, DWORD dwBufferCount,
    LPDWORD lpNumberOfBytesSent, DWORD dwFlags, LPWSAOVERLAPPED lpOverlapped,
    LPWSAOVERLAPPED_COMPLETION_ROUTINE lpCompletionRoutine);

    → 성공 시 0, 실패 시 SOCKET_ERROR 반환
```

s	소켓의 핸들 전달, Overlapped IO 속성이 부여된 소켓의 핸들 전달 시 Overlapped IO 모델로 출력 진행.
lpBuffers	전송할 데이터 정보를 지니는 WSABUF 구조체 변수들로 이뤄진 배열의 주소 값 전달.
dwBufferCount	두 번째 인자로 전달된 배열의 길이정보 전달.
lpNumberOfBytesSent	전송된 바이트 수가 저장될 변수의 주소 값 전달(이는 잠시 후 별도로 설명).
dwFlags	함수의 데이터 전송특성을 변경하는 경우에 사용, 예로 MSG_OOB를 전달하면 OOB 모드 데이터 전송.
lpOverlapped	WSAOVERLAPPED 구조체 변수의 주소 값 전달, Event 오브젝트를 사용해서 데이터 전송의 완료를 확인하는 경우에 사용되는 매개변수
lpCompletionRoutine	Completion Routine이라는 함수의 주소 값 전달, 이를 통해서도 데이터 전송의 완료를 확인할 수 있다.

이어서 위 함수의 두 번째 인자로 전달되는 주소 값의 구조체를 소개하겠다. 이 구조체에는 전송할 데이터를 담고 있는 버퍼의 주소 값과 크기정보를 저장할 수 있도록 정의되어 있다.

```
typedef struct __WSABUF
{
    u_long len;     // 전송할 데이터의 크기
    char FAR* buf; // 버퍼의 주소 값
} WSABUF, *LPWSABUF;
```

그럼 구조체까지 설명하였으니, 위 함수의 호출형태를 간단히 보이겠다. 위 함수를 이용해서 데이터를 전송할 때에는 다음의 형태로 코드를 구성해야 한다.

```
WSAEVENT event;
WSAOVERLAPPED overlapped;
WSABUF dataBuf;
char buf[BUF_SIZE]={"전송할 데이터"};
int recvBytes=0;
. . . . .
event=WSACreateEvent();
memset(&overlapped, 0, sizeof(overlapped)); // 모든 비트 0으로 초기화!
overlapped.hEvent=event;
dataBuf.len=sizeof(buf);
dataBuf.buf=buf;
WSASend(hSocket, &dataBuf, 1, &recvBytes, 0, &overlapped, NULL);
. . . . .
```

위의 WSASend 함수호출에서 세 번째 인자가 1인 이유는 두 번째 인자로 전달된, 전송할 데이터를 담고 있는 버퍼의 정보가 하나이기 때문이다. 그리고 나머지 불필요한 인자에 대해서는 NULL, 또는 0를 전달하였는데, 여기서 여섯 번째 매개변수와 일곱 번째 매개변수에 특히 주목하기 바란다(각각에 대한 구체적인 설명은 잠시 후에 별도로 진행한다. 그래도 주목해야 한다는 사실만이라도 기억해 달라!). 여섯 번째 인자로 전달된 구조체 WSAOVERLAPPED은 다음과 같이 정의되어 있다.

```
typedef struct _WSAOVERLAPPED
{
    DWORD Internal;
    DWORD InternalHigh;
    DWORD Offset;
    DWORD OffsetHigh;
    WSAEVENT hEvent;
} WSAOVERLAPPED, *LPWSAOVERLAPPED;
```

이 중에서 멤버 Internal, InternalHigh는 Overlapped IO가 진행되는 과정에서 운영체제 내부적으로 사용되는 멤버이고, 멤버 Offset, OffsetHigh 역시 사용이 예약되어 있는 멤버이다. 때문에 여러분이 실제로 관심을 둘 멤버는 hEvent가 전부이다. 이에 대한 활용방법도 잠시 후에 설명하기로 하고, 한가지만 더 이야기하고 다음으로 넘어가겠다.

> "Overlapped IO를 진행하려면 WSASend 함수의 매개변수 lpOverlapped에는 항상 NULL이 아닌, 유효한 구조체 변수의 주소 값을 전달해야 한다."

만약에 lpOverlapped에 NULL이 전달되면, WSASend 함수의 첫 번째 인자로 전달된 핸들의 소켓은 블로킹 모드로 동작하는 일반적인 소켓으로 간주된다. 그리고 다음 사실도 기억하기 바란다. 이 사실을 몰라서 고생하는 경우가 많으니 말이다.

> "WSASend 함수호출을 통해서 동시에 둘 이상의 영역으로 데이터를 전송하는 경우에는 여섯 번째 인자로 전달되는 WSAOVERLAPPED 구조체 변수를 각각 별도로 구성해야 한다."

이는 WSAOVERLAPPED 구조체 변수가 Overlapped IO의 진행과정에서 운영체제에 의해 참조되기 때문이다.

✛ WSASend 함수와 관련해서 한가지 더!

앞서 WSASend 함수의 매개변수 lpNumberOfBytesSent를 통해서는 전송된 데이터의 크기가 저장된다고 설명했는데, 이 부분이 좀 이상하지 않은가?

> "WSASend 함수가 호출되자마자 반환하는데, 어떻게 전송된 데이터의 크기가 저장되나요?"

사실 WSASend 함수라고 해서 무조건 함수의 반환과 데이터의 전송완료 시간이 불일치 하는 것은 아니다. 출력버퍼가 비어있고, 전송하는 데이터의 크기가 크지 않다면, 함수호출과 동시에 데이터의 전송이 완료될 수도 있다. 그리고 이러한 경우에는 WSASend 함수가 0을 반환하고, 매개변수 lpNumberOfBytesSent로 전달된 주소의 변수에는 실제 전송된 데이터의 크기정보가 저장된다. 반면 호출된 WSASend 함수가 반환을 한 다음에도 계속해서 데이터의 전송이 이뤄지는 상황이라면 WSASend 함수는 SOCKET_ERROR를 반환하고, WSAGetLastError 함수호출을 통해서(잠시 후 별도로 설명한다) 확인 가능한 오류코드로는 WSA_IO_PENDING이 등록된다. 그리고 이 경우에는 다음 함수호출을 통해서 실제 전송된 데이터의 크기를 확인해야 한다.

```
#include <winsock2.h>

BOOL WSAGetOverlappedResult(
    SOCKET s, LPWSAOVERLAPPED lpOverlapped, LPDWORD lpcbTransfer, BOOL fWait, LPDWORD lpdwFlags);
    ➔ 성공 시 TRUE, 실패 시 FALSE 반환
```

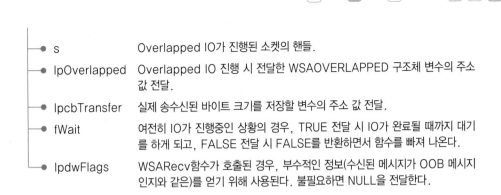

s	Overlapped IO가 진행된 소켓의 핸들.
lpOverlapped	Overlapped IO 진행 시 전달한 WSAOVERLAPPED 구조체 변수의 주소 값 전달.
lpcbTransfer	실제 송수신된 바이트 크기를 저장할 변수의 주소 값 전달.
fWait	여전히 IO가 진행중인 상황의 경우, TRUE 전달 시 IO가 완료될 때까지 대기를 하게 되고, FALSE 전달 시 FALSE를 반환하면서 함수를 빠져 나온다.
lpdwFlags	WSARecv함수가 호출된 경우, 부수적인 정보(수신된 메시지가 OOB 메시지인지와 같은)를 얻기 위해 사용된다. 불필요하면 NULL을 전달한다.

참고로 이 함수는 데이터의 전송결과뿐만 아니라, 데이터 수신결과의 확인에도 사용되는 함수이다. 그리고 예제 확인에 앞서 너무 긴 설명이 진행되면 쉽게 지칠 수 있으니, 이 함수의 사용방법은 잠시 후에 소개하는 예제를 통해서 확인하기로 하겠다.

⁺Overlapped IO를 진행하는 WSARecv 함수

WSASend 함수를 잘 이해했다면, WSARecv 함수는 쉽게 이해할 수 있다. 왜냐하면 기능적으로 데이터를 전송하느냐 수신하느냐에 대한 차이만 있고, 나머지는 동일하기 때문이다.

```c
#include <winsock2.h>

int WSARecv(
    SOCKET s, LPWSABUF lpBuffers, DWORD dwBufferCount,
    LPDWORD lpNumberOfBytesRecvd, LPDWORD lpFlags, LPWSAOVERLAPPED lpOverlapped,
    LPWSAOVERLAPPED_COMPLETION_ROUTINE lpCompletionRoutine
);
```
➡ 성공 시 0, 실패 시 SOCKET_ERROR 반환

s	Overlapped IO 속성이 부여된 소켓의 핸들 전달.
lpBuffers	수신된 데이터 정보가 저장될 버퍼의 정보를 지니는 WSABUF 구조체 배열의 주소 값 전달.
dwBufferCount	두 번째 인자로 전달된 배열의 길이정보 전달.
lpNumberOfBytesRecvd	수신된 데이터의 크기정보가 저장될 변수의 주소 값 전달.
lpFlags	전송특성과 관련된 정보를 지정하거나 수신하는 경우에 사용된다.
lpOverlapped	WSAOVERLAPPED 구조체 변수의 주소 값 전달.
lpCompletionRoutine	Completion Routine이라는 함수의 주소 값 전달.

위 함수의 사용방법도 잠시 후에 소개하는 예제를 통해서 확인하기로 하고, 일단은 이 정도로 설명을 마치고자 한다.

지금까지 설명한 내용은 Overlapped IO 기반의 데이터 입출력 방법이었다. 그러나 이후에 설명하는 내용은 IO의 완료 및 결과를 확인하는 방법이다.

이해하고 넘어가세요! **Gather/Scatter IO**

여러 버퍼에 존재하는 데이터를 모아서 한번에 전송하고(Gather 출력), 수신된 데이터를 여러 버퍼에 나눠서 저장하는(Scatter 입력)것을 가리켜 Gather/Scatter IO라 한다. Chapter 13에서 소개한 writev & readv 함수를 기억하는가? 이들이 Gather/Scatter IO 기능을 지니는 함수들이다. 그러나 이 함수들은 윈도우에 정의되어 있지 않다. 하지만 Overlapped IO에서 사용하는 WSASend와 WSARecv 함수를 사용하면 이러한 일들이 가능하다. 조금 전에 이 두 함수에 대해서 살펴보았는데, 이 두 함수의 두 번째 인자와 세 번째 인자를 주의 깊게 살펴보면, 이러한 Gather/Scatter IO가 가능함을 쉽게 알 수 있을 것이다.

22-2 ; Overlapped IO에서의 입출력 완료의 확인

Overlapped IO에서 입출력의 완료 및 결과를 확인하는 방법에는 두 가지가 있다. 그 두 가지는 다음과 같다.

• WSASend, WSARecv 함수의 여섯 번째 매개변수 활용 방법, Event 오브젝트 기반

- WSASend, WSARecv 함수의 일곱 번째 매개변수 활용 방법, Completion Routine 기반

이 둘을 이해해야 윈도우에서 말하는 Overlapped IO를 이해하는 셈이 된다(사실 위에서 설명한 내용보다도 이것이 더 핵심이다). 그럼 먼저 여섯 번째 매개변수를 활용하는 방법부터 소개를 하겠다.

Event 오브젝트 사용하기

WSASend, WSARecv 함수의 여섯 번째 인자로 전달되는 WSAOVERLAPPED 구조체 변수에 대해서는 앞서 설명하였으니, 예제를 보이는 것이 우선일 듯 하다. 그럼 예제를 통해서 다음 두 가지 사실을 확인하기 바란다.

- IO가 완료되면 WSAOVERLAPPED 구조체 변수가 참조하는 Event 오브젝트가 signaled 상태가 된다.
- IO의 완료 및 결과를 확인하려면 WSAGetOverlappedResult 함수를 사용한다.

참고로 아래의 예제는 지금까지 설명한 내용을 정리할 수 있는 수준의 예제일 뿐이다. 그러니 이 예제를 바탕으로 Overlapped IO의 장점을 부각시키는 예제를 별도로 작성하는 기회를 가져보기 바란다.

❖ OverlappedSend_win.c

```
1.   #include <stdio.h>
2.   #include <stdlib.h>
3.   #include <winsock2.h>
4.   void ErrorHandling(char *msg);
5.
6.   int main(int argc, char *argv[])
7.   {
8.       WSADATA wsaData;
9.       SOCKET hSocket;
10.      SOCKADDR_IN sendAdr;
11.
12.      WSABUF dataBuf;
13.      char msg[]="Network is Computer!";
14.      int sendBytes=0;
15.
16.      WSAEVENT evObj;
17.      WSAOVERLAPPED overlapped;
18.
19.      if(argc!=3) {
20.          printf("Usage: %s <IP> <port>\n", argv[0]);
21.          exit(1);
22.      }
23.      if(WSAStartup(MAKEWORD(2, 2), &wsaData)!=0)
```

```
24.        ErrorHandling("WSAStartup() error!");
25.
26.    hSocket=WSASocket(PF_INET, SOCK_STREAM, 0, NULL, 0, WSA_FLAG_OVERLAPPED);
27.    memset(&sendAdr, 0, sizeof(sendAdr));
28.    sendAdr.sin_family=AF_INET;
29.    sendAdr.sin_addr.s_addr=inet_addr(argv[1]);
30.    sendAdr.sin_port=htons(atoi(argv[2]));
31.
32.    if(connect(hSocket, (SOCKADDR*)&sendAdr, sizeof(sendAdr))==SOCKET_ERROR)
33.        ErrorHandling("connect() error!");
34.
35.    evObj=WSACreateEvent();
36.    memset(&overlapped, 0, sizeof(overlapped));
37.    overlapped.hEvent=evObj;
38.    dataBuf.len=strlen(msg)+1;
39.    dataBuf.buf=msg;
40.
41.    if(WSASend(hSocket, &dataBuf, 1, &sendBytes, 0, &overlapped, NULL)
42.        ==SOCKET_ERROR)
43.    {
44.        if(WSAGetLastError()==WSA_IO_PENDING)
45.        {
46.            puts("Background data send");
47.            WSAWaitForMultipleEvents(1, &evObj, TRUE, WSA_INFINITE, FALSE);
48.            WSAGetOverlappedResult(hSocket, &overlapped, &sendBytes, FALSE, NULL);
49.        }
50.        else
51.        {
52.            ErrorHandling("WSASend() error");
53.        }
54.    }
55.
56.    printf("Send data size: %d \n", sendBytes);
57.    WSACloseEvent(evObj);
58.    closesocket(hSocket);
59.    WSACleanup();
60.    return 0;
61. }
62.
63. void ErrorHandling(char *msg)
64. {
65.    fputs(msg, stderr);
66.    fputc('\n', stderr);
67.    exit(1);
68. }
```

해설

- 35~39행: Event 오브젝트의 생성 및 전송할 데이터의 버퍼정보 초기화의 과정을 거치고 있다.
- 41행: 이 문장에서 호출하는 WSASend 함수가 SOCKET_ERROR를 반환하지 않으면, 데이터 전송이 완료된 상황이니, 변수 sendBytes에 채워진 값이 의미를 갖는다.
- 44행: 41행에서 호출된 WSASend 함수가 SOCKET_ERROR를 반환하고, 44행에서 호출된 WSAGetLastError 함수가 WSA_IO_PENDING을 반환하는 경우는, 데이터의 전송이 완료되지는 않았지만 계속해서 진행중인 상태이다. 따라서 이 경우에는 변수 sendBytes 에 채워진 값은 별 의미가 없다.
- 47, 48: 데이터 전송이 완료되면 37행을 통해서 등록된 Event 오브젝트가 signaled 상태가 되므로, 47행의 함수호출을 통해서 데이터 전송의 완료를 기다릴 수 있다. 그리고 데이터 의 전송완료가 확인되면 48행의 함수호출을 통해서는 전송결과를 확인할 수 있다.

참고로 위 예제 44행에서 호출한 WSAGetLastError 함수는 다음과 같이 정의되어 있어서, 소켓관련 함수가 호출된 이후에 발생하는 오류의 원인정보를 반환한다.

```
#include <winsock2.h>

int WSAGetLastError(void);
```
➡ 오류상황에 대한 상태 값(오류의 원인을 알리는 값) 반환

위 예제에서도 이 함수가 반환한 값 WSA_IO_PENDING을 통해서 WSASend 함수의 호출결과가 오 류상황이 아닌, 완료되지 않은(Pending 된) 상황임을 확인할 수 있었다. 그럼 이어서 위 예제와 함께 동작하는 Receiver를 보이겠다. 참고로 이 예제 역시 기본적인 구성은 앞서 보인 Sender와 유사하다.

❖ OverlappedRecv_win.c

```
1.    #include <stdio.h>
2.    #include <stdlib.h>
3.    #include <winsock2.h>
4.
5.    #define BUF_SIZE 1024
6.    void ErrorHandling(char *message);
7.
8.    int main(int argc, char* argv[])
9.    {
10.       WSADATA wsaData;
11.       SOCKET hLisnSock, hRecvSock;
12.       SOCKADDR_IN lisnAdr, recvAdr;
13.       int recvAdrSz;
```

```
14.
15.     WSABUF dataBuf;
16.     WSAEVENT evObj;
17.     WSAOVERLAPPED overlapped;
18.
19.     char buf[BUF_SIZE];
20.     int recvBytes=0, flags=0;
21.     if(argc!=2) {
22.         printf("Usage : %s <port>\n", argv[0]);
23.         exit(1);
24.     }
25.     if(WSAStartup(MAKEWORD(2, 2), &wsaData)!=0)
26.         ErrorHandling("WSAStartup() error!");
27.
28.     hLisnSock=WSASocket(PF_INET, SOCK_STREAM, 0, NULL, 0, WSA_FLAG_OVERLAPPED);
29.     memset(&lisnAdr, 0, sizeof(lisnAdr));
30.     lisnAdr.sin_family=AF_INET;
31.     lisnAdr.sin_addr.s_addr=htonl(INADDR_ANY);
32.     lisnAdr.sin_port=htons(atoi(argv[1]));
33.
34.     if(bind(hLisnSock, (SOCKADDR*) &lisnAdr, sizeof(lisnAdr))==SOCKET_ERROR)
35.         ErrorHandling("bind() error");
36.     if(listen(hLisnSock, 5)==SOCKET_ERROR)
37.         ErrorHandling("listen() error");
38.
39.     recvAdrSz=sizeof(recvAdr);
40.     hRecvSock=accept(hLisnSock, (SOCKADDR*)&recvAdr,&recvAdrSz);
41.
42.     evObj=WSACreateEvent();
43.     memset(&overlapped, 0, sizeof(overlapped));
44.     overlapped.hEvent=evObj;
45.     dataBuf.len=BUF_SIZE;
46.     dataBuf.buf=buf;
47.
48.     if(WSARecv(hRecvSock, &dataBuf, 1, &recvBytes, &flags, &overlapped, NULL)
49.         ==SOCKET_ERROR)
50.     {
51.         if(WSAGetLastError()==WSA_IO_PENDING)
52.         {
53.             puts("Background data receive");
54.             WSAWaitForMultipleEvents(1, &evObj, TRUE, WSA_INFINITE, FALSE);
55.             WSAGetOverlappedResult(hRecvSock, &overlapped, &recvBytes, FALSE, NULL);
56.         }
57.         else
58.         {
59.             ErrorHandling("WSARecv() error");
60.         }
```

```
61.    }
62.
63.    printf("Received message: %s \n", buf);
64.    WSACloseEvent(evObj);
65.    closesocket(hRecvSock);
66.    closesocket(hLisnSock);
67.    WSACleanup();
68.    return 0;
69. }
70.
71. void ErrorHandling(char *message)
72. {
73.    // 예제 OverlappedSend_win.c의 ErrorHandling 함수와 동일
74. }
```

해 설

- 48행: WSARecv 함수가 SOCKET_ERROR를 반환하지 않으면, 데이터의 수신이 완료된 상황이다. 따라서 변수 recvBytes에 저장된 값은 의미를 갖는다.
- 51행: WSARecv 함수가 SOCKET_ERROR를 반환하고, WSAGetLastError 함수가 WSA_IO_PENDING을 반환하면 데이터의 수신이 진행중인 상황이다.
- 54, 55행: 54행의 함수호출을 통해서 데이터의 수신완료를 확인하고 있으며, 55행의 함수호출을 통해서 데이터의 수신결과를 확인하고 있다.

예제 OverlappedSend_win.c의 분석을 완료하였다면, 위의 Receiver 코드는 쉽게 분석할 수 있었을 것이다. 그럼 이어서 실행결과를 보이겠는데, 참고로 한대의 컴퓨터상에서 Sender와 Receiver를 동시에 실행시키면 많은 양의 데이터를 송수신한다 해도 IO의 Pending 상황을(IO가 완료되지 않은 상황을) 쉽게 확인할 수 없다. 그러니 여러분은 실행결과를 관찰하기보다, 위 예제에서 보이고자 하는 바를 이해하기 위해서 노력하기 바란다.

❖ 실행결과: OverlappedSend_win.c

```
○○○     command prompt

  Send data size: 21
```

❖ 실행결과: OverlappedRecv_win.c

```
○○○     command prompt

  Received message: Network is Computer!
```

⁺Completion Routine 사용하기

앞에서는 IO의 완료를 Event 오브젝트를 이용해서 확인하였는데, 이번에는 WSASend, WSARecv 함수의 마지막 전달인자를 통해서 등록되는, Completion Routine(이하 줄여서 CR이라 표현하겠다)이라 불리는 함수를 통해서 확인하는 방법을 소개하겠다. 이러한 CR의 등록은 다음의 의미를 갖는다.

"Pending된 IO가 완료되면, 이 함수를 호출해 달라!"

이렇듯 IO가 완료되었을 때, 자동으로 호출될 함수를 등록하는 형태로 IO 완료 이후의 작업을 처리하는 방식이 Completion Routine을 활용하는 방식이다. 그런데 매우 중요한 작업을 진행중인 상황에서 갑자기 Completion Routine이 호출되면 프로그램의 흐름을 망칠 수 있다. 따라서 운영체제는 다음과 같이 이야기한다.

"IO를 요청한 쓰레드가 alertable wait 상태에 놓여있을 때만 Completion Routine을 호출할게!"

'alertable wait 상태'라는 것은 운영체제가 전달하는 메시지의 수신을 대기하는 쓰레드의 상태를 뜻하며, 다음 함수가 호출된 상황에서 쓰레드는 alertable wait 상태가 된다.

- WaitForSingleObjectEx

- WaitForMultipleObjectsEx

- WSAWaitForMultipleEvents

- SleepEx

이 중에서 첫 번째, 두 번째 그리고 네 번째 함수는 여러분이 잘 아는 WaitForSingleObject, WaitForMultipleObjects 그리고 Sleep 함수와 동일한 기능을 제공한다. 단, 위 함수들은 이들보다 매개변수가 마지막에 하나 더 추가되어 있는데, 이 매개변수에 TRUE를 전달하면 해당 쓰레드는 alertable wait 상태가 된다. 그리고 WSA로 시작하는 이름의 함수는 앞서 Chapter 21에서 소개한 바 있는데, 이 함수 역시 마지막 매개변수로 TRUE가 전달되면 해당 쓰레드는 alertable wait 상태가 된다. 따라서 IO를 진행시킨 다음에, 급한 다른 볼일들을 처리하고 나서, IO가 완료되었는지 확인하고 싶을 때 위의 함수들 중 하나를 호출하면 된다. 그러면 운영체제는 쓰레드가 alertable wait 상태에 진입한 것을 인식하고, 완료된 IO가 있다면 이에 해당하는 Completion Routine을 호출해 준다. 물론 Completion Routine이 실행되면, 위 함수들은 모두 WAIT_IO_COMPLETION을 반환하면서 함수를 빠져 나온다. 그리고는 그 다음부터 실행을 이어나간다.

이로써 Completion Routine과 관련해서도 필요한 이론적인 설명을 모두 마쳤다. 따라서 앞서 구현했던 OverlappedRecv_win.c을 Completion Routine 기반으로 변경하면서 설명을 마치고자 한다.

❖ CmplRoutinesRecv_win.c

```
1.   #include <stdio.h>
2.   #include <stdlib.h>
```

```
3.  #include <winsock2.h>
4.
5.  #define BUF_SIZE 1024
6.  void CALLBACK CompRoutine(DWORD, DWORD, LPWSAOVERLAPPED, DWORD);
7.  void ErrorHandling(char *message);
8.
9.  WSABUF dataBuf;
10. char buf[BUF_SIZE];
11. int recvBytes=0;
12.
13. int main(int argc, char* argv[])
14. {
15.     WSADATA wsaData;
16.     SOCKET hLisnSock, hRecvSock;
17.     SOCKADDR_IN lisnAdr, recvAdr;
18.
19.     WSAOVERLAPPED overlapped;
20.     WSAEVENT evObj;
21.
22.     int idx, recvAdrSz, flags=0;
23.     if(argc!=2) {
24.         printf("Usage: %s <port>\n", argv[0]);
25.         exit(1);
26.     }
27.     if(WSAStartup(MAKEWORD(2, 2), &wsaData) != 0)
28.         ErrorHandling("WSAStartup() error!");
29.
30.     hLisnSock=WSASocket(PF_INET, SOCK_STREAM, 0, NULL, 0, WSA_FLAG_OVERLAPPED);
31.     memset(&lisnAdr, 0, sizeof(lisnAdr));
32.     lisnAdr.sin_family=AF_INET;
33.     lisnAdr.sin_addr.s_addr=htonl(INADDR_ANY);
34.     lisnAdr.sin_port=htons(atoi(argv[1]));
35.
36.     if(bind(hLisnSock, (SOCKADDR*) &lisnAdr, sizeof(lisnAdr))==SOCKET_ERROR)
37.         ErrorHandling("bind() error");
38.     if(listen(hLisnSock, 5)==SOCKET_ERROR)
39.         ErrorHandling("listen() error");
40.
41.     recvAdrSz=sizeof(recvAdr);
42.     hRecvSock=accept(hLisnSock, (SOCKADDR*)&recvAdr,&recvAdrSz);
43.     if(hRecvSock==INVALID_SOCKET)
44.         ErrorHandling("accept() error");
45.
46.     memset(&overlapped, 0, sizeof(overlapped));
47.     dataBuf.len=BUF_SIZE;
48.     dataBuf.buf=buf;
49.     evObj=WSACreateEvent();     // Dummy event object
```

```
50.
51.     if(WSARecv(hRecvSock, &dataBuf, 1, &recvBytes, &flags, &overlapped, CompRoutine)
52.         ==SOCKET_ERROR)
53.     {
54.         if(WSAGetLastError()==WSA_IO_PENDING)
55.             puts("Background data receive");
56.     }
57.
58.     idx=WSAWaitForMultipleEvents(1, &evObj, FALSE, WSA_INFINITE, TRUE);
59.     if(idx==WAIT_IO_COMPLETION)
60.         puts("Overlapped I/O Completed");
61.     else    // If error occurred!
62.         ErrorHandling("WSARecv() error");
63.
64.     WSACloseEvent(evObj);
65.     closesocket(hRecvSock);
66.     closesocket(hLisnSock);
67.     WSACleanup();
68.     return 0;
69. }
70.
71. void CALLBACK CompRoutine(
72.     DWORD dwError, DWORD szRecvBytes, LPWSAOVERLAPPED lpOverlapped, DWORD flags)
73. {
74.     if(dwError!=0)
75.     {
76.         ErrorHandling("CompRoutine error");
77.     }
78.     else
79.     {
80.         recvBytes=szRecvBytes;
81.         printf("Received message: %s \n", buf);
82.     }
83. }
84.
85. void ErrorHandling(char *message)
86. {
87.     // 이전 예제들의 ErrorHandling 함수와 동일하므로 생략합니다.
88. }
```

 해 설

• 51행: WSARecv 함수를 호출하면서 일곱 번째 인자로 Completion Routine에 해당하는 함수의 주소 값을 전달하고 있다. 71행에 정의되어 있는 함수를 통해서 Completion Routine의 정의형태를 확인하기 바란다. 그리고 여기서 주목할 점은 Completion Routine을 이용한다 하더라도 여섯 번째 인자인 WSAOVERLAPPED 구조체 변수의 주소 값은 반드시 전달해 줘야 한다는 것이다. 단, 구조체의 멤버로 선언된 변수 hEvent의 초기화를 위해서 Event 오브젝트를 생성할 필요는 없다.

- 54행: 데이터의 수신이 Pending 되었는지 확인하기 위한 코드를 삽입하였을 뿐이다.
- 58행: main 쓰레드를 alertable wait 상태로 두기 위한 함수호출이다. 그런데 이 함수의 호출을 위해서 49행에서는 불필요한 Event 오브젝트를 하나 생성하였다. 그래서 이렇게 생성된 오브젝트를 가리켜 더미 오브젝트라 한다. 만약에 SleepEx 함수를 활용한다면 이러한 더미 오브젝트의 생성을 피할 수 있다.
- 59행: 상수 WAIT_IO_COMPLETION이 반환되었다는 것은 IO의 정상완료를 뜻한다.
- 71행: Completion Routine에 해당하는 함수의 원형은 항상 이와 같아야 한다(반환형과 매개변수형 및 매개변수의 수).

이어서 제시하는 실행결과는 OverlappedSend_win.c와 함께 실행한 결과이다. 그런데 하나의 컴퓨터상에서 실행했기 때문에, 또한 송수신에 사용된 데이터의 크기도 크지 않기 때문에 입출력이 Pending 되지는 않았다.

❖ 실행결과: OverlappedSend_win.c

```
○○○     command prompt

   Send data size: 21
```

❖ 실행결과: CmplRoutinesRecv_win.c

```
○○○     command prompt

   Received message: Network is Computer!
   Overlapped I/O Completed
```

다음은 WSARecv 함수의 마지막 인자로 전달된 Completion Routine의 원형이다.

```
void CALLBACK CompletionROUTINE(
    DWORD dwError, DWORD cbTransferred, LPWSAOVERLAPPED lpOverlapped, DWORD dwFlags);
```

이 중에서 첫 번째 매개변수로는 오류정보가(정상종료 시 0 전달), 두 번째 매개변수로는 완료된 입출력 데이터의 크기정보가 전달된다. 그리고 세 번째 매개변수로는 WSASend, WSARecv 함수의 매개변수 lpOverlapped로 전달된 값이, 마지막으로 dwFlags에는 입출력 함수호출 시 전달된 특성정보 또는 0 이 전달된다. 그리고 반환형 void 옆에 삽입된 키워드 CALLBACK은 쓰레드의 main 함수에 선언되는 키워드인 WINAPI와 마찬가지로 함수의 호출규약을 선언해 놓은 것이니, Completion Routine을 정의하는 경우에는 반드시 삽입하기 바란다.

이번 Chapter에서도 많은 내용을 이야기하였는데, 이는 다음 Chapter에서 소개할 IOCP의 이해를 목적으로 진행되었다고 해도 과언이 아니다. 이렇듯 이번 Chapter에서 설명한 내용을 이해하지 않고는 다음 Chapter의 내용을 이해할 수 없으니, 여기서 설명한 내용을 완벽히 이해하고 나서 다음 Chapter로 넘어가기 바란다.

참고 **아직, 끝나지 않은 Overlapped IO**

다음 Chapter에서는 여기서 설명한 Overlapped IO를 기반으로 에코 서버를 제작한다. 그리고 이 모델의 개선점을 찾아가는 방식으로 IOCP를 설명한다.

내용 확인문제

01. Asynchronous(비동기) Notification IO 모델과 Overlapped IO 모델 사이에서 비동기로 처리되는 영역이 어떻게 차이가 나는지 설명해보자.

02. 넌-블로킹 IO, 비동기 IO 그리고 Overlapped IO의 관계를 하나의 문장으로 연결해서 설명해보자.

03. 다음 코드의 일부를 보면서 문제점이 있다면 어떠한 문제가 있는지 지적해 보자. 그리고 이에 대한 해결책도 함께 제시해보자.

```
while(1) {
    hRecvSock=accept(hLisnSock, (SOCKADDR*)&recvAdr,&recvAdrSz);
    evObj=WSACreateEvent();
    memset(&overlapped, 0, sizeof(overlapped));
    overlapped.hEvent=evObj;
    dataBuf.len=BUF_SIZE;
    dataBuf.buf=buf;
    WSARecv(hRecvSock, &dataBuf, 1, &recvBytes, &flags, &overlapped, NULL);
}
```

참고로, 위의 코드가 완벽하진 않지만, 이 코드만 가지고도 충분히 발견할 수 있는 구조적인 문제점이 있다.

04. WSASend 함수호출 이후에 IO가 Pending된 상황과 그렇지 않은 상황을 확인하는 방법에 대해서 소스코드 수준에서 설명해보자.

05. 쓰레드의 alertable wait 상태는 어떠한 상태를 의미하는가? 그리고 쓰레드를 이 상태가 되도록 하는 함수들 중 두 가지만 말해보자.

IOCP(Input Output Completion Port)

이제 윈도우 기반의 확장된 입출력 모델을 소개하는 마지막 Chapter 이다. 지금까지 소개한 윈도우 기반 IO 모델 중에서 가장 성능이 우수 하기도 하지만, 그만큼 처음 접하면 까다로운 IO 모델이라는 생각도 든다. 하지만 앞서 Chapter 22에서 설명한 내용을 잘 이해했다면, 어려움 없이 이해하고 활용할 수 있을 것이다.

23-1 : Overlapped IO를 기반으로 IOCP 이해하기

이번 Chapter에서 소개하는 IOCP 서버 모델은 많은 윈도우 프로그래머의 관심사이다. 여러분도 이에 관심이 많다면, 그래서 이전 내용을 건너뛰고 이리로 달려온 것이라면, Chapter 21로 되돌아갈 것을 권하고 싶다. Chapter 21과 22는 이번 Chapter에서 설명하는 내용을 이해하기 위한 바탕이 되며, IOCP에 대한 이야기는 사실상 Chapter 22에서부터 시작한 것과 다름이 없기 때문이다.

논의가 한참인 epoll과 IOCP의 성능비교

select와 같은 전통적인 IO 모델의 한계극복을 목적으로, 운영체제 레벨(커널 레벨)에서 성능을 향상시킨 IO 모델이 운영체제 별로 등장하였다. 그 중 대표적인 것이 리눅스의 epoll, BSD의 kqueue 그리고 이번 Chapter에서 설명하는 윈도우의 IOCP이다. 이들의 공통적인 특성은 운영체제에 의해서 기능이 지원 및 완성된다는 것이다. 그런데 여기에는 지금도 논쟁이 되고 있고, 앞으로도 계속 그럴 가능성이 높은 주제 한가지가 있다.

"epoll이 빨라요? IOCP가 빨라요?"

이에 대한 논쟁은 www.yahoo.com에서 지금도 확인할 수 있으며, 그 열기는 자칫 감정적으로 치닫는 경우도 더러 있음을 알 수 있다. 사실 서버의 응답시간과 동시접속자 수는 매우 중요한 요소이기 때문에 이에 대한 논쟁도 일리는 있다. 그런데 필자처럼 조금 부족한 개발자들이 사용하기에, 이 두 모델은 너무나도 훌륭하다. 때문에 다음과 같은 상황은 거의 발생하지 않는다. 아니, 최소한 필자와 필자 주변의 개발자들은 이러한 이야기를 건너서라도 들어본 적이 없다.

"epoll로 구현한 서버에서는 동시접속자 수가 문제가 되었는데, IOCP로 바꾸니까 해결되더라고!"
"IOCP의 응답시간이 문제가 되었는데, epoll로 바꾸니까 해결되더라고!"

그리고 하드웨어의 성능이나, 할당된 대역폭이 충분한 상황에서 응답시간이나, 동시접속자 수에 문제가 발생하면 필자는 다음 두 가지를 먼저 의심한다. 그리고 이 둘을 수정함으로써 대부분의 문제를 해결한다.

- 비효율적인 IO의 구성 또는 비효율적인 CPU의 활용
- 데이터베이스의 설계내용과 쿼리(Query)의 구성

때문에 인터넷상에서 흔히 접하는, IOCP가 상대적으로 우월한 이유를 가지고 필자에게 물어오는 친구들에게는 솔직히 잘 모르겠다고 대답한다. 왜냐하면 다른 IO 모델에 없는 장점이 IOCP에 있긴 하지만, 그것이 서버의 성능을 좌우하는 절대적 기준은 아니며, 모든 상황에서 그 장점이 부각되는 것도 아니기 때

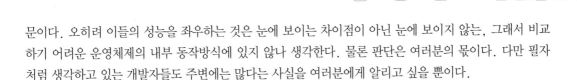

문이다. 오히려 이들의 성능을 좌우하는 것은 눈에 보이는 차이점이 아닌 눈에 보이지 않는, 그래서 비교하기 어려운 운영체제의 내부 동작방식에 있지 않나 생각한다. 물론 판단은 여러분의 몫이다. 다만 필자처럼 생각하고 있는 개발자들도 주변에는 많다는 사실을 여러분에게 알리고 싶을 뿐이다.

✚넌-블로킹 모드의 소켓 구성하기

앞서 Chapter 22에서는 Overlapped IO를 진행하는 Sender와 Receiver만 구현해 보았을 뿐, 이를 이용해서 서버까지 구현하지는 않았다. 따라서 Overlapped IO 기반의 에코 서버를 구현하는 데서부터 이야기를 시작하고자 한다. 그런데 이에 앞서 넌-블로킹 모드로 동작하는 소켓의 생성방법부터 설명하고자 한다. 이미 Chapter 17에서 넌-블로킹 모드의 소켓을 생성한 적이 있다. 이와 유사하게 윈도우에서는 다음의 함수호출을 통해서 넌-블로킹 모드로 소켓의 속성을 변경한다.

```
SOCKET hLisnSock,
int mode=1;
. . . . .
hLisnSock=WSASocket(PF_INET, SOCK_STREAM, 0, NULL, 0, WSA_FLAG_OVERLAPPED);
ioctlsocket(hLisnSock, FIONBIO, &mode);    // for non-blocking socket
. . . . .
```

위의 코드에서 호출하는 ioctlsocket 함수는 소켓의 IO방식을 컨트롤하는 함수이다. 그리고 위와 같은 형태로의 함수호출이 의미하는 바는 다음과 같다.

> "핸들 hLisnSock이 참조하는 소켓의 입출력 모드(FIONBIO)를 변수 mode에 저장된 값의 형태로 변경한다."

즉, FIONBIO는 소켓의 입출력 모드를 변경하는 옵션이며, 이 함수의 세 번째 인자로 전달된 주소 값의 변수에 0이 저장되어 있으면 블로킹 모드로, 0이 아닌 값이 저장되어 있으면 넌-블로킹 모드로 소켓의 입출력 속성을 변경한다. 그리고 이렇게 속성이 넌-블로킹 모드로 변경되면, 넌-블로킹 모드로 입출력되는 것 이외에 다음의 특징도 지니게 된다.

- 클라이언트의 연결요청이 존재하지 않는 상태에서 accept 함수가 호출되면 INVALID_SOCKET이 곧바로 반환된다. 그리고 이어서 WSAGetLastError 함수를 호출하면 WSAEWOULDBLOCK가 반환된다.
- accept 함수호출을 통해서 새로 생성되는 소켓 역시 넌-블로킹 속성을 지닌다.

따라서 넌-블로킹 입출력 소켓을 대상으로 accept 함수를 호출해서 INVALID_SOCKET이 반환되면, WSAGetLastError 함수의 호출을 통해서 INVALID_SOCKET이 반환된 이유를 확인하고, 그에 적절한 처리를 해야만 한다.

✛Overlapped IO만 가지고 에코 서버 구현하기

위에서 넌-블로킹 소켓의 생성방법을 설명한 이유는, 이것이 Overlapped IO 기반의 서버구현에 필요하기 때문이다. 사실 이번 Chapter에서 설명하는 IOCP 모델이 존재하기 때문에 Overlapped IO만 가지고 서버를 구현하는 경우는 매우 드물다. 그러나 필자는 다음과 같이 이야기한다.

> "IOCP를 정확히 이해하기 위해서는 Overlapped IO만 가지고 서버를 구현해 봐야 한다."

군이 IOCP를 적용하지 않더라도, Overlapped IO만 가지고도 IOCP와 유사한 형태로 동작하는 서버를 구현할 수 있어야 한다. 그렇다면 다른 운영체제 기반에서도 IOCP와 유사한 방식으로 동작하는 서버를 구현할 수 있을 것이며, IOCP라는 기술에 눌려서 이보다 더 중요한, 서버의 실제 기능 구현에 소홀해지는 일도 없을 것이다.

자! 그럼 Overlapped IO만 가지고 에코 서버를 구현해 보겠다. 참고로 이는 여러분이 직접 시도해 볼 만큼 매력적인 일이다. 그럼 이어서 예제를 소개할 텐데, 코드의 양이 제법 되는 관계로 이를 세 부분으로 나눠서 제시하겠다.

❖ **CmplRouEchoServ_win.c: main 함수 이전**

```
1.   #include <stdio.h>
2.   #include <stdlib.h>
3.   #include <winsock2.h>
4.
5.   #define BUF_SIZE 1024
6.   void CALLBACK ReadCompRoutine(DWORD, DWORD, LPWSAOVERLAPPED, DWORD);
7.   void CALLBACK WriteCompRoutine(DWORD, DWORD, LPWSAOVERLAPPED, DWORD);
8.   void ErrorHandling(char *message);
9.
10.  typedef struct
11.  {
12.      SOCKET hClntSock;
13.      char buf[BUF_SIZE];
14.      WSABUF wsaBuf;
15.  } PER_IO_DATA, *LPPER_IO_DATA;
```

• 10행: 여기 정의되어 있는 구조체를 유심히 관찰하자. 이 구조체에는 소켓의 핸들과 버퍼, 그리고 버퍼관련 정보를 담는 WSABUF형 변수가 하나로 묶여있다.

이렇듯 이 구조체 변수에 담겨있는 정보만 참조해도 데이터의 송수신이 가능하도록 구조체를 정의하였다. 이 구조체 변수가 어떠한 값으로 채워지고 또 어떻게 사용되는지 다음 코드를 통해서 확인하자.

```
1.   int main(int argc, char* argv[])
2.   {
3.       WSADATA wsaData;
4.       SOCKET hLisnSock, hRecvSock;
5.       SOCKADDR_IN lisnAdr, recvAdr;
6.       LPWSAOVERLAPPED lpOvLp;
7.       DWORD recvBytes;
8.       LPPER_IO_DATA hbInfo;
9.       int mode=1, recvAdrSz, flagInfo=0;
10.
11.      if(argc!=2) {
12.          printf("Usage: %s <port>\n", argv[0]);
13.          exit(1);
14.      }
15.
16.      if(WSAStartup(MAKEWORD(2, 2), &wsaData) != 0)
17.          ErrorHandling("WSAStartup() error!");
18.
19.      hLisnSock=WSASocket(PF_INET, SOCK_STREAM, 0, NULL, 0, WSA_FLAG_OVERLAPPED);
20.      ioctlsocket(hLisnSock, FIONBIO, &mode);   // for non-blocking mode socket
21.
22.      memset(&lisnAdr, 0, sizeof(lisnAdr));
23.      lisnAdr.sin_family=AF_INET;
24.      lisnAdr.sin_addr.s_addr=htonl(INADDR_ANY);
25.      lisnAdr.sin_port=htons(atoi(argv[1]));
26.
27.      if(bind(hLisnSock, (SOCKADDR*) &lisnAdr, sizeof(lisnAdr))==SOCKET_ERROR)
28.          ErrorHandling("bind() error");
29.      if(listen(hLisnSock, 5)==SOCKET_ERROR)
30.          ErrorHandling("listen() error");
31.
32.      recvAdrSz=sizeof(recvAdr);
33.      while(1)
34.      {
35.          SleepEx(100, TRUE);    // for alertable wait state
36.          hRecvSock=accept(hLisnSock, (SOCKADDR*)&recvAdr,&recvAdrSz);
37.          if(hRecvSock==INVALID_SOCKET)
38.          {
39.              if(WSAGetLastError()==WSAEWOULDBLOCK)
40.                  continue;
41.              else
42.                  ErrorHandling("accept() error");
43.          }
44.          puts("Client connected.....");
45.
```

```
46.          lpOvLp=(LPWSAOVERLAPPED)malloc(sizeof(WSAOVERLAPPED));
47.          memset(lpOvLp, 0, sizeof(WSAOVERLAPPED));
48.
49.          hbInfo=(LPPER_IO_DATA)malloc(sizeof(PER_IO_DATA));
50.          hbInfo->hClntSock=(DWORD)hRecvSock;
51.          (hbInfo->wsaBuf).buf=hbInfo->buf;
52.          (hbInfo->wsaBuf).len=BUF_SIZE;
53.
54.          lpOvLp->hEvent=(HANDLE)hbInfo;
55.          WSARecv(hRecvSock, &(hbInfo->wsaBuf),
56.              1, &recvBytes, &flagInfo, lpOvLp, ReadCompRoutine);
57.      }
58.      closesocket(hRecvSock);
59.      closesocket(hLisnSock);
60.      WSACleanup();
61.      return 0;
62. }
```

해설

- 19, 20행: 19행에서 생성한 소켓을 20행에서 넌-블로킹 모드로 변경하고 있다. 소켓은 처음 생성되면 블로킹 모드이기 때문에 이렇듯 넌-블로킹 모드의 변환과정을 거쳐야 한다.

- 33, 36행: 33행의 while 반복문 안에서 accept 함수를 호출하고 있다. 특히 호출의 대상이 되는 소켓이 넌-블로킹 모드이므로, INVALID_SOCKET이 반환될 때의 처리과정에 주목하자.

- 46, 47행: Overlapped IO에 필요한 구조체 변수를 할당하고, 이를 초기화하고 있다. 이렇듯 반복문 안에서 WSAOVERLAPPED 구조체를 할당하는 이유는 클라이언트 하나당 WSAOVERLAPPED 구조체 변수를 하나씩 할당해야 하기 때문이다.

- 49~52행: PER_IO_DATA 구조체 변수를 동적 할당한 다음, 36행에서 생성된 소켓의 핸들정보를 저장하고 있다. 이 소켓은 입출력 과정에서 51, 52행에 의해 초기화된 버퍼를 사용하게 된다.

- 54행: WSAOVERLAPPED 구조체 변수의 멤버 hEvent에 49행에서 할당한 변수의 주소 값을 저장하고 있다. 이렇듯 Completion Routine 기반의 Overlapped IO에서는 Event 오브젝트가 불필요하기 때문에 hEvent에 필요한 다른 정보를 채워도 된다.

- 55행: WSARecv 함수를 호출하면서 ReadCompRoutine 함수를 Completion Routine으로 지정하고 있다. 여기서 여섯 번째 인자로 전달한 WSAOVERLAPPED 구조체 변수의 주소 값은 Completion Routine의 세 번째 매개변수에 전달된다. 때문에 Completion Routine 함수 내에서는 입출력이 완료된 소켓의 핸들과 버퍼에 접근할 수 있다. 그리고 Completion Routine의 실행을 위해서 35행에서는 SleepEx 함수를 반복 호출하고 있음에도 주목하자.

이제 마지막으로 두 개의 Completion Routine 함수를 살펴볼 차례이다. 실질적인 에코 서비스는 이 두 함수를 통해서 완성이 되니, 정확히 어떠한 형태로 서비스가 진행되는지 관찰하기 바란다.

```
1.  void CALLBACK ReadCompRoutine(
2.      DWORD dwError, DWORD szRecvBytes, LPWSAOVERLAPPED lpOverlapped, DWORD flags)
3.  {
4.      LPPER_IO_DATA hbInfo=(LPPER_IO_DATA)(lpOverlapped->hEvent);
5.      SOCKET hSock=hbInfo->hClntSock;
6.      LPWSABUF bufInfo=&(hbInfo->wsaBuf);
7.      DWORD sentBytes;
8.
9.      if(szRecvBytes==0)
10.     {
11.         closesocket(hSock);
12.         free(lpOverlapped->hEvent); free(lpOverlapped);
13.         puts("Client disconnected.....");
14.     }
15.     else    // echo!
16.     {
17.         bufInfo->len=szRecvBytes;
18.         WSASend(hSock, bufInfo, 1, &sentBytes, 0, lpOverlapped, WriteCompRoutine);
19.     }
20. }
21.
22. void CALLBACK WriteCompRoutine(
23.     DWORD dwError, DWORD szSendBytes, LPWSAOVERLAPPED lpOverlapped, DWORD flags)
24. {
25.     LPPER_IO_DATA hbInfo=(LPPER_IO_DATA)(lpOverlapped->hEvent);
26.     SOCKET hSock=hbInfo->hClntSock;
27.     LPWSABUF bufInfo=&(hbInfo->wsaBuf);
28.     DWORD recvBytes;
29.     int flagInfo=0;
30.     WSARecv(hSock, bufInfo,
31.         1, &recvBytes, &flagInfo, lpOverlapped, ReadCompRoutine);
32. }
33.
34. void ErrorHandling(char *message)
35. {
36.     fputs(message, stderr);
37.     fputc('\n', stderr);
38.     exit(1);
39. }
```

- 1행: 이 함수가 호출되었다는 것은 데이터의 입력이 완료되었다는 뜻이다. 따라서 수신된 데이터를 에코 클라이언트에게 전송해야 한다.

- 4~6: 입력이 완료된 소켓의 핸들과 버퍼정보를 추출하고 있는데, 이는 PER_IO_DATA 구조체 변수의 주소 값을 WSAOVERLAPPED 구조체 변수의 멤버 hEvent에 저장했기 때문이다.

- 9행: 매개변수 szRecvBytes에 0이 전달되었음은 EOF의 수신을 의미하므로, 그에 따른 처리를 진행해야 한다.
- 17, 18행: WriteCompRoutine 함수를 Completion Routine으로 지정하면서 WSASend 함수를 호출하고 있다. 이 문장에 의해서 클라이언트로 에코 메시지가 전송된다.
- 22, 30: 에코 메시지가 전송된 이후에 이 함수가 호출된다. 그런데 다시 데이터를 수신해야 하기 때문에 30행의 함수호출을 진행하고 있다.

위 예제의 동작원리를 정리하면 다음과 같다.

- 클라이언트가 연결되면 WSARecv 함수를 호출하면서 넌-블로킹 모드로 데이터가 수신되게 하고, 수신이 완료되면 ReadCompRoutine 함수가 호출되게 한다.
- ReadCompRoutine 함수가 호출되면 WSASend 함수를 호출하면서 넌-블로킹 모드로 데이터가 송신되게 하고, 송신이 완료되면 WriteCompRoutine 함수가 호출되게 한다.
- 그런데 이렇게 해서 호출된 WriteCompRoutine 함수는 다시 WSARecv 함수를 호출하면서 넌-블로킹 모드로 데이터의 수신을 기다린다.

즉, ReadCompRoutine 함수와 WriteCompRoutine 함수가 번갈아 호출되면서 데이터의 수신과 송신을 반복하도록 구성하였다. 그리고 클라이언트가 하나 늘 때마다 추가로 생성되는 소켓의 핸들과 버퍼 정보를 ReadCompRoutine 함수와 WriteCompRoutine 함수에 전달하기 위해서 PER_IO_DATA 구조체를 정의하였고, 이 구조체 변수의 주소 값은 WSAOVERLAPPED 구조체의 멤버 hEvent에 저장되어 Completion Routine 함수에 전달되게끔 하였다. 이는 매우 중요한 사실이니 다음과 같이 별도의 문장으로 간단히 정리하겠다.

"입출력 완료 시 자동으로 호출되는 Completion Routine 내부로 클라이언트 정보(소켓과 버퍼)를 전달하기 위해서 WSAOVERLAPPED 구조체의 멤버 hEvent를 사용하였다."

그럼 이제 실행결과를 확인할 차례인데, 이에 앞서 에코 클라이언트도 재 구현해야 한다. 만약에 Chapter 04에서 구현한 에코 클라이언트를 그대로 사용한다면, 여러분의 예상과 차이가 있는 실행결과를 어렵지 않게 확인할 수 있을 것이다.

클라이언트의 재 구현

사실 Chapter 04에서 구현하고 지금까지 사용해왔던 에코 클라이언트는 문제가 조금 있었다. 어떠한 문제가 있고, 또 해결책이 무엇인지는 Chapter 05에서 충분히 설명하였다. 그런데 지금까지 구현한 모델의 서버에서는 Chpater 04에서 구현한, 다소 문제가 있는 에코 클라이언트를 이용해도 별 지장이 없었으나, 이번에 구현한 에코 서버와는 문제를 일으킨다. 때문에 Chapter 05에서 지적한 문제점을 해결한 에코 클라이언트와 함께 동작시켜야 한다. 이와 관련해서는 이미 설명이 진행되었으니, 아래에 코드만 제시하겠다.

```
1.   #include <"헤더선언이 Chapter 23의 예제 CmplRoutinesRecv_win.c와 동일합니다.">
2.   #define BUF_SIZE 1024
3.   void ErrorHandling(char *message);
4.
5.   int main(int argc, char *argv[])
6.   {
7.       WSADATA wsaData;
8.       SOCKET hSocket;
9.       SOCKADDR_IN servAdr;
10.      char message[BUF_SIZE];
11.      int strLen, readLen;
12.
13.      if(argc!=3) {
14.          printf("Usage: %s <IP> <port>\n", argv[0]);
15.          exit(1);
16.      }
17.      if(WSAStartup(MAKEWORD(2, 2), &wsaData)!=0)
18.          ErrorHandling("WSAStartup() error!");
19.
20.      hSocket=socket(PF_INET, SOCK_STREAM, 0);
21.      if(hSocket==INVALID_SOCKET)
22.          ErrorHandling("socket() error");
23.
24.      memset(&servAdr, 0, sizeof(servAdr));
25.      servAdr.sin_family=AF_INET;
26.      servAdr.sin_addr.s_addr=inet_addr(argv[1]);
27.      servAdr.sin_port=htons(atoi(argv[2]));
28.
29.      if(connect(hSocket, (SOCKADDR*)&servAdr, sizeof(servAdr))==SOCKET_ERROR)
30.          ErrorHandling("connect() error!");
31.      else
32.          puts("Connected...........");
33.
34.      while(1)
35.      {
36.          fputs("Input message(Q to quit): ", stdout);
37.          fgets(message, BUF_SIZE, stdin);
38.          if(!strcmp(message,"q\n") || !strcmp(message,"Q\n"))
39.              break;
40.
41.          strLen=strlen(message);
42.          send(hSocket, message, strLen, 0);
43.          readLen=0;
44.          while(1)
45.          {
```

```
46.          readLen+=recv(hSocket, &message[readLen], BUF_SIZE-1, 0);
47.          if(readLen>=strLen)
48.              break;
49.      }
50.      message[strLen]=0;
51.      printf("Message from server: %s", message);
52.  }
53.
54.  closesocket(hSocket);
55.  WSACleanup();
56.  return 0;
57. }
58.
59. void ErrorHandling(char *message)
60. {
61.     // 다른 윈도우 관련 예제들과 동일하니, 생략합니다.
62. }
```

위 예제 44행의 반복문에서는 TCP의 전송특성을 고려해서 수신해야 할 데이터가 완전히 수신될 때까지 recv 함수를 호출하고 있다. 그럼 이제 위의 에코 클라이언트를 앞서 보인 에코 서버와 함께 동작시켜보기 바란다. 그럼 정상적인 실행결과를 확인할 수 있을 것이다. 실행결과는 여러분이 지금까지 보아온 에코 서버, 에코 클라이언트와 차이가 없으니 생략하겠다.

⁺Overlapped IO 모델에서 IOCP 모델로

자! 그럼 앞서 확인한 Overlapped IO 모델의 에코 서버가 지니는 단점이 무엇인지 이야기해 보자.

> "넌-블로킹 모드의 accept 함수와 alertable wait 상태로의 진입을 위한 SleepEx 함수가 번갈아 가며 반복 호출되는 것은 성능에 영향을 미칠 수 있다!"

예제를 정확히 이해했다면, 이미 이러한 사실을 파악했을 것이다. 즉, 연결요청의 처리를 위한 accept 함수만 호출할 수 있는 상황이 아니기 때문에, 그리고 Completion Routine 함수의 호출을 위해서 SleepEx 함수만 호출할 수 있는 상황도 아니기 때문에, accept 함수는 넌-블로킹 모드로, SleepEx 함수는 타임아웃을 짧게 지정해서 돌아가며 반복 호출하였다. 그리고 이는 실제로 성능에 영향을 주는 코드구성이다.

그렇다면 이러한 단점을 극복해 보겠는가? 필자라면 사양하겠다. 이는 Overlapped IO의 구조적인 특성상 간단히 해결할 수 있는 문제가 아니기 때문이다. 하지만 이 문제의 해결을 위해서는 다음의 방법을 고려할 수 있다.

> "accept 함수의 호출은 main 쓰레드가(main 함수 내에서) 처리하도록 하고, 별도의 쓰레드를 추가로 하나 생성해서 클라이언트와의 입출력을 담당하게 한다."

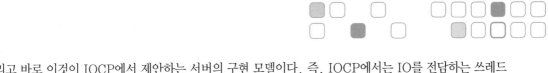

그리고 바로 이것이 IOCP에서 제안하는 서버의 구현 모델이다. 즉, IOCP에서는 IO를 전담하는 쓰레드를 별도로 생성한다. 그리고 이 쓰레드가 모든 클라이언트를 대상으로 IO를 진행하게 된다.

이해하고 넘어가세요! | IO를 전담한다는 것은

필자가 이전 책(개정 이전의 책)에서는 IOCP를 항구에 비유해서, 특히 쓰레드를 '항구에서 일하는 일꾼'에 비유해서 설명하였다. 그러다 보니 IOCP는 IO를 전담케 하는, 하나의 쓰레드를 생성하는 독특한 모델로 오해하는 경우를 종종 보아왔다. 분명 IOCP는 IO의 전담을 위해 최소 하나 이상의 쓰레드 생성을 요한다. 그런데 서버 프로그램에서 IO를 전담한다는 것은 실질적인 서버의 서비스 전부를 전담하는 것과 같다. 때문에 IO만 담당하는 것이 아니라, IO의 전후 과정을 전부 담당하는 쓰레드를 하나 이상 생성하는 것이다. 그러니 IOCP를 관찰할 때에도 쓰레드의 생성에 초점을 두지 말고, 다음 두 가지 관점에서 관찰하기 바란다.
- 입력과 출력은 넌-블로킹 모드로 동작하는가?
- 넌-블로킹 모드로 진행된 입력과 출력의 완료는 어떻게 확인하는가?

지금까지 설명한 모든 IO 모델을 비롯해서 이 Chapter에서 설명하는 IOCP까지, 위의 두 가지 관점에서 특성이 나뉜다. 그리고 잠시 후에 보면 알겠지만, 필자는 IOCP를 설명하면서도 쓰레드가 생성된다는 사실을 그리 강조하지 않는다.

23-2 : IOCP의 단계적 구현

자! 이제 마지막 서버 모델인 IOCP를 단계적으로 구현할 차례가 되었다. 단순히 코드를 따라오기 보다는, IOCP 자체를 이해하기 위해서 노력하는 것이 더 필요한 시점이다.

Completion Port의 생성

IOCP에서는 완료된 IO의 정보가 Completion Port 오브젝트(이하 CP 오브젝트라 표현한다)라는 커널 오브젝트에 등록된다. 그런데 그냥 등록되는 것이 아니기 때문에 다음과 같은 요청의 과정이 선행되어야 한다.

"이 소켓을 기반으로 진행되는 IO의 완료 상황은 저 CP 오브젝트에 등록해 주세요."

이를 가리켜 '소켓과 CP 오브젝트와의 연결 요청'이라 한다. 때문에 IOCP 모델의 서버 구현을 위해서는 다음 두 가지 일을 진행해야 한다.

- Completion Port 오브젝트의 생성
- Completion Port 오브젝트와 소켓의 연결

이때 소켓은 반드시 Overlapped 속성이 부여된 소켓이어야 하며, 위의 두 가지 일은 다음 하나의 함수를 통해서 이뤄진다. 그러나 일단은 CP 오브젝트의 생성 관점에서 다음 함수를 설명하겠다.

```
#include <windows.h>

HANDLE CreateIoCompletionPort(
    HANDLE FileHandle, HANDLE ExistingCompletionPort, ULONG_PTR CompletionKey,
    DWORD NumberOfConcurrentThreads);

    ➜ 성공 시 CP 오브젝트의 핸들, 실패 시 NULL 반환
```

- ● FileHandle   CP 오브젝트 생성시에는 INVALID_HANDLE_VALUE를 전달.
- ● ExistingCompletionPort   CP 오브젝트 생성시에는 NULL 전달.
- ● CompletionKey   CP 오브젝트 생성시에는 0 전달.
- ● NumberOfConcurrentThreads CP 오브젝트에 할당되어 완료된 IO를 처리할 쓰레드의 수를 전달, 예를 들어 2가 전달되면 CP 오브젝트에 할당되어 동시 실행 가능

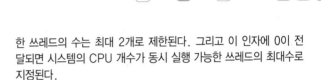

한 쓰레드의 수는 최대 2개로 제한된다. 그리고 이 인자에 0이 전
달되면 시스템의 CPU 개수가 동시 실행 가능한 쓰레드의 최대수로
지정된다.

위 함수를 CP 오브젝트의 생성을 목적으로 호출할 때에는 마지막 매개변수만이 의미를 갖는다. 즉, CP 오
브젝트에 할당되어 IO를 처리할 쓰레드의 수를 2개로 지정할 경우 다음의 형태로 문장을 구성하면 된다.

```
HANDLE hCpObject;
. . . . .
hCpObject=CreateIoCompletionPort(INVALID_HANDLE_VALUE, NULL, 0, 2);
```

⁺Completion Port 오브젝트와 소켓의 연결

CP 오브젝트가 생성되었다면, 이제 이를 소켓과 연결시켜야 한다. 그래야 완료된 소켓의 IO 정보가 CP
오브젝트에 등록된다. 그럼 이번에는 이를 목적으로 CreateIoCompletionPort 함수를 다시 한번 소
개하겠다.

```
#include <windows.h>

HANDLE CreateIoCompletionPort(
    HANDLE FileHandle, HANDLE ExistingCompletionPort, ULONG_PTR CompletionKey,
    DWORD NumberOfConcurrentThreads);
```
➔ 성공 시 CP 오브젝트의 핸들, 실패 시 NULL 반환

● FileHandle — CP 오브젝트에 연결할 소켓의 핸들 전달.
● ExistingCompletionPort — 소켓과 연결할 CP 오브젝트의 핸들 전달.
● CompletionKey — 완료된 IO 관련 정보의 전달을 위한 매개변수, 이는 잠시
　후에 소개하는 GetQueuedCompletionStatus 함수
　와 함께 이해해야 한다.
● NumberOfConcurrentThreads — 어떠한 값을 전달하건, 이 함수의 두 번째 매개변수가
　NULL이 아니면 그냥 무시된다.

즉, 매개변수 FileHandle에 전달된 핸들의 소켓을 매개변수 ExistingCompletionPort에 전달된 핸
들의 CP 오브젝트에 연결시키는 것이 위 함수의 두 번째 기능이다. 그리고 호출의 형태는 다음과 같다.

```
HANDLE hCpObject;
SOCKET hSock;
. . . . .
CreateIoCompletionPort((HANDLE)hSock, hCpObject, (DWORD)ioInfo, 0);
```

이렇게 CreateIoCompletionPort 함수가 호출된 이후부터는 hSock을 대상으로 진행된 IO가 완료되면, 이에 대한 정보가 핸들 hCpObject에 해당하는 CP 오브젝트에 등록된다.

⁺Completion Port의 완료된 IO 확인과 쓰레드의 IO처리

CP 오브젝트의 생성 및 소켓과의 연결방법도 알았으니, 이제 CP에 등록되는 완료된 IO의 확인방법을 살펴볼 차례이다. 이에 사용되는 함수는 다음과 같다.

```
#include <windows.h>

BOOL GetQueuedCompletionStatus(
    HANDLE CompletionPort, LPDWORD lpNumberOfBytes, PULONG_PTR lpCompletionKey,
    LPOVERLAPPED* lpOverlapped, DWORD dwMilliseconds);

→ 성공 시 TRUE, 실패 시 FALSE 반환
```

- CompletionPort   완료된 IO 정보가 등록되어 있는 CP 오브젝트의 핸들 전달.
- lpNumberOfBytes   입출력 과정에서 송수신 된 데이터의 크기정보를 저장할 변수의 주소 값 전달.
- lpCompletionKey   CreateIoCompletionPort 함수의 세 번째 인자로 전달된 값의 저장을 위한 변수의 주소 값 전달.
- lpOverlapped   WSASend, WSARecv 함수호출 시 전달하는 OVERLAPPED 구조체 변수의 주소 값이 저장될, 변수의 주소 값 전달
- dwMilliseconds   타임아웃 정보전달, 여기서 지정한 시간이 완료되면 FALSE를 반환하면서 함수를 빠져나가며, INFINITE를 전달하면 완료된 IO가 CP 오브젝트에 등록될 때까지 블로킹 상태에 있게 된다.

지금껏 IOCP와 관련해서 추가로 설명된 함수는 두 개에 지나지 않는다. 그럼에도 불구하고 조금 혼란스러울 수 있다. 특히 위 함수의 세 번째, 그리고 네 번째 매개변수의 경우 더 그렇게 생각될 수 있다. 그런데 이 둘은 값을 얻기 위해서 추가된 매개변수이다. 따라서 이 두 개의 매개변수를 통해서 얻게 되는 정보가 무엇인지 정리해보겠다.

"GetQueuedCompletionStatus 함수의 세 번째 인자를 통해서 얻게 되는 것은 소켓과 CP 오브젝트의 연결을 목적으로 CreateIoCompletionPort 함수가 호출될 때 전달되는 세 번째 인자 값이다"

"GetQueuedCompletionStatus 함수의 네 번째 인자를 통해서 얻게 되는 것은 WSASend, WSARecv 함수호출 시 전달되는 WSAOVERLAPPED 구조체 변수의 주소 값이다."

실제로 이 둘이 어떻게 활용되는지는 예제를 통해서 여러분이 별도로 이해해야 하니, 일단 이 정도만 정리해 두자! 그럼 이번에는 위 함수의 호출 주체에 대해서 이야기해 보자. 위 함수는 누가(또는 언제) 호출하는 것이 옳겠는가? 그렇다! 여러분도 예상했듯이 이 함수는 IOCP의 완료된 IO 처리를 담당하는 쓰레드가 호출해야 한다.

"그럼 IO에 어떻게 쓰레드를 할당해야 하나요?"

앞서 IOCP에서는 IO를 전담하는 쓰레드를 별도로 생성하고, 이 쓰레드가 모든 클라이언트를 대상으로 IO를 진행하게 된다고 하였다. 그리고 이 내용에 힘을 실어주듯이 CreateIoCompletionPort 함수에는 생성되는 CP 오브젝트에 할당할 최대 쓰레드의 수를 지정하는 매개변수도 존재한다. 따라서 다음과 같은 질문도 있을 수 있다.

"혹시 쓰레드가 자동으로 생성되어서 IO를 처리하게 되나요?"

아니다! 입출력 함수인 WSASend, WSARecv 함수를 호출하는 쓰레드는 우리가 직접 생성해야 한다. 다만 이 쓰레드가 입출력의 완료를 위해서 GetQueuedCompletionStatus 함수를 호출할 뿐이다. 그리고 GetQueuedCompletionStatus 함수는 어떠한 쓰레드라도 호출 가능하지만, 실제 IO의 완료에 대한 응답을 받는 쓰레드의 수는 CreateIoCompletionPort 함수호출 시 지정한 최대 쓰레드의 수를 넘지 않는다. 이제 CP 오브젝트에 할당되는 쓰레드의 의미가 무엇인지 정확히 이해하였을 것이다. 그럼 이로써 IOCP 기반의 서버구현에 필요한 함수와 이론적인 설명은 모두 끝이 났다. 이제 남은 것은 소스코드를 참조해서 전체적인 구조의 이해를 갖추는 것뿐이다.

이해하고 넘어가세요! **Completion Port에 할당할 쓰레드의 적정 개수는?**

CP 오브젝트에 할당할 적정 쓰레드의 수는 컴퓨터의 CPU 수라고 MSDN에서 설명하고 있다. 그러나 요즘 등장하는 CPU는 내부적으로 연산기능을 갖춘 코어(Core)가 둘 이상이다. 코어와 CPU는 개념적으로 차이가 있다. 하지만 코어가 둘이면 동시에 두 개의 쓰레드를 실행시킬 수 있기 때문에 CP 오브젝트에 할당할 적정 쓰레드의 수는 컴퓨터의 CPU 내에 존재하는 코어의 수로 이해하는 것이 좋다. 그리고 전문가가 아닌 경우에는 코어와 CPU를 동일시해서, 듀얼코어 CPU의 경우에 CPU가 두 개라고 이야기하는데, 멀티코어 기술이 상당한 수준에 오른 지금에는 이렇게 이해하는 것도 나쁘지 않다. 만약에 여러분이 성능을 최대로 이끌어 낼 쓰레드의 수를 정확히 파악하고 싶다면, 이는 오로지 실험적 결과를 통해서만 확인이 가능하다는 사실도 기억해두기 바란다.

⁺IOCP 기반의 에코 서버의 구현

이론적인 측면에서는 IOCP를 모두 설명했지만, 예제를 확인하지 않고서는 IOCP의 적용이 쉽지 않다. 그래서 필자는 여러분이 이해하고 참조할 수 있는(지극히 평범하게 구현한) IOCP 기반의 에코 서버를 제시하고자 한다. 다음은 IOCP 에코 서버의 main 함수 이전까지의 선언 및 정의이다.

❖ IOCPEchoServ_win.c: main 함수 이전

```
1.  #include <stdio.h>
2.  #include <stdlib.h>
3.  #include <process.h>
4.  #include <winsock2.h>
5.  #include <windows.h>
6.
7.  #define BUF_SIZE 100
8.  #define READ    3
9.  #define WRITE   5
10.
11. typedef struct      // socket info
12. {
13.     SOCKET hClntSock;
14.     SOCKADDR_IN clntAdr;
15. } PER_HANDLE_DATA, *LPPER_HANDLE_DATA;
16.
17. typedef struct      // buffer info
18. {
19.     OVERLAPPED overlapped;
20.     WSABUF wsaBuf;
21.     char buffer[BUF_SIZE];
22.     int rwMode;     // READ or WRITE
23. } PER_IO_DATA, *LPPER_IO_DATA;
24.
25. DWORD WINAPI EchoThreadMain(LPVOID CompletionPortIO);
26. void ErrorHandling(char *message);
```

- 11행: 클라이언트와 연결된 소켓정보를 담기 위해 정의된 구조체이다. 이 구조체를 기반으로 변수가 언제 할당되고 어떻게 전달이 되며, 또 어떻게 활용되는지 관찰해야 한다.
- 17행: IO에 사용되는 버퍼와 Overlapped IO에 반드시 필요한 OVERLAPPED 구조체 변수를 담아서 구조체를 정의하였다. 이 구조체 변수도 11행에 정의된 구조체와 마찬가지로 관찰의 대상이다.

여러분은 17행에 정의된 구조체가 어떻게 활용되는지 관찰하기에 앞서 다음 사실을 먼저 알고 있어야 한다.

"구조체 변수의 주소 값은 구조체 첫 번째 멤버의 주소 값과 일치한다."

이는 다음 문장의 실행결과로 EQUAL이 출력됨을 의미한다.

```
PER_IO_DATA ioData;
if(&ioData==&(ioData.overlapped))
    puts("EQUAL");
else
    puts("NOT EQUAL");
```

이러한 특성을 이용해서 예제가 작성되어 있으니, 이점 꼭 기억하기 바란다. 그럼 이어서 main 함수를 소개하겠다.

❖ IOCPEchoServ_win.c: main 함수

```
1.    int main(int argc, char* argv[])
2.    {
3.        WSADATA wsaData;
4.        HANDLE hComPort;
5.        SYSTEM_INFO sysInfo;
6.        LPPER_IO_DATA ioInfo;
7.        LPPER_HANDLE_DATA handleInfo;
8.
9.        SOCKET hServSock;
10.       SOCKADDR_IN servAdr;
11.       int recvBytes, i, flags=0;
12.       if(WSAStartup(MAKEWORD(2, 2), &wsaData) != 0)
13.           ErrorHandling("WSAStartup() error!");
14.
15.       hComPort=CreateIoCompletionPort(INVALID_HANDLE_VALUE, NULL, 0, 0);
16.       GetSystemInfo(&sysInfo);
17.       for(i=0; i<sysInfo.dwNumberOfProcessors; i++)
18.           _beginthreadex(NULL, 0, EchoThreadMain, (LPVOID)hComPort, 0, NULL);
19.
20.       hServSock=WSASocket(AF_INET, SOCK_STREAM, 0, NULL, 0, WSA_FLAG_OVERLAPPED);
21.       memset(&servAdr, 0, sizeof(servAdr));
22.       servAdr.sin_family=AF_INET;
23.       servAdr.sin_addr.s_addr=htonl(INADDR_ANY);
24.       servAdr.sin_port=htons(atoi(argv[1]));
25.
26.       bind(hServSock, (SOCKADDR*)&servAdr, sizeof(servAdr));
27.       listen(hServSock, 5);
28.
29.       while(1)
30.       {
31.           SOCKET hClntSock;
32.           SOCKADDR_IN clntAdr;
33.           int addrLen=sizeof(clntAdr);
```

```
34.
35.        hClntSock=accept(hServSock, (SOCKADDR*)&clntAdr, &addrLen);
36.        handleInfo=(LPPER_HANDLE_DATA)malloc(sizeof(PER_HANDLE_DATA));
37.        handleInfo->hClntSock=hClntSock;
38.        memcpy(&(handleInfo->clntAdr), &clntAdr, addrLen);
39.
40.        CreateIoCompletionPort((HANDLE)hClntSock, hComPort, (DWORD)handleInfo, 0);
41.
42.        ioInfo=(LPPER_IO_DATA)malloc(sizeof(PER_IO_DATA));
43.        memset(&(ioInfo->overlapped), 0, sizeof(OVERLAPPED));
44.        ioInfo->wsaBuf.len=BUF_SIZE;
45.        ioInfo->wsaBuf.buf=ioInfo->buffer;
46.        ioInfo->rwMode=READ;
47.        WSARecv(handleInfo->hClntSock, &(ioInfo->wsaBuf),
48.            1, &recvBytes, &flags, &(ioInfo->overlapped), NULL);
49.    }
50.    return 0;
51. }
```

- 15행: CP 오브젝트를 생성하고 있다. 마지막 전달인자가 0이니, 코어의 수만큼(CPU 수만큼) 쓰레드가 CP 오브젝트에 할당될 수 있다.

- 16행: 현재 실행중인 시스템 정보를 얻기 위해서 GetSystemInfo 함수를 호출하고 있다.

- 17, 18행: 멤버변수 dwNumberOfProcessors에는 CPU의 수가 저장된다(듀얼코어 CPU의 경우에는 2가 저장된다). 따라서 17, 18행을 통해서 CPU의 수만큼 쓰레드를 생성하고 있다. 그리고 쓰레드 생성시 15행에서 생성한 CP 오브젝트의 핸들을 전달하고 있다. 쓰레드는 이 핸들을 대상으로 CP 오브젝트에 접근을 한다. 다시 말해서 쓰레드는 이 핸들로 인해 CP 오브젝트에 할당이 이뤄진다.

- 36~38행: PER_HANDLE_DATA 구조체 변수를 동적 할당한 다음에, 클라이언트와 연결된 소켓, 그리고 클라이언트의 주소정보를 담고 있다.

- 40행: 15행에서 생성한 CP 오브젝트와 35행에서 생성된 소켓을 연결하고 있다. 이로써 이 소켓을 기반으로 하는 Overlapped IO가 완료될 때, 연결된 CP 오브젝트에 완료에 대한 정보가 삽입되고, 이로 인해서 GetQueued... 함수는 반환이 된다. 그런데 여기서 세 번째 인자로 무엇이 전달되는지 관찰하자. 여기서 전달하는 것은 36~38행에서 선언 및 초기화된 구조체 변수의 주소 값이다. 이 값 역시 GetQueued... 함수가 반환을 하면서 얻게 된다.

- 42행: PER_IO_DATA 구조체 변수를 동적 할당하였다. 따라서 WSARecv 함수호출에 필요한 OVERLAPPED 구조체 변수와 WSABUF 구조체 변수, 그리고 버퍼까지 한번에 마련이 되었다.

- 46행: IOCP는 기본적으로 입력의 완료와 출력의 완료를 구분 지어주지 않는다. 다만 입력이건 출력이건 완료되었다는 사실만 인식을 시켜준다. 따라서 입력을 진행한 것인지, 아니면 출력을 진행한 것인지에 대한 정보를 별도로 기록해둬야 한다. PER_IO_DATA 구조체 변수의 멤버 rwMode가 바로 이러한 목적으로 삽입된 멤버이다.

- 47행: WSARecv 함수를 호출하면서 여섯 번째 인자로 OVERLAPPED 구조체 변수의 주소 값을 전달하였다. 이 값은 이후에 GetQueued... 함수가 반환을 하면서 얻을 수 있다. 그런데 구조체 변수의 주소 값은 첫 번째 멤버의 주소 값과 동일하므로 PER_IO_DATA 구조체 변수의 주소 값을 전달한 것과 같다.

위의 소스해설에서 언급한 'GetQueued... 함수가 반환하면서 얻게 되는 값' 두 가지가 무엇인지 정리하고, 이 둘이 어떠한 목적으로 사용될지 생각해보기 바란다. 이제 마지막으로 쓰레드의 main 함수를 설명할 텐데, 이는 앞서 설명한 main 함수의 코드와 함께 이해해야 한다.

❖ IOCPEchoServ_win.c: 쓰레드의 main 함수와 에러처리 함수

```c
1.   DWORD WINAPI EchoThreadMain(LPVOID pComPort)
2.   {
3.       HANDLE hComPort=(HANDLE)pComPort;
4.       SOCKET sock;
5.       DWORD bytesTrans;
6.       LPPER_HANDLE_DATA handleInfo;
7.       LPPER_IO_DATA ioInfo;
8.       DWORD flags=0;
9.
10.      while(1)
11.      {
12.          GetQueuedCompletionStatus(hComPort, &bytesTrans,
13.              (LPDWORD)&handleInfo, (LPOVERLAPPED*)&ioInfo, INFINITE);
14.          sock=handleInfo->hClntSock;
15.
16.          if(ioInfo->rwMode==READ)
17.          {
18.              puts("message received!");
19.              if(bytesTrans==0)  // EOF 전송 시
20.              {
21.                  closesocket(sock);
22.                  free(handleInfo); free(ioInfo);
23.                  continue;
24.              }
25.
26.              memset(&(ioInfo->overlapped), 0, sizeof(OVERLAPPED));
27.              ioInfo->wsaBuf.len=bytesTrans;
28.              ioInfo->rwMode=WRITE;
29.              WSASend(sock, &(ioInfo->wsaBuf),
30.                  1, NULL, 0, &(ioInfo->overlapped), NULL);
31.
32.              ioInfo=(LPPER_IO_DATA)malloc(sizeof(PER_IO_DATA));
33.              memset(&(ioInfo->overlapped), 0, sizeof(OVERLAPPED));
34.              ioInfo->wsaBuf.len=BUF_SIZE;
35.              ioInfo->wsaBuf.buf=ioInfo->buffer;
36.              ioInfo->rwMode=READ;
37.              WSARecv(sock, &(ioInfo->wsaBuf),
38.                  1, NULL, &flags, &(ioInfo->overlapped), NULL);
39.          }
40.          else
```

```
41.        {
42.            puts("message sent!");
43.            free(ioInfo);
44.        }
45.    }
46.    return 0;
47. }
48.
49. void ErrorHandling(char *message)
50. {
51.    fputs(message, stderr);
52.    fputc('\n', stderr);
53.    exit(1);
54. }
```

해설

- 1행: 함수 EchoThreadMain은 쓰레드에 의해 실행되는 함수이다. 그런데 이 함수의 12행을 보면 GetQueued... 함수가 호출되는 것을 알 수 있다. 이렇듯 GetQueued... 함수를 호출하는 쓰레드를 가리켜 CP 오브젝트에 할당된 쓰레드라 한다.

- 12행: GetQueued... 함수는 IO가 완료되고, 이에 대한 정보가 등록되었을 때 반환한다(마지막 전달인자가 INFINITE 이므로). 그리고 이렇게 반환할 때 세 번째, 네 번째 인자를 통해서, 앞서 말한 두 가지 정보(이것이 무엇인지 모른다면 main 함수에 대한 소스해설을 다시 확인하자)를 얻게 된다.

- 16행: 포인터 ioInfo에 저장된 값은 OVERLAPPED 구조체 변수의 주소 값이지만, PER_IO_DATA 구조체 변수의 주소 값이기도 하다. 따라서 멤버 rwMode에 저장된 값의 확인을 통해서 입력의 완료인지 출력의 완료인지를 확인하고 있다.

- 26~30행: 서버가 수신한 메시지를 클라이언트에게 재전송하는 과정을 보이고 있다.

- 32~38행: 메시지 재전송 이후에 클라이언트가 전송하는 메시지의 수신과정을 보이고 있다.

- 40행: 완료된 IO가 출력인 경우에 실행되는 else 영역이다.

이로써 IOCP 에코 서버에 대한 설명을 마무리하겠다. 이 예제는 StableEchoClnt_win.c와 함께 실행하면 된다. 실행결과는 일반적인 에코 서버, 에코 클라이언트와 차이가 없으니, 이를 별도로 싣진 않겠다.

⁺IOCP가 성능이 좀더 나오는 이유!

그냥 막연하게 'IOCP이니까 성능이 좋을 것이다.'라는 생각은 문제가 있다. 지금까지 리눅스와 윈도우를 바탕으로 다양한 서버의 모델을 제시하였으니, 여러분 나름대로 성능상의 이점이 어디에 있는지 판단할 수 있어야 한다. 코드 레벨에서 select 모델과 비교해보면, 다음 두 가지 특성을 발견할 수 있다.

- 넌-블로킹 방식으로 IO가 진행되기 때문에, IO 작업으로 인한 시간의 지연이 발생하지 않는다.
- IO가 완료된 핸들을 찾기 위해서 반복문을 구성할 필요가 없다.
- IO의 진행대상인 소켓의 핸들을 배열에 저장해 놓고, 관리할 필요가 없다.

- IO의 처리를 위한 쓰레드의 수를 조절할 수 있다. 따라서 실험적 결과를 토대로 적절한 쓰레드의 수를 지정할 수 있다.

이 정도만 보더라도 IOCP는 좋은 성능을 낼 수 있는 구조임에 틀림이 없다. 그런데 IOCP는 윈도우 운영체제에 의해서 지원되는 기능이기 때문에, 추가적인 성능향상의 요인을 운영체제가 별도로 제공하고 있다. 따라서 성능에 관해서는 의심에 여지가 없다. 그래서 필자가 IOCP는 리눅스의 epoll과 함께 너무나도 훌륭한 서버 모델이라고 하지 않았는가!

내용 확인문제

01. Completion Port 오브젝트에는 하나 이상의 쓰레드가 할당되어서 입출력을 처리하게 된다. 그렇다면 Completion Port 오브젝트에 할당될 쓰레드는 어떻게 생성되며, 또 할당의 방법은 무엇인지 소스코드 레벨에서 설명해 보자.

02. CreateIoCompletionPort 함수는 다른 함수들과 달리 두 가지의 기능을 제공한다. 그렇다면 이 두 가지 기능은 각각 무엇인가?

03. Completion Port 오브젝트와 소켓의 연결이 의미하는 바는 무엇인가? 그리고 연결의 과정은 어떻게 진행해야 하는가?

04. IOCP와 관련된 다음 문장들 중에서 옳지 않은 것을 모두 고르면?

    a. 최소한의 쓰레드로 다수의 IO를 처리할 수 있는 구조이기 때문에 쓰레드의 컨텍스트 스위칭으로 인한 성능의 저하를 막을 수 있다.

    b. IO가 진행중인 상태에서 서버는 IO의 완료를 기다리지 않고, 다른 일을 진행할 수 있기 때문에 CPU를 효율적으로 사용할 수 있는 구조이다.

    c. IO가 완료되었을 때, 이와 관련된 Completion Routine이 자동으로 호출되기 때문에 IO의 완료를 대기하기 위해서 별도의 함수를 호출할 필요가 없다.

    d. IOCP는 윈도우 이외의 다른 운영체제에서도 제공되는 기능이기 때문에 호환성에 있어서도 높은 점수를 줄 수 있다.

05. 다음 문장들 중에서 IOCP에 할당할 적정 쓰레드의 수를 결정하는 방법으로 적절하면 ○, 적절치 않으면 ×를 표시해보자.

    • 일반적인 선택은 CPU의 수와 동일한 수의 쓰레드를 할당하는 것이다. (　　)

    • 가장 좋은 방법은 여건이 허락하는 범위 내에서 실험적인 결과를 통해서 쓰레드의 수를 결정하는 것이다. (　　)

    • 할당할 쓰레드의 수는 여유 있게 선택하는 것이 좋다. 예를 들어서 한 개의 쓰레드로 충분한 상황에서는 여유 있게 세 개 정도의 쓰레드를 IOCP에 할당하는 것이 좋다. (　　)

06. 이번 Chapter에서 설명한 IOCP 모델을 바탕으로 채팅 서버를 구현해보자. 이 채팅 서버는 Chapter 20에서 소개한 채팅 클라이언트인 예제 chat_clnt_win.c와 함께 동작이 가능해야 한다. 참고로 본문에서 제시한 IOCP 예제는 하나의 사례일 뿐이니, 이 틀에 꼭 맞추려고 노력하지 않아도 된다. 이 틀에 완벽히 맞추려다 보면 오히려 구현이 어렵게 느껴질 수 있다.

Part 04

네트워크 프로그래밍 마무리하기

HTTP 서버 제작하기

지금까지 여러분은 많은 공부를 해왔다. 그럼에도 불구하고 여러분의 기억 속에 남아있는 예제는 거의 대부분이 에코 서버와 에코 클라이언트이고, 조금 더 발전한 예제가 채팅 프로그램 정도일 것이다. 그런데 이정도 수준의 프로그램을 구현할 수 있다면, 어플리케이션 레벨에서의 네트워크 프로그램 구현을 위한 기본적인 능력은 갖춘 셈이다. 여러분은 서버와 클라이언트를 구현할 수 있고, 데이터를 송수신할 수 있지 않은가? 그렇다면 남은 것은 응용 프로그램의 구현능력이다.

24-1 : HTTP(Hypertext Transfer Protocol)의 개요

이번 Chapter에서는 여러분에게 다양한 예제를 제시한다는 측면에서 지금까지 익혀왔던 이론을 바탕으로 HTTP 서버, 달리 말해서 웹 서버를 제작해 보겠다.

✚웹(Web) 서버의 이해

인터넷의 대중화로 인해서 웹 서버가 무엇인지를 모르는 사람은 거의 없게 되었다. 그럼 필자가 웹 서버를 간단히 정의해 보겠다.

"HTTP 프로토콜을 기반으로 웹 페이지에 해당하는 파일을 클라이언트에게 전송하는 역할의 서버"

위의 정의에서 등장한 HTTP란 Hypertext Transfer Protocol의 약자이다. 그리고 Hypertext란 클라이언트의 선택에 따라서 이동이 가능한 조직화된 정보를 의미한다. 예를 들어서 여러분이 인터넷 브라우저를 통해서 오렌지미디어의 홈페이지에 접속하면, 메인 페이지라 불리는 첫 번째 페이지의 파일이 브라우저로 전송되어 여러분에게 보여지게 된다. 그러면 여러분은 마우스를 클릭해서 이동하고픈 곳으로 이동할 수 있다. 이렇듯 이동이 가능한 Text를 가리켜 Hypertext라 한다.

그렇다면 HTTP 프로토콜은 무엇일까? HTTP 프로토콜은 Hypertext의 전송을 목적으로 설계된 어플리케이션 레벨의 프로토콜이다. 즉, TCP/IP를 기반으로 구현된 프로토콜이기 때문에 우리도 HTTP를 직접 구현할 수 있다. 그리고 이를 구현하는 것이 결과적으로 웹 서버를 구현하는 것이 된다. 참고로, 인터넷 브라우저도 소켓 기반의 클라이언트 프로그램이다. 왜냐하면 임의의 웹 서버에 접속을 시도하기 위해서 브라우저도 내부적으로 소켓을 생성하기 때문이다. 다만 인터넷 브라우저는 서버가 전송하는 HTML문으로 이뤄진 Hypertext를 HTML 문법을 근거로 보기 좋게 변환해서 보여주는 특징을 지니고 있을 뿐이다. 정리하면, 웹 서버는 HTTP라는 이름의 프로토콜을 기반으로 Hypertext를 전송하는 서버이다.

참 고 │ **HTTP는 프로토콜의 이름으로 고유명사처럼 사용됩니다.**

HTTP의 P가 Protocol의 약자이다 보니, 사실상 'HTTP 프로토콜'이라는 표현에는 '프로토콜'이라는 표현이 두 번 삽입된 셈이다. 그러나 HTTP는 프로토콜의 이름으로 마치 고유명사처럼 사용된다. 그래서 국내외 할 것 없이 'HTTP라는 이름의 프로토콜'이라는 표현이 흔히 사용된다.

⁺HTTP(Hypertext Transfer Protocol)

그럼 보다 구체적으로 HTTP 프로토콜을 살펴보자. 이는 비교적 간단한 프로토콜임에도 불구하고 완전히 다루기에는 그 내용이 적지 않다. 따라서 간단한 웹 서버의 제작에 필요한 만큼만 설명하고자 한다.

✔ 상태가 존재하지 않는 Stateless 프로토콜

HTTP 프로토콜의 요청 및 응답방식은 인터넷이라는 환경하에서 많은 클라이언트에게 서비스할 수 있도록 다음과 같이 간단히 설계되어있다.

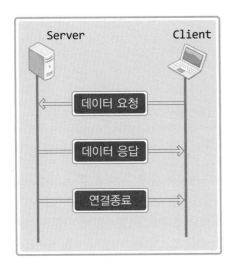

▶ 그림 24-1 : HTTP 요청/응답 과정

위 그림을 보면 서버는 클라이언트의 요청에 응답을 하고 나서, 연결을 바로 끊음을 알 수 있다. 즉, 서버는 클라이언트의 상태정보를 유지하지 않는다. 앞서 요청했던 클라이언트가 다시 요청을 해 와도 이 클라이언트가 조금 전에 한 차례 요청을 했던 클라이언트임을 인식하지 못한다. 다만 새로운 요청에 대해서 동일한 형태로 응답만 해 줄 뿐이다. 때문에 HTTP를 가리켜 상태가 존재하지 않는, Stateless 프로토콜이라 한다.

쿠키(Cookies) & 세션(Session)

웹 프로그래밍 기술에는 연결상태가 유지되지 않는 HTTP의 특징을 보완하고자, 쿠키와 세션이라는 이름의 기술이 개발되어 사용되고 있다. 인터넷 쇼핑몰에 보면 장바구니 기능이 있지 않은가? 이 장바구니에 담긴 정보는 브라우저를 종료시킨 다음에도 계속 유지되는 경우를 볼 수 있다(로그인 하지 않았더라도). 이렇게 상태정보의 유지가 가능한 것은 쿠키와 세션이라는 이름의 기술이 사용되기 때문이다.

✔ 요청 메시지(Request Message)의 구성

클라이언트가 웹 서버에 보내는 요청 메시지가 어떻게 구성되어야 하는지 살펴보기로 하자. 웹 서버는 클라이언트의 요청을 인식하고 그에 맞는 응답을 해줘야 한다. 따라서 클라이언트와 웹 서버 사이의 데이터 요청방식은 다음과 같이 표준화되어 있다.

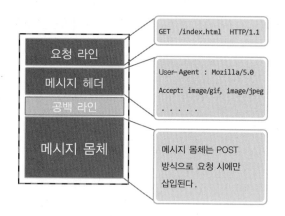

▶ 그림 24-2: HTTP 요청 헤더

위 그림에서 보이듯이 요청 메시지는 요청 라인, 메시지 헤더, 메시지 몸체, 이렇게 총 세 부분으로 나뉘며, 이 중에서 '요청 라인'에는 요청방식(요청목적)에 대한 정보가 삽입된다. 대표적인 요청방식으로는 GET과 POST가 있다. GET은 주로 데이터를 요청하는 경우에 사용되며, POST는 데이터를 전송하는 경우에 사용된다. 그러나 우리는 간단한 구현을 위해서 GET 방식의 요청에만 응답하는 웹 서버를 구현할 것이다. 그럼 위 그림에서 요청 라인에 삽입된 정보를 보자. 여기에 삽입된 문장 'GET /index.html HTTP/1.1'은 다음과 같이 해석이 된다.

> "index.html 파일을 요청(GET)합니다. 그리고 저는 HTTP 프로토콜 버전 1.1을 기준으로 통신하기를 원합니다."

또한 '요청 라인'은 반드시 하나의 행(line)으로 구성해서 전송하도록 약속되어 있으니, 전체 HTTP 요청 헤더 중 첫 번째 행을 추출해서 쉽게 요청 라인에 삽입된 정보를 확인할 수 있다.

요청 라인의 아랫부분에 존재하는 메시지 헤더에는 요청에 사용된(응답 받을) 브라우저 정보, 사용자 인증정보 등 HTTP 메시지에 대한 부가적인 정보가 담긴다. 마지막으로 메시지 몸체에는 클라이언트가 웹 서버에게 전송할 데이터가 담기게 되는데, 이를 담기 위해서는 POST 방식으로 요청을 해야 한다. 그런데 우리는 GET 방식의 요청에만 응답하는 웹 서버를 구현하기로 했으니, 이 부분은 신경 쓰지 않아도 된다. 참고로 메시지의 몸체와 메시지의 헤더 사이에는 공백 라인이 한 줄 삽입이 되어서 이 둘을 구분하도록 약속되어있으니, 이 둘의 경계가 모호해지는 일은 발생하지 않는다.

✔ 응답 메시지(Response Message)의 구성

이번에는 웹 서버가 클라이언트에게 전달하는 응답 메시지의 구성을 소개하겠다. 다음 그림에서 보이듯이 응답 메시지는 상태 라인, 헤더 정보, 메시지 몸체, 이렇게 3부분으로 나뉜다. 요청 메시지와의 차이는, 요청 라인을 대신해서 요청에 대한 상태정보가 담기는 '상태 라인'이 삽입된다는 점에 있다.

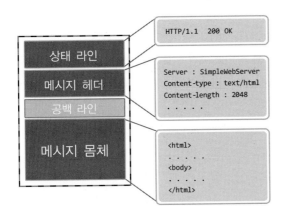

▶ 그림 24-3: HTTP 응답 헤더

위 그림에서 보이듯이, 제일 첫 번째 문자열로 들어가는 '상태 라인'에는 클라이언트의 요청에 대한 결과 정보가 담긴다. 예를 들어서 클라이언트가 index.html 파일을 요청한 경우, index.html 파일이 존재하는지 존재하지 않는지, 혹은 서버에 문제가 발생해서 응답할 수 없는 상황인지에 대한 정보가 담긴다. 참고로 위 그림에서 예로 제시된 'HTTP/1.1 200 OK'는 다음과 같은 의미를 담고 있다.

> "나는 HTTP 프로토콜 버전 1.1을 기준으로 응답하겠다. 또한 너의 요청은 성공적으로 처리되었다(200 OK)."

이렇듯 클라이언트의 요청에 대한 결과정보를 담고 있는 숫자를 가리켜 상태코드라 하는데, 대표적인 상태코드 몇 가지만 소개하면 다음과 같다.

- **200 OK**   요청이 성공적으로 처리되었다.
- **404 Not Found**   요청한 파일이 존재하지 않는다!
- **400 Bad Request** 요청방식이 잘못되었으니 확인해봐라!

이어서 등장하는 메시지의 헤더에는, 전송되는 데이터의 타입 및 길이정보 등이 담긴다. 위 그림의 메시지 헤더에 담긴 정보는 다음과 같다.

> "서버의 이름은 SimpleWebServer이고, 전송하는 데이터의 타입은 text/html(html로 이뤄진 텍스트 데이터)이다. 그리고 데이터의 길이는 2048 바이트를 넘지 않는다."

마지막으로 공백 라인이 하나 삽입된 다음에 메시지 몸체를 통해서 클라이언트가 요청한 파일의 데이터가 전송된다. 지금까지 웹 서버의 구현에 필요한 HTTP 프로토콜을 일부 소개하였다. 완벽한 웹 서버를 구현하려면 HTTP에 대해서 보다 많이 알아야 하지만, 우리의 목적달성을 위해서는 이 정도면 충분하다.

24-2 : 매우 간단한 웹 서버의 구현

이제 마지막으로 HTTP 프로토콜을 기반으로 하는 웹 서버를 제작해 보겠다. 먼저 윈도우 기반의 예제를 제시한 다음, 리눅스 기반의 예제를 제시하겠다. 단, 앞서 예제의 이해에 필요한 HTTP 프로토콜을 설명했고, 이 정도 예제는 여러분 스스로 분석이 가능하기 때문에 간단한 주석 이외의 추가적인 해설은 생략하겠다.

+ 윈도우 기반의 멀티쓰레드 웹 서버 구현

웹 서버는 HTTP 프로토콜을 기반으로 하기 때문에 IOCP나 epoll 모델을 적용한다고 해서 많은 이점을 얻을 수 있는 것은 아니다(물론 이점이 전혀 없는 것은 아니다). 클라이언트와 서버가 한번씩 데이터를 주고받은 후에 바로 연결을 끊어버리는데 IOCP나 epoll이 실력발휘를 할 시간이 충분하겠는가? 이 둘은 서버와 클라이언트가 일정시간 연결을 유지한 상태에서 크고 작은 메시지를 빈번히 주고받는 경우에 (온라인 게임 서버가 아주 대표적인 예이다) 그 위력이 돋보이는 모델들이다.

> **참고** ▶ **웹 서버를 제작해서 IOCP와 epll의 성능을 비교했다니!**
>
> IOCP와 epoll을 기반으로 웹 서버를 구현하는 것 자체가 문제는 아니다. 실제로 이와 유사한 유형의 서버를 IOCP 또는 epoll을 기반으로 구현하기도 한다. 하지만 이를 통해서 IOCP와 epoll의 장점을 완전히 확인하기는 어렵다. 필자는 아주 잠시 동안 소프트웨어의 성능 진단에 관련된 일을 한적이 있는데, 당시 성능진단을 의뢰한 회사의 한 개발자가 웹 서버를 기반으로 한 IOCP와 epoll의 성능 분석결과를 보여준 적이 있다. 그래서 필자가 매우 조심스럽게 이 분석결과에 의미를 부여하기 어렵다는 것을 설명한 적이 있다.

따라서 필자는 멀티쓰레드를 기반으로 웹 서버를 구현하였다. 즉, 클라이언트가 요청할 때마다, 쓰레드를 생성해서 요청에 응답하는 구조로 구현하였다.

❖ webserv_win.c

```
#include <stdio.h>
#include <stdlib.h>
#include <string.h>
```

```c
#include <winsock2.h>
#include <process.h>

#define BUF_SIZE 2048
#define BUF_SMALL 100

unsigned WINAPI RequestHandler(void* arg);
char* ContentType(char* file);
void SendData(SOCKET sock, char* ct, char* fileName);
void SendErrorMSG(SOCKET sock);
void ErrorHandling(char *message);

int main(int argc, char *argv[])
{
    WSADATA wsaData;
    SOCKET hServSock, hClntSock;
    SOCKADDR_IN servAdr, clntAdr;

    HANDLE hThread;
    DWORD dwThreadID;
    int clntAdrSize;

    if(argc!=2) {
        printf("Usage : %s <port>\n", argv[0]);
        exit(1);
    }

    if(WSAStartup(MAKEWORD(2, 2), &wsaData)!=0)
        ErrorHandling("WSAStartup() error!");

    hServSock=socket(PF_INET, SOCK_STREAM, 0);
    memset(&servAdr, 0, sizeof(servAdr));
    servAdr.sin_family=AF_INET;
    servAdr.sin_addr.s_addr=htonl(INADDR_ANY);
    servAdr.sin_port=htons(atoi(argv[1]));

    if(bind(hServSock, (SOCKADDR*) &servAdr, sizeof(servAdr))==SOCKET_ERROR)
        ErrorHandling("bind() error");
    if(listen(hServSock, 5)==SOCKET_ERROR)
        ErrorHandling("listen() error");

    /* 요청 및 응답 */
    while(1)
    {
        clntAdrSize=sizeof(clntAdr);
        hClntSock=accept(hServSock, (SOCKADDR*)&clntAdr, &clntAdrSize);
        printf("Connection Request : %s:%d\n",
```

```
            inet_ntoa(clntAdr.sin_addr), ntohs(clntAdr.sin_port));
        hThread=(HANDLE)_beginthreadex(
            NULL, 0, RequestHandler, (void*)hClntSock, 0, (unsigned *)&dwThreadID);
    }
    closesocket(hServSock);
    WSACleanup();
    return 0;
}

unsigned WINAPI RequestHandler(void *arg)
{
    SOCKET hClntSock=(SOCKET)arg;
    char buf[BUF_SIZE];
    char method[BUF_SMALL];
    char ct[BUF_SMALL];
    char fileName[BUF_SMALL];

    recv(hClntSock, buf, BUF_SIZE, 0);
    if(strstr(buf, "HTTP/")==NULL)      // HTTP에 의한 요청인지 확인
    {
        SendErrorMSG(hClntSock);
        closesocket(hClntSock);
        return 1;
    }

    strcpy(method, strtok(buf, " /"));
    if(strcmp(method, "GET"))          // GET 방식 요청인지 확인
        SendErrorMSG(hClntSock);

    strcpy(fileName, strtok(NULL, " /"));     // 요청 파일이름 확인
    strcpy(ct, ContentType(fileName));     // Content-type 확인
    SendData(hClntSock, ct, fileName);     // 응답
    return 0;
}

void SendData(SOCKET sock, char* ct, char* fileName)
{
    char protocol[]="HTTP/1.0 200 OK\r\n";
    char servName[]="Server:simple web server\r\n";
    char cntLen[]="Content-length:2048\r\n";
    char cntType[BUF_SMALL];
    char buf[BUF_SIZE];
    FILE* sendFile;

    sprintf(cntType, "Content-type:%s\r\n\r\n", ct);
    if((sendFile=fopen(fileName, "r"))==NULL)
    {
```

```
        SendErrorMSG(sock);
        return;
    }

    /* 헤더 정보 전송 */
    send(sock, protocol, strlen(protocol), 0);
    send(sock, servName, strlen(servName), 0);
    send(sock, cntLen, strlen(cntLen), 0);
    send(sock, cntType, strlen(cntType), 0);

    /* 요청 데이터 전송 */
    while(fgets(buf, BUF_SIZE, sendFile)!=NULL)
        send(sock, buf, strlen(buf), 0);

    closesocket(sock);    // HTTP 프로토콜에 의해서 응답 후 종료
}

void SendErrorMSG(SOCKET sock)    // 오류 발생시 메시지 전달
{
    char protocol[]="HTTP/1.0 400 Bad Request\r\n";
    char servName[]="Server:simple web server\r\n";
    char cntLen[]="Content-length:2048\r\n";
    char cntType[]="Content-type:text/html\r\n\r\n";
    char content[]="<html><head><title>NETWORK</title></head>"
        "<body><font size=+5><br>오류 발생! 요청 파일명 및 요청 방식 확인!"
        "</font></body></html>";

    send(sock, protocol, strlen(protocol), 0);
    send(sock, servName, strlen(servName), 0);
    send(sock, cntLen, strlen(cntLen), 0);
    send(sock, cntType, strlen(cntType), 0);
    send(sock, content, strlen(content), 0);
    closesocket(sock);
}

char* ContentType(char* file)    // Content-Type 구분
{
    char extension[BUF_SMALL];
    char fileName[BUF_SMALL];
    strcpy(fileName, file);
    strtok(fileName, ".");
    strcpy(extension, strtok(NULL, "."));
    if(!strcmp(extension, "html")||!strcmp(extension, "htm"))
        return "text/html";
    else
        return "text/plain";
}
```

```
void ErrorHandling(char* message)
{
    fputs(message, stderr);
    fputc('\n', stderr);
    exit(1);
}
```

다음은 위 예제의 실행결과이다. 우선 서버에 해당하는 위의 예제를 실행시킨 상태에서 웹 브라우저를 통해서 서버에 접속하면 된다.

▶ 그림 24-4: 실행결과 1

위의 실행결과를 보면 주소입력 창에 다음과 같이 입력되었음을 알 수 있다.

```
http://localhost:9190/index.html
```

이는 IP가 127.0.0.1이고 포트번호가 9190인 소켓에 접속해서 파일 index.html을 요청하는 문장인데, 'localhost'를 대신해서 루프백 주소인 127.0.0.1을 직접 입력해도 된다. 그럼 다음 실행의 예를보자. 이는 존재하지 않는 파일의 요청결과에 해당한다.

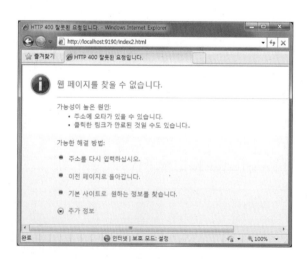

▶ 그림 24-5: 실행결과 2

실행결과의 상단에서 상태코드 400을 확인할 수 있다. 이는 주소 창에 입력된 파일 index2.html이 존재하지 않기 때문에 발생한 결과이다.

⁺리눅스 기반의 멀티쓰레드 웹 서버 구현

리눅스 기반의 웹 서버는 위 예제와 달리 표준 입출력 함수를 사용하는 형태로 구현하였다. 지금까지 공부한 내용을 하나라도 더 상기하자는 뜻으로 이렇게 구현한 것이니, 그 이상 의미를 부여할 필요는 없다.

❖ webserv_linux.c

```c
#include <stdio.h>
#include <stdlib.h>
#include <unistd.h>
#include <string.h>
#include <arpa/inet.h>
#include <sys/socket.h>
#include <pthread.h>

#define BUF_SIZE 1024
#define SMALL_BUF 100

void* request_handler(void* arg);
void send_data(FILE* fp, char* ct, char* file_name);
char* content_type(char* file);
void send_error(FILE* fp);
void error_handling(char* message);

int main(int argc, char *argv[])
{
    int serv_sock, clnt_sock;
    struct sockaddr_in serv_adr, clnt_adr;
    int clnt_adr_size;
    char buf[BUF_SIZE];
    pthread_t t_id;
    if(argc!=2) {
        printf("Usage : %s <port>\n", argv[0]);
        exit(1);
    }

    serv_sock=socket(PF_INET, SOCK_STREAM, 0);
    memset(&serv_adr, 0, sizeof(serv_adr));
    serv_adr.sin_family=AF_INET;
    serv_adr.sin_addr.s_addr=htonl(INADDR_ANY);
    serv_adr.sin_port = htons(atoi(argv[1]));
    if(bind(serv_sock, (struct sockaddr*)&serv_adr, sizeof(serv_adr))==-1)
```

```
        error_handling("bind() error");
    if(listen(serv_sock, 20)==-1)
        error_handling("listen() error");

    while(1)
    {
        clnt_adr_size=sizeof(clnt_adr);
        clnt_sock=accept(serv_sock, (struct sockaddr*)&clnt_adr, &clnt_adr_size);
        printf("Connection Request : %s:%d\n",
            inet_ntoa(clnt_adr.sin_addr), ntohs(clnt_adr.sin_port));
        pthread_create(&t_id, NULL, request_handler, &clnt_sock);
        pthread_detach(t_id);
    }
    close(serv_sock);
    return 0;
}

void* request_handler(void *arg)
{
    int clnt_sock=*((int*)arg);
    char req_line[SMALL_BUF];
    FILE* clnt_read;
    FILE* clnt_write;

    char method[10];
    char ct[15];
    char file_name[30];

    clnt_read=fdopen(clnt_sock, "r");
    clnt_write=fdopen(dup(clnt_sock), "w");
    fgets(req_line, SMALL_BUF, clnt_read);
    if(strstr(req_line, "HTTP/")==NULL)
    {
        send_error(clnt_write);
        fclose(clnt_read);
        fclose(clnt_write);
        return;
    }

    strcpy(method, strtok(req_line, " /"));
    strcpy(file_name, strtok(NULL, " /"));
    strcpy(ct, content_type(file_name));
    if(strcmp(method, "GET")!=0)
    {
        send_error(clnt_write);
        fclose(clnt_read);
        fclose(clnt_write);
```

```c
        return;
    }

    fclose(clnt_read);
    send_data(clnt_write, ct, file_name);
}

void send_data(FILE* fp, char* ct, char* file_name)
{
    char protocol[]="HTTP/1.0 200 OK\r\n";
    char server[]="Server:Linux Web Server \r\n";
    char cnt_len[]="Content-length:2048\r\n";
    char cnt_type[SMALL_BUF];
    char buf[BUF_SIZE];
    FILE* send_file;

    sprintf(cnt_type, "Content-type:%s\r\n\r\n", ct);
    send_file=fopen(file_name, "r");
    if(send_file==NULL)
    {
        send_error(fp);
        return;
    }

    /* 헤더 정보 전송 */
    fputs(protocol, fp);
    fputs(server, fp);
    fputs(cnt_len, fp);
    fputs(cnt_type, fp);

    /* 요청 데이터 전송 */
    while(fgets(buf, BUF_SIZE, send_file)!=NULL)
    {
        fputs(buf, fp);
        fflush(fp);
    }
    fflush(fp);
    fclose(fp);
}

char* content_type(char* file)
{
    char extension[SMALL_BUF];
    char file_name[SMALL_BUF];
    strcpy(file_name, file);
    strtok(file_name, ".");
    strcpy(extension, strtok(NULL, "."));
```

```
        if(!strcmp(extension, "html")||!strcmp(extension, "htm"))
            return "text/html";
        else
            return "text/plain";
    }

    void send_error(FILE* fp)
    {
        char protocol[]="HTTP/1.0 400 Bad Request\r\n";
        char server[]="Server:Linux Web Server \r\n";
        char cnt_len[]="Content-length:2048\r\n";
        char cnt_type[]="Content-type:text/html\r\n\r\n";
        char content[]="<html><head><title>NETWORK</title></head>"
            "<body><font size=+5><br>오류 발생! 요청 파일명 및 요청 방식 확인!"
            "</font></body></html>";

        fputs(protocol, fp);
        fputs(server, fp);
        fputs(cnt_len, fp);
        fputs(cnt_type, fp);
        fflush(fp);
    }

    void error_handling(char* message)
    {
        fputs(message, stderr);
        fputc('\n', stderr);
        exit(1);
    }
```

이로써 TCP/IP 소켓 프로그래밍에 대한 설명을 마치도록 하겠다. 다음 Chapter에서는 여러분이 더 실력 있는 네트워크 프로그래머가 되기 위해서 공부해야 할 내용들을 간단히 언급하겠다.

내용 확인문제

01. 웹 서버와 웹 서버의 접속에 사용되는 웹 브라우저에 대한 설명으로 옳지 않은 것을 모두 고르면?

    a. 웹 브라우저는 소켓을 생성하고 이 소켓으로 서버에 접속하는 클라이언트 프로그램으로 보기 어렵다.

    b. 웹 서버는 TCP 소켓을 생성해서 서비스한다. 그 이유는 클라이언트와 연결을 일정시간 이상 유지한 상태에서 각종 정보를 주고받기 때문이다.

    c. Hypertext와 일반 text의 가장 큰 차이점은 이동성의 존재유무이다.

    d. 웹 서버는 웹 브라우저가 요청하는 파일을 전송해주는 일종의 파일전송 서버로 볼 수 있다.

    e. 웹 서버에는 웹 브라우저가 아니면 접속이 불가능하다.

02. HTTP 프로토콜과 관련된 설명으로 옳지 않은 것을 모두 고르면?

    a. HTTP 프로토콜은 상태를 유지하지 않는 Stateless 프로토콜이다. 따라서 TCP가 아닌 UDP를 기반으로 구현해도 문제되지 않는다.

    b. HTTP 프로토콜을 가리켜 상태를 유지하지 않는 Stateless 프로토콜이라 하는 이유는, 한번의 요청과 응답의 과정을 마치고 나면 연결을 끊어버리기 때문이다. 따라서 동일한 웹 서버와 동일한 웹 브라우저가 총 세 번의 요청 및 응답의 과정을 거치는 경우에는 총 세 번의 소켓생성 과정을 거치게 된다.

    c. 서버가 클라이언트에게 전송하는 상태코드에는 클라이언트의 요청에 대한 결과정보가 담겨있다.

    d. HTTP 프로토콜은 인터넷을 기반으로 하는 프로토콜이다. 때문에 인터넷 기반에서 많은 클라이언트에게 서비스를 제공할 수 있도록 HTTP를 Stateless 프로토콜로 설계한 것이다.

03. IOCP와 epoll은 우수한 성능을 보장하는 대표적인 서버 모델들이다. 그런데 HTTP 프로토콜을 기반으로 하는 웹 서버에 이 모델을 적용하는 경우에는, 다른 모델에 비해 우수한 성능을 보장한다고 말할 수 없다. 그렇다면 그 이유는 무엇인가?

앞으로 해야 할 것들

이제 여러분은 소켓 프로그래밍에 대해서 그리고 시스템 프로그래밍에 대해서 어느 정도 자신감이 생겼을 것이다. 사실 자신감이 생기기까지가 길고 고되게 느껴지는 것이지, 어느 정도 실력이 붙으면 공부하는 것이 그리 어렵거나 힘들지 않다. 즉, 여러분이 이 책의 마지막 Chapter를 읽고 있다는 것은 그만큼 고된 과정을 거쳐왔다는 의미가 된다.

이제 끝으로 여러분이 공부해야 할 내용들을 정리해드리고자 한다. 물론 지극히 주관적인 내용이 될 수 있겠지만, 필자가 생각하는 좋은 공부방법과 겪어왔던 시행착오를 하나라도 더 말씀 드려서 여러분에게 도움이 되었으면 하는 생각에서 이 Chapter를 구성하였다.

25-1 : 네트워크 프로그래밍! 얼마나 공부해야 하나요?

이 책의 초판이 2003년에도 출간되었으니, 개정판이 출간되기까지 약 7년이란 시간이 흐른 셈이다. 그간 많은 분들께 받았던 몇몇 질문에 대한 필자의 생각을 정리해보고자 한다.

✚ 네트워크 프로그래머가 되고 싶다고요? 먼저 프로그래머가 되는 것이 우선입니다!

특정 분야가 마음에 들면 그 분야에 대해서 더 공부하고 싶고, 또 그와 관련된 일을 하고 싶은 생각이 드는 것은 당연한 일이다. 때문에 네트워크 프로그래머가 되고 싶어서 그 방법을 묻는 분들을 종종 뵌다. 그런데 그분들의 기준으로만 놓고 보면 이 책을 집필한 필자 역시 네트워크 프로그래머라고 말할 수 없다. 필자의 경력이 네트워크에만 집중된 것도 아니고, 지금 하고 있는 일도 네트워크에만 관련 있는 일이 아니기 때문이다. 그러나 일을 하다 보면 네트워크와 관련된 부분이 늘 존재하고, 그러한 상황에서는 네트워크와 관련된 코드를 직접 작성하기도 한다.

한때는 네트워크 프로그래밍이 전문영역으로 인정받는 경우가 많았다(물론 지금도 분야에 따라서 그렇게 인식되기도 한다). 그러나 오늘날 대부분의 소프트웨어가 인터넷을 기반으로 개발되고 있다. 따라서 네트워크 프로그래밍은 프로그래머라면 누구나 갖춰야 하는 기술로 인식되고 있다.

네트워크 프로그래밍에 관심이 많다면, 그 관심을 바탕으로 프로그래머가 되기 위한 모든 공부를 진행해야 한다. 오늘날 개발되고 있는 서버 프로그램의 경우에도 네트워크 프로그래밍에 해당하는 데이터의 송수신이 차지하는 비율보다 그 이외의 내용이 차지하는 비율이 훨씬 높기 때문이다. 즉, 좋은 서버는 좋은 네트워크 프로그래머가 구현하는 것이 아니다. 좋은 서버는 좋은 프로그래머가 구현하는 것이다.

✚ 이걸 구현하려면 어떤 책을 봐야 할까요?

구현에 대한 경험이 부족하다면, 그만큼 책에 대한 의존도는 높아질 수밖에 없다. 그리고 이는 필자도 마찬가지이다. 필자도 경험이 부족한 새로운 유형의 프로젝트를 시작할 때면, 관련 자료를 모으는 과정에서 국내외에 출간된 서적들도 조사를 한다. 그러나 책을 통해서 구현에 대한 답을 찾지는 못한다. 이는 소프트웨어의 구현 결과물이 창의적인 창작의 결과물이기 때문이다. 동일한 기능의 소프트웨어를 만들더라도 프로그래머에 따라서 구현방법에는 큰 차이를 보인다. 때문에 그 방법에 있어서 정답이란 없다. 그리고 정답이 없는 것은 책을 통해서 정보를 얻기 힘들다. 그래서 여러분은 탄탄한 이론적 배경을 갖춰야 하고, 이를 바탕으로 창의적인 결과물을 만드는 연습을 할 필요가 있다.

참고로 여러분이 간단한 온라인 전투 테트리스 게임을 개발해야 하고, 여러분 주변에는 도움을 받을 수 있는 선배 프로그래머가 있다고 가정해보자. 그렇다면 다음과 같이 질문해선 안 된다.

"온라인 전투 테트리스 게임을 구현하려고 하는데, 어떻게 진행을 해야 하나요? 어떤 책을 보면 될까요?"

답답한 마음은 이해를 하나, 이렇게 질문했을 때 돌아오는 답변은 여러분에게 별 도움이 되지 않는다(이렇게 질문하면 답변하는 사람도 어떻게 답변을 해야 할지 잘 모른다). 때문에 질문의 범위는 다음과 같이 최소화해야 하고, 보다 구체적이어야 한다.

> "온라인 전투 테트리스 게임을 구현하려고 하는데요. 상대방의 테트리스 블록 정보를 어떻게 전송하는 것이 가장 좋을까요? 한 가지 방법을 제가 구상해 봤는데요. 이게 타당한 방법이 될 수 있을까요?"

질문의 범위는 이보다 더 최소화할수록, 보다 더 구체적일수록 좋다. 한 번 질문할 것을 서너 번에 나눠서 질문한다고 생각하면 되지 않겠는가? 그렇게 되면 여러분은 질문의 과정에서 더 많이 생각하게 되고, 더 많은 것을 이해할 수 있을 것이다.

✚무엇을 더 공부하면 좋을까요?

많은 학생들이 그 본질을 모른 체 무조건 시스템 프로그래밍(System Programming)을 두려워한다. 그러나 이 책을 공부하면서 여러분이 보아온 내용의 70% 이상은 시스템 프로그래밍과 관련이 있다. 즉, 여러분은 이미 시스템 프로그래밍을 상당부분 공부한 것이다.

네트워크 프로그램은 운영체제와 매우 깊은 연관이 있다. 이미 IOCP나 epoll을 통해서 이러한 부분을 확인하지 않았는가? 따라서 운영체제에 의존적인 코드의 작성은 피할 수 없다. 그리고 운영체제에 의존적인 코드를 잘 작성하기 위해서는 시스템 프로그래밍을 보다 깊이 있게 공부할 필요가 있다. 그래서 필자는 네트워크 프로그래밍과 관련해서 무엇을 더 공부하면 좋겠냐고 묻는 친구들에게 윈도우 또는 리눅스 기반의 시스템 프로그래밍을 보다 깊이 있게 공부해 보라고 권한다. 그러면 공부의 과정에서 운영체제도 이해하게 되고, 이렇게 공부한 시스템 프로그래밍의 지식은 다방면에서 유용하게 활용이 되니, 일석이조(삼조라고 해야 하나)가 아니겠는가? 운영체제는 컴퓨터공학에서 이야기하는 핵심 5대 과목 중 하나이니, 시스템 프로그래밍에 대한 공부는 여러분에게 분명 많은 도움이 될 것이다.

25-2 : 네트워크 프로그래밍 관련 책 소개

이제 마지막으로 책에 대한 소개를 조금 하려고 한다. 그런데 책의 소개는 지극히 주관적일 수밖에 없다. 따라서 필자가 소개하는 이 내용도 여러분의 선배 중 한 사람의 의견으로 받아들이면 좋겠다. 이런 조언을 해주는 선배는 많으면 많을수록 좋다! 그러니 주변에 있는 다른 선배들의 의견도 참고하기 바란다.

시스템 프로그래밍 관련서적

앞서 필자가 시스템 프로그래밍을 보다 깊이 있게 공부하는 것이 좋다고 했으니, 이와 관련된 서적 두 권을 소개하겠다.

Advanced Programming in the UNIX Environment (second edition)

이 책의 저자는 매우 유명하지만 이미 고인이 되신 W. Richard Stevens이며, 출판사는 Addison Wesley이다. 이 책은 이미 많은 사람들에게 알려진 좋은 책이다. UNIX 계열의 운영체제를 기반으로 시스템 프로그래밍을 공부하고 싶으신 분들께 적극 추천한다. 참고로 이 책의 공부방법은 크게 두 가지로 볼 수 있다. 하나는 가급적 빠른 시간 안에 한 차례 독파하는 것이다. 이렇게 독파하는 이유는 책에 담겨 있는 내용을 확인하고, 시스템 레벨에서(운영체제 레벨에서) 제공하는 함수들의 종류를 파악하기 위해서다. 때문에 한 차례 독파 이후부터는 필요한 내용을 부분적으로 참조하면 된다.
두 번째 방법은 처음부터 레퍼런스 형식으로 필요할 때에만 참조하는 것이다. 다른 운영체제에 대한 프로그래밍 경험이 있다면, 이러한 방식으로도 얼마든지 이 책을 유용하게 활용할 수 있다. 그러나 시스템 프로그래밍에 대한 경험이 없는 분들에게는 첫 번째 방법으로 공부할 것을 추천하고 싶다.

Windows via C/C++

이 책의 저자는 Jeffrey Richter이며, 출판사는 Microsoft Press이다. 이 책 또한 윈도우 계열에서는 앞서 소개한 책만큼 유명하다. UNIX 계열에 'Advanced Programming in the UNIX Environment'가 있다면 윈도우 계열에는 'Windows via C/C++'가 있다. 사실 이 책은 'Programming Applications for Windows'라는 책의 5th edition인데, 출간이 되면서 이름이 변경되었다.

프로토콜 관련서적

지금까지 네트워크 프로그래밍을 공부하면서 여러분도 느꼈듯이 네트워크 프로그래밍을 잘하기 위해서는 TCP/IP 프로토콜에 대한 이해가 필요하다. 따라서 이와 관련된 서적 두 권을 추천하고자 한다.

❤️ TCP/IP Illustrated Volume 1, 2, 3

이 책의 저자도 W. Richard Stevens이며, Addison Wesley 출판사의 책이다. TCP/IP Illustrated 시리즈는 너무나도 유명하기 때문에 더 이상의 설명이 필요 없을 것 같다. 필자 생각에는 대학원에서 네트워크를 전공하는 학생들의 책상에는 이 세 권의 책이(특히 Volume1과 Volume2) 빠짐없이 꽂혀 있을 것이다. 그런데 지금 당장은 Volume 1만 가지고 있어도 충분하다. Volume 1은 TCP/IP 프로토콜을 설명하는 책이고, Volume 2와 Volume 3은 TCP/IP의 코드레벨 구현과 Transactional TCP라는 확장된 프로토콜에 대한 설명이 주를 이루기 때문이다. 그러나 만약에 여러분 스스로가 초보자라고 생각한다면 이 책은 조금 부담스러울 수 있다. 내용의 전개가 조금은 딱딱하기 때문이다. 그래서 이런 분들을 위해 다른 책 한 권을 더 추천해 드리겠다.

❤️ TCP/IP Protocol Suite

이 책의 저자는 Behrouz A. Forouzan이며 출판사는 McGraw Hill이다. 이 책의 장점은 문장이 간결하고, 내용전달을 목적으로 많은 그림이 삽입되어 있다는 것이다. 아무래도 그림이 많으면 이해에 도움이 되고, 책 자체도 쉽게 느껴진다. 특히 이 책은 계속해서 개정을 진행하면서 최근의 이슈들을 포함시키고 있다. 때문에 TCP/IP 프로토콜뿐만 아니라, 다양한 응용 프로토콜을 폭넓게 공부할 수 있는 좋은 서적이다. 필자가 알기로는 이 책을 교재로 대학에서 많은 강의가 이뤄지고 있는 것으로 안다.

이상 몇 권의 책을 필자가 소개하였는데, 네트워크와 관련된 좋은 책들이 매년 출간되고 있으니, 날씨 좋은 날 서점에 들려서 여러분의 입맛에 맞는 책을 찾아보는 것도 좋다고 생각한다. 이로써 책의 내용이 모두 끝이 났다. 그래서 덧붙여 여러분께 마지막 인사를 드리고 글을 맺고자 한다.

마지막까지 공부하느라 수고하셨습니다. 그리고 이 책을 선택해주셔서 감사 드립니다.

저자 윤 성 우 드림.

Index

찾아보기

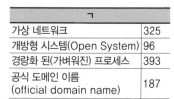

Index

Index

Index

Index

Index

Index